HISTOIRE
DE
CHENOVE
PRÈS DIJON

COMPOSÉE D'APRÈS DES NOTES ET DES DOCUMENTS INÉDITS,
ET SUIVIE DE PIÈCES JUSTIFICATIVES

PAR

HENRI MARC

Ouvrage orné d'un plan et de plusieurs gravures hors texte

DIJON
IMPRIMERIE DARANTIERE
65, RUE CHABOT-CHARNY, 65

—

MDCCCXCIII

HISTOIRE DU VILLAGE

DE

CHENOVE-LES-DIJON

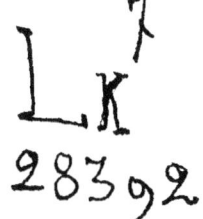

DU MÊME AUTEUR :

Notice sur le village de Chambeire.

Essai historique sur le prieuré de Bonvaux.

Episodes de la Révolution dans un village de la Cote-d'Or.

La Société chorale « Les Travailleurs du Livre de Dijon. »

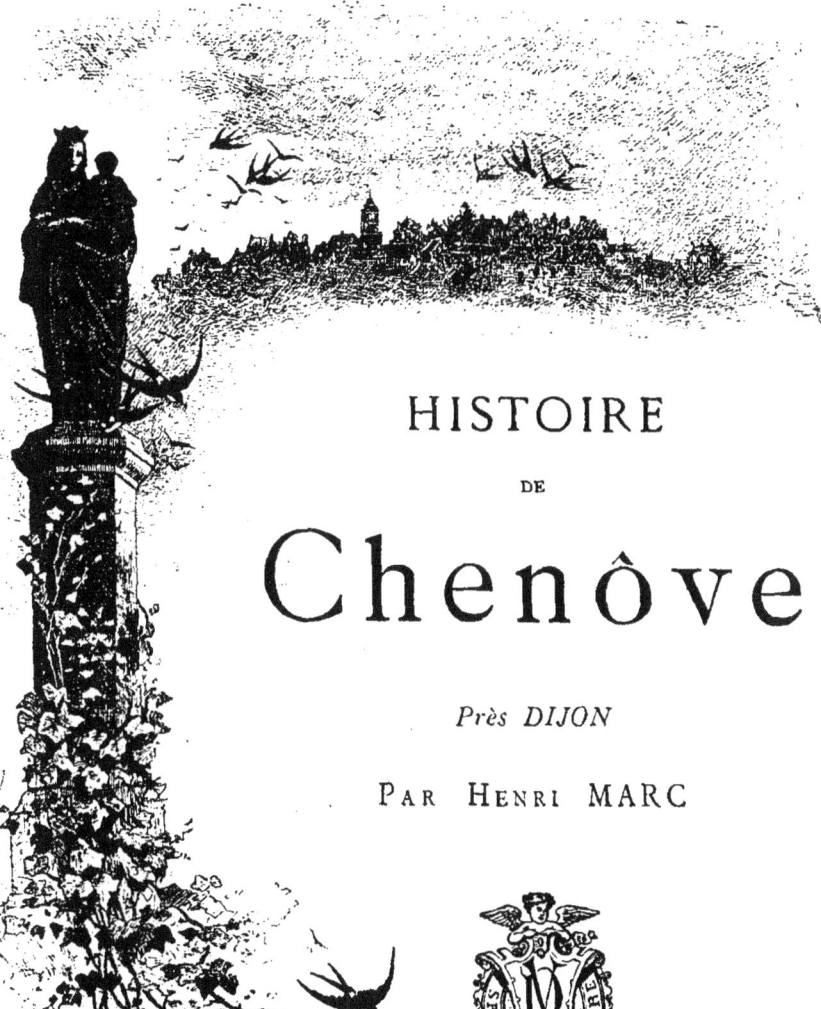

HISTOIRE
DE
Chenôve

Près DIJON

Par Henri MARC

DIJON
IMPRIMERIE DARANTIERE
65, RUE CHABOT-CHARNY, 65

MDCCCXCIII

A MA MÈRE

CATHERINE-HONORINE DUTHU

Née à Chenôve, le 22 décembre 1844

HOMMAGE DE RECONNAISSANCE

H. M.

INTRODUCTION

ON s'attache aujourd'hui plus que jamais aux études d'histoire locale; de toutes parts les travailleurs abondent. De savantes monographies sont déjà parues, qui viennent heureusement s'ajouter aux histoires générales de notre province. Mais il reste encore beaucoup à faire ! bien des villages, sur lesquels les siècles écoulés nous ont légué des faits intéressants qui méritent d'être mis en lumière, attendent toujours un historien. Au nombre de ces derniers, il convient de classer Chenôve (Canavis villa) dont nous voulons essayer de faire revivre le passé. La tâche n'est-elle point au-dessus de nos forces? Nous le craignons fort!... Un certain auteur a écrit quelque part : « Il est indispensable de connaître l'histoire de son pays, parce qu'il serait honteux d'ignorer les événements qui nous touchent de plus près que ceux qui se sont passés chez les autres peuples. » Cette épigraphe nous soutiendra dans le cours de nos travaux sur cette localité de Bourgogne, dont l'histoire est ignorée, même de la plupart de ses habitants.

Nous avons étudié, dans une première partie, l'historique de cette ancienne châtellenie, qui, d'après la seconde charte de commune octroyée par le duc Hugues III à la ville de Dijon, en 1187, est comprise dans la banlieue de cette dernière, et dépendait autrefois de la prévôté de Dijon. Il est peu de villages qui ont

— VIII —

un passé aussi curieux ; c'est là que dès le Xe siècle les Ducs de Bourgogne, plusieurs communautés religieuses et beaucoup de personnages et bourgeois de Dijon possèdent des clos en vignes (1).

(1) Au chapitre des rentes à vie de Chenôve, dans un compte de 1355, se trouve inscrit : Maître Girard, physicien, qui prenait 4 muids de vin sur les celliers de Chenôve (Arch. de la Côte-d'Or, B. 4417). Le chapitre de Langres avait la moitié des dîmes en 1495 et rien ne lui avait été donné, dit le compte de Claude de Rouvray, parce qu'il n'avait rien demandé et aussi qu'il n'avait rien voulu payer des 8 deniers dijonnais qu'il devait annuellement au Roi (Id., B. 4291). Un arrêt de la Chambre des Comptes condamne le sieur Flaichot à payer la dîme due sur les vignes de Chenôve, 1580 (Id., C. 2526). Les chapelains de la chapelle de Pothières doivent, en 1639, 6 sous sur un journal de vigne à Chenôve (Id., B. 4326), et Millière, chanoine de la Sainte-Chapelle de Dijon, prieur d'Epoisses, doit 2 deniers sur une ouvrée de vigne, en 1639 (Id., B. 4326). Antoine Brocard, maître ordinaire à la Chambre des Comptes, en 1580 avait des vignes à Chenôve. — Richard, sieur de Beligny, devait 4 sous sur 2 journaux de vignes en 1627 (Id., B. 4333). Le sieur Chemilly, chanoine de la Sainte Chapelle de Dijon, devait 4 sous sur 5 ouvrées de vignes, en 1649, et en la même année M. Jovinet, aussi chanoine de la Sainte-Chapelle, devait 6 sous sur 3 quartiers de vigne, près de celle du chapitre d'Autun. Le compte de Pierre le Grand nous dit que : « Pour le regard des vignes tenues à Chenôve par Chrétien « Macheco, lieutenant au bailliage de Nuits, vendues depuis à « Bénigne de Frasans, greffier au bureau des finances à Dijon, « néant d'aultant que ledict Macheco n'a voulu recognoistre ny « payer ». (Id., B. 4335). Jean de La Grange, avocat au parlement, devait 5 sous sur 5 quartiers de vigne, en 1651 (Id., B. 4336). Les héritiers de Claude Dorge, procureur en la Chambre des Comptes, devaient 5 sous sur 3 quartiers de vigne en 1653 (Id., B. 4338). Pierre Bris, contrôleur des mortes payes en Bourgogne, devait 10 deniers sur une ouvrée, en 1657 (Id., B. 4341). Dans son compte de 1663 Pierre Le Grand signale que : « quant aux vignes que tenait le sieur Brocard, néant, d'autant qu'il n'a voulu reconnaitre ny payer » . La Chambre des Comptes a mis en marge : « Sera chargé de 20 sous ledit comptable » (Id., B. 4343). V. plus loin, IIe partie, chapitre X. *Notice sur les lieuxdits de Chenôve.*

En 1429 le gouverneur Odot Le Bédiet dresse le rôle des dîmes de Chenôve, des personnes qui les payaient et du climat où elles étaient établies : « ce rôle avoit esté dressé d'après le terrier et les inventaires de toutes les vignes trouvées sur le territoire au mois de septembre 1428 ; » note de la Chambre des Comptes : « Soit mis au domaine de Monsieur deux journaux que tenoit messire Jean Berthot, prêtre à Dijon, en Montaigne, près de la vigne aux hoirs de feu Simonnot, jadis barbier de M. le duc Eudes » (Arch. dép., B. 4277).

Les propriétaires sont nombreux, et, au XVe *siècle il est dressé le rôle des noms de ceux qui tenaient des vignes à Chenôve, et des sommes qu'ils payaient annuellement ; ainsi Thibaut Liégard paye 3 gros pour 3 quartiers* (1). *La culture de la vigne, qui a toujours si bien réussi à Chenôve, eut au* XVe *siècle à souffrir des ravages des* urbestes (2) *et dès le commencement du* XVIe *il est ordonné à chacun de chasser* aux urbestes, *et qu'on ferait procéder contre eux par malédiction....* (3). *En 1573, il y eut « une procession générale à Chenôves pour la conjuration des escrivains et hurebarz et il fut payé 45 sols pour les frais faits à cette occasion ». C'était le phylloxéra de nos jours! On sait que, sous d'autres noms il est vrai, le phylloxéra a ravagé à cette époque nos beaux coteaux de la Bourgogne. La preuve en est contenue dans l'énergique mandement lancé en 1553, par Philippe de Berbis. Voici cet intéressant et curieux document :*

« De l'autorité du révérend père en Dieu, Mgr Claude, par la miséricorde de Dieu, cardinal prêtre de la sainte Eglise romaine, du nom de Givry, évêque duc de Langres, et pair de France (4), *moi, son vicaire général au spirituel et au temporel, par l'autorité de la sainte et indivisible* Trinité, *confiant dans la miséricorde divine, et plein de pitié, je somme et*

En 1638 Georges Constantin, vigneron demeurant à Chenôve, doit 10 deniers sur la vigne qui avait appartenu à M. de Crespey, président au Parlement — Hector Joly, conseiller du Roi, maître ordinaire en la Chambre des Comptes de Dijon, doit 6 sous 8 deniers sur un journal de vigne (Id., B. 4325).

(1) Archives de la Côte-d'Or, B 1001. En 1383 on avait dressé le rôle des individus qui avaient des vignes à Chenôve « appartenant au grand dime » et dont le Duc avait la moitié (Arch. de la Côte-d'Or, B. 4265).

(2) Urebers, écrivain ou gribouri, coléoptère qui dévore la feuille de la vigne,. *Eumolpus vitis.*

(3) *Annuaire de la Côte-d'Or.* MDCCCXXVII, p. 97.

(4) Le cardinal de Givry, 82e évêque de Langres, qui succéda à Charles Poitiers, était abbé de Saint-Etienne de Dijon.

par la vertu de la Sainte Croix, armé du bouclier de la foi, j'ordonne et je conjure une première, une seconde et une troisième fois, toutes les mouches vulgairement appelées écrivains, urebères ou uribères, et tous les autres vers nuisant au fruit des vignes, qu'ils aient à cesser immédiatement de ravager, de ronger, de détruire et d'anéantir les branches, les bourgeons et les fruits ; de ne plus avoir ce pouvoir dans l'avenir, de se retirer dans les endroits les plus reculés des forêts, de sorte qu'ils ne puissent plus nuire aux vignes des fidèles, et de sortir du territoire. Et si par les conseils de Satan, ils n'obéissent pas à ces avertissements et continuent leurs ravages, au nom de Dieu et en vertu des pouvoirs ci-dessus indiqués, et de par l'Eglise, je maudis et lance la sentence de malédiction et d'anathème sur ces mouches, écrivains, urebères ou uribères, et leur postérité. »

Le vénérable Philippe de Berbis avait raison d'être confiant, car petit à petit le mal disparut. Les clos du Roi et des Violettes ont continué à produire ce vin loyal, vermeil et marchand si justement apprécié de tous les heureux de ce monde. On nous reprochera peut-être de nous être trop longuement étendu sur les vignes du domaine de Chenôve, sur le clos des Ducs, plus tard propriété royale, d'être entré dans des détails bien minutieux sur l'exploitation vinicole des châtellenies de Chenôve et Talant. Cela est peut-être vrai. Mais en vérité, n'est-ce pas cette origine ducale qui a rendu célèbre le vignoble de cette commune ? N'est-ce pas le Clos du Roi en un mot qui a fait et contribue encore à la renommée des vins de ce village ? Chenôve a donc le droit d'être fier de son clos à double étymologie, ducale et royale !

A cette première partie où nous parlerons encore (après l'origine du village, de ses seigneurs et des droits de justice sans cesse contestés, jusqu'au XVIIe siècle) (1), des faits les plus saillants

---

(1) On sait que la distinction entre la haute, la moyenne et la

de la période qui s'étend depuis les premiers siècles de l'ère chrétienne, jusqu'au seuil de la Révolution, il convenait d'en ajouter une seconde appelée à la compléter. C'est ce que nous avons fait, en réunissant sous le titre de : Chenôve moderne, historique et archéologique, *ce qui pouvait intéresser les monuments de tous les temps et de tous les styles que nous admirons encore au village. Il y a, dans ce petit coin de terre, toute une histoire écrite avec des pierres. Chaque siècle lui a, pour ainsi dire, légué un souvenir et l'a marqué d'une empreinte assez forte pour que la main des hommes, les révolutions des peuples, l'effort même du temps n'aient pu l'effacer.*

Telle est l'église Saint-Nazaire et Saint-Celse, du XIIIe *siècle ; le* Chapitre *ou château des chanoines d'Autun, auquel il serait difficile d'assigner une époque certaine, bien que la tradition, nullement fondée d'ailleurs, fasse remonter sa construction au temps de saint Léger, évêque d'Autun, qui vivait au* VIIe *siècle* (1). *Cependant si nous laissons de côté la légende, nous sommes*

---

basse justice n'a jamais été bien établie. On peut dire d'une manière générale que le moyen justicier avait la connaissance de toutes les causes civiles et des délits.

(1) Nous avons tenu à insérer aux pièces justificatives un extrait de la vie de saint Léger, qui institua la cathédrale d'Autun héritière de sa terre de Chenôve et lui donna encore par son testament l'église de ce village. Le chapitre avait un oratoire placé sous sa protection. Le culte de saint Léger, est, du reste, très répandu dans notre département ; la confrérie de saint Léger, patron d'Is-sur-Tille, fut établie en 1353 par l'évêque de Langres, Guillaume de Poitiers ; selon les actes de cette association chaque confrère était tenu de lui léguer *sa meilleure robe, corset et chaperon, ou 40 sols pour la valeur* (Courtépée, 2e éd , t. II, p. 204). Un grand nombre de paroisses du diocèse de Dijon sont placées sous le vocable de ce saint évêque : Chivres, Jancigny, Flammerans, Meuilley, Oisilly, Pasques, Ruffey-les-Beaune et d'autres encore ; nous avons même, dans le canton de Pontailler, un village du nom de Saint-Léger, dit anciennement de Champeaux, où existait un prieuré de filles richement doté par Théodrate, fille de Charlemagne, et dont parle Courtépée dans sa *Description générale et particulière du duché de Bourg*. (2e éd., t. II, p. 243).

néanmoins forcé de reconnaître en ce prélat le premier seigneur du village, dont parle l'histoire.

Quant à l'église, bâtie en partie aux XIIIe et XIVe siècles, sur l'emplacement d'une ancienne chapelle, elle a une histoire des plus intéressantes. Il est peu de temples de campagnes qui possèdent autant de statues, de tableaux et de tombes que l'église de Chenôve. Ces curiosités artistiques sont presque ignorées ; aussi nous sommes-nous fait un devoir d'en parler longuement, et à défaut d'autre mérite, cette seconde section de notre travail, — qui à notre point de vue n'est pas la moins instructive des trois — servira de guide pour le visiteur; non pas alors un cicerone incomplet, mais au contraire un guide rempli de nombreux détails, contenant l'histoire tout entière du monument que l'on a sous les yeux. Pour parvenir à ce but nous avons joint à ce qui regardait particulièrement l'église la liste des curés qui l'ont desservie. Devions-nous agir autrement ? Non, car il nous a semblé que leur place était de préférence dans ce chapitre ; de même que nous avons pensé que la description et l'histoire des croix monumentales érigées sur la paroisse et au cimetière devait suivre la division concernant spécialement l'église.

La critique trouvera, sans doute, que nous avons attaché beaucoup plus d'importance qu'il ne convenait à l'histoire proprement dite de l'église, du chapitre, des croix, des lieuxdits, et que nous avons négligé la partie architecturale, monumentale, en un mot la partie archéologique. On dira et non sans raison, bien sûr, que nous avons manqué de compétence à cet endroit. A ces objections que nous prévoyons d'avance, nous répondrons simplement qu'écrivant l'histoire de Chenôve, et par conséquent aussi celle de ses monuments, nous avons groupé tout ce qui avait rapport aux édifices remarquables de la commune dans cette division, afin que les recherches soient plus faciles, et nos récits plus clairs.

Dans notre dernière partie, complément indispensable des deux premières, Chenôve du XVIIᵉ au XIXᵉ siècle, *nous parlerons de la Révolution de 1789. L'histoire de la Révolution à Chenôve est intimement liée à celle de Dijon, chef-lieu du district où le désir de mettre fin aux vexations de toutes sortes, qui constituent, à proprement parler, la situation politique du temps, firent accepter avec enthousiasme les réformes de 1789. Les pièces officielles de cette époque, groupées dans ce chapitre, sont données dans leur éloquente sécheresse, parce que, plus que toutes les phrases, elles font connaître quels étaient les sentiments qui animaient les esprits de cette période.*

Plus l'histoire du passé se rapproche de l'époque actuelle, plus les détails des événements doivent exciter notre curiosité et enflammer notre patriotisme. C'est pourquoi nous avons tenu à faire entrer dans cette troisième partie les coutumes qui ont subsisté après la Révolution et quelques-unes antérieures qui ne lui ont pas survécu. On trouvera là de nombreux et curieux détails sur la Saint-Vincent à Chenôve, le ban de vendanges et autres usages.

La biographie des hommes marquants nés dans la commune termine pour ainsi dire l'ouvrage. Nous la faisons précéder d'une étude sur les anciennes familles, et celle des Changenet (1), *dont il y a encore à Chenôve plusieurs descendants, y occupe une large place. On se demande si l'on n'a pas créé une véritable légende autour de ce nom de Changenet, on en a fait un personnage merveilleux, un de ces hommes doués par la nature d'un génie surprenant.*

> Mainte fois Banar Chaingenai
> Moitre clar (clerc) en rimaillerie
> Divertisso lai seigneurie
> De cé premei Prince du san,
> Qui le mando, ma bé sóvan,
> Aidon (alors) qu'on lé sarvo ai taule (table)

(1) A Dijon, les Changenet sont nombreux aux XVᵉ et XVIᵉ siècles ; Pierre Changenet et Perrenot Rousseau reçus peintres ont le droit

— XIV —

En 1658 Changenet, mandé par le gouverneur de la province, se rendait au Palais ducal, où résidait le roi Louis XIV et sa cour, et là, il « degoiso dé var » (1).

Pour être complet, il nous fallait aborder de front la période contemporaine. Nous ne devions pas laisser dans l'ombre, après avoir donné la liste des procureurs de la communauté antérieurs à la Révolution, les noms des officiers de l'état civil qui continuent de nos jours la tâche politique de leurs ancêtres. C'est pour cela que nous avons réuni, comme en un faisceau, dans une sorte de conclusion, les points essentiels à la vie civile de notre époque, ou pour parler plus clairement, nous avons étudié le village à des points de vue différents, en consacrant : un premier paragraphe à la municipalité, un second à l'instruction primaire et aux anciens recteurs d'école, un troisième et dernier aux sociétés diverses fondées à Chenôve depuis peu de temps : la société des vignerons, la compagnie des sapeurs-pompiers, la fanfare, le bureau de bienfaisance. Telle est en résumé la matière principale de la conclusion.

Plusieurs anciens documents, dont la plupart sont tirés des Archives départementales de la Côte-d'Or (2) *qui, il faut le reconnaître, contiennent de nombreuses et intéressantes pièces sur Chenôve et surtout sur l'exploitation des vignes des ducs de Bourgogne et du roi sont groupés sous le titre de* Documents et Pièces Justificatives, *et insérés à la fin de cette étude, dans le*

---

de tenir « un ouvroir public » (Arch. mun. de Dijon, B. 165, 1477-1484). Guillaume Changenet, avocat et conseiller de la ville de Dijon, en 1604 (Id., B. 31). En 1658 il y avait un Changenet échevin de Dijon (Id., B. 297), etc., etc.

(1) J. Durandeau, *Aimé Piron ou la vie littéraire à Dijon*, etc., p. 283.
(2) Nous avons aussi trouvé un grand nombre de documents, et d'un intérêt tout particulier pour l'histoire de la seigneurie ecclésiastique, dans les archives du département de Saône-et-Loire.

— XV —

but de ne pas classer dans le courant des diverses parties de ce travail des notes en vieux français dont la lecture difficile et souvent ennuyeuse bien des fois rebute certain lecteur. Nous rencontrons parfois des actes tels que « le renouvellement du marché fait entre la Chambre des Comptes et Le Bédiet pour la culture des vignes de Chenôve et du clos de Marsannay ». La livraison « de 43 queues de vin envoyées en Flandre pour l'usage de l'hôtel du duc de Bourgogne; ce papier nous apprend encore qu'outre ces 43 queues, il y en avait deux autres contenues en 12 petits poinçons (1) *pour le remplissage qu'il fallait faire en route ». Ici c'est une lettre de grâce accordée par le Duc de Bourgogne à des charretiers qui lui avaient perdu 2 queues de vin de Chenôve qui s'étaient brisées sur la route où leurs voitures avaient versé ; cette faveur, nous dit-on, leur est faite en considération du service que lui avaient rendu leurs chars à quatre chevaux « aux sièges d'Avallon et de Pierre Pertuis pendant l'espace de 7 semaines sans avoir eu d'autre récompense que 10 fr. »* (2), *etc. Un savant auteur nous disait, un jour, qu'en général les pièces justificatives d'un volume n'étaient jamais lues ou du moins peu souvent ; nous avons depuis remarqué la vérité de cette assertion, aussi n'avons-nous pas hésité à intercaler dans la partie historique deux ou trois documents de la plus grande importance pour l'histoire de notre village. Nous osons espérer que cette étude, entreprise sur les encouragements et les conseils sympathiques de nos amis et compatriotes, intéressera les amateurs de monographies bourguignonnes et les bibliophiles.*

Il nous reste à remercier ici tous ceux qui, par leur collabora-

---

(1) Le vaisseau à mettre le vin appelé *couhe*, contenant 2 poinçons, est payé tantôt 40, tantôt 32 sous, le poinçon qui est notre tonneau était donc payé de 16 à 20 sous, c'était 5 ou 6 fois la valeur d'une journée de vigneron (ils gagnaient 3 sous) (Arch. de la Côte-d'Or, B. 4262, 1352-1356).

(2) Arch. de la Côte-d'Or, B. 4279 (1432-1434).

tion directe ou par leurs utiles communications, ont si heureusement contribué à revêtir cette notice de l'attrait qu'elle pourra offrir. Nous devons mentionner parmi les premiers : Mlle Eugénie Desportes, professeur de dessin au Lycée de Tournon, qui nous a donné, avec un grand désintéressement, les originaux des dessins qui ont servi à illustrer ce livre; M. l'abbé Guillemier, curé de Chenôve, dont le bienveillant concours nous a été d'une grande utilité. Merci aussi à M. l'instituteur pour tous les renseignements qu'il a bien voulu nous communiquer.

Chenôve-Dijon: 8 mai 1889, 24 avril 1892.

VUE GÉNÉRALE DE CHENÔVE

PRISE DE LA MONTAGNE

PREMIÈRE PARTIE

CHENOVE DE L'ÉPOQUE ROMAINE
A LA FIN DU XVIIᵉ SIÈCLE

CHAPITRE PREMIER

DESCRIPTION GÉNÉRALE DE CHENOVE

Lorsque le voyageur ou le touriste de passage à Dijon, et désirant y séjourner quelque temps, voudra occuper ses loisirs par une belle promenade, il devra diriger ses pas du côté du village de Chenôve et se transporter sur le plateau. La montagne de Chenôve a une étendue d'environ une lieue, à partir de Marsannay pour aller finir à Larrey, au-dessus de Dijon ; elle offre un aspect fort agréable, l'exposition en est magnifique ; elle est tournée vers l'est-sud-est, et est couverte aux deux tiers de riches vignobles, au milieu desquels se trouve le superbe village de Chenôve bâti en amphithéâtre (1). Il est placé en partie sur le versant est

Géographie physique et généralités.— La vigne.— Topographie particulière. — Mœurs.

---

(1) *Statistique de la vigne dans le département de la Côte-d'Or*, par le Dr Morelot, p. 35.

de cette chaîne de montagne, qui commence, à partir de Dijon, les riches coteaux de la Côte-d'Or, et en partie au pied de ce versant. C'est la côte ainsi célébrée par le poète Lucien Pâté (1) :

> Je chanterai la Côte avec ses beaux vignobles
> Que le sang de leurs ceps rend illustres et nobles,
> La Côte aux flancs pierreux que le soleil fait d'or !
> . . . .

Adossé à la côte, le village n'a qu'une seule combe, la *Combe Morisot*. Par sa position au pied et à l'est de la montagne, Chenôve redoute particulièrement les vents de l'est et du sud-ouest, dont rien ne le met à l'abri. Aucune rivière ni ruisseau n'arrose la commune ; néanmoins l'eau n'y manque pas, l'alimentation étant assurée par un assez grand nombre de puits (on en comptait 22 en 1841) et citernes. Au temps de Courtépée il n'y avait que *deux* puits publics.

La ferme de la Noue, comprise dans le rôle des feux du Dijonnais en 1391, est le seul écart dépendant de Chenôve : Jean de Saulx, chancelier de Bourgogne, « baille à cens, en 1420, sa grange de la *Noue-les-Dijon*, pour 5 esmines de blé par an » (2). La Noue paye 3 livres d'impôt pour le taillon en 1626 (3).

Ce village, l'un des plus anciens de toute la côte, au sud-sud-ouest de Dijon, sur un coteau, à 300 pas de la grande route nationale de Dijon à Lyon, est distant de Dijon chef-lieu de département, arrondissement et canton (ouest) de 5 kilomètres et par conséquent éloigné de Paris de 320 kilomètres.

---

(1) *Poèmes de Bourgogne*, Paysage de la Côte, p. 27.
(2) Arch. de la Côte-d'Or, B. 11.331. — L'émine équivaut à 533 litres : au commencement du xiiiᵉ siècle, celle de Dijon, pesant en blé 480 livres, valait 40 sols.
(3) Arch. de la Côte-d'Or, C. 5177.

La latitude y est de 47°17'23" et la longitude de 2°40'17".

Le dernier recensement (1891) porte le chiffre de la population à 812 habitants. Son territoire, limité par les communes de Dijon, Perrigny, Marsannay-la Côte et Corcelles, a une superficie de 735 hectares. Le village le plus proche est Marsannay, à 2 kilomètres, où se trouve le bureau de poste et un télégraphe depuis le 10 juillet 1889. Un large chemin vicinal, appelé communément *Chemin de la Côte*, passe dans le bas du pays. De nombreuses voitures publiques, qui font le service de Dijon à Gevrey-Chambertin et à Nuits-Saint-Georges, assurent, pour l'aller et le retour, les communications avec Dijon.

Au point de vue de l'administration religieuse, Chenôve relève du diocèse et de l'archiprêtré de Dijon, doyenné de Saint-Bénigne, non pas depuis 1731, date de la création de l'évêché de Dijon, comme on serait tenté de le croire, mais depuis la grande Révolution seulement. Ainsi, chose surprenante, à une demi-lieue de notre ville, la paroisse de Chenôve continuait de former une enclave dépendant du diocèse de Chalon, qui n'avait pas voulu céder la moindre parcelle de son territoire à celui nouvellement érigé dans la capitale de la Bourgogne.

Au premier rang des productions du sol, il nous faut placer la vigne, à la culture de laquelle s'adonne la plus grande partie des habitants (1) ; la renommée des vins de ce pays n'est plus à faire et Béguillet, le collaborateur de l'abbé Courtépée, s'exprime ainsi en parlant des vignobles de Chenôve : « Le bailliage de Dijon fournit beaucoup

---

(1) Ce qui prouve que le pays est tout spécialement vignoble, c'est que Courtépée (2⁰ éd., t. II, p. 174) dit catégoriquement : « Chenôve a un très bon vignoble, les fruits y sont excellents, on n'y recueille pas du blé pour nourrir la moitié des habitants. »

de vins, sur une côte qui commence à s'élever au pied de la capitale. Dans le vignoble de Dijon on trouve Chenôve, premier village de la bonne côte, où sont les *Clos du Roi* et quelques climats qui donnent de très bons vins ; s'ils sont gardés cinq ou six ans, ils deviennent comparables à ceux de Nuits. » Le fait est qu'ils ont du corps, de la couleur, s'améliorent considérablement à la bouteille et en un mot sont dignes d'attirer l'attention des connaisseurs.

D'autre part dans un ouvrage du Dr Lavalle (1) il est dit :

« Aujourd'hui, les bons vins de Chenôve méritent encore une place honorable parmi les plus excellents vins de rôti. Ils ont du corps, de la couleur, se conservent très bien, et souvent acquièrent avec l'âge des qualités les plus recherchées... Le noirien, mélangé d'à peine un 20e de pinot blanc, est le seul plant qu'on cultive dans les vignes de cette localité donnant des vins fins. La plantation de ces vignes remonte au moins à huit ou dix siècles. Si l'on veut obtenir de la qualité, ajoutait l'auteur, il faut ne mettre d'autre fumier que du marc de raisin et ne renouveler la vigne que par des fosses. — Comme Dijon, Chenôve a perdu peu à peu ses grands vignobles. Le gamay, à qui les bas de cette commune avaient été cédés depuis longtemps, a monté insensiblement sur le coteau, et le *Clos du Roi* lui-même est aujourd'hui son domaine. C'est à peine si on peut trouver encore sur le territoire 10 à 12 hectares de vignes en plants fins dans les climats dits *le Clos du Roi, les Chenevary, en Seloncourt, le Chapitre, le Bas du Chapitre, les Valandons*. Les climats renommés sont placés à la partie moyenne de coteaux dont le sommet est complètement dénudé. »

---

(1) *Histoire et statistique de la vigne et des grands vins de la Côte-d'Or*, p. 80-81.

Depuis quelques années déjà, des plantations de pins ont été faites par la ville de Dijon, ou par M. Berlier, sur les friches qui existent au-dessus du *Montrecul*, des *Violettes* et du *Chapitre*.

La culture de la vigne n'offre rien de particulier et y est faite avec soin. L'habitude de soutenir la vigne par des échalas est très ancienne ; dans les comptes de la Châtellenie, on retrouve indiqués les prix auxquels on les achetait au XIVe siècle et suivants. Ainsi à Chenôve :

En 1366, le 100 de paisseaux est payé 9 gros.
    1395   —   —   7 gros.
    1400   —   —   15 sols.
    1430   —   —   8 gros.
    1441, le 1,000 vaut   —   12 gros (1).

Ajoutons qu'à Chenôve on récolte surtout des gamays et des passe-tous-grains de première qualité. La surface de la commune est évaluée à 735 hectares dont 316 environ étaient emplantés en vignes, lors de l'établissement du cadastre ; par la suite, ce nombre a été encore en augmentant, et actuellement on peut dire que plus des deux tiers sont en vignes.

Les rendements sont assez élevés et, dans les bonnes années, atteignent certainement 60 hectolitres à l'hectare ; pour les vins fins ils diffèrent peu de ceux des communes voisines. A raison de la situation même de son finage, les vins fins de Chenôve furent appréciés de bonne heure ; nous avons dressé, à l'aide de documents authentiques, le tableau ci-contre qui montrera toute l'importance que l'on attachait autrefois aux vins de ce village et à la cul-

---

(1) V. Dr Lavalle, *ouvr. cité*, p. 22. — Le gros valait 2 sous et demi !

ture de la vigne. Dès l'année 1648, ces vins étaient avec ceux de Dijon cotés un prix supérieur à ceux des communes viticoles de la Côte dijonnaise devenues très importantes par la suite, comme Gevrey-Chambertin et Fixin.

Actuellement encore ils sont estimés et s'y vendent bien. C'est ainsi que lors de l'Exposition viticole organisée à Dijon, le 19 décembre 1891 par le Syndicat de la Côte Dijonnaise dont le siège est à Chenôve, le jury appréciait ainsi les produits récoltés dans ce village :

« La Côte Dijonnaise offre cette année une récolte remarquable. Ses vins ont toutes les qualités des bonnes années : une robe superbe, du velouté et de la vinosité sont leurs caractères distinctifs.

« Les communes de Chenôve, etc., ont envoyé de nombreux échantillons qui ont été très appréciés par le jury et témoignent de la réussite générale.

« Les prix moyens varient de 90 à 100 et 105 fr. la pièce. Pour les gamays de choix, ils s'élèvent à 110, 120 et 125 francs. *Les passe-tous-grains* et les vins fins comme les précédents peuvent soutenir la comparaison avec les meilleures années (1). »

La réputation des vins fins de ce finage est, nous l'avons dit, très ancienne. Courtépée écrivait au siècle dernier : « Il n'y a guère que les vins de Chenôve et de Gevrey qui vont chez l'Etranger, le reste se consomme dans le pays. »

Après la vigne et les vins, il convient de parler des autres productions du sol.

---

(1) *Bulletin du syndicat viticole de la Côte Dijonnaise*, n° 7, janvier 1892, p. 8.

TABLEAU de la récolte des vins a Chenove, aux XIVe, XVe et XVIe siècles; prix de ces vins et notes historiques qui s'y rattachent, d'après des documents tirés des Archives de la Cote-d'Or.

1° — Quantité de vin récolté

1397. — La recette des vins de Chenôve est de 174 queues (1).
1461. — La récolte est de 143 queues.
1526. — La recette des vins de Chenôve est de 14 poinçons.
1527. — On recueillit 21 poinçons de vin.
1557. — La recette des vins de Chenôve est de 79 queues.

2° — Prix du vin

1473. — Le vin de la récolte est vendu 6 fr. la queue.
1474. — La queue de vin est vendue 4 fr.
1520. — La queue de vin de Chenôve est vendue 12 livres tournois.
1524. — La queue de vin est vendue à raison de 7 livres tournois.
1526. — Les 14 poinçons récoltés cette année sont vendus ensemble 56 livres tournois, c'est-à-dire 4 livres le poinçon, ou 8 livres la queue.
1527. — Chacun des 21 poinçons recueillis furent vendus 16 livres 2 sous 6 deniers.
1533. — La queue de vin est vendue 14 livres 10 sous.
1540. — On vend 17 livres tournois la queue de vin ou les deux poinçons.

3° — Notes historiques

1397. — On assigne partie du vin de la récolte de cette année à l'usage de la famille ducale.
1461. — Quinze queues de vin sont données au comte de Charollais ; 8 à la comtesse sa femme ; 8 à Antoine de Croy, comte de Porcian, 1er chambellan du Duc de Bourgogne.
1510. — Curieux détails extraits du compte de Jean Sapin, receveur général des finances en 1510 (2).

Conditions du bail des vignes du Roi à Talant et à Chenôve; il avait à Chenôve 123 journaux de vignes, et à Talant 55.

Le fermier doit chaque année renouveler les fosses de l'année précédente et faire 50 preux par journal, on lui donne annuellement, pour cette culture, 632 livres, c'est-à-dire 7 livres par journal. Le roi prend tous les fruits. Ces conditions sont faites pour la moitié des vignes seulement, pour l'autre moitié, le fermier prend les 3/4 des fruits, et le Roi l'autre quart. Les frais de vendanges sont partagés par égale portion, et chacun fournit les vaisseaux dont il a besoin. Toutes les *gennes* provenant des vignes doivent y retourner et y être éparpillées comme engrais. Le fermier s'engage à chasser les *hurebers* et autres vermines qui se mettraient dans les vignes. 100 queues neuves (200 tonneaux) sont vendues au prix de 10 sous tournois chaque queue, c'est-à-dire de 5 sous tournois le tonneau ou poinçon.

1532. — On envoya du vin de Chenôve au roi François Ier à Paris, pour faire partie de sa provision (3).
1538. — Claude Bégat, tonnelier à Langres, vend au roi 238 poinçons neufs, pour mettre les vins de Chenôve et de Talant à raison de 238 livres, c'est-à-dire 20 sous l'un (4).
1545. — A cette date nous trouvons des lettres touchant les vins de Chenôve (5).
1557. — Sur la recette de cette année, M. d'Aumale, gouverneur pour le roi en Bourgogne, reçoit 2 queues ; le capitaine de Talant 2 poinçons, et l'abbé d'Auberive 6, qu'il avait coutume de prendre sur les vins de Talant.
1592. — On vendangeait à Chenôve le 3 septembre.

---

(1) La queue vaut 2 tonneaux, ou 4h 52l 360. — (2) Arch. de la Côte-d'Or, B. 1825. — (3) Id. B. 1843.— (4) Id , 1395-1397, B. 4267. — (5) Conservées aux Arch. dép. B. 12077. Reg. in fol. 298 feuillets parch., f° 8 v°.

Il n'y a point de terrain spécialement destiné à la culture du cerisier, attendu qu'à Chenôve on plante de la vigne partout. Cependant le nombre des cerisiers cultivés par les habitants en 1854 est de 2.197. Ils sont parsemés sur toute l'étendue du territoire pour les 2/3 et 1/3 sur le territoire des communes voisines, notamment Marsannay et Dijon. Le rendement moyen de chaque pied de cerisier a été de 54 kil. 620 gr. ou en totalité 120.000 kilog., exportés tant à Dijon qu'ailleurs. Le prix moyen du kil. est de 25 cent., ce qui produit, par pied de cerisier, 13 fr. 65 cent., ou, en total, 29.989 fr., dont les 2/3 pour le territoire de Chenôve forment une somme de 19.992 fr. 66 cent., et le 1/3 pour les communes voisines, celle de 9.996 fr. 33 c.

Ces détails intéressants sur la culture des arbres fruitiers à Chenôve (car il n'y a guère que le cerisier que l'on cultive sur une grande échelle, ainsi que le pêcher) (1) ne sont pas tout à fait exacts aujourd'hui, car les renseignements qu'on vient de lire ont été fournis par le maire de Chenôve au Congrès scientifique tenu à Dijon, en août 1854.

Voici quelques autres notes, d'après *la Statistique commerciale, industrielle et agricole du département de la Côte-d'Or*, dressée en 1880 par la Chambre de commerce de Dijon, la dernière parue :

Chenôve possède 290 hectares de vignes en plants ordinaires ; 167 de terres cultivées en céréales ; 150 de terres incultes ; 50 de prairies artificielles ; 50 de cassis et framboises ; 40 de vignes en plants fins ; 25 de forêts.

---

(1) M. Ch. Ballet, dans un article : *l'Art de greffer les arbres, arbrisseaux, arbres fruitiers*, écrit que les coteaux de Morey, Gevrey, Couchey, Fixin, Brochon, *Chenôve*..., sont de véritables mines d'abricots, de pêches, de cerises précoces. On y vend l'abricot de 80 à 100 fr. les 100 kilog. Cf. Journal *le Rappel*, du vendredi 18 mars 1892.

Quant aux produits, on a compté en 1880 : 14.500 hectolitres de vin (1) ; 1.750 quintaux produits divers ; 1.713 quintaux de grains ; 1.500 de foin. — Le recensement des animaux a donné le résultat suivant : 300 moutons, 80 porcs, 37 chevaux, 30 vaches, génisses ou veaux ; 25 chèvres ; 6 ânes et mulets ; 10 ruches d'abeilles.

On exploite sur le territoire de la commune de belles carrières de pierres d'un blanc pâle, d'un grain fin et facile à couper, qui ont joui autrefois d'une certaine renommée ; de ces carrières furent tirées les anciennes figures trouvées sous les murs de Dijon (2). La pierre de Chenôve fut d'abord employée pour bâtir à Dijon et les plus anciens édifices en sont construits ; mais on l'a abandonnée parce qu'on a remarqué que cette pierre est sujette à geler et à s'affaisser sous le poids des constructions. Les carrières des Chartreux n'ont été ouvertes qu'après celles de Chenôve : en 1378, on fit tirer de la pierre à Chenôve pour la construction de la Chartreuse de Champmol (3).

La géologie de Chenôve, pour la Côte, bien entendu, ne présente rien de particulier. A la base, on rencontre les alluvions anciennes, à mi-côte le Forest-Mable, puis celle-ci se termine par le Cornbrash. Les sous-sols sont, en certains climats, formés d'un banc de marne puissant. M. Margottet indique, pour les trois lieux dits ci-dessous, la composition suivante (4) :

---

(1) D'après le D' Morelot, *ouvr. cité*, on récolterait en moyenne, à Chenôve, 8.900 hectolitres de vin.
(2) V. l'ouv. de Legouz, *les Antiquités de la ville de Dijon*, où ces figures sont gravées.
(3) Arch. de la Côte-d'Or, B. 11670.
(4) R. Danguy et Ch. Aubertin : *les Grands Vins de Bourgogne* p. 600-601.

	ANALYSE MÉCANIQUE		
	Valandons.	Jura.	La Noue.
Terre fine	57.0	88.89	100
Gravier	43.0	11.11	0
ANALYSE CHIMIQUE DE LA TERRE FINE			
Azote	0.098	0.154	0.098
Acide phosphorique	0.164	0.151	0.113
Potasse	0.450	0.177	0.284
Chaux	6.465	2.027	0.481
Oxyde ferrique	4.715	5.125	4.100
Silice	57.000	59.500	57.000
ANALYSE PHYSIQUE DE LA TERRE FINE			
Sable siliceux	34.125	40.845	43.226
Argile	45.125	47.865	48.880

Dans l'étude des terres à vignes nous trouvons les quelques renseignements qui suivent :

Chenevary. — Alluvions pliocènes de graviers calcaires.

Sol : argilo-calcaire, rouge-brun, mélangé de cailloux calcaires de 0^m 40 d'épaisseur.

Sous-sol : gravier jaune blanchâtre très calcaire.

Clos du Roi. — Sol : argilo-calcaire, rouge-brun, assez compacte, quelques cailloux calcaires durs, assez fertile ; 0^m 60 d'épaisseur.

Sous-sol : sable graveleux, calcaire, avec quelques gros fragments calcaires durs.

Champ-Loup. — Alluvions pliocènes.

Sol : riche, brun café foncé, homogène, sans cailloux, silico-argileux, meuble, 0^m 40 d'épaisseur.

Sous-sol : graviers calcaires durs.

Corriottes. — Graviers pliocènes.

Sol : argileux-siliceux, brun clair, un peu compacte, mélangé de fragments calcaires blancs, grisâtres, assez durs ; 0^m 30 d'épaisseur.

Sous-sol : conglomérat de gros cailloux réunis par une gangue de même nature que le sol.

En résumé le village fait partie des terrains d'étage oolithique inférieur (groupe de la grande oolithe) cornbrash dans la partie du territoire située entre le Chapitre et Gouville. Les terrains du Chapitre appartiennent au même groupe, même étage : terrain Forest mable et grande oolithe ; le reste du territoire fait partie des terrains tertiaires supérieurs, alluvions anciennes ou terrain ancien de Bresse (1). C'est d'ailleurs la constitution géologique du sol des grands vignobles ; près de Dijon, les couches du calcaire à entroques et de la terre à foulon ne sont nulle part amassées à la surface, au-dessus des couches de détritus. Les premières assises qui apparaissent sont celles de la grande oolithe, et on a, à Chenôve, la coupe suivante : 1° Grande oolithe ; 2° Blanc marneux irisé très mince ; 3° masse épaisse de calcaire compact du forest mable ; 4° Cornbrash. — *Le Clos du Roi*, le *Chapitre* sur Chenôve ; les *Montreculs*, les *Violettes*, les *Mares d'or*, territoire de Dijon, reposent sur la grande oolithe ou sur le blanc marneux cité plus haut (2)

Quant à la flore, elle n'a rien de spécial. Courtépée écrivait au siècle dernier que la Conise bleue des Alpes, *aster atticus cæruleus major Tourn*, croît dans les combes à droite entre Chenôve et Dijon ; la sauge sauvage ou faux chamarras, *teucrium scorodonia*, au-dessus des vignes de Larrey et de Chenôve ; l'herbe au Chat, *Cataria major vulgaris*, autour de Dijon (3).

---

(1) Carte géologique de la Côte-d'Or, par Guillebot de Nerville.
(2) Dr Lavalle, ouvr. cité, p. 174.
(3) V. Courtépée, t. I, 2e éd., p. 300. Consultez aussi, pour plus de détails : Viallanes et d'Arbaumont, *Flore de la Côte-d'Or*.

Pour terminer cette partie topographique, il nous reste à dire un mot de l'intérieur du village.

Dans l'espace d'une vingtaine d'années, Chenôve s'est considérablement agrandi et aussi embelli. En 1879 et 1887, la municipalité a ordonné la translation des restes de l'ancien cimetière au nouveau, situé en dehors du village, ce qui aujourd'hui donne une belle et grande place et isole l'église paroissiale des autres habitations. Elle a agi de même à l'égard d'une ancienne maison qui se trouvait sur la place principale à l'entrée du pays, en ordonnant en 1885 sa démolition ; c'est pourquoi nous voyons un magnifique emplacement au milieu duquel, le jour de la fête patronale (1), se groupent de nombreux marchands forains. En même temps que la maison fit du jour et agrandit la place, on abattit les arbres que l'on avait plantés à l'endroit occupé autrefois par une mare. Sur ce terrain marécageux les marronniers étaient venus à merveille, et nous avons entendu dire à plusieurs Dijonnais qu'ils regrettaient l'ombrage des vieux arbres et les bancs de pierre sur lesquels on se reposait ! Il est vrai que de nouveaux platanes les ont remplacés ; mais qu'ils sont loin de nous donner de l'ombrage comme leurs prédécesseurs !

De jolies maisons bourgeoises ornent les principales rues de Chenôve qui sont : la rue de la Montagne ; la rue Haute, à l'extrémité nord du village ; la rue de l'Eglise ; la rue Roulotte, autrement dite du cimetière ; la rue Basse, par opposition à la rue de la montagne ; la rue Jean-Druet ; la rue du Clos du Roi, et la ruelle dite rue Vizenay.

Au XIIIe siècle, le duc de Bourgogne, Philippe le Hardi,

---

(1) V. sur la fête de Chenôve, notre article paru dans le *Progrès de la Côte-d'Or* du vendredi 10 juin 1892, intitulé *la fête de Chenôve autrefois et aujourd'hui*.

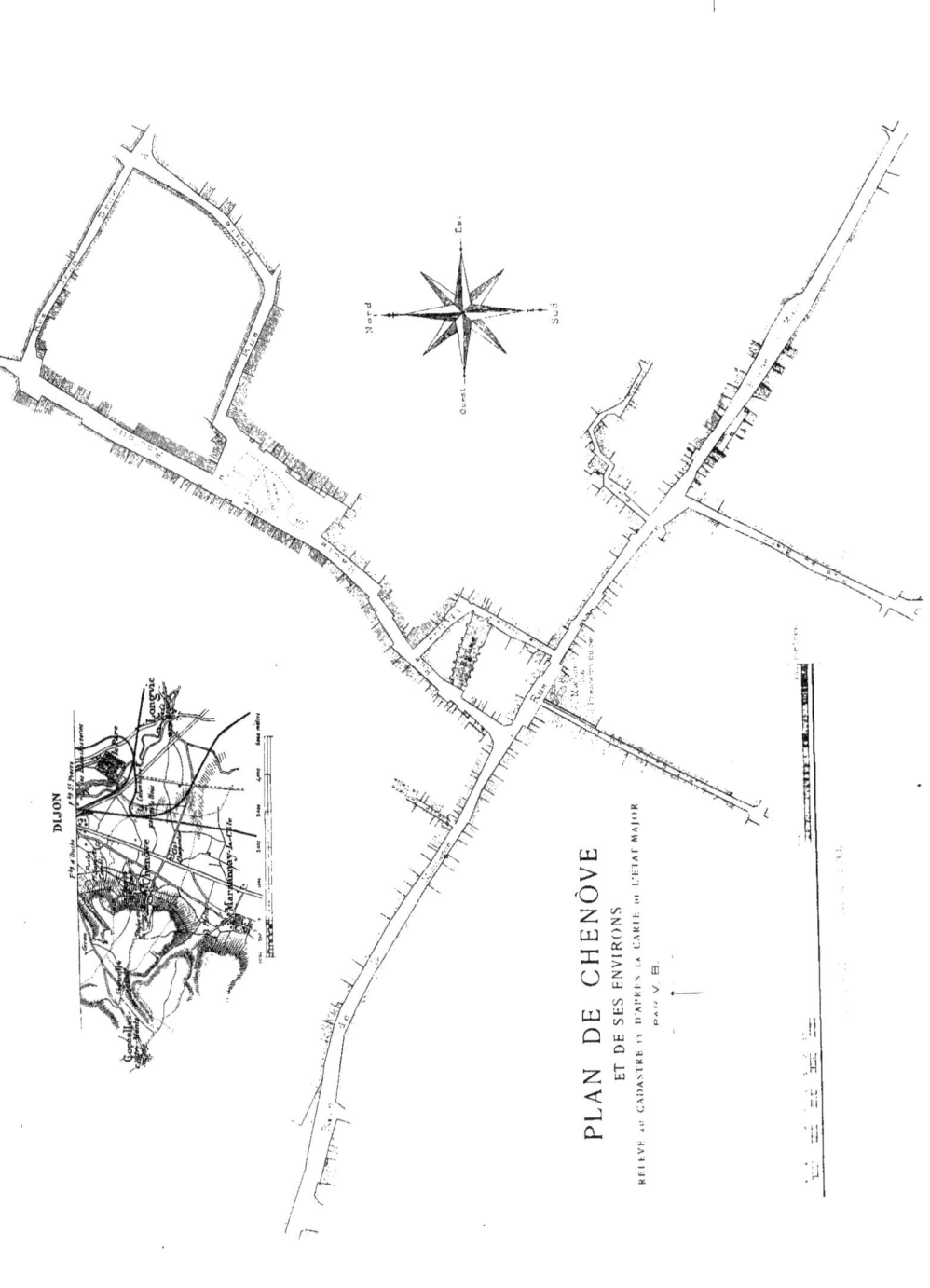

avait une grange *rue du Voisenet*, et au XVIe Claude Jolibois de Chenôve paye 15 deniers « pour l'accensissement d'ung trot de meix, assis audit lieu en la *rue Basseran*, contenant 9 perches (1) ». On parlait en 1365 d'une rue *Maul Voysin*, à Chenôve, dont on aurait fait plus tard rue de *Beauvoisin* (2). En 1585 l'abbaye de Labussière donne par bail à Jean de Margonot, de Chenôve, une maison sise audit village, *rue du Moulin* (3).

C'est dans la rue Basse, qui appartenait au prieur de Saint-Bénigne, que se trouvent groupées les plus belles maisons ; nous y voyons, en effet, la maison des pressoirs du roi, celle de la famille Favier, de M. Vionnois-Durandeau et beaucoup d'autres. Au sommet de la montagne se voit la petite maison du peintre J.-J. Cornu, charmante maison de campagne habitée pendant la belle saison par M. le Dr Belin, de Dijon ; c'est dans cette rue que se trouvent la mairie et l'école communale de garçons et de filles. La rue du Cimetière a aussi deux constructions bourgeoises, l'une moderne a appartenu à M. Coffin, c'est là que mourut, en 1852, le Dr Alfred-Jules Naigeon ; l'autre, plus ancienne, est habitée par M. Jolibois, avocat ; cette dernière est entourée d'un grand clos, où, pendant l'été, la fanfare du village donne quelques concerts. Dans la rue de l'Eglise, outre cette dernière, nous avons la cure, ancien bâtiment modernisé, qui se distingue des autres maisons par une croix de pierre qui fait l'ornement de la porte d'entrée.

Plaçons ici deux lignes sur les anciennes sculptures que l'on remarque dans plusieurs maisons de Chenôve.

Le bas-relief qui décore le dessus d'une fenêtre (1er étage)

---

(1) Arch. de la Côte-d'Or, B. 4304 (1542-1546).
(2) Arch. municip. de Dijon, C. 15 cote 5. V. aux pièces just.
(3) Arch. de la Côte-d'Or, H. 531, F. de l'abb. de Labussière.

de la maison dépendant du café « *Au grand Saint Vincent* », sur la place du village, provient assurément d'une ancienne construction ; nous ne pouvons donner une exacte définition du dessin qu'il représente, car il est tellement mutilé, qu'il est impossible de reconnaître la figure d'un des nombreux personnages qui le composent ; après un examen attentif, nous avons pu découvrir que les sujets avaient été peints. Il ne faudrait pas croire cependant que le millésime de 1859, qu'on lit au milieu d'un cartouche au-dessus de ce bas-relief, soit la date de son exécution, ce ne peut être que celle de la construction de la maison, ou bien encore de la pose de celui-ci sur la façade en question. Les têtes d'animaux en pierre aux murs de quelques maisons, ce bas-relief dont nous venons de parler, deux ou trois anciennes niches à saints — l'une d'entre elles près de l'église abrite un saint Claude en bois peint, avec les lettres S. C. dessous, une autre vieille statue en pierre, mais de plus grande dimension que le premier spécimen décore la niche fort jolie d'une maison, rue du Cimetière (1) — sont, au premier coup d'œil, les preuves de l'ancienneté de Chenôve. Ajoutons, qu'encore actuellement, il reste au village quelques maisons contemporaines à l'église, c'est-à-dire de la fin du xive siècle, une entre autre près de celle-ci, restaurée en 1888, conserve dans la grande porte cochère et dans les fenêtres donnant sur la rue et dans la cour, la marque originale de l'époque moyen âge. Les fenêtres en ogive ou cintrées donnent aussi un caractère d'antiquité très marqué à plusieurs maisons.

Les habitants des villages avoisinant Dijon sont d'un caractère excessivement fier, mais facile à comprendre,

---

(1) La parure polychrome de cette figure qui était presque effacée a disparu complètement lors de la réparation de la maison, en 1891.

étant donné le peu de distance qui les sépare du chef-lieu de département, où ils se rendent très souvent. Le contact journalier des gens de la ville avec ceux des campagnes est aussi pour quelque chose dans cette pointe d'orgueil que nous remarquons, non seulement à Chenôve, mais aussi chez tous les vignerons de la banlieue dijonnaise.

Les habitants de Chenôve sont donc, en général, altiers. Mais ces travailleurs des champs ont, pour compenser ce petit défaut, de grandes qualités : ils sont laborieux, et soit qu'ils travaillent à la tâche, à la journée, ou pour eux-mêmes, ils s'acquittent consciencieusement de leurs travaux ; ils sont matineux, et avant que les premiers rayons du soleil dorent le sommet de la montagne, au moment où l'aurore projette ses blanches clartés, ils sacrifient leur sommeil et toutes les douceurs d'un lit réparateur, pour voler dans les champs à leurs travaux quotidiens. Ils ont reçu le sobriquet de *bombi ;* on dit, en parlant d'eux : *Bon bi, bon bian, lé méjou de pain bian*. Clément-Janin a écrit à propos de ce sobriquet, dans son recueil pour l'arrondissement de Dijon (1) :

« *Lé bombi*. Il y a un demi-siècle, les Cheneveliers mangaient toujours à l'auberge Malet, près du Morimont. Excellent fricot, sauce abondante dans laquelle ils trempaient leur pain. L'hôte, un jour, leur faisait observer que c'était du *bon pain blanc* préférable à leur bis :

---

(1) *Sobriquets des villes et villages de la Côte-d'Or*, p. 15 et 2ᵉ éd., p. 23.

Le même auteur est amené à parler de Chenôve dans le sobriquet des gens du village voisin, Marsannay-la-Côte : **Les Taratans**, Taratan ! c'est presque un synonyme de blagueurs; aussi, fait-on dire à leur cloche, à la quinte :

Y payon bé, y n'devons ran (*bis*) !

Tandis que celles de Chenôve répondent sur le ton grave :

Tan bé que mau !

« Pfût, répond l'un d'eux, bon bi, bon blan, to çai s'évaule ! »

« Mais ceux qui sont allés à Chenôve savent qu'on y parle vite, excessivement vite ; qu'on y a, en un mot, un bon babil. Les railleurs, par imitation du langage des cheneveliers, disent donc qu'ils ont un *bon b'bil*. Ne serait-ce pas là l'origine du sobriquet ? Ce qui porte à le croire, c'est que, dans l'arrière-côte, à Ternant, par exemple, on dit d'une femme qui a un bon bec, un bon caquet : *qué bon bi alle é!*

A Dijon, voici la réponse ordinaire aux indiscrets qui veulent savoir où vous allez : « Je vais à Chenôve, glaner des queules », glaner des souches.

Chenôve avait jadis une hôtesse célèbre par son habileté à faire les comptes. Quand un Dijonnais en villégiature s'aventurait dans son auberge, elle établissait ainsi la carte à payer :

« Trois sous de pain, mettons cinq ; une bouteille de vin de huit sous, mettons dix : dix et cinq quinze, mettons vingt. Il y a ensuite une omelette de douze sous, mettons quinze, pour dix sous de saucisson, ça fait vingt-cinq, mettons trente : trente et vingt cinquante, mettons trois francs ! »
Il convient de dire que la brave femme a fait fortune en très peu de temps et qu'elle a disparu de la localité des *bombi*, ne laissant derrière elle que le souvenir de ces additions.

Ajoutons, pour compléter Clément-Janin, que si quelques étrangers à la localité viennent fixer leurs tentes à Chenôve, les personnes originaires du pays, c'est-à-dire les *bombis* appellent ces étrangers : *Les Barsibis.*

CHAPITRE II

ORIGINES DE CHENOVE

LE ressort du bailliage de Dijon paraît avoir été fort peuplé du temps des Gaulois et des Romains, et plusieurs endroits ont conservé leurs noms celtiques ou romains (1). C'est ainsi que Chenôve, CANAVÆ IN FINE LINGOVIANA IN PAGO OSCARENSI, CANAPÆ, CANABUM, CANAVIS VILLA, CANAVÆ (600, *Chron. de Bèze*), FINIS CANAVENSIS (827, Pérard, p. 16), CHENAVAS, 880 (Cart. de Saint-Bénigne, 88-89), CHENAVE, dont l'origine peut être considérée comme aussi ancienne que celle de Dijon (*Divio*), remonte à l'époque de l'invasion romaine en Bourgogne, alors que la montagne voisine fut occupée par un camp romain. Au sud-ouest de Dijon, à 8ᵏ environ, s'élève le Mont-Afrique, sur les confins de l'ancien territoire des Eduens et des Lingons ; c'est sur ce plateau, que César, si l'on en croit la tradition, avait établi, peu après la conquête, un camp pour surveiller les peuples qu'il venait de soumettre : aussi la partie sud porte encore aujourd'hui le nom de *Camp de César* (2).

Découvertes archéologiques de l'époque romaine ; Donations antérieures au XIIIᵉ siècle. — La Justice et les droits féodaux.

---

(1) Courtépée, II, 2ᵉ éd., p. 13.
(2) *Mém. de la Com. des Antiquités de la Côte-d'Or*, t. V, p. 243.

Ce qui vient confirmer cette assertion est la découverte, à Chenôve, en 1859, d'une médaille en or de Vespasien et d'une monnaie en même métal de Valentinien III, empereur romain (1) ; c'est à peu près les seuls titres d'après lesquels on puisse affirmer que l'époque romaine n'est point étrangère à cette origine. D'autre part, tous les auteurs qui ont écrit sur Chenôve, ou du moins ont eu l'occasion de le citer dans leurs études, sont d'accord pour dire que le village est un des plus anciens de toute la côte et a dû être habité au temps des Romains (2).

Il faisait alors partie du *Pagus Attuariorum*, autrement dit canton des Attuariens, dans le Langrois. Chenôve, *Canavas* (Chron. de Bèze, 600), *Cheneva*, et d'autres pays, appartinrent à ce pagus jusqu'à la fin du VIIIe siècle. A cette époque on en détacha les lieux situés à l'ouest de la voie de Langres à Chalon et au midi de la Bèze et des Tilles, pour en former les nouveaux districts de Dijon et d'Ouche ; les bornes de ces *pagi* ne furent jamais arrêtées d'une façon invariable, et notamment aux environs de Dijon, une localité est placée tantôt dans un canton, tantôt dans un autre ; c'est ce qui explique pourquoi nous voyons paraître dans le *Pagus Divionensis* (dijonnais), Chenôve sous le nom de *Canavæ*.

Parmi les subdivisions du district de Dijon, figure l'*actus Oscarensis*, qui n'est autre qu'une *centena* du pagus di-

---

(1) V. aux pièces justif., 1. — On a encore découvert, à Chenôve, à des époques différentes, d'autres médailles ou monnaies romaines qui n'ont point été conservées.

(2) Cf. Courtépée, 2e éd., t. II, p. 174 ; Legouz, *les Antiquités de la ville de Dijon*, p. 167 ; Dr Morelot, *Statist. de la vigne dans le dép. de la Côte-d'Or*, p. 35 ; *Promenade à Fixin*, par Henri Vienne, p. 4. Badin, lui-même, dans sa *Géographie de la Côte-d'Or*, p. 301, s'exprime ainsi : Ce village est ancien, on croit qu'il existait dès les premiers siècles *de l'établissement des Romains à Dijon*.

vionensis ; elle se composait de toute la *finis Longoviana*, laquelle comprenait : Chenôve, Trimolois, Marsannay, et huit autres localités de la Côte. La *finis Canavensis*, de Chenôve (827), de même que la *finis Tremolensis*, de Trimolois (836), — village aujourd'hui détruit et auquel nous consacrons dans une autre partie une longue note — étaient une subdivision du *Pagus Oscarensis* (d'Ouche) (1).

L'étymologie de Chenôve vient de Chenave, à Cannabe, (chanvre), terrain planté en chanvre, nom d'une plante très commune qui a été cultivée dans l'antiquité sur certaines parties du territoire, et qui, aujourd'hui, a totalement disparu de la localité. En certains villages, on payait les dîmes en nature, c'est-à-dire en avoine, blé, légumes, vins et *chenosves*, chanvre, chenevottes. Il y a même, dans le langage des habitants de la commune, une tendance à prononcer souvent *Chenovre*, au lieu de Chenôve.

Legouz de Gerland (2) pense que la maison de campagne de *Titus Veter*, intendant des édifices publics, ou protecteur des Beaux-Arts, au Ier siècle, « étoit au village de Chenôve, situé près de Dijon, et en effet, ajoute-t-il, toutes les pierres blanches qu'on employoit dans les anciens ouvrages étoient tirées des carrières attenantes à ce village ».

Entre Chenôve et Longvic se trouve l'ancien chemin des Romains, qui tire en droite ligne des bois de Perrigny à la Colombière ; c'est la voie romaine qui va de Langres à Chalon-sur-Saône, par Orville, Thil-Châtel, Gemeaux, Marsannay, Norges, Bellefond, la Colombière,

---

(1) J. Garnier, *Chartes bourg. inéd. des IXe, X[e] et XI[o] siècles*, p. 69 ; Pérard, pp. 15, 16 ; Courtépée, I, p. 246, 248, 252.
(2) *Dissertations sur l'orig. de la ville de Dijon*, p. 167.

Perrigny, Broindon, Epernay, Saint-Bernard, Argilly, Villey, etc.

Le village de Chenôve-les-Dijon (1), on l'a vu, figure dans l'histoire de la Bourgogne où il est cité plusieurs fois, comme existant déjà, nous apprend la Chronique de Bèze, en 600; celle de Saint-Bénigne en fait mention en 609 (2), quoique la légende de saint Urbain, évêque de Langres, au iv° siècle, publiée par les Bollandistes dans les *Acta Sanctorum*, cite *Chenôve* avec quelques autres villages, notamment : Elariacum (ou Larrey, commune de Dijon), Marcenniaco (Marsannay-la-Côte), Longus vicus (Longvic), etc... (3). L'abbé Chenevet, *Mémoires sur Dijon*, appelle Chenôve *villa Cavenniacus* (4), et dans un manuscrit de la bibliothèque de Dijon, Fonds Baudot, sans date, intitulé : *Recueil des noms de villes, bourgs, paroisses, villages et hameaux de Bourgogne et de Bresse*, etc... Chenôve est appelé « Chinosve... à MM. de Saint-Lazare d'Autun, 17 feux ».

La paroisse était placée sous le vocable de Saint Nazaire et Saint Celse, patronage du chapitre d'Autun, diocèse de

---

(1) Nous mettons Chenôve-les-Dijon, pour ne pas confondre ce village avec celui de Chenôve, *Canapæ* et *Canabæ*, dans un titre de 924, canton de Buxy (Saône-et-Loire), province de Bourgogne, seigneurie de l'abbaye de Saint-Martin d'Autun, moins la partie dite de Labergement, qui appartient aux ducs de Bourgogne ; cette paroisse du bailliage et recette de Chalon et de l'archiprêtré de Saint-Gengoux, est reconnue franche dès 1431. (V. Courtépée, 2° éd., t. III, p. 367).

Il y avait encore Chenôve, de la paroisse de Savigny, à l'abbaye de Maizières. Les religieux de ce monastère avaient un prieuré dans cette localité.

(2) V. *Analecta Divionensia : Chron. de Saint-Bénigne*, par l'abbé Bougaud, Introd., p. xxiii.

(3) J. Garnier, *Chartes bourg. inéd. des* ixe, x^e, xie *siècles*, p. 60.

(4) M. Fustel de Coulanges croit avoir trouvé dans les textes du Digeste la preuve que la *villa* ou le dominium romain prenait le nom de celui qui l'avait créé et ne le perdait plus ; or il est à peu près certain que Chenôve, comme beaucoup des plus anciennes communes de France, ont pour origine de grands domaines ruraux gallo-romains (H. Chabeuf, *Plan de monographie communale*, p. 6).

Chalon, archiprêtré de Rouvres (1), archidiaconé d'Oscheret ; du bailliage, subdélégation et grenier à sel de Dijon ; recette des impositions et bureau du contrôle des actes de la même ville. Le territoire dépendait originairement de l'abbaye de Saint-Bénigne de Dijon ; le district de cette dernière était le plus étendu, en même temps que le plus riche, il comprenait tous les villages de la bonne côte jusqu'à Longvic.

Saint Gontran, deuxième fils de Clotaire Ier, qui fut roi de France, de Bourgogne et d'Orléans (561-593), donna à l'abbaye de Saint-Bénigne des fonds à Chenôve, en 584. La dame Goyla fit aussi des dons au même monastère, en 610... Per idem tempus presidebat Lingonensi ecclesie Miletius Episcopus (2), Divionensem vero Abbatiam, quo in loco sanctus martir Benignus quiescit, regebat Abbas venerabilis nomine Gudinus (3), cuius diebus, scilicet, anno XIIII regni Teoderici regis, quedam nobilis femina vocata *Goyla*, cum consensu et laude viri sui, nomine Bonevassi, dedit predicto sancto Martiri Benigno... *in villa Chenevas* (Chenôve)..., de his omnibus rebus heredem fecit post mortem suam et predicti viri sui sanctum Benignum (4). Courtépée, qui place cette donation en 672, est complètement dans l'erreur. Amalgaire, duc de la basse Bourgogne, qui fonda au commencement du viie siècle, vers 630, l'abbaye de Bèze (5), comprend dans sa dotation des vignes

---

(1) J. Garnier, *Nomenclature des com. de la Côte-d'Or*, p. 9, dit que Chenôve dépendait de l'archiprêtré de Mailly.
(2) Milietus ou Mietius, évêque de Langres, mort en 617.
(3) Gudinus ou Goinus, quatrième abbé de Saint-Bénigne.
(4) *Anal. Divion. Chron. de l'abbaye de Saint-Bénigne*, par l'abbé Bougaud, pp. 39 et suiv. ; v. aussi Pérard, p. 8.
(5) Il y a inexactitude de date, dans Courtépée, à propos de la donation du fondateur du monastère de Bèze : Adalgaire, dit-il, donne des fonds à l'abbaye de Bèze, en 612, ce qui est matériellement impossible.

situées sur Chenôve, Marsannay, Couchey, Gevrey, Vosne et aux environs de Beaune ; il y joint les vignerons (vinitores) et autres colons chargés de leur exploitation.

C'est par son testament de 653, que le village de Chenôve fut cédé par saint Léger, vingt-cinquième évêque d'Autun, à sa cathédrale ; mais ce n'est qu'en 1132 que le pape Innocent III confirma cette donation. Le passage du testament de l'évêque qui a rapport à Chenôve est ainsi conçu :... Trado, transsundo, et hæredem flatuo, Ecclesiam beati Nasarii, titulum mei Præsulatus, de rebus meis, hoc est de Mariniaco... *de Canavis*, villa quam de Bodilone et Sigrada conquisivi, cujus terra sita est tam infra Divionem càstrum, quam circa... Anno Incarnationis Dominicæ, die quinquagesimo tertio, indictione decima, regnante Theodorico filio Clotarii (1). Après cette donation, le prieur et les religieux de Saint-Bénigne, en leur qualité de seigneurs, conservèrent encore une partie de la seigneurie et le droit de dîme sur la rue Basse et la rue de Vizenay.

On vient de voir rapidement les origines de Chenôve depuis les temps les plus reculés jusqu'à la donation de saint Léger. Dans d'autres chapitres subséquents, nous étudierons les divers actes des seigneurs de notre village : pour l'instant, nous devons nous arrêter quelque temps sur des débats qui s'ouvrent au milieu du moyen âge et ne se terminent qu'à la Révolution ; nous avons voulu parler des droits de justice.

Il fut jugé par arrêt du Parlement de Paris, en 1286, que la justice de Chenôve appartenait au duc, et non au chapitre Saint-Ladre d'Autun (2) ; aussi chaque année, le jour de

---

(1) *Extrait des titres qui établissent que la seig. de Chenôve appart. à l'église d'Autun*, p. 2 (titre de propriété).

(2) V. aux arch. de la Côte-d'Or, 1248-1387, B. 1005, vidimus d'un

Saint-Nazaire (28 juillet), le prévôt du duc allait à Chenôve égandiller les mesures. Jean de Marnay, fermier de la prévôté de Dijon, va, en 1496, avec des sergents et autres gens de guerre, pour égandiller les mesures, selon le droit qu'il avait ; il s'était fait accompagner, parce qu'il avait été averti que les officiers du chapitre d'Autun, coseigneur de Chenôve, se proposaient de s'opposer à ce contrôle (1).

Le polyptique du chapitre d'Autun, dressé en 1290, établit que ses hommes de Chenôve étaient seulement soumis à deux corvées et à des redevances en nature et en argent, pour les héritages qu'ils tenaient à cens ; de taille et de mainmorte pas un mot (2). Quoi qu'il en soit, au XIIIe siècle, les trois domaines (ceux du chapitre d'Autun, de l'abbé de Saint-Bénigne et du duc de Bourgogne), formaient autant de seigneuries distinctes, dont la plus considérable était celle des chanoines, qui embrassait toute la partie haute du village.

Dès 1301, le droit de justice, à Chenôve, devient, pour la commune de Dijon et l'abbaye de Saint-Bénigne, un sujet de contestation, à la suite duquel il est conclu une transaction, relative aux droits de chacun d'eux ; cependant de nouveaux débats éclatent entre la mairie et l'abbaye, pour la justice dans la banlieue de Dijon, à Chenôve notamment. La ville de Dijon avait donc des droits assez étendus (la suite de notre récit le prouve) sur la communauté de Chenôve, dont on ne connaît pas l'origine ; elle joue toutefois un rôle secondaire mais néanmoins important, qu'il n'est pas inutile de connaître avec quelques détails.

arrêt par lequel la justice de Chenôve appartient au duc de Bourgogne.
(1) Arch. de la Côte-d'Or, B. 4532.
(2) J. Garnier, *Chartes de comm. et d'affranch*, t. III, p. 431.

Dans une transaction ménagée entre le duc de Bourgogne, la ville et l'abbaye de Saint-Bénigne, qui avait un procès pendant au Parlement de Paris, il est stipulé que cette dernière aurait la *justice moyenne* sur le village de Chenôve, que la *haute* y appartenait au duc, avec réserve à la mairie de Dijon de la connaissance des crimes et délits commis par les habitants de la communauté. Tout semble donc arrangé pour le mieux, bien que, dans cet accord, les droits du chapitre d'Autun soient méconnus. Mais cette bonne harmonie dura peu ; nous allons voir comment elle fut troublée.

La réserve de la connaissance des faits qui se passaient dans la commune est observée jusqu'au xive siècle. En 1391, il est fait remise de prisonniers à la mairie de Dijon, par « le juge tenant à Chenôve la place du chapitre d'Autun, seigneur en partie du pays (1) ; » mais en 1453 il y eut infraction au règlement, en conséquence de laquelle il est donné commission, par le bailli de Dijon, à un sergent, à l'effet de citer devant son tribunal les curés de Marsannay et Chenôve, qui avaient entrepris sur le droit de messerie (messiers, gardes champêtres) appartenant à la ville de Dijon, dans la banlieue (2). Le même acte se reproduit en 1497, le 3 novembre, à l'occasion de la levée du corps d'un suicidé, à Chenôve, par le sergent du chapitre Saint-Lazare d'Autun, au mépris des droits de justice appartenant à la mairie de Dijon (3) ; ces faits renouvelés occasionnèrent, en 1561, de nouveaux débats entre la mairie de Dijon, l'abbaye de Saint-Bénigne, le chapitre de la cathédrale d'Autun et les officiers du bailliage. On voit que les cha-

---

(1) Arch. municipal. de Dijon, C. 17.
(2)   Id.   id.   C. 21.
(3)   Id.   id.   C. 23. V. encore C. 25 et 28.

noines d'Autun entrent en cause et encore comme partie principale. Mais quatre ans plus tard, l'abbaye de Saint-Bénigne et les officiers du bailliage abandonnèrent leurs droits. La discussion fut reprise, en 1612, entre la ville de Dijon et le chapitre d'Autun à qui il est fait défense de se pourvoir ailleurs qu'à la Chambre des comptes de Dijon, pour le fait de haute justice à Chenôve (1). Suivant lettre du roi Henri III, du 25 juillet 1580, il résulte que « la haute, moyenne et basse justice du village de Chenôve, près Dijon, appartient au roy, ainsi qu'une redevance de quatre gros sur chaque journal de vigne, d'après le titre qui est à la Chambre des comptes... Que cependant les *chanoines et chapitre Saint-Lazare d'Autun jouissaient de lad. justice* (2). » On lit dans Peincedé (3) l'analyse d'une longue pièce, sur le même sujet, qu'on nous saura gré de reproduire, et qui complète heureusement tout ce qui précède : « Pièces de procédures faittes en l'an 1584, par le procureur du Roy, du domaine contre les chanoines de Saint-Ladre d'Autun, pour la réunion au domaine de la haute justice de Chenôve-les-Dijon, dont les pièces les plus intéressantes sont les dires dud. procureur du Roy contre lesd. chanoines par lesquels dires il appert : que l'histoire nous apprend que la propriété du duché de Bourgogne ayant été acquise au Roy Robert, il la donna en apanage à son fils du même nom, que les apanagistes n'ont aucun pouvoir d'aliéner ce qui leur a été donné en apanage, qui maintenant appartient au Roy, la justice et seigneurie de Manlay, qui, par l'arrêt du Parlement de France, du mois de février 1286, fut adjugée aud. chanoines, que le testa-

---

(1) Arch. de la Côte-d'Or, B. 128 (1612 feuilles d'arrêts de la Cour).
(2) Id. Ch des comptes, Reg. XII, f° 77, enreg. le 2 septembre 1580, Recueil de Peincedé, t. III, p. 368.
(3) Recueil, t. II, p. 573 (B. 1007).

ment de saint Léger qui était de l'an 653 fut produit, par lequel lesd. chanoines ont eu à Chenôves ce qu'il y avoit par ces termes : de Canavis villam quam de Bondisano et Sigrada deo devota conquisivit, dit led. procureur que du temps de saint Léger la totale justice par tout le royaume était encore attachée à la couronne de France, n'en ayant été tirée par les seigneurs particuliers sinon du temps de Hugues Capet et par infeudations. »

Enfin une délibération de 1623, conservée aux archives municipales de Dijon, B. 261, porte que la ville fera son possible pour acquérir les droits de haute justice « appartenant au Roi, au village de Chenôve, et engagés par Sa Majesté à Messieurs du chapitre d'Autun.» Il y eut encore, à part ce que nous avons rapporté, d'autres jugements rendus à propos des droits de justice que nous pourrons signaler dans le cours de notre étude, mais nous pouvons dire de suite, et on ne tardera pas à le voir, que la *haute justice* a toujours appartenu au chapitre d'Autun. Dans le chapitre suivant, nous allons étudier les seigneuries ecclésiastiques qui se partageaient le village de Chenôve et particulièrement celle des chanoines, la plus importante.

CHAPITRE III

LES SEIGNEURS DE CHENÔVE

ARMI les trois seigneurs qui s'attribuaient l'administration du village, il en est un qui était sans contredit le mieux partagé : c'était le chapitre d'Autun, seigneur de Chenôve, pour le *clocher et la rue Haute*. Les prérogatives de l'abbé de Saint-Bénigne se limitaient à *la rue Basse*. Le duc de Bourgogne et, après lui, le Roi, possédait *son clos*.

Seigneurie ecclésiastique. — Le chapitre d'Autun.

Nous avons vu, au chapitre précédent, le droit dont jouissait le prieur de Saint-Bénigne : il percevait la dîme sur la rue Basse, et c'était tout, là se bornait tout son pouvoir, aussi nous ne voulons pas nous étendre davantage sur les seigneurs abbés; le rôle si peu important qu'ils ont joué dans l'histoire de Chenôve nous dispense d'une étude plus approfondie sur cette partie de la seigneurie ecclésiastique. Cependant nous devons rappeler qu'un différend s'éleva, en 1445, entre ces religieux et les chanoines ; la contestation venait de ce que le juge de Saint-Bénigne (1) « s'étoit assis

---

(1) Cet emploi était rempli par un laïc qui habitiat Dijon. Au XVIIIe siècle ces juges figurent sur l'Almanach de la Province ; c'est ainsi qu'en 1784 nous relevons, à l'article *Justice de l'abbaye de Saint-Bénigne*, les noms de Arnoult, bailli, Adrien, lieutenant, Minard,

sur la margelle du puits de Chenôve pour tenir ses assises, ce que le maire ou juge des doyen et chanoines d'Autun prit pour trouble, soutenant même que le puits étoit situé sur le territoire du chapitre ». On nomma de part et d'autre des prud'hommes pour régler les droits des parties et l'on demeura d'accord sur le point suivant : c'est que le juge de Saint-Bénigne et celui d'Autun « pourront s'asseoir tous deux sur ladite margelle dudit puits, dans le milieu ou par devers leur dite Justice » (1). Le puits en question est celui qui a existé jusqu'à nos jours, à l'extrémité de la rue de l'Église, et à l'entrée de la rue Basse (2) ; à l'époque du litige la première de ces rues était sur le territoire des chanoines, et la seconde sur celui des bénédictins.

Le 15 septembre 1754, un individu âgé d'environ 70 ans, appelé Etienne Poisot, tomba dans un puits de la rue Basse ; le curé de Chenôve ne consentit à l'inhumer dans le cimetière de l'église qu'après le procès-verbal dressé par les officiers de la justice de Saint-Bénigne et la visite faite par un chirurgien juré (3).

Quant aux chanoines d'Autun, ils ont toujours été les véritables seigneurs de Chenôve. Nous les voyons qui se plaignent inutilement, en 1112, à leur évêque Narjod, des droits insolites que le duc Hugues II percevait à Chenôve ; ayant été réconciliés par Etienne, successeur de Narjod, ils lui reprochent de nouveau, l'année suivante, de ne pas avoir tenu la même fidélité à ses promesses, et d'avoir exigé des

---

procureur d'office, Robelot, substitut, Barbier, greffier, etc. (Alm. de la prov. de Bourg. pour 1784, p. 91). La *rue Basse*, à Chenôve, compte parmi les terres qui dépendent de cette justice.

(1) *Extrait des titres de la seigneurie de Chenôve*, p. 6.
(2) On l'a toujours appelé le *puits du roi*, à cause de la maison des pressoirs du roi, qui se trouve à quelques mètres.
(3) Arch. de Chenôve (actes de l'état civil).

habitants des droits et des taxes que le contrat précité ne justifiait nullement, car en effet il s'était emparé, *cum tirannide*, des terres de Chenôve et du Gratoux qui appartenaient à l'Eglise (1).

Le duc sembla étonné de ces récriminations, et en rejeta la faute sur ses officiers, mais pour ne pas faillir aux sentiments de justice et maintenir leurs bonnes relations, il invita l'évêque et son chapitre à Dijon. La réunion se tint chez Guillaume le Marchand. Là les chanoines renouvelèrent leurs plaintes, exposèrent au conseil les exactions dont ils se prétendaient victimes, et prouvèrent que le Duc n'avait ni revenus, ni serfs (2), ni coutume dans la localité où s'étaient passés les faits qui faisaient l'objet de la réclamation. Ils produisirent le titre formel d'abandon qui avait été délivré en 1100 au concile d'Autun, par Eudes Ier, père de Hugues II ; ce dernier refusait de consentir à l'abandon intégral de ces droits, et prétendait que la longue possession était un droit supérieur à tous les titres, mais il engagea les conseillers à examiner les questions pour et contre, et se retira à l'écart pour ne pas paraître peser sur les délibérations. Les arbitres étaient au nombre de huit savoir : Anséric, chanoine et prévôt de Saint-Nazaire d'Autun ; Valon, abbé de Losne ; Wirric, son frère ; Ademar de Masse ; Thibaud Damas ; Guillaume de Fou-

---

(1) *Cartulaire de l'Eglise d'Autun*, par de Charmasse, introd., XLII et charte XII, pp. 18 et suiv.

(2) Au moyen âge on appelait du nom de serfs des hommes, qui, sans être complètement en état d'esclavage, étaient obligés de cultiver une terre déterminée sans pouvoir la quitter, et sous la *condition d'une redevance*. Attachés à cette terre qu'ils arrosaient de leurs sueurs, on les vendait ou on les donnait avec la terre elle-même, comme cela arriva pour Chenôve. Au duché de Bourgogne, dit la coutume « n'y a nuls serfs de corps ». V. *Coutume générale du pays et duché de Bourg.*, avec le commentaire par M. Taisand, Dijon, 1767, pp. 531 et suivantes.

vent; Hugues de Grancey, sénéchal; Tecelin le Roux, seigneur de Fontaine-les-Dijon.

La discussion étant terminée, Thibaud Damas rapporta le jugement en ces termes :

« Nous jugeons que l'Eglise d'Autun, par suite de la donation du duc Eudes Ier, doit posséder sans contestation le village en question avec toutes ses dépendances, et tous ses habitants, nets de charges et de coutumes quelconques envers le duc. »

Ce jugement prononcé, Hugues II fut forcé de renouveler la charte de son père et de prononcer la menace d'anathème contre ceux qui n'en observeraient pas les clauses (1).

Les habitants de Chenôve prennent en 1195 un engagement en présence de Pierre de Grancey, fils de Odo ou Eudes I, abbé de Saint-Bénigne (1188-1204), et de Milon, doyen de Saint-Etienne, de n'aliéner leurs biens qu'aux hommes du chapitre de Saint-Lazare d'Autun (2). Ce dernier passa, en 1258, un traité avec Guillaume, sieur de Marigny, au sujet des dîmes de Chenôve (3) et, en 1320, à la suite d'un arrêt rendu au parlement de Beaune, entre le seigneur et les habitants d'Oussie près Brancion, par lequel on reconnaissait au seigneur haut justicier le droit de tailler ses hommes haut et bas, si ceux-ci ne montraient lettres contraires, les chanoines, prétendant que

---

(1) Petit de Vausse, *Hist. des ducs de Bourg.*, t. I, pp. 297 à 299.
(2) Arch. de la Côte-d'Or, G. 1195-1198. V. rapport de M. Garnier, archiviste, dans les comptes rendus du conseil général, session d'août 1889, p. 367. Nous avons rencontré dans les mêmes arch. (H. 58) un titre identique, par lequel la communauté de Chenôve reconnaît, en la présence des abbés de Saint-Bénigne et de Saint-Etienne, qu'ils ne peuvent « ni vendre, ni engager leurs meix ni leurs vignes à cens qu'aux hommes de l'église d'Autun, ou sans le consentement de lad. Eglise ».
(3) Arch. de la Côte-d'Or, C. 2525.

leurs hommes de Chenôve étaient des serfs quand saint Léger les donna à son église, voulurent user du même droit. Ceux-ci résistèrent et eurent à soutenir, auprès du châtelain de Talant, devant lequel on les avait traduits, qu'ils avaient été en état de franchise et de liberté de tout temps, qu'il n'était mémoire du contraire, et sans payer taille. Malheureusement, ils ne pouvaient justifier d'aucun titre, et leur cause pouvait être considérée comme perdue, lorsque, dit la *charte*, par l'entremise de bonnes gens, le doyen et le chapitre consentirent à les abonner.

Comme l'analyse de ce document et les commentaires les plus étudiés ne pourraient en donner qu'une idée imparfaite, nous le publions ici *in extenso* :

« A touz ceuls qui verront et orront ces présentes letres. Nous Morisoz li Bergey, Perrenoz li Genrois, Baugeroz, Barmey, Renaux li Peletey, Voillemoz, Doucote, Jehans, Ferrioz, Perreaul de Panges, Jaquoz, Singeons, Jaquoz Barniers, Humbeloz li Baux, Richars de Bere, Jaquoz Ferrioz, Thiebaux Querile, Ginoz, Miquars, Jehans Bourenans, Renaux Estrume, Estevenoz Corboz, Ginoz Toteveille, Lambelins li Asserans, Jehans Petiz, Vienoz Doucote, Estevenoz Champmon, Perreaux li Barberaz, Voillemoz Arranz, Jaquoz Rogie, Odoz li Barberez, Demoingoz, Corboz, Jehannoz Charraux, Guillaumes Guynons, Thiebaux Ginoz, Veviens Sarrazins, Jehans li Derrois, Jehans Daumaigne, Andriers de Bere, Humbers li Barberes, Huguenins Tardy, Bernardoz Velemoz, Richars Tropeaux, Huguenins li Foleaux, Berthiers de Corcelles, Lambert li Barberaz, Morizoz li Cormoz, Guillaumes Lambers, Guillemoz Quatre Eufs, Huguenins Corboz, Monins de Balenon, Perrenoz li Peletex, Huguenins, Symons, Rogiers de Panges, li Archez, Demoingoz Moingins, Vincenz de Panges, Adelenate, feme Perrenot, Gervaisoz Jaquot, Huguenins Gerbaux, Simonoz Daumaigne, Huguenins Minanfant, Andriers Sarrazins, Guillaumes de Panges, Jehan Moingins, Ginoz, Dimons li Banoux, Huguenins Guinons, Jehannote, femme Bonot, Jaquoz Dodins, Gelioz li Cornuoz, Perreaux li Bargiers, Girars Fouriers, Girardoz Tropeaux, Jehans Clartons, Alaisoz, famme Voillemot Pique, Thomas li Tisseranz, Moingins, famme Estevenins Moingins, Lambelins li Suerres, Retruoz, famme Estevenin Larchier, Phelebers li Launers, Gervaisoz Piquez, Macherée Marienoz, fille Maledant, Beloz, famme Jehan Richart, Colons de Panges, Andriers de Pasques, Gilate, famme Jehan Agu, Brecons de Saucey, Juhanne, famme Guiot Noirot, Juhanne, famme Quérile, Andriers Arranz, Jehans Quatre Eufs, Jehannoz Guenins, Mongeais, fille Bilote, Jehans Genevoz, Girars Pingeons, Robers Aisanant, Voillemoz Ganderre, Estevenin Chaubrin, Marie, fille Joffroy Chaudeaul, Sarrote, famme Simonot le Baul, Huguenin li Pelerez, Marguerite, famme Jaquot de Barges, Jehans Baugex, Jacote, fille Lenfen, Contasse, famme Arnauts, Guillaume, filz Jaquot Guinon, Alais, famme Jaquot Daumaigne, Alais, famme Audrier le Juyf, Estevenins Fainéant et Jehans, filz Alart, habitanz de la ville de Chenôves près Dijon. Facons savoir que com honourauble persone maistres Pierres de Semur, chanoinnes d'Ostun et terriers (1) de Chenove pour honouraubles persones le doyen et le chapitre de l'Eglise, nous suyguest (poursuive) en jugement pour devant noble home et saige Monsoignour Jehan de Balenon chevalier, chastelain de Talant, juge doné à nous doudit terrier en nom des diz doyen et chapitre, contre Huguenin le Foleaul, Guillaume Jaquot, Vivien Sarrazin et Hugues Daumaigne, nos procureours ou nom

---

(1) Chanoine auquel était confiée la gestion du domaine.

de nous et de au macredi après la feste des apostres, Saint Simon et Jude, fut proposé de part ledit terrier, ou nom com desus que comme nous fuissiens homes dezditz doyen et chapitre, justisaubles, ensemble noz biens touz estanz en la ville et ou finaige et es appartenances de Chenoves ; nous estiens et deviens estre taillaubles haut et bas par la généraul costume de Bourgoinne, comme nous ne monstressiens titre ou privilaige doné de personne que doner le peust et par arrêst doné en cas semblauble en la cour de très ault et noble baron Robert de clere mémoire jadis duc de Bourgoinne à la déclaration de ladicte costume, si requéroit leidiz terriers ou nom que desus à nous diz procureours faiz et donez de l'auctorité doudit terrier, en nom com dessus que soixante et cinq livres de tournois que lediz Pierres nous avoit fait getier et anoncier ou nom de taille, li paesoins, et li an teissiens son gré pour les causes et pour les raisons dessus dictes et pour celles qui si ansuigvent : Premièrement, que la costume généraul et notoire de Bourgoinne, que vuet et dit qui tuit li mes et aules de Bourgoinne, demorances ou habitations et tuit li habitanz, qui y demorent sont taillaubles ault et bas es soignours à volunté, si li diz habitanz ne monstre titre ou privilège de soignour qui doner le puisse, si comme desus est dit.

« Item. Par scentance diffinitive et pour arrest doné en cas semblable pour les soignours de la ville d'Usies vers Brancion contre les homes et les habitanz de la dicte ville, doudit Monseignour le duc en son plain pallement à Beaune, lequelx mes sires li dux estoit pers et bers, par laquele scentance ou arrest est desclarcie ladicte costume et laquele scentance fait droit generaul par tout le duchié de Bourgoinne (1).

(1) V. anciennes coutumes de Bourgogne, § CXLII, ap. Bouhier, 1, 151.

Et comme nous ne heussions ne montressiens titre pour le quel nous fuissiens quitte de taille et soiens demoranz danz les poinz dou duchesme; requéroit lediz Pierres à nous, en nom comme desus que lesdictes soixante cinc livres de taille li paessiens et li an feissiens son gré pour les causes et raisons dessus dictes et de habundant pour ceu que mes sires Saint Ligiers, jadis evesques d'Ostun, en la donation qu'il fit es diz doyen et chapitre avuec pluseurs autres chouses, de la terre de Chenoves et des appartenances, il appella les habitanz de Chenoves sers de l'un et l'autre sexe et que lidiz juges declarist nous estre taillaubles hault et bas es diz doyen et chapitre et à ce nous condempnest, et condampnez, nous controingnest par scentance diffinitive : nous devanz diz habitanz procureours ou nom de nous et de aux disanz et aflarmanz le contraire. C'est assavoir que nous et nostre devanciers haviens esté en estat de franchise et de liberté de tant de temps que il n'estoit mémoire dou contraire, senz paier taille es diz doyen et chapitre. Si disiens que la requeste doudit terrier ne devoit estre faite. A la parfin bones genz maienanz, li devant dit doyen et chapitre, pour bien de pais et de concorde nous hont abosnez en la forme et en la maniere qui se ansuigvent. *C'est assavoir que ung chascuns de nous tenanz feu et lieu à Chenoves paierons à toujours mais, nous et nostre hoir et nostre successour, en leu de ladicte taille que li diz terriers nous demandoit de ault et de bas chascuns de nous que est à présent et que pour le temps sera au terrier doudit leu ou desdiz doyen et chapitre, douze deniers tournois petiz fors dou temps dou seint roy Loys chascun an le jour de l'Annonciation Notre-Dame et non plus en la maison de la terrerie de Chenoves sur peinne de douze deniers de ladicte monnoie et non plus.* Et pour ceu faire et acomplir, nous obligeons nous, nos hoirs, nous successours et les haianz cause de nous ou de eaux et touz nos biens mobles et non mobles, présenz et advenir. Et nous cognoissons estre hommes et fammes justisaubles desdiz doyen et chapitre abonnez, ensamble touz nos biens et sumes tenuz et prometons, tant ensemble et chascuns de nous par soy, pour nous, pour nous hers et pour nous successours par convenances expresses et par stipulation léaul et sollempnel par nos seremenz donez corporelement sur sainz evangiles, et sur l'obligation de touz nos biens desus divisiez, le paiement desdiz douze deniers en leu de taille et de ladicte peinne chascun ain faire et accomplir anterenemant en la forme et en la maniere desus divisiés.

« Et toutes les chouses dessus dictes et une chascune d'iceles fermement tenir et garder, sanz corrumpre et non venir contre les chouses desus dictes ou aucune d'iceles, ne consentir que autres y viengne par fait, par parole, ou en autre manière quel quele soit. Et se nous faciens le contraire, nous volons que foix et audiance nous soit desnée en toutes courz et pour devant touz juges. Et renunçons pour nous, pour nous successours et pour les haianz cause de nous et d'aux par expresses convenances et par noz diz seremanz, en ce fait es exceptions de fraude, de barat, de force, de paour de controinte, de circonvention ou de lésion en aucune chouse des chouses dessus dictes, non estre faites en la manière dessus divisié. Et que nous ne puissions dire moins estre faict que plus escrit ou plus fait et moins escrit au droit qui dit estre à secorre es femmes erranz au droit ou au fait et à toutes autres exceptions, barre et raisons de droit et de fait que nous porrient aider à venir contre les chouses desus dictes ou aucunes d'icelles, lesqueles nous volons estre tenues, pour expresses et pour spécifiés com par nous demoroit queles ne soient escriptes en ces présentes letres, et au droit qui dit que géneraulx renunciations ne vault. Et volons estre controinz à toutes les chouses desus dictes et à chascune d'icelles tenir et garder comme de chouse adjugié par la court de Monseignour le duc de Bourgoinne, à la jurisdiction de laquele, quant à ceu, nous submectons, nous, nos hoirs et nos successours, et touz nos biens présens et avenir.

« En tesmoing de laquel chouse nous havons requis et requéron le scaul de ladite court estre mis en ces présentes lettres, ensemble le soing et la subscription dou notaire publique ci desouz escripz. Ceu est fait dou contrat de nous soixante et quatre contrahans, ci dessus premiers escripz et nommez en la présence de Jehan le Ratet de Beaune, clerc de notaire de ladite court à Dijon, et doudit notaire publique, le mardi derrenier jour dou mois de mars l'an de grâce mil trois cenz et vint en la maison dou dit chapitre de Chenôve, présenz Monseignour Jehan de Borbon, prestre curié de Melenet (Molinot) (1), Guillaume le Vertuoux, bourgeois de Dijon, Hemonnin de Saulx, de Robert Robillard et Guillaume Richard de Chenôves, tesmoingz à ce appellez dou contraut de nous trente et huiyt contrehanz ausuyagnment secondement et continuelement ci-dessus escripz et nommez est fait en li presence des notaires desus diz présenz les diz Robert Robillard et Guillaume Richard, à ce appelez l'an dessus, le juedi continuelmant ausugant le mardi desus dit en l'église de Chenoves, et dou contraut de nos quatre contrahanz ansuyguanz tiercement et continuelment ci dessus escriptz et nommez est fait l'an et le jeudi desus dit en dicte ville de Chenoves devant la maison à Alais femme çay en arries, Andrié le Juif, en la presence des diz notaires, présens lesdiz Robert Robillart et Guillaume Richard, temoinz à ce appelez. »

(1) Aujourd'hui commune à 11 kilom. de Nolay, chef-lieu de canton, à 28 kilom. de Beaune et à 63 kilom. de Dijon.

Cette intéressante pièce est ainsi terminée :

« Et ego Johannes Piquardi de Longovico, clericus Lingonensis, dyocesis auctoritate apostolica publicus notarius his premissis per prenominatos habitatores dicte ville de Canabis confessatis, recognitis, premissis et actis ut supra scribitur anno et diebus martis et jovis supra scriptis, indictione quarta una cum Johanne Rateti notario supra scripto presens, fui et ea cum Johanne Rateti notario ut supra in hanc publicam forma redegi et presens instrumentum manu Therrici de Albomonte Tullensis dyocesis clerici auctoritate papali et regia publici notarii, scriptum *juedi* in rasura approbans meo signo consueto cum appositione sigilli cure domini ducis Burgundie signavi in testimonium veritatis rogatus : J. P. »

Tel est le texte de la charte d'abonnement de la taille, accordée par les doyen et chapitre de la cathédrale d'Autun, à leurs hommes de Chenôve, le 31 mars 1320-21 ; ce curieux document, écrit sur parchemin, est conservé aux archives de la Côte-d'Or, Série G, fonds du chapitre cathédral d'Autun (domaine de Chenôve).

Nous pourrions encore rapporter dans ce chapitre quelques menus faits qui se rattachent d'une façon étroite et directe à la seigneurie des chanoines, et particulièrement au droit de haute justice dont ils jouissaient à Chenôve ; mais nous nous proposons d'en parler longuement dans notre seconde partie, à l'étude que nous allons consacrer au château des seigneurs, à l'antique maison de la *Terrerie*, connue depuis des siècles sous le nom de *Chapitre*, qu'elle porte encore aujourd'hui. Cependant nous pouvons dire ici, pour terminer, que le chapitre d'Autun fut encore longtemps en procès au sujet de la justice de Chenôve ; ce qui ne l'empêchait nullement de la faire exercer par ses officiers, en souverain absolu. Au xvi⁰ siècle, le mémoire du procureur du Roi au bailliage, contre les prétentions du chapitre, fut suivi d'une instance au Parlement de Dijon, entre ce dernier et plusieurs forains (1); elle se clot en 1780 par un arrêt qui maintient le Roi dans le droit de *haute justice* et le chapitre dans celui de *basse justice*. Et ce n'était pas encore fini ! Nous donnerons des preuves, desquelles il résulte que, malgré des querelles continuelles, les chanoines ont joui et exercé de tout temps, comme nous l'avons déjà dit, le droit de haute justice à Chenôve. En attendant, abordons de suite l'histoire de la seigneurie laïque, commencée avec les puissants ducs de Bourgogne et terminée par les rois de France.

(1) Arch. de la Côte-d'Or, C. 2525, 2526.

CHAPITRE IV

CHENOVE SOUS LES DUCS DE BOURGOGNE

LES ducs de Bourgogne de la première et de la seconde race ont, jusqu'à la réunion de la province à la couronne de France, possédé à Chenôve un domaine important, planté en vigne et connu sous le nom de *Clos des Ducs*, ainsi que divers autres petits héritages assis au finage de la même châtellenie. La propriété de cette portion du territoire leur donne droit de prendre place au rang des seigneurs du village. La faculté qu'avait le duc de faire surveiller les poids et mesures par son prévôt semble prouver qu'il n'avait à Chenôve que la moyenne justice, à laquelle était rattachée l'instruction des crimes et qui ne pouvait frapper d'une amende supérieure à 60 sols parisis.

<small>Les ducs à Chenôve. — Châtelains ou gouverneurs des vignes du duc.</small>

Le duc Hugues II (1102-1142) apparaît en 1112 à l'occasion des réclamations des chanoines d'Autun, ainsi que nous l'avons vu il y a un instant.

Hugues III (1162-1192), avant son voyage d'outre-mer, donna à l'abbaye de Saint-Bénigne ce qu'il possédait à Chenôve, excepté la justice rurale, le chemin ferré (excepto chemini fore facto). En 1169, Philippe, abbé de Saint-Bénigne, met sous la commandite du duc Hugues III le village de Longvic et ce qu'il possède à Chenôve, pour 100 sols à prendre sur les foires de Dijon (1).

Eudes III (1192-1218) céda à Chenôve 4 serfs en 1201. Alix de Vergy, sa veuve, fit construire, en 1238, le superbe pressoir, dit aujourd'hui du roi, qu'elle laissa à son fils Hugues IV, et qui est encore utilisé à l'heure actuelle.

Ce pressoir, ou plutôt ces deux pressoirs, car il y en a deux placés côte à côte, sont disposés au centre d'une grande halle, qui contient en même temps les cuves; ils restent comme le témoignage vivant d'âges depuis longtemps disparus, et sont dans un état de conservation parfaite; ils appartiennent à l'heure présente à M. Savot. On peut disposer sur le matis les marcs de 60 pièces; sur ceux-ci agit l'effort énorme développé par un levier de onze mètres à l'extrémité duquel est suspendu un bloc de pierre du poids de 26.000 kilogs. La cuverie, couverte en laves, a une hauteur de 18 à 20 mètres. Au centre, de gigantesques colonnes en bois, d'une seule pièce, s'élèvent du sol pour supporter cette toiture immense et d'un poids considérable, puisque jadis une partie ayant été détruite par le vent il fallut 25 voitures de pierres pour la réparer. Les caves magnifiques sont au nombre de deux. Dans la voûte existent les ouvertures qui les mettaient en communication avec la cuverie. Les tonneliers des ducs n'ignoraient donc pas l'influence mauvaise du transport du vin à l'air libre, et, au lieu de descendre leur vin au décuvage dans des *tines* munies d'oreilles, que deux vignerons empoignaient, ils les envaisselaient directement dans les tonneaux ou foudres en se servant de corps qui devaient être en toile imperméable (2).

---

(1) Courtepée, 2ᵉ éd., t. II, p. 212.
(2) R. Danguy et Ch. Aubertin, *les Grands Vins de Bourg.*, p. 599.

En l'année 1238, la duchesse Alix assigna aux religieux de Saint-Bénigne, sur son treuil de Chenôve, un muid de vin (1) au lieu de 5 sols que leur devaient les jacobins (2). La maison des pressoirs de Chenôve fut démolie par ordre du duc en 1402 (3), la construction d'une nouvelle maison fut décidée la même année et les travaux terminés en 1407. Dans le compte du châtelain de Chenôve, à la date de 1461, on lit : « Frais de culture de 165 journaux de vigne que Guillaume et Humbert Chambellan s'engagent à cultiver pour 1.480 livres. Ils devaient faire à ce prix tous frais de culture, fournir les paisseaux et les liens, vendanger et faire les vins, fournir neufs tous les tonneaux pour le contenir. Ils s'engagent, en outre, à faire prendre, à leurs frais, les *hureberts et cancouaires*, à chasser les étourneaux, à faire renouveler aussitôt après les vendanges toutes les fosses des *preux*, quartoyer (piocher pour la 4ᵉ fois) les plançons qui seront faits et plantés dans lesdites vignes en l'année et saison précédente, à faire porter les gennes, à faire le galant ou vin cuit au besoin. Les adjudicataires avaient pour eux les *sarments, les vieux échalas, l'usage de la maison de la treul* (*pressoir*), *des cuves et de tout le mobilier* (4). »

Comme on le voit, les conditions de ce bail sont des plus intéressantes.

(1) Le muid de vin nouveau dont deux faisaient la queue est vendu 40 sous en 1352 ; les vignerons gagnent 3 sous par jour, c'est-à-dire à peu près le treizième de la valeur du muid (Arch. de la Côte-d'Or, B. 4262).

(2) En l'an 1238 « Aliz Duchesse et mère de Hugues assigna sur son treul de Chenôve un muy de vin, ès religieux de Saint-Bénigne de Dijon, en lieu de certaines redevances, que leur estoyent tenuz les Jacopins de Dijon » (*Ann. de Bourg.*, de Paradin, liv. II, p. 276). Courtépée est dans l'erreur quand il place cette donation en 1338, car Alix de Vergy, mourut en 1251, à un âge avancé et fut enterrée à Cîteaux à côté de son mari. C'est à cette princesse que l'on doit l'établissement des Jacobins à Dijon, en 1237.

(3) Arch. dép. B. 4270.
(4) Id. B. 4285.

Jean Peyrat, chevalier, conseiller du roi, trésorier de France en la généralité de Bourgogne, visite en 1559 le treuil (pressoir) du roi à Chenôve (1); il y ordonne des réparations qui sont terminées en 1566, l'année même où les trésoriers de France font l'accensement et partage des vignes, des bâtiments et du pressoir de Chenôve. Les procès-verbaux de la visite (par les commissaires du bureau des finances) des bâtiments et pressoir du roi, et de l'état et de la culture des vignes, furent dressés en 1760 (2).

Revenons à nos ducs, que nous avons laissés en arrière.

Hugues IV (1218-1272) acquiert, en 1243, partie de Chenôve de Messire Guy, seigneur de Saint-Just, et son successeur plus tard, en 1279, au mois de mai, « la dixme de Chenôve » de Guillaume de Marigny et de Roland, sa femme (3).

Robert II (1273-1308) succéda à Hugues IV; les lettres des acquisitions faites par ce duc à Chenôve sont conservées aux Archives de la Côte-d'Or, B. 10.423. En 1278 le duc Robert II, pour se venger des chanoines d'Autun, avait fait dévaster toutes les propriétés que le chapitre possédait en Bourgogne, notamment à Chenôve (4). D'où venaient les différends qui divisaient le duc et les chanoines ? Nous ne savons; peut-être un droit de justice ! car nous trouvons en 1286 un arrêt du Parlement qui maintient le duc de Bourgogne en possession de la haute justice à Chenôve. Par lettre d'octobre 1288, Jean d'Arceaux, chanoine de Langres, prend en fief du duc la moitié « du dixme de Chenôve près

---

(1) Arch. de la Côte-d'Or, C. 2137.
(2)   Id.   C. 2527.
(3) *Fiefs de Bourgogne*, par M. le baron de Juigné, m^{te} de la Bibl. de Dijon, C, p. 12.
(4) *Cart. de l'Eglise d'Autun*, introd., p. XLVIII.

MAISON DES PRESSOIRS DU ROI

Dijon (1) ». Le duc Robert fit, en 1299, un échange avec les abbé et religieux de Saint-Bénigne par lequel il déclare que ces derniers lui ont baillé leur dîme de 23 journaux et 7 ouvrées de vignes en son clos de Chenôve, plus celle de 27 journaux et une ouvrée « que le duc a mis en sondit clos, plus les rentes et les coutumes qu'ils avoient sur lesdites vignes et sur le treul dudit duc à Chenôve ». En échange desdites choses il leur cède 12 esmines d'avoine, mesure de Dijon « qu'il prenoit de rente sur la ville desdits religieux de Marcennay-en-Montagne, plus 3 esmines de bled qu'il prenoit sur le petit dixme de la ville desdits religieux de Corcelles-en-Mont, et leur donne 40 livres de rentes qu'il assigne sur sa partie du dixme de Chenôve (2). »

Nous avons, en effet, une quittance de Hugues de Monconis, abbé de Saint-Bénigne, en date du dernier avril 1462, d'une somme de 40 livres qu'il prend « chacun an sur les marcs de la ville de Dijon, à cause du dixme du clos de Chenôve que le prédécesseur abbé de Saint-Bénigne a donné au feu duc Robert en échange de certaine rente de douze émines par moitié orge et conseau que led. duc Robert leur laisse prendre annuellement sur Marcennay-en-Montagne au terme du mois de mars (3) ».

Les actes des ducs Hugues V (1308-1315), Eudes IV (1315-1349) n'ont aucune importance, en ce qui regarde Chenôve; sous le règne du dernier cependant, en 1324, Perrenette de Poisson, dame des Berchières (de Bercheriis), femme de Henry de Saint-Aubin (de Sancto-Albino), chevalier, du consentement de son mari, cède en héritage perpé-

---

(1) *Fiefs de Bourgogne*, de M. de Juigné, p. 12.
(2) Arch. de la Côte-d'Or, B. 404, Peincedé, t. XXV, p. 200.
(3) Peincedé, t. II, p. 505, arch. B. 11637.

tuel à Alexandre de Blaisy, chevalier, le fief de la quatrième partie des dixmes de Chenôve-en-Montagne (de Canabis in monte); témoin : Perrin le Bueschat d'Athée, damoiseau (1).

Philippe de Rouvres (1349-1361) institua en 1352 le premier châtelain de Chenôve. Les ducs de la branche des Valois ont joué un rôle très important dans l'histoire de Chenôve, nous les passerons sucessivement en revue, en même temps que les châtelains ou gouverneurs des vignes qu'ils possédaient dans le pays.

Au XIII° siècle les ducs de Bourgogne avaient à Chenôve une exploitation de vignes qui relevait de la châtellenie de Talant. Ces vignes étaient placées sous la surveillance d'un gouverneur qui le plus souvent était châtelain de Talant et avait mission de tenir un journal de ses dépenses qu'il présentait à la Chambre des comptes de Dijon.

Huguenin Le Roigetet, châtelain de Talant, est institué, en 1352, gouverneur de Chenôve; dans son compte il est dit : que « les revenus consistent en rentes ou cens fixes, assis sur des terres et des vignes, en rentes non fixes, provenant des dîmes payées en argent. Le vin est le produit de cette châtellenie. » Les vignes sont cultivées aux frais du domaine qui, dès lors, en perçoit tout le revenu.

Huguenin de Châtillon, demeurant à Dijon, est receveur des marcs de cette ville et des vignobles de Chenôve et de Marsannay (2) en 1356.

Philippe le Hardi (1363-1404) acquiert, le 18 novembre 1394, la maison de Chenôve de Messire Jean Potier, archidiacre de Langres (3); ce sera plus tard l'hôtel du Roi,

---

(1) *Fiefs de Bourgogne*, de M. de Juigné (orig. arch. de la Côte-d'Or, B. 10,500, layette 97, liasse 2, cote 89). Peincedé, t. VII, p. 14.
(2) Arch. de la Côte-d'Or, B. 4417.
(3) *Fiefs de Bourgogne*, par le baron de Juigné, p. 12.

devant lequel se trouvait la maison appelée La Grangette, louée en 1640 « parce qu'on n'avait pas fait un cellier pour les vins du Roi » (1).

Guiot Le Maire, de Chenôve, collecteur des marcs de Dijon, gouverneur des vignes, vins et celliers du duc de Bourgogne à Chenôve et châtelain de Talant en 1366 (2); ses comptes nous apprennent que la moitié des dîmes de ce village appartient au duc de Bourgogne et l'autre à la dame de Gerland et à Guillaume de Quincey, écuyer; Girard, fils et héritier de Guillaume et sa sœur, dame Jeanne de Neeles, fournissent un dénombrement, à la date du 24 juin 1372, de ce qu'ils ont à « Chenôve-les-Dijon, où le duc a portion du dîme avec la dame Isabelle de Gerlans et tenus en fief de Jean, sire de Perrigny (3) ».

Huguenin Jacquin est châtelain de Talant et Chenôve en 1375.

Huguenin Barbotet de Talant « gouverneur du clos de Chenôve et des autres vignes que le duc y avait », remplace Jacquin en 1381. Il est lui-même remplacé en 1393 par Michelet Girost. J. de Toisy était châtelain et forestier des bois de Chenôve en 1395 (Courtépée).

Michelet Girost, « gouverneur du clos et des autres vignes qui à Chenôve appartiennent au duc de Bourgogne ». Ses lettres de commission, données par Philippe, fils du roi de France, duc de Bourgogne, portent qu'il est nommé châtelain de Lantenay, gouverneur du vignoble de Chenôve, et collecteur des marcs de Dijon; il remet à Guillaume de la

---

(1) Arch. de la Côte-d'Or, B. 4327 et 4307.
(2) Id. B. 4262.
(3) Pièce scellée du sceau encore entier de Jean, sire de Perrigny, dont les armes sont une fasce de sable et trois cercles en chef (V. Peincedé, t. VII, p. 77).

Trémouille, maréchal de Bourgogne, en 1395, de la part du duc, un don de 5 queues de vin de Chenôve (1). Dans l'un des comptes de ce gouverneur (1399-1402), on lit le détail des frais pour la culture des vignes, « taille les premiers jours de février ; transport d'engrais au mois de novembre ; au mois de mars on fait les vignes du premier coup ; achat de joncs et de chanvres pour *acoler* ; dépenses pour fouler et présurer les raisins et envaisseler le vin, etc. » — Par lettre du duc de Bourgogne Philippe, en 1402, celui-ci ordonne aux généraux de ses finances de verser 1000 fr. ou environ entre les mains du gouverneur du vignoble de Chenôve (2). — Michelet Girost resta gouverneur jusqu'en 1407 ; il eut pour successeur :

Jean de Saint-Léger, institué gouverneur par le duc Jean sans Peur. On trouve dans son compte, comme dans tous les autres, l'époque des vendanges, précisée et par les frais des vendangeurs et par ceux de la façon des vignes ; ainsi le samedi 28 septembre 1408, le dimanche et le lundi jusqu'au dimanche suivant, se trouve enregistré le salaire des individus qui ces jours-là travaillèrent aux pressoirs du duc de Bourgogne (3). Dans un autre compte de 1410, il indique le mode de culture de la vigne et les époques des différents travaux : le 8 mars, on donne le premier coup ; le 8 juin on donne le second coup ; le 17 juillet on recommence la même opération. Les vendanges ont lieu le 6 octobre (4) ; ce gouverneur exerça jusqu'en 1422.

Nous sommes maintenant sous le règne de Jean sans Peur (1404-1419). Robert de Gerland, chevalier, amodie

---

(1) Arch. de la Côte-d'Or, B. 4266.
(2) Id. B. 4270.
(3) Id. B. 4271.
(4) Id. B. 4272.

en 1405 la dîme de Chenôve à Jean Bourgeoise, de Dijon, pour 20 écus d'or (1).

Philippe le Bon qui lui succède (1419-1467) fixe en 1430, à la Saint-Remy (1ᵉʳ octobre), le paiement des cens qui lui sont dus annuellement, à Chenôve, à Couchey, à Brochon et à Gevrey.

Odot le Bediet remplace Jean de Saint-Léger comme gouverneur des vignes de Chenôve et collecteur des marcs de Dijon ; il est institué par lettre du duc Philippe le Bon, donnée à Dijon le 25 février 1422, « à cause de la bonne cognoissance qu'il avoit en ouvraiges et façon de vignes », on lui donne pouvoir de faire faire et cultiver ces vignes en « tâches ou à journées, au meilleur marché que faire se pourra ». Il fera serment et donnera caution « la monnoie des deniers doubles qui commença à voir cours le premier jour de janvier 1421, la pièce pour 2 deniers fut descriée le 23 octobre 1423, et fut remise pour avoir cours les trois pour 6 deniers tournois ». Les vignes furent cette année-là données à tâche. Il est gouverneur jusqu'en 1448 (2).

Jean Mongin et Perrin Le Fourneret, closiers du duc en 1426, parce qu'ils sont chacun après les ouvriers qui labourent ledit cloux et les autres vignes de mondit seigneur (3).

En 1438, les Ecorcheurs étant en Bourgogne, les gens du conseil pourvurent à la sûreté des récoltes, et préservèrent les celliers du duc, à Chenôve (4).

---

(1) Arch. de la Côte-d'Or, B. 11.356.
(2) Arch. de la Côte-d'Or, B. 4274 ; *Familles de Bourg.*, mᵗˢ de la Bibl. de Dijon, F. B. 12, t. I, p. 19, v°.
Un compte de Jean Fraignot, receveur général du duc de Bourgogne, 1423-1424, relate les frais faits pour amener 120 pièces de vin des dernières vendanges de Chenôve à Dijon, pour la dépense de l'hôtel ducal (arch. B. 1625).
(3) Arch. de la Côte-d'Or, B. 4276.
(4) De Fréminville, *les Écorcheurs en Bourgogne*, p. 66.

Guillemot Chambellan gouverneur des vignes, châtelain de Chenôve et collecteur des marcs de Dijon, est institué par lettre donnée par le duc Philippe le Bon en 1440. Il résulte de l'un de ses comptes que le duc avait la moitié des dîmes et l'autre appartenait 1° à Jean de Masilles, écuyer, seigneur de Marey-sur-Tille, en partie, pour le quart qu'il avait acheté des héritiers de messire Jean de Gerland, et 2° à noble Philippe de Courcelles, « seigneur de Poulans » pour l'autre. Celui-ci tenait ce quart de Jean Boufféal, écuyer, qui l'avait acquis de Jeanne, fille de Gérard de Quincey, écuyer, femme de Jean Panetier (1). Une lettre du duc Philippe, donnée à Bruxelles le 1er septembre 1447, ordonna qu'il y ait deux maîtres de ses celliers en son pays de Bourgogne, sçavoir un à Dijon pour gouverner ses vignes et vins de *Chenôve* et Talant, et l'autre à Beaune pour les vignes et vins de Beaune et Germolles (2).

En 1461, *Humbert Chambellan*, « châtelain de Chenôve et collecteur des marcs de Dijon », est nommé, par lettres données par Philippe, duc de Bourgogne. Il dressa en 1462 le rôle des dîmes de Chenôve et ses dépendances, village abonné par le duc de Bourgogne à 4 gros par journal de 160 perches. C'est en cette même année que par lettre patente du duc donnée en sa ville de Bruxelles, le 3 octobre, ce dernier fait vente et cession à Jean Martin, son sommelier du corps, de ce qui suit : savoir la terre et seigneurie de Chenaul, au bailliage d'Auxois, la terre et sei-

---

(1) Arch. de la Côte-d'Or, B. 4282. (V. aux pièces justificatives, pièce de 1454), aux arch. de la Côte-d'Or, B. 459, se trouve la copie d'un bail à ferme fait le 4 septembre 1438, par Philippe de Courcelles, écuyer, de sa part et portion « qu'il a es dxmes de Chenôves-les-Dijon, tant en argent, vin que grains, partant avec M. le duc, Jean de Moident, bailly de Dijon, et une portion à MM. de Saint-Bénigne, dud. Dijon » (Peincedé, t. II, p. 556).

(2) Peincedé, t. III, p. 315, 2e reg. de la Chambre des comptes.

gneurie de Bretenière, la grange et terre de Mirande, le clos de vigne séant au lieu et finage de Chenôve les Dijon et les terres et seigneuries de Partay et de Choisy, situées au comté de Bourgogne pour du tout jouir par led. Martin et ses hoirs, héréditairement à perpétuité, et ainsi qu'il est advenu et échu audit duc par confiscation faite sur feu Jean Coustain depuis naguères mis au dernier suplice pour ses démérites ; ladite vente faite pour ce moyennant le prix et somme de 4000 francs dont 2000 pour ledit Chenaul…(1) »

Le règne du duc Charles le Téméraire (1467-1477) nous amène à parler de *Arnolet Macheco*, « conseiller du duc de Bourgogne, gouverneur de la châtellenie de Chenôve par lettre du duc, du 22 août 1468 » ; il y demeure jusqu'en 1473 époque à laquelle *Pierre Gorrat* devint lui-même gouverneur de cette châtellenie ; il fait la déclaration des vignes qui doivent la dîme au duc d'après l'abonnement consenti avec les tenanciers pour vingt années. Lorsque le Roi succéda au duc, comme seigneur de Chenôve, il fut fait à nouveau, en 1490, la déclaration des confins des vignes sujettes à la dîme à son profit et les baux passés pour vingt ans purent être continués. Pierre Gorrat fut le dernier gouverneur ducal et le premier gouverneur royal.

(1) Peincedé, II, p. 607, arch. B. 417.

CHAPITRE V

LE ROI SEIGNEUR DE CHENOVE EN 1477

Receveurs du roi à Chenôve. — La Ligue. — Fermiers de la châtellenie.

AVEC le dernier duc de Bourgogne, Charles l[e] Téméraire, qui mourut le 6 janvier 1477, s[e] termine la seigneurie ducale de Chenôve, qu[i] est continuée par le roi de France; c'est à cette époqu[e] qu'il devint seigneur du village, possesseur du pressoir e[t] du clos des Ducs qui prend désormais le titre de *clos d[u] Roi*. — Avant de poursuivre plus avant ce chapitre, nou[s] allons dire un mot de l'annexion du duché à la couronne de France.

Les États de Bourgogne s'assemblèrent spontanément, à la nouvelle de la mort du duc Charles, pour délibérer su[r] la situation critique où se trouvait la province. Louis XI leur fit proposer la réunion du duché et du comté à la couronne. Ils répondirent à ses envoyés qu'ils ne pouvaient se prévaloir de la clause de réversibilité, insérée dans la donation du roi Jean, puisqu'il existait encore un héritier mâle de Charles, Jean, comte de Nemours, lequel descendait en ligne directe de Philippe le Hardi. Le rusé monarque insista, et, à force de séductions et de promesses, il obtint la réunion de la Bourgogne à la France, mais à la condition expresse que les privilèges du pays et de chaque ordre seraient conservés, ce qui fut confirmé par un édit du 18 mars 1477 (1). Cela fait, Louis XI usa pleinement de son droit de seigneur de Chenôve. Il fit délivrer des vins de ce village à l'évêque duc de Langres [le Révérend Père en Dieu Jean d'Amboise], au comte de Ligny (2) et de Brienny (3), commis par lui pour recevoir l'obéissance de la province ; à Mgr d'Argueil, prince d'Orange (4), et à plusieurs autres seigneurs de France, pour les huit jours qu'ils restèrent à Dijon, après obéissance faite. La plupart de ces seigneurs reçurent ce vin « par potz au disner et au souper, et avec ce, pour les peines et labeurs prinses par Mgr le président de Bourgogne, Mgr de Clussey, commis des finances, pour le bien, prouffit et seurté de ladite ville et de tout le pays devers lesdiz commis en poursuivant ladite obéissance ; à chascun d'eux deux queues, et par mandement des gens des finances et des comptes en date du 1er février 1477 », Georges de la Trémouille, comte de Ligny, seigneur de Craon, gouverneur du duché et du comté de Bourgogne, et Charles d'Amboise, gouverneur de Champagne, eurent pour leur part 323 queues de vin de Chenôve, de l'année 1476, en vertu des lettres du Roi dont le bon plaisir était entre autre chose « qu'ilz eussent les vins qui estoient es celliers du feu duc Charles, à Chenôve ». « Je suis con-

---

(1) Louis-M.-J. Chaumont, *Hist. popul. de Bourg.*, 2e éd., p. 222.
(2) Georges de la Trémouille, seigneur de Jouvelle, de l'île Bouchard et de Rochefort, baron de Craon, institué gouverneur de Bourgogne par Louis XI après la réunion, révoqué la même année.
(3) Charles d'Amboise, comte de Brienne, sire de Chaumont, remplace Craon dans le gouvernement des deux Bourgognes, par lettres du roi, données au Plessis, le 18 novembre 1477.
(4) Jean de Chalon, prince d'Orange, seigneur d'Arlay et d'Argueil, chevalier de l'ordre du Roi, son conseiller et chambellan, banni à perpétuité du royaume, par arrêt du Parlement du 7 septembre 1477, rentré en grâce sous Charles VIII, mourut le 9 avril 1502.

tent que vous les ayez », dit Louis XI (que le compte cite textuellement) (1).

Les vins de Chenôve de 1478 sont donnés par Louis XI au gouverneur de la Bourgogne. En 1479, 1480, 1481, ce même gouverneur et le roi d'Angleterre se les partagent. L'année suivante la recette des vins de Chenôve est nulle pour le domaine, « pour ce que, est-il dit, dans le compte de Pierre Gorrat, le Roy nostre sire a donné lesdictes vignes à perpétuité à Mgr Saint-Claude, comme il appert par les lettres patentes dudit seigneur données à Arban, en Savoie, au mois d'avril 1482 (2). » En effet les vignes de Chenôve furent données par Louis XI au chapitre de l'abbaye de Saint-Claude, « sans que ces religieux payent au trésor le droit de nouvel acquêt (3) ». Voici le texte de cette donation.

« Loys par la grâce de Dieu roi de France savoir faisons à tous présens et advenir, que nous, considerans les trez grands biens et préservation que Dieu notre créateur ainsy que fermement croyons, nous a faites à la santé de notre personne, de nos enfans, et à la protection et garde de nos royaulmes, pays et seigneuries, à la prière, intercession et requeste de trez glorieux sainct Monseigneur Sainct Claude auquel nous avons trez singulière confiance et à ceste cause fust presentement venus ez lieux où son sainct corps repose affin que notre dict créateur de plus en plus à son intercession nous conserve en santé le temps advenir, pour rocognoissance desquelles choses et aultres grande cause et consideration à ce nous mouvans, nous cède, legue aulmone, transporte et délaisse et par ces présentes de nos-

---

(1) Arch. de la Côte-d'Or, B. 4287.
(2)   Id.   B. 4288.
(3)   Id.   B. 1787.

tre grâce espécial, propre mouvement, certaine science, pleine puissance et aucthorité royale, ceddons, léguons, aulmonons, transportons, et délaissons à perpétuité par nous et nos successeurs aux religieux et couvent dudit sainct Claude (1) et à la table et distribution conventuelle de ladite abbaye toutes les vignes que nous avons et tenons à notre main, assises et scituées au terrouer et vignoble de Chenoves; pour lesdites vignes et fonds d'icelles tant pour ceste année présente que pour le temps advenir, avoir, tenir, posséder, exploiter et dorénavant joyr par lesdits religieux, couvent et leurs successeurs en ladite abbaye, et les prendre, livrer et percevoir par eux ou par leurs mains ou leurs procurateurs, commis et deputés, perpétuellement et à tousjours et en ordonner et disposer à leur plaisir et volentés comme de leur propre chose, commune et heritaige à quelque valeur et estimation que ce puisse monter, comme amorties et à Dieu et audit Monseigneur sainct Claude et à ladite abbaye pour ceulx religieux et couvent d'icelle, etc. »

A cette donation le roi mettait certaines conditions :

« Et lesquels religieux et couvent et leurs successeurs en icelle abbaye seront tenuz prier Dieu, Nostre Dame et mon dit seigneur sainct Claude pour *nostre état, prosperité et santé de nostre tres cher et trez amé fils le Daulphin de Viennois, et pour notre trez chiere et trez aymée compaigne la Royne et memement pour la bonne disposition de nostre estomac, que vin ne aultres viandes ne nous y puisse nuyre et que l'ayons toujours bien disposé* et aussi prieront Dieu pour les ames de nous, nos dictz fils et compaigne et de nos prédecesseurs et successeurs et iceulx religieux et couvent et leurs successeurs en

---

(1) Célèbre abbaye du Jura, aujourd'hui diocèse de ce nom.

ladite abbaye nous voulons estre tenuz et obligez, et les y avons en ce faisant obligez et obligeons par ces dites patentes, présentes.

« Si donnons en mandement par ces mesmes a nos amés et féaulx nostres, les gens de notre court de parlement et conseillers sur le faict et gouvernement de toutes nos finances en nostre pays de Bourgoigne, à notre bailly de Dijon et à tous nos aultres justiciers et à leurs lieuxtenans, et a chacun d'eux comme a lui appartiendra, que de nos presents don, cession, legs, aulmone, transport, delaissement, amortissement et octroy ils fassent souffrent et laissent lesdits religieux, couvent et leurs successeurs en ladite abbaye joyr et user pleinement, etc.

« Car tel est nostre plaisir nonobstant que la valeur desdites vignes ne soit aultrement statuée ni declariée, que de la valeur et estimation d'icelles ne soient levées par lesdits gens de nos finances que l'on puisse dire que nous les puissions aliéner de notre domaine et malgré ordonnances, mandemens, restriction et deffenses à ce contraires.

« Et affin que ce soit chose ferme et establie a tousjours nous avons fait mettre nostre scel en ces dites présentes.

« Donné à Arban, en Savoye, au mois d'apvril l'an de grace mil CCCC quatre-vingt et deux après Pasques et de nostre règne le vingt et unième.

« Loys.

« Par le roy, le chevalier du Bouchaige et maistre Jacques Decocteur vis president des comptes et aultres présens.

« *Signé* : Parent (1). »

---

(1) Orig. Arch. de la Côte-d'Or, G. 102, B. 455, Peincedé, t. XVI, p. 33.

Ces curieuses lettres ne furent point enregistrées à la Chambre des comptes de Dijon, il y eut protestation contre ce don fait par le roi, car il ne lui était pas permis d'aliéner le bien de la couronne. Ce fut maître Guillaume Cheval, procureur sur le fait de ses domaines, qui ne manquait ni de caractère ni de fermeté dans l'occasion, qui s'y opposa (1); le roi eut beau s'emporter contre lui, le traiter de chien de cheval, de maudit cheval, de cheval rétif : l'opposition tint bon, la donation ridicule s'en alla à vau-l'eau, et peu après, le 30 août 1483, Sa Majesté alla dans l'autre monde.

On voit par cet acte, comme en tant d'autres, que lorsque ce roi que l'on représente égrenant « son méchant chapelet, » faisait des dons aux églises, il ne leur demandait jamais de prier pour la rémission de ses péchés, mais bien pour l'affermissement de sa postérité et le retour de sa santé.

En cette même année (1482), qui est marquée dans l'histoire de la France par la glorieuse paix d'Arras, qui démembra les États de la maison de Bourgogne, compléta la destruction de la grande féodalité et réunit définitivement la Bourgogne et la Picardie à la couronne de France, Jean Jeanneault, gouverneur du vignoble, nous apprend que Louis XI donna toutes les dîmes de Chenôve à N.-D. de Cléry; « Néant pour la recette, pour ce que, par ses lettres patentes données à Plessiz-du-Parc, le 30 octobre 1482 et d'autres lettres en forme de chartes, le Roy avait donné à l'église de Nostre Dame de Cléry et à son chapitre *tous* les dismes de vin qu'il pouvoit avoir en *tous* les pays de Bourgogne. Et combien que en faisant ledict don, ice-

---

(1) Cette protestation est consignée dans un registre in-f° velin, f° 86, sous la date du 6 mai 1482. V. aux pièces justificatives.

luy Roy avoit entendu leur transporter tous les dismes de vin, soit en nature, soit en argent, quelque part assis qu'ilz fussent, dans tout le pays de Bourgogne, néantmoins, pour ce que, par erreur ou autrement, on avoit mis seulement es lettres les dismes de vin; d'oubtant qu'a l'advenir on voulsist empescher ladicte église de Cléry en la possession des dismes dueus en argent ». Il déclara que sa donation s'étendait aux dîmes payées en argent, et qu'en cela il ne s'était rien réservé, pas plus à ses successeurs qu'à lui, pas même le droit d'amortissement (1).

Pour ne point nous écarter de l'ordre chronologique, énumérons ici les gouverneurs des vignes du Roi à Chenôve, et les fermiers du domaine jusqu'au XVIIIe siècle.

1477. *Pierre Gorrat*, gouverneur.

Si nous en croyons M. Theuriet (2), un *Jean Bricardet*, fermier des vignes du Roi à Chenôve, avait quitté le pays à la suite de la disgrâce de la Trémouille pour se mettre au service du prince Jean d'Orange. Il était urgent, ajoute encore cet auteur, de le remplacer; or ce n'était pas chose facile, l'argent devenu rare manquait souvent, les guerres civiles, des désordres fréquents et des ravages incessants troublaient les travailleurs et rendaient le travail des champs dangereux. Enfin, ce fut *Pierre Goirot* qui s'offrit pour reprendre les 148 journaux, pour lors domaine du Roi, en six pièces dont voici les noms : *clos de Ruelle*, la *Violette*, *Dame Henriette*, *Bonne Marc*, *Dame Alix* et le *grand clos de Chenôve*. Goirot faisait donc, au prix de 1200

---

(1) Arch. de la Côte-d'Or, B. 4289.
(2) *Hist. de Nuits*, p. 78-79. Il nous a été impossible de vérifier l'exactitude des faits rapportés dans cet ouvrage, l'auteur n'indiquant pas, en note, les sources où il a puisé ces renseignements.

livres, 148 journaux, c'est-à-dire à raison de 8 livres par journal ou une livre par ouvrée; il avait pour lui le sarment, les vieux échalas pour se chauffer, une queue de vin pour l'aider à faire les vendanges et l'usage des bâtiments du domaine.

1483. *Jean Jeanneault*, gouverneur.

1489. *Claude de Rouvray*, écuyer, gouverneur du vignoble. La dîme de blé était nulle dans ce territoire, dit-il, « pour ce que Jean Ponceau, à cause de Jeanne de Quincey; Jean de Masilles, écuyer, à cause de Robert de Gerlans », tenaient la moitié de ces dîmes en fief du duc de Bourgogne et à présent du Roi (Charles VIII, fils et successeur de Louis XI) (1). *Jean Moingin* était châtelain de Chenôve en 1493 (2).

1496. *Jean Saumaire*, qui dresse en 1500 le rôle des dîmes de Chenôve indiquant le nom des tenanciers, la terre sujette à la dîme et la valeur de ce droit du domaine. — *Jean Batault* et *Jean de Genegin*, closiers du Roi, nommés à cet office par lettres patentes de Louis XII. Ils recevaient en 1505 de Jean Saumaire 7 livres tournois et leur robe, et étaient tenus d'être chaque jour « après les ouvriers qui labourent et font les vignes du Roi pour leur faire faire bonne œuvre » (3). En 1508, Jean Saumaire porte en recettes les rentes muables, parmi lesquelles sont comptées les dîmes de Chenôve, dont le Roi avait la moitié et les représentants de Philippe de Corcelles, seigneur de Pourlans et d'Auvillars, avaient l'autre (4). En 1510 Jean Sapin, receveur général des finances en Bourgogne, nous

---

(1) Arch. de la Côte-d'Or, B. 4290.
(2) V. aux pièces justificatives.
(3) Arch. de la Côte-d'Or, B. 4294.
(4) Id.   B. 4295.

apprend que le roi avait à Chenôve 123 journaux de vignes et à Talant 55 (1).

1526. *Zacharie Chapellain*, greffier du Parlement, est institué gouverneur des celliers de Chenôve par le roi François Ier ; il était seigneur d'Ancey par sa femme, fille d'Anthelme Gros, greffier au Parlement (2), et fut tué par un insensé natif de Lyon, en 1548.

1530. *Claude Raviet*, receveur du bailliage de Dijon, institué gouverneur des celliers de Chenôve et intendant du clos.

1533. *Nicolas Raviet.* Le 3 février 1533, le roi écrit de Bray-sur-Seine à la Chambre des comptes, pour faire partir à Paris 100 ou 120 pièces de vin et le meilleur qui sont dans les celliers de Chenôve, Talant, Beaune et Germolles et de faire vendre le surplus (3).

1536. *Jean Bonneau*, receveur de la châtellenie de Chenôve et de Talant, des terres royaux de l'élection de Langres, et en même temps receveur du bailliage de Dijon.

1551. *Etienne Bernard*, commis à la recette du bailliage et des châtellenies de Chenôve et de Talant. — Depuis que le roi était maître de la province, le gouverneur de Bourgogne percevait chaque année 20 queues de vin sur les vignobles de Chenôve et de Talant. En 1559, le 4 décembre, le roi François II ordonne aux gens des comptes de fournir « les 20 queues de vin qu'il étoit accoutumé de délivrer annuellement au duc d'Aumalle, gouverneur de Bourgogne ».

1560. *Pierre Le Roi*, commis à la recette par la Chambre des comptes (4).

---

(1) Arch. de la Côte-d'Or, B. 1825.
(2) Id. B. 4300. Courtépée, t. II, 2e éd., p. 157.
(3) Peincedé, t. IV, p. 582.
(4) Id. B. 6356.

1563. *Jean Berthault*, ou *Jean Berthaut*, ou *Berthaud*, nommé par lettres de commission de Jean Peyrat, chevalier, conseiller de France dans la province de Bourgogne. A cette époque, les châtellenies de Chenôve et de Talant sont affermées à *Claude Levillain*, marchand à Dijon, pour 175 écus 10 sous tournois. Des lettres patentes de Charles IX données à Moulins, le 20 janvier 1566, adressées aux trésoriers de France établis à Dijon et MM. Lazare et Souvert, commissaires maîtres, portent qu'ils peuvent donner à perpétuité à censes, rentes et deniers d'entrée au plus offrant et dernier enchérisseur les vignes à lui appartenant, tant à Chenôve, Talant que Beaune, ensemble les maisons, château, pourpris et dépendances. Ces lettres furent enregistrées au Parlement le 15 mars 1566 (1). Jean Berthault paie 6 écus à Bénigne Ythier, conseiller du Roi, auditeur ordinaire en la Chambre des comptes, pour journées employées à la confection et renouvellement du terrier de Chenôve en 1582 (2). Il y a dans le ministère de Me Jean Berthault, qui était concierge de la maison du Roy, nous apprend une pièce du 8 juin 1573, un intérim de 3 ans, de 1583 à 1586, où il reparaît, et reçoit une allocation de 2 livres 30 sous 6 deniers pour la façon du compte de l'année 1586, avec une copie sur papier (3).

C'est *Claude Berthault*, receveur ordinaire du domaine du Roi au bailliage de Dijon, sans doute un de ses parents! qui le remplaça provisoirement, comme châtelain de Chenôve et Talant. Son compte de 1583 nous dit que les châtellenies dont il a la garde sont données à ferme à *Jean Baudrenet*, marchand à Dijon ; elles étaient amodiées 140

---

(1) Peincedé, t. III, p. 361.
(2)　　Id.　　B. 4307.
(3)　　Id.　　B. 4309.

écus, puisqu'il en verse 70, en 1589, qui représentent la moitié du prix du bail. Les gages du receveur, en 1583, étaient de 26 écus 40 sous.

Jean Berthault paraît encore dans un compte de 1592; aucune recette, dit-il, exceptée celle du fermage, ne se produit encore pour la châtellenie de Chenôve. « Des vins creuz et venuz en vigne, du seigneur audit lieu, néant, cy parce que les vignes scizes audit lieu et appartenant au Roi ont estées données à censes perpétuelles par les commissaires depputez de Sa Majesté (1). »

1583-1584. *Antoine le Grand*, maître des celliers de Chenôve et de Talant (2).

L'ordre chronologique nous oblige à laisser provisoirement de côté les gouverneurs des vignes et à ouvrir une large parenthèse sur les troubles de la ligue.

Le 29 septembre 1591, la plupart des troupes du maréchal d'Aumont passèrent près de Chenôve, l'enseigne déployée, et le 10 du mois suivant, d'Aumont et ses troupes sont « logés tant à Chenôve, Longvic, Larrey qu'aultres villages; à leur despart, pour rescompenses, ils ont mis le feu en plusieurs bastiments » qu'est pauvre vengeance, dit le chanoine Pepin, dans son livre de souvenance (3). Le même auteur dit que les Suisses en corps d'armée sont passés près de Dijon, à savoir : Longvic, Chenôve, Corcelles..., le 16 janvier 1594. Le 29 avril de la même année, Pierre Grangier, libraire, et Venot, amodiataires de Chenôve, ont été emprisonnés et mis en la maison du Roi; le même jour les compagnies des barons de Vitteaux et

---

(1) Arch. de la Côte-d'Or, B. 4311.
(2) id. B. 104.
(3) *Journal de Gabriel Breunot*, conseiller au Parlement de Dijon (*Analecta Divionensia*), par J. Garnier, t. I, p. 77.

de Lux, viennent autour de la ville et se logent à Chenôve et aux environs (1). Le 28 octobre, les troupes de Saulx-le-Duc qui n'étaient composées que de 15 à 20 chevaux, viennent faire une rafle et emmènent tout « le bestail de ceux de ceste ville, comme aussi celui de M. Catherin, de sa maison de Chenôves et ravagent icelle »; le lendemain 29, M. de Franchesse « avoit fait entrer au chasteau environ 100 soldats qui estoient logés en la maison de Chenôve pour leur conduitte et empescher aucun remüement ».

Il n'y a rien à signaler pour l'année 1595, si ce n'est que le 20 mai on prit l'alarme à Dijon, l'on monta sur la muraille; la compagnie de M. de Vaugrenant passe à la *grande Justice*, tire contre Chenôve et Couchey. Mais en 1596, il arriva une chose grave, une bataille à Chenôve! Ecoutons ce que dit Breunot de l'affaire du 28 juillet.

« Le vingt neuviesme juillet, les chambres sont assemblées. Le jour précédent, quelques soldats du chasteau vont à Chenosves pour les quottes, veuillent emmener le bestail, l'on l'empesche; les soldats blessent estrangement deux habitants, l'un ayant un coup à travers le coffre, l'autre un grand coup d'espée sur la teste; les soldats emmènent le bestail à la ville, l'approchent du fauxbourg Saint-Nicolas et de la porte pour le rendre au chasteau. Les paysans blessés avec les femmes ayans suivis le bestail, exclament à la porte et remonstrent l'indignité du fait. Le peuple s'amasse, l'on veut oster le bestail aux soldats qui le veulent empescher; l'on lâche tant de la part des portiers et d'un clercelier que des soldats quelques coups d'arquebusades sans qu'ils portent. L'on commence à s'échauffer davantage contre lesdits soldats; trois sont désarmés, les deux

(1) *Journal de Gabriel Breunot*, t. II, pp. 111. Les renseignements qui précèdent et qui suivent cette note sont tirés du même ouvrage, t. I, pp. 75, 77, 97, 110; t. II, pp. 111, 361, 364, 518; t. III, p. 84.

autres se sauvent au chasteau; les trois qui avoient été désarmés sont conduits au logis de M. le vicomte mayeur avec une grande affluence de peuple qui les vouloit assomer et ne le pouvoit on empescher; le peuple estant tout émeu de celui qui avoit le coup sur la teste qui suivoit estant couvert de sang tout glacé autour de lui... »

Les habitants de Chenôve demandèrent justice à la Chambre de la Tournelle. Le Parlement accueillit leur requête et rendit aussitôt un arrêt par lequel il renvoyait la connaissance de l'affaire à la justice municipale avec injonction d'en commencer sur-le-champ les poursuites. Ainsi se terminent les troubles de la Ligue à Chenôve.

En 1596 les châtellenies de Chenôve et Talant sont affermées, sauf les bois et la justice, 130 livres (1). — A la mort de *Jean Berthault*, en 1595, son fils Charles le remplace comme concierge de la maison du Roi, et receveur ordinaire du bailliage et châtel de Chenôve et Talant, par lettre donnée à Dijon, le 22 juin 1595 (2); mais il demeure peu de temps en place, et c'est *Claude Berthault*, dont nous avons déjà parlé, qui reprit la direction et le gouvernement du vignoble de Chenôve; il y resta jusqu'en 1601.

1601. *Jean Chretiennot*, receveur du domaine du roi au bailliage de Dijon et des châtellenies de Chenôve et Talant, reçoit de Jean Baudrenet 67 écus 52 sous 9 deniers destinés à l'acquittement des charges de la châtellenie, dont il est fermier. *Maître Georges Landriet*, qui habitait Talant, la prend à ferme en 1604, il verse en 1607, entre les mains du receveur, 120 livres 10 sous pour en acquitter les charges.

---

(1) Arch. de la Côte-d'Or, C. 2237.
(2) *Familles de Bourg.*, m" de la Bibl. de Dijon, F. B¹, t. I, p. 45 v°.

— Les clauses de son bail renferment les exceptions suivantes : 1° Les ventes de bois ; 2° les amendes pour crimes et délits ; 3° celles de la gruerie ; 4° les épaves et confiscations, ainsi que les cens dus sur les clos et vignes de Sa Majesté ; qui ont été aliénés et dont la jouissance a été délaissée aux acquéreurs (1).

Sous le ministère de Jean Chretiennot, en 1607, fut faite la déclaration du domaine du roi dans le village pour les dîmes, ainsi que celle des vignes sujettes à la dîme au profit du domaine. La déclaration des cens et redevances dus au roi opérée la même année est signée par Jacques Venot, conseiller du roi en sa Chambre des comptes. En 1610 le fermier est *Nicolas Hallard*, de Dijon, lequel n'ayant pas satisfait au payement de sa ferme, elle fut publiée à folle enchère et délivrée par les trésoriers de France à *Gérard Noblet*, pour la somme de 261 livres 6 sous 8 deniers, y compris celle de Talant. Les gages de J. Chretiennot sont de 80 livres. On lui adjoignit en 1615, *Pierre Mouton*, comme receveur des deux châtellenies ; ils reçoivent 39 livres 5 sous de *Jean Monnyot*, fermier général des revenus formant le complément des 200 livres, montant des l'adjudication qui lui en avait été faite pour un an (2).

Furent successivement gouverneurs alternatifs des vignes du roi :

1619. *Paris Regnault*, commis à la recette de Chenôve. En 1621 Simon Villemeureux est garde des celliers du roi à Chenôve et à Talant (3). — 1625. *Jean Chretiennot et Paris Regnault*, receveurs. — 1629. *Paris Regnault*, commis à la recette de la châtellenie par les trésoriers généraux de

---

(1) Arch. de la Côte-d'Or, B. 4313.
(2)   Id.   B 4316.
(3)   Id.   C. 2099.

France au Bureau des finances établi à Dijon. — 1630. *Jacques Chretiennot*, receveur du domaine du roi pour la châtellenie de Chenôve. — 1632. *Paris Regnault*. — 1638. *Jacques Chretiennot*. — 1647. *Pierre Le Grand*, commis par les trésoriers généraux de France en Bourgogne à la recette du domaine de Chenôve. — 1648. *Bernard Philippe*, commis à la recette du domaine du roi et des châtellenies de Chenôve et Talant. — 1649. *Pierre Le Grand*. — 1652. *Bernard Pepin*, receveur du domaine pour les châtellenies de Chenôve, Talant, Brazey et Saulx-le-Duc. — 1653. *Pierre Le Grand*.

Etudions maintenant pour terminer les actes de chacun d'eux d'après leurs comptes particuliers.

Paris Regnault donne le montant « des cens et rentes qui deues estoient audit Chenoves, Brochon et Gevrey-en-Montagne au jour de la feste Saint-Remy, par plusieurs personnes tenementiers ez diz lieux, ne se reçoit pas, faute de congnoissance de ceulx qui doibvent ladite redevance, et aussi que tout le revenu de ladite chastellenie est amodiée à maître Jean Monyot (1) » A partir du 1er janvier 1624, les châtellenies de Chenôve et Talant sont données à *Sébastien Bouyer*, bourgeois de Dijon, pour six années à raison de 100 livres par an (2). *Jacques Chretiennot* institué en vertu de lettres données par le roi Louis XIII, et *Paris Regnault*, receveurs, font en 1627 « recepte à cause de la ferme et amodiation de tout le revenu dudit domaine de Chenoves, de maître Sébastien Bouyer, fermier général, la somme de 100 livres tournois, faisant partie de celle de 250 pour laquelle adjudication lui a esté faicte du revenu en général du domaine du Roi ès chastellenies de Chenoves et

---

(1) Arch. de la Côte-d'Or, B. 4317.
(2) Id. B. 4319.

de Talant (1) ». Les revenus des deux châtellenies sont amodiés 292 livres, toujours à Sébastien Bouyer, en 1632 (2). Sous le ministère de *Jacques Chretiennot*, en 1638, *Claude de Lery* est fermier, il a amodié les châtellenies 290 livres (3) qu'il paye jusqu'en 1641, où *Jacques Hourry* est dit fermier du revenu de la châtellenie, dans un compte de 1642, présenté à la Chambre des comptes par le procureur Legrand. Les membres de cette chambre auxquels l'examen du compte fut renvoyé étaient messire Filzjam, Grandmaison et Claude Robert (4); il résulte de celui-ci que la dîme appartient au Roi pour la moitié, et l'autre avait appartenu à Jean de Courcelles, sieur d'Auvillars, par indivis et la tenant en fief du duc de Bourgogne avec deux queues de vin qu'il avait droit d'y prendre annuellement et avant tout partage; ses deux queues furent données à la Sainte-

---

(1) Arch. de la Côte-d'Or, B. 4320.
(2) Id. B. 4323.
(3) Id. B. 4325.
(4) Le compte de 1643, du même receveur, fut mis en audition par le comptable, assisté de M⁰ Pierre Legrand, son procureur, par devant Lantin et Louis Mailley, conseillers du Roi, maîtres et auditeurs, commissaires députés pour cet examen (Arch. de la Côte-d'Or, B. 4330). Le compte de Pierre Le Grand (1647) est affirmé par ce comptable à la Chambre des comptes de Dijon, par devant les commissaires délégués Pierre Thomas et Jean Beau, conseillers du Roi, maîtres auditeurs en icelle. — M⁰ Bénigne Chaumelys, conseiller du Roi, receveur général de ses finances, verse 40 livres entre les mains du receveur de cette châtellenie pour les gages dudit comptable. — Le compte de Bernard Philippe, commis par les trésoriers généraux de France en Bourgogne et Bresse, fut présenté et affirmé par ce comptable (en 1648) assisté de Bénigne Jacquemin, son procureur « des vins crus aux vignes du Roi au lieu de Chenôves, néant, d'aubtant que lesdictes vignes ont esté données à cens à perpétuité par les commissaires du Roy ». Bernard Pepin présenta son compte à la Chambre des comptes en 1652 qui délégua pour l'examiner M⁰⁰ Loppin et François Bichot-Morel, conseillers du Roi, maîtres et auditeurs. — Le receveur général Jean Petit lui donne 80 livres pour deux quartiers des gages de la châtellenie de Chenôve. — Celui de Pierre le Grand (1661) est soumis à Etienne Milliere et à

Chapelle pour la fondation d'une messe quotidienne (1).

Jean Thoridenet, huissier au bureau des finances, épouse, en 1645, la veuve de Jacques Horry, décédé fermier du domaine de Chenôve et en devint lui-même amodiataire; le fermage est toujours de 290 livres. M° *Pierre Mugnier*, aulieu de *Pierre Thoridenet*, fermier de la châtellenie pour une partie de la ferme amodiée 305 livres en 1651. Les derniers fermiers que nous connaissons et qui paraissent dans les comptes de *Pierre Le Grand* sont *Pierre Viard* et *François Garenne*, son gendre, par délivrance à eux faite par les trésoriers généraux de France pour six années et qui paient pour leur bail 225 livres.

Nous avons encore rencontré un M⁰ Jean Berthault, pourvu de l'office de receveur du domaine de la châtellenie de Chenôve et de celle de Talant, « au lieu et place de M° Jean Bonneau (?) par lettre donnée à Paris le 21 mars 1676 (2) ». La famille Berthaut aurait donc rempli à elle seule, pendant plus d'un siècle, la charge de gouverneur de la châtellenie et du vignoble de Chenôve.

Le fief du domaine de Chenôve fut repris le 18 novembre 1728 par Louis Bourgeois, valet de chambre de M. le contrôleur général des finances, lequel lui a été engagé par pro-

---

Claude Morelet, conseillers à la Chambre des comptes (Arch. de la Côte-d'Or, B. 4333, 4334, 4337, 4341). V. aux pièces justificatives de nombreuses notes sur le même sujet.

(1) Arch. de la Côte-d'Or, B. 4329.

(2) *Familles de Bourgogne*, m`" de la B. D., F. B' 12, t. I, p. 45 r°. L'auteur de ce travail est dans l'erreur en disant que J. Berthaut a succédé à M° Jean Bonneau; nous avons vu ce dernier paraître en 1536 et il est matériellement impossible qu'il existe encore en 1676, c'est-à-dire 140 ans plus tard! D'ailleurs, dans le même ouvrage, nous lisons cette note, qui rétablit pleinement la vérité: « Jean Bonneault, receveur du bailliage de Dijon et des châtellenies de Chenôve et Talant, au lieu et place de Nicolas Ramet, du 9 janvier 1536 » (V. *Familles de Bourg.*, t. I, p. 75 v°).

cès-verbal des commissaires du Roy, du 30 mars 1719, enregistré à la Chambre des comptes le 6 août 1728, pour jouir par ledit Bourgeois, sa vie naturelle, de 388 livres 10 sols 8 deniers, pour le prix de 6.213 livres 6 sols 8 deniers (1).

(1) Recueil Peincedé, t. VII, p. 705 ; Arch. B. 10979, cote 53.

CHAPITRE VI

LES FEUX A CHENOVE A DIFFÉRENTES ÉPOQUES

Population. — Statistique et impositions. — Situation des habitants sous les troubles de la Fronde.

AVANT de quitter la partie historique proprement dite du village de Chenôve, qu'on nous permette de rattacher à cette division le rôle des feux du XIVe siècle à la Révolution, ce qui montrera de combien la population a augmenté et surtout varié à des dates différentes. Ce sera aussi une occasion de passer rapidement en revue les faits saillants de l'histoire civile de Chenôve aux XVe et XVIe siècles.

On ne peut, à certaines époques, parcourir les anciens documents, sans être frappé du sort de nos pauvres paysans ; ainsi, en 1375, sur 76 feux qui formaient la totalité du village qui nous occupe, 61 sont abonnés et *15 misérables*. En 1397, il y avait 69 feux à Chenôve et 23 en 1423 (1). Dans la cerche des feux par Guillaume Chevilley et Jehan Coutier, « commissaires en ceste partie de messire les l'sleuz ou Duchié de Bourgogne... » en 1431, Chenôve

---

(1) Arch. de la Côte-d'Or, B. 11579, reg. p. 79; B, 11.581. Dans les feux de 1375, Jehan et Claude Morisot figurent au nombre des abonnés.

est inscrit « comme frans a chappitre d'Ostun et à Saint-Bénigne : feux solvables, 5 ; *misérables*, 17, *povres et mendiants*, 25 » ; au total, 47 feux.

Les élus ou leurs représentants, comme c'est ici le cas, devaient, à des intervalles réguliers, se rendre dans chaque localité de leur circonscription ; ils établissaient le nombre des feux et recueillaient les renseignements nécessaires à la répartition de la taille, principale contribution perçue dans les villages. Les enquêtes auxquelles ils se livraient étaient de véritables opérations de statistique. Lorsque la gelée, la grêle ou l'incendie avaient frappé une localité, ils s'y transportaient (1). Dans leur tournée, qu'on appelait chevauchée, parce que le mauvais état des chemins ne leur permettait pas de les faire en voiture, ils écoutaient les plaintes et en vérifiaient l'exactitude (2).

La cerche des feux de 1436, pour l'aide de 8.000 francs octroyés au duc Philippe le Bon par les Etats assemblés au

(1) En 1660 la Chambre des comptes présente une requête aux élus de la province à l'effet de faire estimer les dégâts causés par la grêle sur le territoire de Chenôve (arch. municip. de Dijon, B. 299) Les vignerons étaient déjà bien éprouvés en ce temps-là ! et il n'y avait pas que la grêle que les pauvres gens craignaient, et la gelée ! mais ils furent grêlés bien souvent dans le cours du XVIe siècle. Le 20 juin 1572, il s'éleva deux nuées qui firent de grands dégâts depuis deçà Chenôve virant à Dijon. Le 23 avril 1573 toutes les vignes de Chenôve étaient gelées. Le 9 juin de la même année, il a tombé une nuée entre Chenôve et Dijon qui a beaucoup gasté les vignes et biens qui estoient sur la terre ; ce que la gelée du 23 avril avait épargné fut perdu. En 1681, on constate les pertes causées par la grêle, *à Chenôve*, à Hauteville, Daix et Ahuy (arch. dép. C. 3126). Le 13 juin 1713, la gelée détruit les récoltes (arch. de Chenôve, G. 11). En 1783, il est alloué par la commune 1 livre 6 sols 8 deniers pour la visite des vignes gelées ; en 1788, pour le même objet, 8 livres (arch. dép. C. 488). La gelée du 26 avril 1788 fit beaucoup de tort aux habitants de Chenôve (arch. de Chenôve, G. 11). Les 10 et 19 juillet 1789, un orage épouvantable accompagné de grêle détruisit toutes les récoltes de la banlieue dijonnaise, Chenôve ne fut pas privilégié. Il en fut de même lors de la grêle du 12 floréal an IX. (Arch. com. de Chenôve, G. 11, sinistre).

(2) A. Babeau, *le Village sous l'ancien régime*, p. 245.

mois de mai 1435-6, porte que Chenôve, au chapitre d'Autun, a 55 feux. La population, qui d'abord avait diminué, commence à augmenter ; mais cette augmentation n'est pas de longue durée. Voilà la cerche des feux de 1469, du bailliage de Dijon, « excepté les sièges de Beaune et de Nuits, opérée pour le fait de l'ayde de 40.000 fr., octroyé à M. le Duc (Charles le Téméraire), en octobre MCCCCLXIX, il est dit que les habitants de Chenosve sont tailliables abonnez es sieurs du chappitre d'Ostun et de Saint-Bénigne, » et il ne compte que 32 feux abonnés (1). C'est déjà 23 de moins qu'en 1436. Plus tard, Chenôve qui figure dans la cerche des feux du bailliage de Dijon, en 1460, comme localité déclarée franche ou abonnée, paye, en 1574, 63 livres pour l'impôt du taillon (2).

Nous avons, dans le précédent chapitre, entretenu le lecteur de la Ligue à Chenôve ; sans vouloir revenir ici sur ce sujet, nous dirons qu'en 1593, c'est-à-dire à l'époque où Dijon n'était pas encore au pouvoir de Henri IV, et avait Mayenne pour gouverneur, on ne trouvait que 20 feux, « tous pauvres et nécessiteux » ; aussi la communauté ayant été imposée à 80 écus, les « habitants du village de Chenôve, près Dijon », dans une requête lamentable du mois de novembre, « supplient humblement monseigneur le prince de Mayenne, gouverneur en Bourgogne, » de venir à leur secours et lui montrent en premier lieu « qu'ils sont en grande pauvreté » et ensuite « qu'ils ont esté cothisez pendant ces troubles et guerres » et forcés de payer plusieurs « grandes sommes d'impositions » qui leur semblaient exa-

---

(1) J. Garnier, *Recherche des feux en Bourg. aux XIVe et XVe siècles*, p. 70.
(2) Arch. de la Côte-d'Or, B. 11.589, C. 5128 bis.

gérées. Ils disent encore que n'ayant pu payer tout ce qui leur avait été demandé, on avait emmené un des habitants « prisonnier au lieu de Bonnencontre (1) ». Cette supplique fut transmise à la mairie de Dijon, qui mit son avis en marge, le 13 novembre 1593; de là elle alla à la Chambre de ville, le 16 novembre; celle-ci constate que plusieurs habitants se sont retirés à Dijon et dans les faubourgs, et qu'un certain nombre ont leur domicile sur la paroisse Saint-Philibert; elle demande, en conséquence, qu'il lui soit fourni la liste des personnes qui se trouvent dans la ville; celle ci fut produite et retourna avec la requête à la Chambre de ville, le 19 novembre. Parmi les noms qui figurent dans cette pièce, nous relèverons ceux de Bichaudet, Jehan Changenet, Galois, Jarrot, Claude Jolibois dit Saron, Simon Jolybois dit Borde, etc., etc.

En 1600, le village fut visité par Et. Humbert, vicomte mayeur de Dijon, il comptait 44 feux; en 1643, 30 feux et chacun d'eux imposé sur le pied de 7 livres 10 sols. En 1642, il comptait 20 feux; de même qu'en 1647 et 1657. D'après la répartition générale sur le pied de 10 livres 19 sols par feu, pour l'imposition du quartier d'hiver (1646), Chenôve paye 219 livres. Un autre impôt de 142 livres, pour l'entretien des garnisons, frappe l'année suivante (1647) la communauté. Enfin, chaque année, amenant de nouvelles charges, Chenôve est imposé, en 1648, à 176 lives, pour les octrois ordinaires; il paye 203 livres 10 sols d'impôts pour l'exemption des logements militaires en 1659 (2).

---

(1) Arch. munic. de Dijon, série L. Cette requête est signée : Jarrot et Pierre Pessard.
(2) Arch. de la Côte-d'Or, C. 4993, 5408, 5208, 5501, 5006, 5527. V. aussi *Invent. sommaire des arch.*, t. IV, série C., pp. 166, 223, 195, 234, 167, 237.

Mais n'anticipons pas sur les dates, nous avons omis de dire que dans la première moitié du XVIIe siècle, les Etats envoyèrent dans chaque village des commissaires pour les visiter; ceux-ci arrivent à Chenôve le 15 février 1645 et dressèrent un procès-verbal dans lequel ils disent :

«... Sommes sortis de nostre maison de Dijon assisté de Aubert, commis-greffier ceste part, pour continuer nostre commission ainsy qu'il s'en suit. Estans arrivés au village de Chenove, deppendant en partie du domaine du roy et du chappitre Saint-Ladre d'Autun pour l'autre, nous a esté dict qu'il peut y avoir au roolle 60 ou 70 personnes imposées, tous pauvres vignerons n'estant que deux cherrues.

« Et ayant visitté le village de pot en pot, avons recogneu qu'il y a 30 maisons habitées, en aucunes desquelles il y demeure deux ou trois mesnages. Tous leurs biens consistent et sont façonnés par plusieurs vignerons de Dijon.

« Philippes Gallois nous a présenté les derniers roolles, dans lesquelz y a 41 personnes imposées et entre icelles 13 vesves. Dans l'ung desquelz roolles y a 238 livres 10 solz. Le plus haut imposé est à 17 livres; 2 à 13; 3 à 10; de 10 livres à 6, 15 ; de 6 à 3, 15 ; et le reste de 3 livres jusqu'à 30 solz ; quelques vesves ne paient que 18 à 20 solz.

« Ledict Gallois nous a encore représenté un mémoire dans lequel avons recogneu qu'ilz doibvent 1800 livres (1). »

On voit par là combien, à cette époque le pays était pauvre et endetté.

La description du village, donnée en 1665 par Bouchu (2), mérite d'être rapportée ici :

---

(1) Rossignol, *le Bailliage de Dijon après la bataille de Rocroi*, p. 129-130.
(2) Arch. de la Côte-d'Or, C. 2882, reg. manuscrit des déclarations, biens et dettes des communautés du bailliage de Dijon.

« Chesnove est un village qui a pour paroisse et patrons S. Nazaire et S. Celse ; il se compose de 50 maisons habitées y compris la maison seigneuriale au-dessus du village. — Il n'y a aucuns fiefs, hameaux, ny métairies séparées qui en dépendent. Le chapitre de l'Eglise cathédrale d'Autun en est seigneur ; cette simple seigneurie amortie relève du Roy à la Chambre des comptes de Dijon.

« Les revenus consistent en 25 journaux de vignes, quatre queues de vin de cense, 20 esmines de froment (mesure et esmine de Dijon) et autant dorge sur l'abbaye de Saint-Bénigne de Dijon à prendre sur les moulins d'Ouches ; environ 50 journaux de terre labourable sur les finages de Chesnove, Ouges et Longvy, deux milliers cinq cents d'eschallas sur l'abbaye de Cisteaux, payables par l'amodiateur d'Ouges avec 25 moules de bois pour leur chauffage, 30 soitures de prés à Saulon avec une rente en terre labourable admodiée avec tous les droits seigneuriaux. — Il est situé (le village) à une demie lieue de Dijon sur la route. Le finage a un bon quart de lieue de traverse et une lieue de circonférence ; il n'y a point de commerce que de vin, il ny a point de rivière, ny de pont ny passage par le village, mais bien sur le finage, c'est le passage ordinaire de Dijon à Beaune. Il n'y a aucun bois dépendant de la seigneurie. Il y a des costaux du costé du couchant. Il n'y croist point de froment pur, mais du bon orge et avoine, point de seigle pur. Il y a 400 journaux de vigne ou environ de grand rapport et de bon vin, dont les trois quarts et meilleurs appartiennent aux seigneurs et bourgeois de Dijon. Il n'y a ny prez ny pasquiez. *Il y a 58 habitans y compris 13 femmes veusves. Il y en a le quart assez commodes, tous les autres vignerons, cultivateurs et rentiers.* Il n'y a aucun péage ny octroy establi sur le finage.

Leurs charges ordinaires sont l'entretien de leur église,

maison curialle, entretien d'une maison d'escole, d'un marguillier, entretien et curée des puits communs ; le dixme et autres charges seigneuriales affectées sur les vignes, maisons et terres, etc.

« Leurs communaux sont leur four commun du lieu, engagé pour 12 ans aux nommez Claude Galloix, Claude Jarrot, et Claude Gaspoire, habitants de Chesnove (1); quelques journaux de charme sur la montagne quy ne porte aucun bois ny buisson et ne peuvent servir qu'a faire des carrières à tirer des pierres mureuses, et pour le paturage de leurs bestiaux mais qui n'y suffiroient pas sans le droit qu'ils ont de parcourir et de pasturer sur les finages de Marçannay-en-Montagne, Corcelles-les-Monts (2), Dijon,

---

(1) La tradition locale veut qu'il y ait eu, à Chenôve, 3 fours banaux dont on a fait usage jusqu'à ce jour ; le premier sur la place ; le second, rue de la Montagne, dans la maison qui fait angle avec la rue de l'Eglise; enfin le troisième, rue Basse, en face le deuxième puits. — On sait qu'outre le puits du roi, il y avait encore dans cette rue, à une soixantaine de mètres environ et du même côté, un autre puits ; aujourd'hui tous deux sont remplacés par une pompe. — Nous avouerons aisément n'en connaître qu'un seul, et dans tous les documents consultés à Chenôve même, il n'est jamais fait mention de plusieurs fours. On trouve 8 pièces sur l'amodiation des revenus du *four banal* de 1712 à 1760, aux arch. de Chenôve, M. 7, n° 1, et dans un autre dossier des mêmes archives (M. 7, n° 2), 8 autres pièces sur la reconstruction du four en 1769. En effet après un jugement de l'intendant de la province, du 23 septembre 1769, les habitants délibèrent de réparer « le four banal et la halle » qui se trouvait à côté sur la place. Ils s'adressèrent donc à Jacques Munier, entrepreneur et maître charpentier à Dijon, qui, le 25 mai 1765, avait déjà fourni un devis s'élevant à 1320 livres ; mais à cette époque la communauté s'était contentée de faire les plus pressantes réparations et dépensait seulement 8 livres 13 sols 6 deniers. Le second devis de Munier ne fut pas accepté. On eut donc recours à Jean Caristie, architecte à Dijon, qui, le 16 juillet 1769, fournit un mémoire, avec plan à l'appui, des réparations à exécuter à la halle et au four banal.

(2) Le droit de parcours sur le finage de Corcelles donna lieu vers l'époque de cette description à un procès que Bouchu relate à l'article concernant cette paroisse : « Ils ne doivent rien (les habitants) en corps de communauté, que quelques avances faites par leur pro-

Longvy, Ouges, Domoy et Perrigny. — Il n'y a aucun communaux d'usurpez n'y d'aliénés que cent journaux de terre qui estoient abandonné à cause de leur stérilité dont la plus grande partie demeure en charme, qui ont esté vendus à Guelaud, marchand à Dijon, il y a plus de 80 ans, et possédé à présent par Bénigne Cotamhet de Savigny qui les a acquis avec Henri de Treuil, ayant cause de Barbe Lebert, sa femme, à raison d'un escu par journal, il y a environ 20 ans.

« ... La dixme dont le quart appartient au curé se lève de 13 gerbes l'une prise au champ sur toutes sortes de grains qui se sèment dans le finage; elle peut rendre par commune année douze esmines ou environ par moitié bled, orge et avoine... »

En 1688, Chenôve est imposé à 1127 livres pour les rôles géneraux (1).

Courtépée avait raison de combattre les opinions de l'abbé Expilly, sur le rôle des feux; il n'y a pas que de ce côté que l'auteur du *Dictionnaire des Gaules*, MDCCLXIV, pèche, il donne aussi des descriptions de village par trop fantaisistes ; ainsi à la page 316 du t. II, on lit : « Chenôve, en Bourgogne, diocèse, parlement, intendance, balliage et recette de Dijon. On y compte 83 feux. *Cette paroisse est située sur un rocher*, à une demie lieue S.-O. de Dijon. » Est-ce bien le village qui nous intéresse, qui se trouve perché sur un rocher en 1764 ? ou bien l'auteur a-t-il confondu celui-ci avec le suivant qu'il décrit ainsi : « Chenôve, en Bourgogne, diocèse, bailliage et recette de Châlon, parlement et inten-

---

cureur au *procez qu'ils ont contre les habitants de Chenôve au sujet du parcours*, auquel ils doivent aussi ses sallaires et vacances aud. procez » (Bouchu, p. 175).

(1) Arch. de la Côte-d'Or, C. 4878.

dance de Dijon. On y compte 28 feux. *Cette paroisse est située dans une contrée montagneuse mais fertile en vins, à quatre lieues et quart S.-O. de Chalon. Il en dépend Til et les Filletiers (1), qui sont deux hameaux.* » Que faut-il croire de ces deux explications ? Est-ce Chenôve-les-Dijon, qui est une paroisse située dans une contrée montagneuse mais fertile en vins ? et Chenôve (Saône-et-Loire) qui est situé sur un rocher ? On avouera aisément que ni l'une ni l'autre de ces descriptions n'est claire et précise.

La communauté demande, en 1722, une diminution de taille à MM. les Elus. Nous avons dit que c'était la principale contribution perçue dans les villages ; il n'entre pas dans notre plan de nous étendre sur le mécanisme et sur les diverses formes de cet impôt, qui a été l'objet de travaux érudits et nombreux. Les comptes de cette année portent qu'il a été payé à M. Bailly, procureur, pour avoir dressé la requête qui devait leur être présentée, 1 livre 5 sols et que 3 livres 18 sols furent « dépensés avec Jean Devillebichot, Bénigne Changenet, les deux Etienne Jolibois et d'autres qui sont allés présenter ladite requête, le 22 octobre 1722 (2).

Au XVIIIe siècle, en 1770, la recette de Chenôve se monte à 139 livres et la dépense à 131 ; en 1772 il est imposé à 1,416 livres. Ce beau village, dit Courtépée (en 1774, époque où il rédigea sa *Description du duché de Bourgogne*), a 80 feux, 300 communiants, 500 âmes et environ 30 forains ; déjà à cette date les étrangers, qui pour la plupart étaient des nobles de Dijon, ne dédaignaient pas ce joli pays. En 1780,

---

(1) *Le nouvel état génér. alph. des villes, bourgs, etc. de Bourg.*, MDCCLXXXIII, p. 67, indique *La Boutière* et *les Valottes*, deux hameaux ou écarts qui dépendent de Chenôve près Buxy. Lequel croire ?

(2) Arch. de Chenôve, premier reg. des délib., p. 142, v°.

il y avait 18 forains habitant Dijon à Chenôve. Les impositions montent en 1784 à 1,605 livres pour les tailles (rôles généraux).

D'après le dénombrement du duché de Bourgogne, généralité et bailliage de Dijon, rédigé en 1786 par l'intendant de la province Amelot et imprimé en 1790 sur la demande des Députés de cette province à l'assemblée nationale, il résulte qu'il y avait à Chenôve :

1re cl. depuis la naissance jusqu'à 15 ans . .	84 garçons	67 filles.
2e cl. de 15 à 30 ans.	82 h. et g.	89 f. et f.
3e cl. de 30 à 50 ans.	47 —	62 —
4e cl. de 50 à 60 ans.	20 —	23 —
5e cl. de 60 ans et au-dessus.	17 —	20 —
Total : Hommes et garçons.	250 f. et fil.	261
		250
Population	511 hab.	

La recette de Chenôve s'élève en 1788 à 502 livres 8 sols 8 deniers, dont 210 proviennent d'amodiation; et la dépense à 306 livres 12 sols, dont 220 sont absorbés par les gages du recteur d'école, qui, nous le verrons plus loin, percevait en outre sur chaque écolier une redevance annuelle ; il était tenu à l'assistance à l'église, et exempt des tailles négociales et des corvées (1). Ces détails résultent des bordereaux de comptes produits devant l'Intendant, par l'échevin ou le procureur syndic de la communauté.

On voit par ce rapide exposé de combien s'est augmentée la population à Chenôve, dès l'année 1375 où elle avait 60 feux, soit 300 habitants, car en général on compte en Bourgogne 5 habitants par feu. C'est que le sort du paysan du XIVe siècle était loin d'être ce qu'il est aujourd'hui. Aux

---

(1) Arch. de la Côte-d'Or, C. 487, 488.

xvᵉ et xviᵉ siècles, surtout, la population diminue sensiblement, les mendiants ou querans leur pain deviennent aussi plus nombreux ; on est à se demander pourquoi la population est ainsi appauvrie, mais on a bientôt la solution de ce problème, si l'on songe qu'en 1649, les gens de guerre ravagent Chenôve et que les habitants abandonnent le pays (1), et si l'on se reporte aux troubles de la Fronde, de la Ligue, ces guerres continuelles de partis, qui, sans porter une atteinte directe au village, lui causent néanmoins un très grave préjudice ; il faut tenir compte de toutes ces luttes qui poussent l'ennemi jusqu'au milieu des populations, pour forcer l'habitant à lui délivrer ce qu'il possède. Nous avons vu au chapitre précédent de quelle façon agissaient les soldats qui venaient à Chenôve faire rafle de tout le bétail. C'est ainsi qu'en 1589 l'arrivée de plusieurs cavaliers d'allure suspecte aux environs de Chenôve ayant été par malheur signalée à la mairie de Dijon (2), elle y envoya la nuit un détachement qui mit la main sur le baron d'Aubonne (3), sans pouvoir saisir ses compagnons qui ravagèrent le village avant de le quitter ; plus tard aussi, en 1695, une compagnie du

---

(1) Il faut aussi signaler comme une particularité de la dépopulation des campagnes les maladies contagieuses telles que la peste par exemple. En 1570 ce fléau régnait au village voisin Marsannay ; la chambre de ville ordonne aux habitants qui s'étaient retirés à Dijon, sous prétexte du droit de retrait et à cause de la guerre, de quitter promptement la ville et d'emporter leurs meubles sous peine du fouet. Chenôve ne paraît pas avoir été atteint de la contagion (V. Clément Janin, *les Pestes en Bourgogne*). En 1478-79 il y avait eu visite, faite par ordre du Roi, de tous les villages des environs de Dijon, pour savoir s'il n'y avait pas d'épidémie ; aucun cas n'est déclaré pour Chenôve (Arch. de la Côte-d'Or, B. 1783). Mais s'il est épargné en 1478 et 1570, il ne l'est pas en 1631 ; la peste, qui à cette époque ravagea notre province, y fit de nombreuses victimes.

(2) *Correspondance de la mairie de Dijon*, par J. Garnier. Introd., xxiv, t. II (*Analecta Divionensia*).

(3) V. aux pièces justif. la lettre de La Verne, maire de Dijon, à Fervaques, lui annonçant la prise du baron, venu à Chenôve avec une troupe pour sonder les fossés et préparer une surprise de la ville.

régiment d'Esparre va à Chenôve, injurie les habitants, commet toutes sortes de vols et violences dont le procès-verbal fut dressé suivant jugement de l'Intendant Ferrand par son subdélégué ; en voici l'analyse (1) :

Le 6 novembre 1695, d'après le rapport de M⁰ Claude Lespine, procureur de la communauté de *Chenosve près Dijon*, « à l'entrée de la nuit un officier à pied à luy inconnu vestu de blanc, ayant un chapeau bordé d'argent, conduisant une recrue de 17 hommes, venant de Dijon, demanda à loger en payant, et entra, avec ses soldats, dans la maison de Jacques Ramiot, boulanger, qui leur donna à boire et à manger, autant qu'ils le désiraient ; quand ils demandèrent à payer, ils commencèrent par dire qu'ils ne vouloient payer les choses qu'aux taux du Roy, et cherchèrent querelle audit Ramiot pour ne pas payer. François Gallois, l'un des habitants, qui se trouvoit dans la maison, dit à l'officier qu'on ne lui comptoit les denrées que sur un pied très juste ; aussitôt cet officier lui donna un grand soufflet de manière qu'il fut obligé de se retirer ; d'autre costé les soldats renversèrent la table sur laquelle le couvert estoit mis et trois chandelles, s'enfermèrent dans la maison, donnèrent plusieurs coups sur le corps dudit Ramiot en telle sorte qu'il est actuellement au lit, maltraitèrent aussy sa femme, luy prirent quinze ou seize livres d'argent monnoyé, plusieurs pièces d'étain et hardes. Ce qui ayant obligé lesdits Ramiot et sa femme d'appeler du secours, ledit officier et ses soldats l'épée à la main et armez de fusils et pistolets estant sortis dans la rüe, tirèrent deux coups sur lesdits habitants qui vouloient s'opposer à leur violence, et ils auroient pu sans doute tué quelqu'un...

---

(1) Arch. de la Côte-d'Or, C. 2915.

« Ce qui donna lieu auxdits habitants de se réfugier dans l'église qui estoit ouverte, et d'en fermer les portes sur eux. Cependant ledit officier et ses soldats ne laissèrent pas de les y poursuivre et d'en vouloir forcer les portes en jurant et en blasphémant le saint nom de Dieu et menaçaient de tuer tous ceux qu'ils rencontreroient. Ayant donné au nommé Potot un coup de sabre à la main et plusieurs coups sur la teste et sur le visage ; à la femme du nommé Didier Lespine un coup de sabre sur la main. Que l'un des soldats allongea un grand coup d'espée au nommé Deboux dont son justaucorps a esté percé ; adjoutant, conclut le procureur de la communauté, que les officiers et ses soldats voulaient mettre le feu dans la maison de Ramiot... »

Les habitants demandèrent justice à l'Hôtel de Ville de Dijon. Plusieurs témoins, entre autres : Gallois, Laurent de Nolay, Antoine Bernard et Bernard Soucy, habitant, de Chenôve, ayant connaissance des faits, furent entendus nous ne savons quel a été le jugement rendu.

Que résultait-il de cet état de chose ? C'est presque la misère ! car n'avons-nous pas vu nos pauvres vignerons réduits à laisser façonner leurs vignes par leurs confrères de Dijon ? Après ces années terribles, comme en 1589 et 1640, le village se trouve un peu dépeuplé ; il ne compte que 44 feux en 1610, puis, comme nous l'avons dit, que 20 en 1642 et 1645, ce qui nous donnait tout en gros 100 habitants. Cependant malgré ses revers et le peu de revenus de la communauté, les habitants trouvent encore le moyen de secourir leurs semblables dans la mesure de leurs forces : « Le 11e d'avril 1700, lit-on sur les registres de l'état-civil, est décédé un enfant nommé Jean... âgé d'environ 3 ans, *trouvé sur le grand chemin et nourri par la communauté de Chenôve l'espace d'environ un an et demi*, lequel a été enterré au cimetière dudit lieu le jour et an susdit par moy soussigné : Lebert, curé. »

Mais aujourd'hui heureusement ces mauvais temps sont passés et avec le xviiie siècle, Chenôve reprend un peu d'importance ; sa population augmente considérablement au xixe puisqu'en 1853, date prise au hasard, le nombre des habitants est de 759, et les cotes foncières de 354, et en 1869, à la veille de la dernière guerre, il comptait.... 786 habitants !

L'étude qu'on vient de lire et dans laquelle on s'est efforcé de tracer avec impartialité un tableau de l'état des habitants et de la vie civile à Chenôve au cours des xvie et xviie siècles, eût exigé pour être plus complet des développements auxquels ne pouvait se prêter le cadre que nous nous sommes imposé.

ÉGLISE DE CHENOVE

DEUXIÈME PARTIE

CHENOVE MODERNE, HISTORIQUE ET ARCHÉOLOGIQUE

CHAPITRE PREMIER

L'ÉGLISE ET LES CURÉS DE CHENOVE

CHENOVE possède une belle église voûtée placée sous le vocable de saint Nazaire et saint Celse (1). Ce n'était anciennement qu'une chapelle donnée par saint Léger en vertu de son testament « qu'on dit avoir été fait l'an de l'incarnation 633, sous le règne de Théodoric, la septième année de son épiscopat, à l'église Saint-Nazaire d'Autun, qu'il institue son héritière des terres de Chenôve avec ses dépendances, tant de çà que de là Dijon, à condition que Barchaire, prévôt de ladite église, et après lui ses successeurs donneront tous les jours la subsistance à

Monographie historique et descriptive. — Chapelle de la Trinité. — Curés et vicaires du XIIIe siècle à nos jours.

---

(1) V. aux pièces justif., vie de SS. Nazaire et Celse, extrait tiré de Baillet (1715).

40 pauvres qui prieront pour la conservation des princes et du Royaume (1) ».

Vers 660 le chapitre d'Autun prend possession de la terre de Chenôve, et 18 ans plus tard, en 678, après la mort du pieux prélat Léger, arrivée le 3 octobre de cette même année, il s'y établit comme seigneur, et prend définitivement possession de l'église et du village.

Au XIIIe et à la fin du XIVe siècle, cette chapelle, bâtie en pierre de Fixin et de Chenôve, fut agrandie et en partie reconstruite sur de nouveaux plans et devint l'église orientée que nous voyons aujourd'hui. De l'époque du moyen âge il ne reste que le chevet rectangulaire, bandé de nervures à vives arêtes, éclairé de deux fenêtres composées chacune de deux lancettes à trèfles aigus.

Le clocher au chalcidique est accompagné de deux petites chapelles voutées en berceau aigu et figurant des transepts ; l'étage rectangulaire est percé, sur chaque face, d'une double ouverture aiguë, décorée d'un simple boudin (2). Dans le beffroi nous trouvons trois cloches ; la plus petite et en même temps la plus ancienne porte ces mots :

CLAVDE JANNON, ÉCVYER, CONSEILLER DV ROI,
SVBSTITVT DE M^r LE PROCVREUR AV PARLEMENT
DE DIJON, PAREIN,
DAMOISELLE JEANNE MORLET, FILLE DE CLAVDE MORLET,
CONSEILLER A LA CHAMBRE DES COMPTES
DE BOVRGOGNE, MARAINE,
BENEDIXIT ANNO 1682 VENITE BENEDICTI

En 1737 les habitants voulurent faire refondre la grosse cloche de l'église et, à cet effet, ils déléguèrent à Dijon leur

---

(1) *Hist. de l'Église d'Autun*, par ***, p. 49.
(2) Paul Foisset, *Répert. archéol. des arr. de Dijon et Beaune*, p. 66.

procureur, Claude Cornemillot, pour faire le marché avec un sieur Delacroix ; dans son compte à la communauté ledit procureur mentionne en effet 6 livres 8 deniers « pour une journée exprès à Dijon, pour faire le marché pour la fonte de la grosse cloche.... » (1). Le 29 décembre 1737, il est fait au fondeur, par Claude Gallois le jeune, procureur, au nom des habitants, un premier paiement de 157 livres 10 sols. Il avait été convenu dans le marché que le second et dernier versement serait effectué 6 mois après le premier, une fois la cloche livrée, mais il était bien moins important, car on avait prévu l'échange, avec le fondeur, de six chandeliers de cuivre, pesant environ 55 livres (2). La date du solde de ce travail correspond avec celle de la bénédiction qui eut lieu en juillet 1738, ainsi que cela résulte de l'inscription suivante qui court autour de la cloche :

A L'HONNEVR DE LA Ste TRINITÉ,
Me ROGER BONNIARD, PRESTRE, CVRÉ DE CHENOVE,
A BÉNY CETTE CLOCHE EN IVILLET 1738,
LES PARAIN ET MARAINE SONT Mr HVGVES IANNON, ÉCVYER
ET DAMOISELLE MARGVERITE MORLET,
FILLE DE Mr BERNARD MORLET, ÉCVYER,
ANCIEN AVDITEVR EN LA CHAMBRE DES COMPTES DE DIJON.
CLAUDE GALLOIS, PROCUREUR.

La cloche moyenne qui, au dire des anciens, aurait été descendue trois fois du clocher, est la plus nouvelle. L'inscription qu'elle porte gravée sur ses flancs atteste qu'elle fut fondue en 1818, dans les ateliers de J.-B. Fort fils, fondeur à Dijon :

---

(1) Arch. de Chenóve, reg. de délib., p. 176.
(2)   Id.,   M. 3, n° 9.

✠ J'AI ÉTÉ BÉNITE EN 1818 PAR Mr J^n F^{ois} PATHELIN,
PRÊTRE DESSERVANT DE L'ÉGLISE PAROISSIALE DE CHENOVE.
MON PARRAIN EST Mr LOVIS GASPARD MORLET,
CHEVALIER DE L'ORDRE ROYAL DE S^T LOUIS.
MA MARRAINE EST D^{ME} LOUISE MASSON DE LA LOGE.
Mr EDME HANNIER LEBRUN, MAIRE.
MM. J.-B^{TE} SOUVERNIER ET JAC^{ES} DEREY, FABRICIENS.

La vieille horloge qui vient de disparaître provenait des Chartreux de Dijon et avait été achetée en 1792. Le conseil général de la commune délibère, le 27 mai 1792, de faire l'acquisition « d'une horloge pour placer au clocher de la paroisse dudit lieu, pour frapper sur les trois cloches placées au susdit clocher. » C'est alors que Nicolas Verneuil, horloger à Dijon, en proposa une « qui seroit convenable à la paroisse dudit Chenôve, laquelle est encore présentement placée en la maison conventuelle des ci-devant Chartreux et frapperoit sur les trois cloches tel que les habitants le désirent ». Il fut décidé qu'on l'achèterait au prix de 500 livres payables la moitié quinze jours après la pose et l'autre moitié le 25 décembre 1792. Le premier payement eut lieu le 18 juillet ; pour aider à l'effectuer, on fit une souscription parmi les habitants et les forains, qui fut couverte de 101 signatures et produisit la somme de 197 livres 2 sols 6 deniers (1). Jusqu'à ce jour, c'est-à-dire juste pendant un siècle, on conserva cette respectable et antique horloge. Elle vient d'être remplacée et la plaque émaillée de celle qui lui succède nous apprend que :

CETTE HORLOGE A ÉTÉ POSÉE EN 1892
PAR LES SOINS DU CONSEIL MUNICIPAL ET SOUS LA PRÉSIDENCE
DE Mr DEREY-JOLVOT, MAIRE DE CHENOVE,
PAR ODOBEY FILS, F^t D'HORLOGES PUBLIQUES A MOREY DU JURA.

(1) Arch. de Chenôve, M. 6, n° 1.

— 87 —

Dans la nef refaite, se trouvent deux piliers conservés de l'ancienne œuvre ; à l'extérieur trois portes dont les tympans sont décorés de trèfles aigus. Réparée en 1705, ainsi que la cure, suivant jugement de l'intendant Ferrand (1), l'église de Chenôve le fut à nouveau en 1724 et 1764, de même que le cimetière (2). Soixante-dix-sept livres dix sols furent dépensés pour réparation au clocher en 1779 (3); en l'an XI une restauration extérieure nous fournit quelques chiffres de dimensions qu'il n'est pas inutile de relever : ainsi les quatre faces du clocher mesurent ensemble 27^m 20 jusqu'à l'égout, et de ce dernier à la croix un mètre seulement, ce qui nous semble inexact aujourd'hui ; l'étendue superficielle des couverts de l'église est de 304 mètres, il a fallu 2.000 tuiles pour la recouvrir (4). Il est juste de faire remarquer que l'édifice était moins long qu'à présent, toute la partie élevée de l'église a été construite dans la première moitié de notre siècle. Le curé Pathelin légua, en 1821, une somme de 2.000 fr. pour « agrandir l'église beaucoup trop petite pour le nombre des paroissiens, de manière qu'elle puisse contenir 80 ou 100 personnes de plus ; cette somme, dit-il dans son testament, sera payée en deux termes : 1.000 fr. lorsque les réparations seront à moitié

---

(1) Arch. de la Côte-d'Or, C. 2926. Les comptes de la communauté de 1706 portent qu'il est payé 6 livres à Claude Lefolle pour « avoir travaillez à la couverture de l'églize ». (Arch. de Chenôve, reg. de délib., D. 1, p. 87, v°).

(2) Arch. de la Côte-d'Or, C. 487. Pour payer les réparations faites à l'église en 1724, on fit, le 7 janvier 1726, une imposition extraordinaire de taille. Nous pouvons signaler encore les réparations de l'intérieur de l'église exécutées en 1753 ; celles de 1781 et 1808 à l'intérieur et à l'extérieur, de 1840 à l'église, et à la sacristie en 1858, etc., etc. (Arch. de Chenôve, série M).

(3) Le clocher fut encore réparé en 1807, 1859, etc., etc. (V. Arch. de Chenôve, M. 3).

(4) C'est Antoine, ancien ingénieur des ponts et chaussées, qui avait dressé le devis de cette réparation.

faites et 1.000 fr. lorsqu'elles seront totalement parachevées et reconnues ». A l'intérieur de l'église, près des fonts baptismaux, une plaque commémorative, dont voici l'inscription, rappelle la libéralité de ce prêtre :

A M. D. G.

PAR LA MUNIFICENCE

DE

M. J. F. PATHELIN

DÉCÉDÉ LE 24 MARS 1821

CURÉ DE CETTE PAROISSE

ET PAR LES SOINS DE

M. J.-X. VETU SON SUCCESSEUR

DE M. J.-B. BLAIZET, MAIRE

ET J. DEREY, ADJOINT

1822.

Le chapiteau que l'on a placé devant la porte de l'église en 1823 et qui abrite deux bénitiers en fonte du XVIe siècle et quatre pierres tombales (1), obstrue une large fenêtre qui se trouvait autrefois au-dessus de la porte d'entrée, derrière l'orgue. La commune vota 600 fr. pour sa construction qui fut confiée à François Lhommelin, maçon entrepreneur à Chenôve, auquel s'associèrent Michel Drouhin, charpentier audit lieu, et Bouguet, tailleur de pierres à Couchey. Le tout fut achevé en 1824. — Une croix de pierre terminait le chevet de l'église ; les deux bras en ont été brisés, et il ne reste plus, sur le toit, que le montant vertical qui laisse deviner une certaine richesse d'architecture, à en juger par les sculptures minutieuses dont il est orné.

---

(1) A chaque porte d'entrée à l'extérieur on voit des pierres tombales.

Quoique n'étant pas classée parmi les monuments historiques de la Côte-d'Or, l'église de Chenôve n'en est pas moins particulièrement remarquable.

A l'intérieur, elle est fort bien décorée et mérite à divers titres d'être visitée. On y remarquera d'abord deux anciennes statues peintes des patrons de la paroisse, qui se trouvent placées de chaque côté de la porte d'entrée ; ces vieilles et respectables images étaient autrefois dans l'église, quand un beau jour, l'évêque de Dijon, Mgr Victor Rivet, en tournée pastorale, les trouva si laides qu'il ordonna de les enlever, mais le curé intelligent ne voulut pas s'en dessaisir (nous devons lui en savoir gré) et il les fit poser à l'endroit où nous les voyons encore maintenant. La statue que l'on voit près des fonts baptismaux, à gauche de la porte, et dont le type se rapproche un peu de celle qui orne le plateau de la montagne, décorait anciennement la chapelle de la Vierge. L'église possède encore : un crucifix assez grand, suspendu à la voûte du clocher ; une statue de l'évêque de Saint-Claude, dans une chapelle fondée en 1361, dont nous allons parler tout à l'heure, et deux antiques bustes de saint Nazaire et saint Celse, qui reposent sur la fenêtre au fond du chœur.

Outre le chemin de la croix, et deux chromolithographies qui représentent l'une *la Cène*, l'autre *les Noces de Cana*, mais qui au point de vue artistique n'ont rien de bien remarquable, l'église de Chenôve est ornée de dix toiles, dont quelques-unes méritent d'être examinées avec attention.

Au-dessus de la porte latérale nord, on a placé un tableau dont le sujet est *la Communion mystique de sainte Catherine de Sienne* ; la sainte soutenue par deux sœurs reçoit d'un ange la communion. En face de cette peinture, c'est-à-dire au-dessus de la porte latérale de droite, on voit un très beau tableau : *la visite de la sainte Vierge à sainte Elisabeth.* On croit que l'original de cette toile est au musée du Louvre (1). Dans la chapelle de Sainte-Anne nous trouvons : *Saint Dominique ressuscitant un enfant mort*, et un *Saint Jean-Baptiste;* ce dernier tableau est dû au pinceau de Mme Cœur, de Lamarche-sur-Saône, il fut donné par son auteur à un habitant de Chenôve, qui à son tour en a fait don à l'église paroissiale. La chapelle de la Vierge est ornée d'une *Assomption*, œuvre de M. de Duesme ? ; c'est une toile qui imite le tableau de Murillo : La Vierge montant au Ciel (musée du Louvre). Il y a encore quatre tableaux de plus petite dimension que les précédents : *La Nativité*, dans la chapelle de Saint-Claude ; *le Martyre de saint Barthélemy*, dans celle de Saint-Joseph ; le *Couronnement de la Vierge* et une *Descente de croix*, dans le chœur. Là encore, au-dessus de la porte de la sacristie, nous admirons une toile assez grande qui reproduit une scène de la vie de sainte Catherine de Sienne : *La sainte Vierge donnant miraculeusement l'enfant Jésus à tenir à sainte Catherine.* Tous ces tableaux ne portent aucune signature.

Il y avait aussi à l'église un ancien tabernacle gothique abandonné du XVe siècle, qui, lors de la dernière restauration de celle-ci, en 1887, a été transporté à la cure où il est resté depuis ; on peut le voir dans la cour du presbytère, à côté d'un antique bassin de pierre qui, selon toute probabilité, a servi de fonts baptismaux à l'église de Chenôve dans les siècles passés, et d'une ancienne trinité également en pierre (2), découverte il y a quelques années dans les

---

(1) On voit dans l'église de Genlis, un tableau exactement semblable à celui de Chenôve.

(2) Le père, un vieillard à longue barbe, est représenté assis, il tient

fondations d'un vieux pigeonnier, qui se trouvait à gauche de la cour. Remarquons en passant que les jardins ou les cours des cures de campagnes sont en général le refuge de toutes les antiquités de la contrée ; il semble que là elles sont conservées avec plus de soin que partout ailleurs. Cela peut bien être vrai ; mais nous aimerions cependant à admirer le beau tabernacle de Chenôve dans l'une des salles du musée archéologique de Dijon, où sa place est toute marquée.

Quant à la croix processionnelle à clochette et en argent du XVIe siècle, de la même forme que celle d'Ahetze (Basses-Pyrénées), signalée en 1856 à la Commission des antiquités de la Côte-d'Or, par M. Humbert, membre correspondant à Beaune (1), elle ne fait plus partie du mobilier de l'église. Comment en est-elle sortie ? Nous l'ignorons. M. l'abbé Guillemier, desservant actuel, n'a jamais eu connaissance de cette curiosité artistique.

Le bas-relief, en marbre blanc, du maître autel, est aussi très curieux ; trois sujets y sont reproduits : au centre, le Bon Pasteur, et de chaque côté, SS. Nazaire et Celse.

Les vitraux sont intéressants. Ceux qui décorent le fond du sanctuaire placés il y a une vingtaine d'années représentent l'apparition du Sacré Cœur à la bienheureuse Marguerite-Marie Alacoque. Commandés et exécutés d'abord pour Notre-Dame de Beaune, ces vitraux n'ayant pas été trouvés suffisamment beaux, furent refusés par la fa-

---

entre ses bras une croix, sur laquelle figure le fils ; le Saint-Esprit, sous la forme d'une colombe, devait se trouver sur son estomac. Cette statuette mesure environ 0,30 de hauteur.

(1) *Mém. de la Comm. des Antiquités*, t IV, compte rendu, p. LIX. V. aussi *Annales archéologiques*, par Didron aîné, t. XV (1855), où cette ancienne croix est figurée et décrite, pp. 122, 142, et 197 à 203.

brique. M. Batault, alors curé de Chenôve, les acheta pour son église. Il les fit placer derrière le maître autel, sur une ancienne fenêtre dissimulée sous le mortier depuis la fin du siècle dernier ; en l'ouvrant on mit à jour la belle statue de la Vierge qui domine actuellement la montagne, et qui sans doute avait été cachée à cet endroit pendant la tourmente révolutionnaire. A gauche, à côté de la chaire à prêcher, qui est elle-même fort jolie, on remarque un vitrail au milieu duquel un médaillon reproduit le buste de saint Vincent, patron des vignerons; celui de l'évêque, saint Léger, lui fait face. Nous voyons encore à côté le martyre de S. Nazaire et S. Celse, et enfin, sur la fenêtre parallèle, la peinture de l'un des épisodes les plus saillants de la vie de sainte Claire, don d'une dame pieuse envers sa patronne.

Nous avons déjà dit que l'on voyait dans l'église, sous le porche et à l'extérieur, à l'entrée de chaque porte latérale, quelques pierres tombales. Ces dalles funéraires sont toutes groupées dans la partie la plus proche de l'abside. Plusieurs d'entre elles sont très anciennes et recouvertes d'inscriptions gothiques assez difficiles à déchiffrer ; sur quelques-unes même sont gravées des figures dont l'estampage présenterait certes beaucoup d'intérêt pour la science épigraphique. Il y a, au reste, une étude sérieuse à faire sur les pierres tombales de l'église de Chenôve, que nous signalons aux archéologues. Dans la petite chapelle de Saint-Claude, la première du côté de l'évangile, on remarque une dalle qui prête à plusieurs suppositions; elle ne porte aucune épitaphe, mais seulement une large croix. Ne serions-nous pas là en présence de la sépulture d'un chapelain ou d'un ancien curé de la paroisse ? Nous avons toujours pensé que cette pierre recouvrait les cendres d'un ecclésiastique quelconque ; car on sait qu'au moyen âge, par humilité et modestie, les religieux ne s'accordaient pas le superflu d'une tombe avec épitaphe ; une simple pierre, sur laquelle était gravée la croix, suffisait à faire reconnaître le lieu de leur dernier sommeil.

Courtépée a fait mention dans ses notes inédites (1) d'une tombe rompue qui se trouve sous le clocher ; il n'a pu y lire en effet que ces simples mots :

CY GIST ISABEAU, DAME DE VIANGES QUI FUT SEURRE............... DEX AIT L'AME

La famille Nazon de Saint-Amour, qui vint s'établir au pays à la fin du XVIIe siècle, avait un caveau dans l'église (2). Messire Humbert Delaborde, conseiller du roi, correcteur à la Chambre des comptes de Dôle, mort à Chenôve âgé d'environ 78 ans, le 14 août 1735, fut aussi inhumé dans l'église (3).

Quatre chapelles ornent l'église de Chenôve ; la seule fondée en titre et qui subsiste encore reconnaît pour fondateur J. Major, clousier du roi Jean, qui fonda, en 1361, la chapelle de Saint-Claude, à trois messes par semaine à l'aube du jour. Il y avait autrefois, nous apprend Bouchu (4),

---

(1) *Recueil d'épitaphes*, ms. du fond Baudot, n° 53 (Bibl. de Dijon), p. 36.
(2) Le 1er du mois d'octobre 1701, est mort et a esté inhumé en l'église de Chenôve par moy soussigné prebtre curé dud. lieu, *François Nazon de Saint-Amour*, fils de *Guy Nazon de Saint-Amour*, garde du corps de son Altesse sérénissime Mgr le prince et de damoiselle Catherine Dudoublet, ses père et mère, âgé de 8 ans..... Signé Bonniard, curé (mairie de Chenôve, actes de l'état civil). Le 27 décembre 1708 est mort et le 28 a esté inhumé dans l'église, le sieur *Guy Nazon de Saint-Amour*, garde de Son Altesse sérénissime Mgr le prince, ledit sieur Nazon, muni des sacrements, âgé d'environ soixante et 15 ans... (id., actes de l'état civil de 1708).
(3) Etat civil de 1735.
(4) Arch. de la Côte-d'Or, C. 2882.

dans l'église paroissiale de Chenôve, « une chapelle fondée par le nommé Guy Major, habitant dudit lieu, appelée la chapelle de la Trinité, qui a de revenu 40 escus dont le sieur Bouhier, doyen de la Sainte-Chapelle, est chapelain, qui y fait dire trois messes par semaine, par le curé auquel il donne pour cet effet 60 livres par an ».

La fondation dont il est ici question paraît être la même que celle rapportée précédemment et puisée dans Courtépée. Il est regrettable que Bouchu ne nous donne pas la date, la lacune pourrait alors se combler d'elle-même.

Il est à peu près certain que cette chapelle changea de vocable puisque deux ans après la fondation, il y a « amortissement de 15 livres de rente donnée par Guiot Maire (*sic*), pour la fondation de la chapelle de la Trinité, expédié en l'an 1363 » (1). Le nom du fondateur est écrit de trois manières différentes. Bouchu dit : Guy Major ; Peincedé, Guiot Maire ; Courtépée, J. Major. Effectivement, Guiot le Maire, qui existait en 1389, est bien cité par Courtépée (2), mais n'est pas regardé par lui comme le fondateur d'une chapelle. Nulle part, dans nos recherches, nous n'avons rencontré de documents ayant rapport à la chapelle Saint-Claude, tandis qu'une grande quantité relatifs à celle de la Trinité sont encore conservées dans les archives du département (3).

1530. Jean Addenin, prêtre chapelain de la chapelle « fondée en l'église de Chenôve-les-Dijon en l'honneur et révérence de la benoite Trinité (4). » 1532. Guillaume Girard, alias de la Croix, 1559, Esmillian Ligerot ; 1620, Pierre Forestier ; 1629, Jean Oddenin ; 1634, Louis Durand,

---

(1) Peincedé, t. XVI, p. 29, B. 443.
(2) 2ᵉ édit., t. II, p. 174.
(3) Arch. de la Côte-d'Or, G. 594*(pièces de 1529 à 1781).
(4) Id. G. 645, chapelles du département.

chanoine de l'église collégiale de Chalon ; 1644, Benoist Bouhier, conseiller du roi au Parlement ; il remet la desserte de la chapelle, la même année, à Adam, curé de Chenôve ; 1686, Estienne Boyer, chanoine et prévôt de la Sainte-Chapelle du roy, à Dijon ; 1699, Claude Millot, prêtre mépartiste en l'église Saint-Pierre de Dijon, il signe comme « chapelain de la chapelle de la Trinité » quelques actes religieux de la paroisse (1) ; 1723, c'est Roger Bonniard, curé de Chenôve, qui dessert la chapelle ; 1749, Joseph Nuguet, prêtre, chanoine de l'église cathédrale d'Autun.

Le dernier chapelain fut Sébastien-Philibert Delagoutte du Vivier, nommé le 22 juin 1782. Il est probable qu'il faisait acquitter les charges de cette chapelle par des ecclésiastiques de Dijon, car nous trouvons dans certains actes un prêtre du nom de Patet (1782) qui se dit chapelain et fait desservir par un ecclésiastique appelé Huguet. Ce dernier néglige ses devoirs, car en 1785 les habitants font une réclamation disant que : « le chapelain de la chapelle Sainte-Trinité est tenu de faire célébrer trois messes par semaine dans ladite chapelle et qu'il n'acquitte point cette charge. »

La chapelle de la Trinité avait des vignes *en Goutte d'or* (finage de Chenôve) et possédait une maison derrière l'église. En 1529 ou 1629 plutôt, M⁰ Jean Rogier, « prestre de Chenôve, retient à cens emphytéotique de M⁰ Jean Oddenin, aussi prêtre et chapelain : une maison ruineuse appelée la *maison de la chapelle de la Trinité*, tenant à la vigne de la chapelle des Baudot et d'autres, etc... » Dans un bail du 3 mars 1782, joint au procès-verbal d'estimation des biens de cette chapelle dressé en 1790, nous voyons

---

(1) Arch. de Chenôve, actes de l'état civil (du 14 au 26 décembre 1699).

paraître Messire Joseph Etienne Delagoutte, chanoine et grand archidiacre de l'église cathédrale de Saint-Lazare d'Autun, Prieur commendataire de Perrigny-sur-Loire, seigneur de Boisserault et des Bauchots; lequel dit agir pour et au nom de Messire Joseph Nuguet, titulaire de la chapelle de la Trinité.

Dans la déclaration que fit à Autun le chanoine du Vivier, le 24 février 1790, concernant les bénéfices et les charges de la chapelle, il est relaté que : « les biens attachés à ce bénéfice consistent en une petite maison de vigneron avec ses aisances et dépendances, un jardin fermé de murs, d'environ un quartier en chenevières (1), une grange, trois journaux de terres en trois pièces, environ 19 ouvrées de vignes en trois pièces, les rentes et cens emphytéotiques de trois feuillettes de vin, le tout amodié au sieur Bourassier, demeurant à Dijon, 320 livres, suivant bail reçu par les notaires Bonnon et Bouché de Dijon.

Les charges de ladite chapelle consistent :

1° Dans le payement à faire chaque année à M. Pathelin, curé de Chenôve, de la somme de 170 livres, suivant traité fait avec lui le 26 avril 1787, pour la desserte et acquittement de trois messes par semaine qui doivent se dire à la chapelle *summo mane*, pour que les habitants puissent entendre la messe auparavant que de vaquer à leurs travaux ;

2° Dans la somme de 50 livres 4 sols payable chaque année à M. le receveur des décimes du diocèse de Chalon

---

(1) On rencontre très peu de chenevières au village à cette époque, et cependant il doit y en avoir eu autrefois beaucoup, puisque selon toute apparence l'étymologie de Chenôve viendrait du nom de cette plante; mais ce qui est certain, c'est qu'au cours du xviie siècle, bien que la profession de vigneron domine, on trouve encore des tisserands au pays : ainsi en 1665 nous voyons figurer sur les actes de l'état civil Jean Jeannier, « tissier de toilles ».

pour l'imposition des décimes dont est grevée la chapelle;

3º Dans les réparations à faire chaque année dans les bâtiments de ladite chapelle qu'on doit évaluer au moins à la somme de 24 livres par année commune.

Les charges ci-dessus montent à la somme de 244 liv. 4 sols, le montant du bail est de 320 livres, au moyen de quoi il ne reste plus au titulaire que la somme de 75 livres 16 sols... » (1).

Vendus le mercredi 22 décembre 1790, les biens de la chapelle de la Trinité furent acquis par François Robinot, de Chenôve, pour 10.450 livres (2).

Nous n'avons aucun détail sur une chapelle dite de Saint-Nazaire et Saint-Celse, qui fut fondée à l'église paroissiale de Chenôve en 1546.

La chapelle Saint-Joseph, qui fait face à celle de Saint-Claude, est nouvelle. Les autels de la Vierge, que surmonte une statue en bois doré de Notre-Dame des Victoires, et de Sainte-Anne, à droite, sont plus anciens.

Les peintures de la voûte de la chapelle Saint-Claude ont été exécutées en 1892, par M. Emile Porcherot, peintre à Dijon; elles sont dues à la libéralité de M. Nicolas-Paul Bailly et de son épouse Catherine-Pétronille Gallois, et représentent leurs patrons : du côté de Saint-Paul deux médaillons avec cette légende *Certa bonum* || *certamen fidei et Apprehende* || *vitam eternam* (S. Paulus ad. Tim.). Les deux autres médaillons, placés au-dessus et au-dessous de sainte Catherine, portent cette invocation : *Sancta* || *Catharina* || *ora pro nobis*. — *Sancte* || *Claudi* || *ora pro nobis*. Les bancs

---

(1) Arch. de Chenôve. 2ᵉ Reg. des délib., p. 9.
(2) Arch. de la Côte-d'Or, Q 1, carton 35.

de cette chapelle ont aussi été donnés à l'église par les époux Bailly.

Les confréries étaient nombreuses autrefois. Celles du Saint-Sacrement et de la Vierge pouvaient s'établir sans lettres patentes du roi ; elles recevaient des dons et possédaient souvent des biens et des rentes. Le privilège dont jouissaient les deux confréries précitées explique pourquoi elles se rencontrent en si grand nombre, surtout la première, au cours du XVIIe siècle. On en comptait plusieurs en Bourgogne et dans le voisinage de Dijon on peut citer Chenôve, Plombières, Brochon, Volnay, etc., où elle fut établie de bonne heure.

Erigée le 19 octobre 1670, elle était en grand honneur dans notre église. Chaque confrère payait un droit d'entrée de 1 livre 4 sols. Nous avons eu entre les mains deux curieux documents ayant rapport à cette association, qui proviennent de la mairie de Chenôve et sont actuellement conservés aux Archives départementales, G. 594. Nous nous permettrons de reproduire le plus ancien, qui date de 1738 (1).

Mémoire de l'étain, vesselles et autres ustenciles apartenants en la confrairie du Saint-Sacrement en l'église de Chenôve.

Premièrement : quatre douzaine et sept plat tant grand que petit tous etains commun cy . . . 4 d. et 7 plats.

Plus cinq douzaine d'assiette aussy commun le tout marqué à la marque Saint-Nazaire cy . . . . . douz.

Plus six grands pots d'étain tenant environ 3 chopines, cy . . . . 6 pots.

---

(1) La seconde pièce est intitulée : *Mémoire de letains est vaisselle et autres estencille appartenantes à la confrairie du Saint-Sacrement en l'église de Chenôve, etc...* 1782, le 21 janvier. Signé : Gauthier.

Quatre douzaines de fourchettes (1) d'acier, aussy marquée à la lettre Saint-Nazaire, cy . . . 4 douzaines.
Etant à présent dans une petite balle (2) au coffre de l'église.

Plus une grande marmitte de fonte, avec son couvercle, propre à faire le boully (3).

Deux contre r... (4), avec deux grandes broches et deux loiche-frite. Le tout servant à l'usage des habitants qui peuvent en avoir besoin, ou autres personnes étrangères, moyennant rétribution convenable.

Fait à Chenôve ce jourd'hui, deuxième juin 1738, en présence de Claude Robinot et François Derey l'aîné, receveur de ladite confrairie, et de Rémond Mortier, recteur d'école soussigné avec ledit Robinot et Deray.

Signé : C. ROBINOT, F. DEREY, R. MORTIER.

Y avait-il avant la Révolution une confrérie de Saint-Antoine à Chenôve ? En lisant la pièce suivante, on est porté à le croire :

« Contrat d'aliénation faite le 5 avril 1566 d'une pièce de vigne appartenant au roi, au finage de Chenôve, appelée communément le *Clos de Bonnemère,* contenant 12 journaux tenant d'un long du côté de bise à MM. de la Sainte Chapelle, d'autre long devers vent à la *Confrérie Saint-Antoine,* aboutissant sur un chemin commun tirant de Dijon à Chenôve et d'autre bout sur une pièce de terre au roi, acensée à Pierre Gennequin dit Chauvirey, dudit Chenôve,

---

(1) Il y en avait 6 douz. lors d'un inventaire dressé le 7 janvier 1784.
(2) L'inventaire de 1782 dit : étant dans un petit eurlaizot.
(3) Id. ajoute « pour les nosse ». On a conservé l'usage d'emprunter cette marmite à l'occasion des mariages.
(4) C'est « rhatelier » sur l'inventaire de 1782.

ladite aliénation faite moyennant la cense annuelle de 72 livres ; le remboursement fait en 1597 (1). »

Cette confrérie de Saint-Antoine, désignée dans ce document, peut bien avoir eu son siège à l'église de Chenôve, à moins, ce qui pourrait bien être possible, que ce ne soit une corporation dijonnaise. Nous serions cependant plutôt tenté de croire à la première hypothèse, car il y a encore, donnant sur la place, une maison dont la façade est ornée d'une image en bois du saint ; la cour intérieure de cette habitation s'appelle cour Saint-Antoine et il n'y aurait rien d'extraordinaire à ce que cette construction, qui remonte au XVIe siècle, ait appartenu jadis à la confrérie. Jusqu'à ces dernières années, les habitants de la cour avaient conservé l'usage de faire dire une messe, le 17 janvier, en l'honneur du protecteur de ce logis.

Parmi les confréries encore existantes, outre celle du Saint-Sacrement, dont nous venons de parler, citons les associations : de Saint-Nazaire et Saint-Celse, dont la première liste de confrères remonte à 1759, mais qui est peut-être plus ancienne encore ; de l'Immaculée Conception dont la première ou du moins la plus ancienne liste, qui figure sur le registre de cette confrérie, date de 1803 ; de Saint-Vincent qui date du 8 mai 1812 ; puis enfin l'Archiconfrérie de la Vierge, érigée canoniquement par l'évêque de Dijon, le 28 octobre 1850.

Chaque année la communauté payait la grande messe, de saint Abdon, suivant l'usage, « pour la dévotion des habitants dans l'intention de la santé du bétail » (2). En 1723, les comptes portent qu'il a été payé 15 sols au curé

---

(1) Arch. de la Côte-d'Or, B. 1007, Peincedé, t. XVI, p. 330.
(2) Id., C. 488.

et 5 au maître d'école, pour avoir chanté « une grande messe que les habitants ont fait dire le jour de saint Abdon » (1). Dix sols seulement sont donnés au curé en 1727 et depuis 1778, la communauté payait 1 livre 5 sols pour cet office.

Avant 1793, il existait de nombreuses fondations à l'église de Chenôve. Elles ont disparu au souffle de la tempête révolutionnaire. Une seule, celle du prêtre Didier Ledeuil, établie en 1694, a été maintenue, parce que la somme versée avait été consacrée en réparations à l'église.

D'autres fondations ont été faites depuis le rétablissement d'un gouvernement régulier.

Le 23 juin 1771, Jacques Mallard et Pétronille Jolibois, sa femme établissent les Vêpres des Morts avec bénédiction du Saint-Sacrement pendant l'Octave des Trépassés. Le service de cette fondation ayant cessé d'avoir lieu le 1er vendémiaire an 2 de la République (22 septembre 1793), elle fut renouvelée le 24 oct. 1823 par les descendants des fondateurs, et autorisée de nouveau en vertu d'une ordonnance royale en date du 7 avril 1824 et par ordre de Mgr de Boiville, évêque de Dijon, le 1er décembre de la même année.

Les messes dites chaque année, pour l'Eglise de France, pour l'évêque et le diocèse de Dijon, pour la paroisse de Chenôve et son curé, pour le chef de l'état et sa famille, pour la France, pour la propagation de la foi et les missions, pour les âmes du Purgatoire ont été fondées le 7 octobre 1823, par M. Vétu, curé de Chenôve, ainsi que Jean Jolibois, et Marie Valtet, veuve Poinselin.

La dernière fondation de services religieux est celle qui a

---

(1) Arch. de Chenôve. Reg. des délib., p. 144.

été faite par les héritiers de feu l'abbé Batault, conformément au désir du défunt, le 3 septembre 1884 (1).

Après avoir décrit, comme nous venons de le faire, extérieurement et intérieurement l'église de Chenôve, remarquable à tant de points de vue, et donné un aperçu rapide, mais néanmoins complet, de son histoire à travers les âges, il nous reste à parler, pour terminer ce chapitre, des curés qui l'ont desservie ; car eux aussi appartiennent à l'histoire de l'église et ne doivent pas en être séparés. Lorsqu'on écrit la monographie d'un village, d'un château, d'une ville, ou d'un monastère, on consacre ordinairement quelques lignes aux seigneurs qui ont possédé celui-là ; aux puissants qui ont habité celui-ci ; aux maires qui ont administré celle-là ; et enfin aux religieux qui ont gouverné ce dernier. On ne peut donc faire autrement, à moins de commettre une lacune regrettable, en même temps qu'on retrace l'historique d'une église, de dire ce que l'on sait des pasteurs à la garde desquels elle était confiée, et qui avaient soin et mission de veiller à sa conservation.

Le Cartulaire de l'Eglise d'Autun, dans une charte de 1282, fait mention de *Guillemus*, rector ecclesiæ de Canabis (Chenôve) (2).

Pierre de Germainvilliers, prêtre, passe un traité, en 1361, par lequel il s'engage vis-à-vis *Henri de Tart*, curé de Chenôve, à gouverner durant trois ans l'église dudit lieu, sous la condition de partager les bénéfices (3).

Hugues de la Palud, curé de Chenôve, en 1402, vend à cette date pour 25 gros de vin à un habitant d'Iseure (4).

(1) Notes communiquées par M. le curé de Chenôve.
(2) A. de Charmasse, *Cart. de l'Eglise d'Autun*, p. 251.
(3) Arch. de la Côte-d'Or, B. 11.236.
(4) Id. B. 11.318.

Une pièce sans date des archives municipales de Dijon (1) nous fait connaître qu'un ancien curé de Chenôve Hugues de la Palu (ne serait-ce pas le même que celui que nous venons de citer?) a été trouvé mort « et brulez es prisons des doien et chapitre de la Sainte-Chapelle où il était détenu pour la mort du prestre Jean Pegie et de sa chambriere ». On soupçonnait J. Bertaut dit Voiron, tonnelier, prisonnier, d'être l'auteur de la mort de l'ex-curé de Chenôve. Son successeur fut probablement :

Huguenin Durand ou *Hugues Durant*, comme il est appelé dans un titre de 1408, par lequel ledit curé amodie sa cure, pour trois ans, à *Pierre de Dammartin*, prêtre, moyennant 14 francs par an. Un acte de 1405 constate que Huguenin Durand, reconnaît devoir 5 francs à Monin d'Echenon, drapier, pour vendue de drap (2).

Messire *Jehan Champion*, curé, cité dans une pièce du 6 juillet 1453 (3).

En 1476, Jean Jarrot, vigneron à Chenôve et clousier audit lieu, pour messieurs de la cathédrale d'Autun, déclare qu'il a retenu pour eux « la moitié des offrandes du jour de la Toussaint et de Noël, partant avec le *vicaire* dudit Chenôve, dû et appartenant auxdits seigneurs de la cathédrale, à cause du patronage de la cure (4) ».

63 livres 4 sols de rente sont amorties, au profit du curé de Chenôve, en 1489.

Au XVᵉ siècle, le curé et les chapelains de la chapelle Poinçard Bourgeoise, fondée dans l'église Notre-Dame de Dijon, avaient la moitié des dîmes de Chenôve (5). Au

---

(1) Arch. municip. de Dijon, Série C, Supplément (Pièces en classement).
(2) Arch. de la Côte-d'Or, B. 11.320, 11.358.
(3) Arch. Municip. de Dijon, C. 21. V. chap. II, p. 24.
(4) Arch. de la Côte-d'Or, G. 165.
(5) Id. B. 4.290. A une date ancienne que l'on

XVIe, le curé possédait la dîme des blés, tenue en fief des ayant cause de Jean de Massilles, écuyer ; il en partageait les produits avec le chapelain de la chapelle Poinçard Bourgeoise (1).

L'infraction à un usage bizarre nous a confirmé la présence d'un vicaire, au XVIIe siècle. Nous voyons en effet, en 1612, les sergents de la mairie de Dijon adresser des réclamations au *curé et au vicaire* de Chenôve, qui, disent-ils, sont tenus de leur donner, chaque année, le jour de Noël, jour de leur fête : « une poule, une andouille, une pinte de vin et un pain, après qu'ils ont mis une image de leur saint à la porte de la cure et donné une aubade (2). » Le curé s'appelait messire *Edme Guillaume* (1594-16...) « prebtre curé de l'églize dudict Chenosve... et qu'il y a dix-huict ans qu'il est curé de ladite cure... » et messire *Chrétien Mongin* était prebtre vicaire de la même église.

Vers 1620, *Claude Adam*, curé.

En 1629, messire *Jean Rogier*, curé.

Pillot, curé ou vicaire, signe sur les registres de l'état civil (qui commencent en 1637) jusqu'en 1656, où apparaît son successeur :

Messire *Didier Ledeuil*, ou *Le Deuil*, « prêtre curé de la paroisse de Chenôsve », de 1656 à 1699, qui portait : *de sable, à 5 lames d'argent, posées deux, une et deux* (3).

En 1665, dit Bouchu dans son *Registre des déclarations*,

---

ne peut préciser, Jean Bourgeoise, dijonnais, fonda à l'église Notre-Dame de Dijon la chapelle de la Visitation. En 1364, son fils, Penticard Bourgeoise, donna quatre livres de rente pour que les messes voulues par son père fussent exactement célébrées en l'honneur du Saint Sacrement, de la Sainte Vierge et de saint Jean-Baptiste (*Hist. de l'église de N.-D.*, par J. Bresson, p. 20).

(1) Arch. de la Côte-d'Or, B. 4.303.

(2) Arch. municip. de Dijon, B. 250 (Chambre de ville. Délibérations 1612-1613).

(3) D'Hozier, *Armorial de France*, gén. de Bourg., t. I, p. 183.

biens et dettes des communautés du bailliage de Dijon... le chapitre de « Saint-Denys de Nuits est collateur de Chenôve : les sieurs évêques de Chalon et leurs seigneurs (des habitants de Chenôve) sont en procès pour la collation. Le curé — c'est Didier Ledeuil — est honneste homme et fait bien son devoir... La dixme lui appartient pour un quart et les trois autres quarts aux sieurs : Collin, chanoine à Saulx-le-Duc, en qualité de chapelain de la chapelle de Porslans, fondée à la Sainte-Chapelle à Dijon ; Poison, chanoine à Saint-Estienne de Dijon, comme chapelain des Bourgeois, fondée en l'église Nostre-Dame de Dijon et au sieur Bernard de la Monnoye, chapelain de la chapelle d'Auvillars, fondée aussi à la Sainte-Chapelle... »

Après avoir administré la paroisse pendant quarante-trois ans, Didier Ledeuil, malade, remit la desserte de son église à l'un de ses confrères ; c'est pourquoi les actes religieux, du 5 janvier au 6 septembre 1699, sont signés par *Jean-Baptiste Gaudin*, « prêtre desservant pour M. le curé de Chenôve. » Ce dernier meurt, en effet, le 28 mai, comme cela est établi par son acte de décès que nous avons relevé sur les registres de l'état civil (1) et que voici : « L'an mil six cent quatre-vingt-dix-neuf et le vingt huitième jour du mois de may à neuf heures du soir est décédé Mᵉ Didier Le Deuil, prestre curé de cette paroisse, agé de soixante-dix ans ou environ, et enterré le lendemain vingt-neuvième dudit mois, dans la chapelle de la Vierge, de l'église dudit Chenosve, par moy prestre soubsigné, commis à la desserte de ladite paroisse, en présence des parens et des paroissiens qui ont assisté au convoy et qui ont signé avec nous. Gaudin, prebtre. »

François Lebert, prêtre du diocèse de Langres, né à Cou-

---

(1) Arch. comm. de Chenôve, Actes de l'état civil (année 1699).

chey (1), curé, signe les actes religieux du 29 septembre 1699 au 27 juillet 1701.

Rogier Bonniard lui succède. F. Lebert avait formé, à la date du 9 août 1701, opposition à la prise de possession du sieur Bonniard ; il se prétendait possesseur de la cure tant par résignation du dernier titulaire en sa faveur, qu'en vertu des provisions qu'il avait obtenues de l'évêque de Chalon, qui voulait être collateur de la cure. A cette époque et depuis déjà longtemps, ainsi que cela résulte de la lecture des titres du chapitre d'Autun, conservés aux archives départementales, l'évêque de Chalon était en procès avec celui d'Autun au sujet de la cure de Chenôve à laquelle ils prétendaient tous deux nommer. Un arrêt du Parlement de Paris, du 3 juillet 1705, remet le droit de présenter à la cure de Chenôve « vacation d'icelle arrivant, à la cathédrale d'Autun et annule l'évêque de Chalon du patronage de ladite cure ». Au cours du XVIIIe siècle, toutes les dispenses de mariage sont signées par l'évêque de Chalon. — Le curé

---

(1) L'abbé Roussel, *Hist. et statist. du diocèse de Langres*, t. III, p. 114.

Les Lebert avaient des liens de parenté à Chenôve ; dans un grand nombre d'actes de naissance, ils paraissent en qualité de parrains, comme « Claude Lebert, de Couchey, en 1656 ; » en 1755 un Lebert s'y marie, etc., etc.

Dans l'église de Chenôve, on lit cette inscription, sur une tombe, dans le passage de l'une des portes latérales :

CY GIST LE
CORPS DE CLAVDINE
LEJERT VEFVE DE
PHILLIPE GALLOIS QVI
DÉCÉDA LE 7 MARS
1654 QVI A FONDÉ VN
ANNIVERSAIRE CEANS
AVDICT JOUR PRIES
DIEU POUR SON AME
ET LE CORPS DE HONNÊTE
DENISE LEBERT QVI
DÉCÉDA LE 20 AVRIL
1690 AGÉE DE 25 ANS

Bonniard, qualifié d'archiprêtre de ce diocèse dans une pièce du 28 juillet 1739 (1), était souvent en dehors de sa paroisse, ainsi que le prouvent plusieurs actes de naissance et décès rédigés par des prêtres des environs, notamment de C. Taupin, de Marsannay; de Martin, Vadalin et Hermot, de Corcelles-les-Monts, et des religieux de divers ordres de Dijon (2): le frère Charles de La Monnoye, religieux cordelier, a signé un grand nombre d'actes de l'année 1723 ; le frère Bonniard, cordelier, parent sans doute du curé de Chenôve, en signe aussi quelques-uns. Le dernier acte que transcrit le curé Bonniard est l'inhumation, le 13 octobre 1748, du cadavre d'une jeune fille que « l'on a dit être de Corcelles-les-Monts, sans pouvoir en dire le nom et qui fut écrasée hier sous les ruines d'une sablière en allant travailler à côté du grand chemin, lequel cadavre fut déposé sur le cimetière de mon église et je fus prié de luy donner la sépulture, suivant la lettre de M. Gageot, prêtre... »

F. Chazeault, prêtre desservant, signe de juillet à septembre 1749. En octobre c'est *Nuguet*, « curé de Chenôve et de Bourg-le-Comte », qui dessert conjointement avec Chazeault, ce dernier rédige encore quelques actes, jusqu'en 1750 où Martin, curé, administre désormais seul cette importante paroisse.

Antoine Martin, de 1749 à 1776, archiprêtre depuis 1772.

---

(1) Bail d'une grange pour héberger les dîmes dues à M. Bonniard, *archiprêtre*, curé de Chenôve (Arch. de Chenôve M. 2). Au mois de mai 1748, il signe : ancien archiprêtre, curé de Chenôve (Id., actes de l'état civil).

(2) Le fils du recteur d'école Mathieu, Pierre, né le 22 octobre 1707, est baptisé le 25 par « Pierre Richard, cordelier du couvent de Dijon, en l'absence du curé de Chenôve ». En 1723-24, un assez grand nombre d'actes sont écrits par les religieux : Lebelin, prieur de Marsannay ; frère Cyprien de Saint-Philippe, carme. Onésime Emon, jésuite missionnaire, à Marsannay (1739).

L'acte de prise de possession de la cure de Chenôve par Martin, reçu Guillon, notaire apostolique à Chalon, le 11 décembre 1749, fut enregistré au greffe ecclésiastique de la même ville le 15 décembre; il n'arriva à Chenôve que l'année suivante. En 1774, il commence de signer *archiprêtre, curé de Chenôve*. Il résigna, nous apprend une pièce latine, avec « Ludovico Philippo Gaudet, presbitero divionensis apostolica auctoritate.... » (1) qui suit.

Louis-Philippe Gaudet, de 1776 à 1783; il signe aussi archiprêtre à partir de 1777. En 1783 dans les premiers mois de l'année, il mourut, mais non pas à Chenôve; un religieux capucin est alors chargé de la desserte de la paroisse jusqu'au mois de juillet.

Pierre-Etienne Valletat, curé de 1783 à 1785.

Ce fut *Pathelin (Jean-François)*, né à Bligny-sur-Ouche en 1756, qui lui succéda, après un intérim fait par F. Antoine de Longeville, capucin. On le voit apparaître sur les titres dans un acte de baptême du 27 juin 1785; il était curé quand arriva la Révolution, fut fidèle en 1791, et dut céder la place à l'intrus *Claude Troisgros*, vicaire de Velars, qui devint plus tard curé de Bellefond (2).

Les derniers décimateurs de la cure de Chenôve furent Messire Gabriel Davot, chanoine et prévôt de la Sainte-Cha-

---

(1) A la suite de la pièce latine, il est dit : « Vu la requête à elle présentée par Antoine Martin, ancien curé de Chenôve, tendante à ce qu'il plût à la cour, vu la signature de la cour de Rome du 5 des Ides de septembre dernier, qui autorise la pension de cent cinquante livres qu'il s'est réservée sur la cure dudit Chenôve... La cour du Parlement de Dijon a homologué la signature de cour de Rome et ordonne qu'elle sera registrée au greffe de la cour pour être exécutée selon sa forme et teneur à la charge que ladite pension n'excèdera pas le tiers des revenus dudit bénéfice. Fait en Parlement, à Dijon, le 5 décembre 1776 » (Reg. des Arch. dép., B. 12.140, n° 65, f° 302 r. et v., déposé au greffe de la cour d'appel de Dijon).

(2) Renseignements communiqués par M. l'abbé Gras, curé de Chaudenay.

pelle, chapelain titulaire de la chapelle de Courcelles, dite d'Auvillars, et Darmay, chapelain de celle des Bourgeois. Dès le 13 mars 1787, ces seigneurs décimateurs passent un « traité et accord sur le droit et option de la portion congrue avec le sieur curé, qui a donné la déclaration des fonds et héritages attachés à sa cure ».

Quand arriva la Révolution, Etienne Darmais, prêtre, licencié es lois, doyen rural, curé de Saulx-le-Duc, chapelain titulaire à patronage ecclésiastique et nomination de l'évêque de Dijon, de la chapelle érigée dans l'église Notre-Dame de Dijon, dite des Bourgeois sous le vocable de la Visitation, déclara posséder en cette qualité à Chenôve le quart de la dime, qu'il amodie 200 livres aux sieurs Mallard et consorts ; il payait au curé de Chenôve 58 livres pour supplément de portion congrue.

La déclaration du curé de Chenôve « diocèse de Chalon-sur-Saône, à la nomination de MM. les chanoines de la cathédrale d'Autun, » donnée le 2 avril 1790, porte qu'il est à portion congrue pour laquelle il jouit d'un quart de la dîme en grain seulement, de quinze mesures de seigle et autant d'avoine, mesure ancienne de Dijon ; de cinq journaux moins un quart de vigne en plusieurs pièces, d'un journal et demi de sainfoin et une seule pièce de quarante sols due par les héritiers de Nazaire Guiot, affectés sur un quartier de vigne, et estimé 412 livres, selon le traité fait en 1787, reçu Menu, notaire, avec MM. les décimateurs de Chenôve qui me donnent, dit l'abbé Pathelin, chaque année 288 livres pour supplément de portion congrue. Les charges consistent en 35 livres payables entre les mains de M. le receveur des décimes et 15 livres pour les réparations annuelles du presbytère (1).

(1) Arch. de Chenôve, Reg. de délib. de 1790 à 1820, D. 1, n° 2, p. 9.

Les biens de la cure de Chenôve, qui possédait plusieurs journaux de terres et vignes en 6 climats différents, et étaient cultivés par Pierre Lenoir, furent vendus, le 23 mars 1791, à M. Antoine puîné, ingénieur à Dijon, 4000 francs (1).

Enlevée au culte pendant la révolution, l'église servit quelque temps de *temple de la Raison*. Mais à la date du 10 brumaire an IV, 70 citoyens ont déclaré que, pour se conformer à l'art. 17 de la section III du titre IV de la loi du 7 vendémiaire dernier, « ils ont choisi et choisissent l'église ci-devant paroissiale dudit Chenôve pour y exercer le culte catholique (2) ». C'est de cette époque que paraît dater la reprise des services religieux.

L'abbé *Pathelin* revint à Chenôve, après le concordat, au milieu des acclamations de ses anciens paroissiens, heureux de retrouver, à la suite d'une longue absence, le pasteur qui, dans le peu de temps qu'il exerça avant la Révolution, s'était acquis toutes les sympathies.

Il mourut subitement à Dijon le 24 mars 1821 (3);

---

(1) Arch. de la Côte-d'Or, Q 1, carton 35.
(2) Reg. des délib. de la comm. de Chenôve, p. 65, v°.
(3) Extrait des registres des actes de décès constatés à Dijon.
L'an mil huit cent vingt-un, le 24 du mois de mars, à 5 heures du soir, par devant nous Claude-Philibert-Nicolas Lucan, chevalier de l'ordre royal de la Légion d'honneur, adjoint du maire, et officier public de l'état civil de la ville de Dijon (Côte-d'Or), sont comparus Jean-Baptiste Dehue, âgé de 59 ans, et Nicolas-Pierre Jouffroy, âgé de 45 ans, tous deux agents de police, demeurant à Dijon, lesquels nous ont déclaré que ce jourd'hui, vingt-quatre mars, heure de trois et demie du soir, *Jean-François Pathelin, âgé d'environ soixante-cinq ans, prêtre desservant la commune de Chenôve, canton de Dijon ouest, y demeurant*, né à Bligny-sur-Ouche, Côte-d'Or, le 18 nov. 1756, fils de feu Pierre Pathelin et de feue Antoinette Giloton, son épouse, frappé subitement d'apoplexie, près la ci-devant église Saint-Philibert de cette ville, a été déposé dans la maison des sœurs de charité de cette paroisse, rue des Novices, 10, où il a expiré sur-le-champ... etc., etc. (Cet acte est reproduit sur les reg. de l'état civil de Chenôve).

ramené à Chenôve il fut enterré à la porte de l'église ; on y voit encore aujourd'hui sa pierre tombale de 1^m95 de long sur 0^m93 de large, qui porte cette inscription :

CY GIT

J. F. PATHELIN, NÉ A
BLIGNY-SUR-OUCHE, LE 18
DÉCEMBRE 1756, [NOMMÉ]
CURÉ DE CHENOVE,
ET BIENFAICTEUR
DE L'ÉGLISE ET DES
PAUVRES DUDIT LIEU,
DÉCÉDÉ SUBITEMENT
A DIJON LE 24 MARS
RAMENÉ A CHENOVE
LE 25 DU MÊME MOIS 1821

———

PRIEZ POUR LE REPOS
DE SON AME.

Il eut pour successeur :

Louis Meyland, curé d'avril à août 1821, seulement. Ce devait être un lorrain attiré dans le diocèse de Dijon par Mgr Dubois ; il était professeur au grand séminaire (1), et fut remplacé par :

Jean-Xavier Vétu, né à Dijon, le 14 novembre 1796 ; c'était le petit neveu du curé de Notre-Dame du même nom, et l'un de ses frères, dont il avait lui-même dirigé l'éducation, mourut curé de Talant. Ordonné prêtre en 1820, il est nommé en août 1821, curé de Chenôve où il demeura

---

(1) Nous devons ce renseignement à l'inépuisable obligeance de M. l'abbé Gras, de Chaudenay.

jusqu'en 1826. Il termina son ministère dans la paroisse par le mariage de Louis Crépet et Claudine Gauthier, veuve Bernard, le 1er février. De cette cure il fut transféré à celle deBonnencontre ; appelé ensuite aux fonctions de second aumônier de Saint-Cyr, il devient en 1830, vicaire de Saint-Symphorien de Versailles. A la mort de Mgr de Boisville, il demanda à rentrer dans son diocèse, où on le chargea de la cure de Beire-le-Châtel, qu'il quitta après 9 mois d'exercice seulement pour celle de Talant ; c'est de là qu'il fut appelé, par Mgr Rey, aux fonctions de vicaire général qu'il ne devait occuper que quelques mois. L'abbé Vétu, chanoine honoraire de Dijon et de Versailles, qui a laissé un assez grand nombre d'écrits, mourut le 9 février 1871, à l'infirmerie Marie-Thérèse, de Paris, dont il était supérieur.

Léonard Sirot, né à Sainte-Reine en 1795, succéda à l'abbé Vétu, et occupa la cure de Chenôve de 1826 à janvier 1835. Le premier acte religieux qu'il signe est le baptême de Louis Bernard, le 19 mars 1826 et son dernier celui de Marie-Catherine Changenet, le 17 janvier 1835 ; il devint ensuite curé de Montigny-sur-Armançon et mourut en 1857.

Pierre-Charles Bontrond, né à Vesoul (Haute-Saône), installé le 1er janvier 1835, ne demeure que jusqu'en 1836(1), il était aumônier de Sainte-Anne, chanoine honoraire, et est mort à Dijon le 22 février 1845. Il commence son ministère à Chenôve le 15 février 1835 par le baptême de Marguerite Monin, et le termine le 5 mai 1836 par celui de Claude-Théodore Mignardot. Le même jour l'abbé Ge-

---

(1) Dans un acte administratif de 1837 on voit que le curé Bontron (sic) est encore à la tête de la paroisse, et nous avons tout lieu de croire que pendant cette année il desservit Chenôve conjointement avec Genevoix.

nevoix, son successeur, baptisa Catherine-Léontine Monin, née à Perrigny. Durant le temps qu'il resta à Chenôve, il n'habitait pas la cure parce qu'elle était en mauvais état (1); il demeurait à Dijon et venait tous les jours desservir la commune.

Claude Genevoix, ou *Genevois*, comme le porte son épitaphe que nous allons rapporter, né à Martrois, où sa famille est encore représentée, le 23 mai 1769, et mort à Chenôve le 28 mars 1851. Il arriva dans cette paroisse en mars 1836 et fut officiellement installé le 11 mai, il y exerça son ministère jusqu'au 15 août 1848. Il avait été curé de Saint-Seine-l'Abbaye et quelques semaines de Grancey-le-Château; quand il fut nommé à Chenôve, il occupait la cure de Pernant près Beaune. L'abbé Genevoix était enterré à l'ancien cimetière à droite de l'église; lors de la translation des corps au nouveau cimetière, ses restes furent placés, avec son monument, dans le carré des concessions perpétuelles. Son mausolée porte ces mots :

CLAUDE GENNEVOIS
ANCIEN CURÉ DE CHENOVE
NÉ A MARTROIS
LE 23 MAI 1769
MORT A CHENOVE
LE 28 MARS 1851

———

BONUM CERTAMEN CERTAVI,
CURSUM CONSOMMAVI,
FIDEM SERVAVI
Ad Tim. 4.
PRIEZ DIEU POUR CE PRÊTRE
QUI A PRIÉ POUR VOUS.

---

(1) Le presbytère, réparé en l'an II de la République, était inhabitable à l'époque où l'abbé Bontrond vint à Chenôve. D'importantes réparations furent faites à cette cure, en 1838, 1850 et 1852, etc.

Edouard-Marie-Philibert Batault, son successeur, ancien curé de Villy-le-Moutier, naquit à Saint-Romain (Côte-d'Or), le 13 décembre 1813 (1). Il prit possession de la cure de Chenôve le 8 octobre 1848, et fut installé par M. Tombret, chanoine titulaire de la Cathédrale, délégué par Mgr l'évêque de Dijon. Il l'administra jusqu'au 25 décembre 1874 (2), époque à laquelle on le nomma aumônier titulaire de la garnison de Dijon; sa nomination parut dans la *Chronique religieuse de Dijon*, du samedi 9 janvier 1875. Il fut solennellement installé par l'évêque de Dijon, le dimanche 17 janvier, à midi, dans l'église Saint-Michel, au milieu des détachements du 10ᵉ dragons, du 5ᵉ chasseurs et du 134ᵉ de ligne; des généraux, colonels, chefs de corps et d'une grande partie des officiers de la place, qui avaient tenu à honneur d'assister à l'inauguration du service de l'aumônerie militaire. Une fois cette dernière supprimée, l'abbé Batault est nommé aumônier des religieuses Marie-Thérèse, à Dijon. Nous ne le suivrons pas dans la part qu'il avait prise, avec succès, aux luttes de la presse, auxquelles le rendaient éminemment propre ses connaissances variées et les qualités de son esprit, fécondées par un travail incessant. Le curé de Chenôve était en effet orateur et écrivain. A maintes occasions, dans des cérémonies religieuses, il prit la parole, notamment le dimanche 9

---

(1) Sa mère, Claudine Martenot, qui habitait avec lui à Chenôve, mourut en 1860. La commune offrit, le 10 mai, de la même année, une concession perpétuelle dans le cimetière.

(2) Sous son administration, Mgr Rivet, fit quatre visites épiscopales à l'église de Chenôve. La première le 20 mai 1850; la deuxième le 24 octobre 1852 où il bénit un nouvel autel et le tableau du chevalier de Duesmes, donné par lui à l'église; la troisième le 7 juin 1857; la quatrième le 25 octobre 1863 où sa grandeur a bénit l'autel majeur actuel. Le 20 avril 1857, le même prélat érigea canoniquement le mois de Marie et le 14 juin 1857, a eu lieu la bénédiction, par l'abbé Batault, des nouveaux fonts baptismaux, construits à neuf et transférés du milieu de l'église à l'entrée, à gauche.

juillet 1865, à la bénédiction d'un maître-autel de l'église d'Echevronne, où il prononça un discours qui produisit la plus heureuse impression sur son auditoire ; le 29 janvier 1866, il prêcha à la Visitation, à l'occasion des fêtes en l'honneur de saint François de Sales ; à Saint-Michel et en bien d'autres encore. L'abbé Batault est l'auteur de la vie de M. L.-S. Garnier, curé de Nuits (in-8, 371 pp. Dijon, 1879). Il mourut à Nice où il était allé chercher la santé, après une longue et douloureuse maladie, le 13 décembre 1881, à l'âge de 68 ans. Son corps fut ramené à Chenôve (dont il avait été curé pendant 27 ans), où après un service funèbre célébré le vendredi 16 décembre, par M. l'abbé Guillemier, son successeur, il fut déposé au cimetière de la commune, carré des concessions perpétuelles.

Actuellement l'église est desservie par M. l'abbé *Joseph Guillemier*, né à Ruffey-les-Beaune (Côte-d'Or), le 29 décembre 1833. Il a été installé, le 31 août 1875 par l'abbé Bernard, pro-secrétaire de l'évêché. Avant son arrivée à Chenôve, il était curé de Bellenot, doyenné de Pouilly-en-Auxois.

CHAPITRE II

CROIX ÉRIGÉES SUR LA PAROISSE DE CHENOVE

Saint-Jacques des Vignes et la croix de Valendon. — La Maladière. — Le cimetière.

S'APPUYANT sur nos anciens historiens nationaux, qui font remonter la coutume de planter des croix le long des routes au temps de Philippe Ier, 39e roi de France, en 1060, Courtépée assigne lui aussi au XIe siècle environ l'usage d'en ériger sur les routes en lui donnant pour cause les *barbares violences* des seigneurs envers leurs serfs : « on avoit multiplié les croix sur les chemins et dans les champs, pour servir d'asyle aux malheureux qui couroient embrasser ce signe respectable de salut, que les nobles n'osoient violer : de là s'est conservé l'usage d'ériger sur les grandes routes ces monuments de piété qu'on y rencontre si fréquemment » (1). Cette version semble justifier la simple inscription de *O crux, ave, spes unica*. Je vous salue, ô croix, ma seule espérance ! qui se lit le plus ordinairement sur les piédestaux de nos vieilles croix.

Autrefois c'était l'usage d'en placer une à chaque entrée et sortie de village ; suivant la richesse de la communauté elle était en bois, en pierre ou même en fer. L'on pourrait.

---

(1) Courtépée, *Hist. abrégée du duché de Bourg.*, p. 203-204.

établir une longue liste de pays qui, aujourd'hui encore, ont conservé ces sortes de pieux monuments, tantôt érigés par des amis à la mémoire d'une personne, ou bien par la fabrique de l'église, ou encore en souvenir d'une mission prêchée dans la paroisse.

Le village de Chenôve possède plusieurs croix monumentales. Un de nos amis qui s'intéresse à l'histoire de ce village et auquel nous avions demandé des renseignements sur les croix, nous communique la note suivante :

« .... Si nous traçons, à vol d'oiseau, une ligne partant de la croix située au pied de la montagne, pour aller rejoindre celle qui se trouve à l'extrémité de la rue Basse, sur la route qui conduit au village de Marsannay, puis de là continuer par la croix de *Bourdonnière* (1), et enfin terminer notre tracé géométrique en réunissant celle dite de *Valendon* avec une autre disposée en face la grande grille du Chapitre (2) et la première, nous obtenons un vaste parallélogramme, dans lequel nous voyons enclavée la masse des habitations qui forment le pays. Encore, dans cette énumération des croix, n'est pas comprise une qui se trouve à la jonction du chemin de Chenôve et de la route de Lyon, près de l'octroi et la caserne de passage Dufour (anciennement de l'Arsenal), en avant du pont du canal; on ne sait vraisemblablement pas si cette croix, qui fut érigée le 13 décembre 1852, est revendiquée pour être la propriété de la fabrique de Chenôve ou bien si elle appartient à la ville de Dijon (3). Ainsi Chenôve est entouré de croix de tous côtés. »

Ces précieuses indications nous montrent bien qu'il y a encore à Chenôve un certain nombre de croix monumen-

---

(1) Elle fait l'angle des chemins de Chenôve et Marsannay.
(2) Les extrémités de cette croix sont garnies de rosaces sculptées.
(3) Elle a été élevée sur l'emplacement de l'ancienne croix de Guise.

tales. On en compte cinq à l'heure actuelle : La croix de Valendon et celle de la Montagne sont à peu près du même cycle ; viennent ensuite, aux points de vue de l'archéologie et de l'ancienneté : croix du Chapitre, croix de la rue Basse, puis enfin croix de Bourdonnière.

Ajoutons la statue de la Vierge placée sur le versant de la montagne et sur le piédestal de laquelle on lit ces paroles de la Sainte Écriture :

POSUERUNT

ME

COSTODEM

Ce qui signifie : ils m'ont établie la gardienne.

Cette ancienne statue peinte (le manteau en rouge, la robe bleu et or) est assez curieuse ; elle provient de l'église paroissiale et fut transportée sur le plateau en 1869. La cérémonie de la bénédiction eut lieu le 1er dimanche d'octobre, en présence d'une nombreuse assistance, du curé de la cathédrale de Dijon et de plusieurs prêtres ; le R. P. Faïn, supérieur des missionnaires diocésains de Grignon, fit à cette occasion un discours approprié à la circonstance (1). L'artiste qui a dessiné le frontispice de ce livre, M. Valéry Bizouard, a eu l'ingénieuse idée de reproduire cette belle figure, en même temps qu'une vue du village à vol d'oiseau.

Nous parlerons aussi en dernier lieu de la croix de station du cimetière.

Il existait jadis, sur le territoire de Chenôve, une croix appartenant à la ville de Dijon, qui la fit réparer en 1718 ;

---

(1) Communication de M. l'abbé Guillemier, curé de Chenôve. Ce religieux avait prêché une retraite à l'église de Chenôve au printemps de la même année. — Une autre retraite fut donnée en mai 1871, par le P. Bourges, de la même congrégation.

elle était placée route de Beaune sur le chemin de la *grande justice*, et avait sans doute été édifiée à cet endroit pour rappeler aux passants le lieu où gisaient les corps des exécutés. Elle fut enlevée pendant la Révolution.

La plus ancienne croix qui soit encore dans le voisinage de Chenôve est sans contredit celle que l'on trouve au lieu dit : *En Valendon*, et qui était, bien sûr, la propriété de Saint-Jacques-des-Vignes (1). A proprement

---

(1) Un mot sur cet ancien village et son église, qui n'est plus guère connue que de nom.

Trimolois (*Tremoldo, Tremoledum ou Tremoldum*), village aujourd'hui détruit, situé entre Chenôve et Dijon, appelé plus communément Saint-Jacques-des-Vignes, existait dès avant le viie siècle ; son nom apparaît pour la première fois dans l'histoire de la Bourgogne en 600, en même temps que Chenôve. Les Chroniques de Saint-Bénigne et de Bèze indiquent plusieurs mutations de biensfonds opérées sur son territoire : c'est d'abord, dans les premières années du viie siècle, une donation faite à l'abbaye de Bèze par le duc Amalgaire, son fondateur, et confirmée, à la demande de Waldelenus, son fils, abbé de Bèze, par une charte du roi Clotaire, datée du mois d'août 658 ; c'est, en second lieu, dans l'année 830, un échange entre Séraphin, abbé de Bèze, et Herlebertus, abbé de Saint-Bénigne ; c'est enfin un autre échange, conclu entre Epplenus, noble personnage de Dijon, d'une part, et d'autre, Isaac, trente-neuvième évêque de Langres, et les moines de Saint-Bénigne. Isaac mourut vers 880, après 25 ans d'épiscopat, ce qui place la date de cette transaction entre 855 et 880 (*).

En 801 il y avait de la vigne dans cette localité, qui fut brûlée par les Normands vers 940. Le village de Trimolois avait trois feux sers en 1375. L'église passa, au commencement du ixe siècle, sous l'autorité et le domaine de l'abbaye de Saint-Etienne. Claude Fyot (**) nous dit que « l'Eglise S. Jaque de Trimolois est extrêmement ancienne, puisqu'elle est expressément raportée dans un acte original de l'an 801 où Betto, évêque de Langres, donne à la Communauté des chanoines de Saint-Etienne les cures des villages de Couchey, Trimolois et autres lieux, *Altaria et decimas S. Stephani et de Villis nuncupatis Copiaco, Tremoledo*,... etc... Il paroit donc par ce qui vient d'être dit, que Trimolois étoit un petit village auprès de Dijon, *Villa de Tremoledo*, dont la Paroisse fut donnée à l'Eglise de S. Estienne sous le nom de S. Jaque de Trimolois; plus tard cette pe-

(*) J. Bresson, *Hist. de l'Eglise N.-D. de Dijon*, pp. 2-3.
(**) *Hist. de l'Eglise, abb. et colleg. de Saint-Estienne de Dijon*, pp. 267-268.

parler, le haut de la croix, c'est-à-dire les bras et le dessus, a été détruit au commencement de ce siècle, le piédestal

tite église fut appelée S. *Jaque des Vignes*... Voilà par où il paroît que l'Eglise de S. Jaque de Trimolois étoit une Paroisse ; voici ce qui fait voir que cette Paroisse-là était celle des Fauxbourgs de l'Ancien Dijon, et l'Eglise Mère de la Chapelle Notre-Dame, dite *du Marché*. C'est que non seulement les Bulles des Papes Adrien IV et Alexandre III (*) ont fait suivre la Chapelle de Notre-Dame du Marché après celle de S. Jaque de Trimolois comme un secours de celle-ci, suivant le stile ordinaire des Bulles des Papes : *Capellam S. Jacobi de Tremoleto, cum Capella Sanctæ Mariæ de Foro;* mais que l'ancien Terrier de cette Abbaye de l'an 1451 parle de ces deux Eglises aux termes suivants : Item, en oultre sont iceulx Religieux, Abbé et Couvent de S. Estienne, Curiez des cinq Cures et Eglises Paroichiales dudit Dijon : C'est assavoir, de Saint-Médard qui est ou pourpris de leurdict Monastère de Saint-Michiel étant derrier icelly ; de Saint-Pierre, de Saint-Nicolas et de Nostre-Dame dudit Dijon, *de laquelle cure de Nostre-Dame est la Mère-Eglise d'ancienneté la chapelle de Sainct-Jacques de Trymolois, prez dudict Dijon,* et y ont tous droits de Curiez, etc. — A quoi il seroit inutile d'objecter, que la Chapelle de S. Jaque de Trimolois est à présent située dans la dîmerie de Saint-Bénigne ; parce qu'anciennement les dîmeries de S. Estienne et S. Bénigne étoient mêlées, et qu'elles n'ont été séparées qu'en 1443, sans que cette séparation ait désuni l'Eglise de S. Jacque de celle de Notre-Dame ; puisque le Terrier de S. Estienne qu'on vient de citer, et qui a été fait sept ans après, raporte encore l'union de ces deux Eglises ; et qu'en effet le Vicaire Perpétuel de la Paroisse Notre-Dame, assisté du Sacristain de son Eglise, a continué de chanter tous les ans les premières et secondes Vêpres, et de célébrer la Messe dans cette chapelle de S. Jaque, le 25 juillet, jour de la Fête de S. Jacque-le-Majeur, Apôtre titulaire de cette Chapelle, jusqu'à ce qu'enfin cette chapelle, étant presque entièrement ruinée, le Vicaire Perpétuel de Notre-Dame a discontinuer d'y aler célébrer depuis environ 30 ans seulement : De même que le Clergé de Dijon a discontinué pour la même raison d'y conduire la Procession générale qui se fait tous les ans le 23 du mois d'Avril (**) ».

Ainsi on le voit, le culte divin était célébré en différents jours de l'année dans la chapelle de Saint-Jacques des Vignes et notamment à l'occasion de la fête du patron ; la veille et le jour de la Saint-Jacques, on célébrait une grand'messe, et on chantait les vêpres. Les offices n'ayant pas été faits en 1574 et en 1575, les fabriciens de

(*) La première bulle est de l'an 1156, la seconde de 1173.

(**) Ce 23 avril 1575, « jour de Sainct Georges, qu'on a fait de faire feste de commandement, l'on fit une aussi belle procession que j'ai vue de ma vie, dit Gabriel Breunot, dans son *Journal*, t. I, p. 12, et fut faicte l'assemblée à Sainct-Bénigne, la messe dicte à Larrey, par MM. de Sainct-Estienne, l'eau bénite faicte à Sainct-Jacques des Vignes, etc... »

seul est resté ; l'on peut remarquer la grossièreté de ce dernier qui forme pour ainsi dire un énorme bloc de pierre.

Notre-Dame s'émurent, et mandèrent, le 1er mai 1575, Jacques Bournet, chapelain et co-vicaire de cette église, lui remontrèrent que la chapelle Saint-Jacques était la mère église de la paroisse, qu'il aurait dû s'y rendre, avec quatre ou cinq chapelains, conformément à l'usage suivi de tout temps, et lui firent de sévères reproches sur ce manquement à ses devoirs, qui avait motivé des plaintes nombreuses de la part des paroissiens.

D'autres cérémonies religieuses s'accomplissaient encore dans cette chapelle ; ainsi, le 17 avril 1571, la chambre de ville décida que le lendemain, il y aurait une procession générale, dans laquelle serait portée la croix d'Epoisses, qui était dans l'église Saint-Pierre. Les magistrats allèrent l'y prendre à cinq heures du matin et se rendirent à Saint-Jean où les fidèles se réunirent, à six heures, le cortège se mit en marche pour la chapelle Saint-Jacques, où devait se faire la bénédiction de l'eau Grégorienne. A cet effet, on avait disposé des récipients (tines), remplis d'une belle eau claire, et recouverts de nappes blanches. Les chemins avaient été soigneusement nettoyés, par les vigniers de la ville. Après cette cérémonie, on se rendit à Larrey où l'on chanta une grand'messe, et où l'on entendit un sermon.

Sous les troubles de la Ligue, le 19 juin 1572, « on a faict une fort belle procession générale et on a fait l'eau bénite à *Saint-Jacques des Vignes*, la procession et le sermon à *Chenôve*, priant Dieu de chasser les méchantes bêtes qui mangeoient les raisins et dégastoient les vignes » (*).

En 1584, la ville paya 20 sous aux vignerons qui avaient nettoyé le chemin par où devait passer la procession que l'on faisait chaque année. Le 20 avril 1599, la chambre de ville invita les habitants à assister et à envoyer leurs enfants à la procession, qui devait se rendre à la chapelle Saint-Jacques pour la bénédiction de l'eau, et ensuite à Larrey, où une grand'messe serait dite, pour la conservation des biens de la terre (J. Bresson, *Hist. de l'église N.-D. de Dijon*, pp. 123, 124).

Il importe de connaître exactement l'emplacement de ce village. Un ecclésiastique du diocèse, l'abbé Deguin, dans un travail sur *Notre-Dame de Bon-Espoir et les Origines de la Paroisse Notre-Dame* (**), affirme que « Trimoloix » existait sur le territoire de Chenôve, près du chemin qui conduit à Dijon et que l'on voyait encore, au siècle dernier, les ruines du village et de l'église. Courtépée, qui le cite dans la nomenclature des villages disparus, le place entre Dijon, Chenôve

---

(*) *Journal de Breunot*, t. I, p. 7-8.
(**) Dans le *Bull. d'hist. et d'arch. du diocèse de Dijon*, t. I, pp. 98-175 V. encore sur Trimolois : J. Bresson, *Hist. de l'égl. N.-D. de Dijon*, pp. 2 et suiv., 123, 124, 381, 382.

Une autre croix fut réédifiée sur ce tronçon au mois de décembre 1845, mais ne fut pas tournée du côté qu'était la première, car l'on remarque une sorte de bénitier sup-

et Larrey. Un chemin et un lieudit : *Les Saint-Jacques*, à Chenôve, ont conservé jusqu'à nos jours le souvenir lointain de cette paroisse, qui, vraisemblablement, était située sur la route de Dijon, au hameau et prieuré de Larrey, et non pas route de Beaune où se trouve actuellement l'Arsenal, comme le dit M. Jules Talmot, dans ses *Souvenirs bourguignons* (7 août 1349) (*).

On lisait encore au temps de Courtépée, sur une tombe de la chapelle de Saint-Jacques des Vignes, « finage de Dijon, du côté de Chenôve », cette inscription, qu'il nous a conservée, dans un manuscrit intitulé : *Recueil d'épitaphes anciennes, etc...*, aujourd'hui déposé à la bibl de Dijon (F. Baudot, n° 53, p. 36).

CI GIST LE CŒUR DE M. BELIN
LEQUEL A FONDÉ 3 BASSES MESSES LE JOUR
DE St JACQUES, DÉCÉDÉ LE 29 JUIN 1552.

Au xviiie siècle, la chapelle délaissée et abandonnée depuis longtemps tombait en ruines ; la porte n'en était même plus fermée, et le puits large et profond qui l'avoisinait, étant dépourvu de margelle, présentait un danger permanent pour les personnes fréquentant ces parages. En 1762, il se produisit un fait qui obligea de s'occuper de sa situation : au milieu des pierres qui couvraient le sol, on découvrit le cadavre d'un enfant. Le syndic de la ville écrivit aussitôt au curé de Notre-Dame, pour l'informer de la sinistre trouvaille, et lui demander de mettre fin à cet état de choses ; la fabrique ne se hâta pas de prendre une décision, aussi, le 26 décembre, un de ses membres l'avertit que le syndic, mécontent de ces retards, menaçait de commencer des poursuites, pour qu'elle fît murer la porte et combler le puits. La fabrique prit, le 2 janvier 1763, une délibération officielle, à l'effet d'être autorisée par l'évêque de Dijon à démolir ce qui restait de la chapelle, et d'ascenser les terrains. Le prélat rendit, le 25 février suivant, l'ordonnance sollicitée, et ainsi disparut cet antique sanctuaire dont il est resté, comme dernier vestige, le puits comblé en 1875. Par délibération de la chambre de ville « ordonnant réparation du puits de la chapelle Saint-Jacques des Vignes » en 1590, il avait été restauré et remis à neuf. On ne peut voir aujourd'hui à ras de terre que la large couronne de pierre de ce puits à côté de deux vieux marronniers et deux bancs de pierre. Quant à la chapelle plus vieille que Notre-Dame, elle-même, le souvenir n'en est plus conservé que par quelques archéologues.

(*) V. le Journal *le Petit Bourguignon* du 7 août 1887.

porté par un écu sans armoirie, indice auquel on aurait dû se guider. La hauteur du piédestal octogone est de 2^m60 et il mesure 3^m76 de circonférence ; la croix qui s'élevait dessus, haute de 2^m15, a été brisée en avril 1892 et n'a pas été depuis remplacée.

On sait que la plupart de ces croix de chemin avaient été élevées pour conserver le souvenir d'un fait mémorable, ou en signe d'expiation ; les anciennes qui subsistent encore sont grossières, — comme celle de Chenôve, par exemple ; — on en rencontre dans les petites localités, car les beaux spécimens qui se trouvaient dans les grands centres ont été brisés lors de la Révolution (1.) Nous avons tout lieu de croire que celle de Valendon n'a pas été érigée à cet endroit en souvenir d'un événement remarquable, mais bien plutôt pour limiter les paroisses de Chenôve et de Trimolois (2).

La croix de Valendon est figurée avec le village de Chenôve et la chapelle Saint-Jacques, sur un ancien plan, sans date, de la ville de Dijon et des communautés avoisinantes, conservé aux archives municipales de Dijon.

Cette croix, de même que celle de la montagne, de la rue Basse et du Chapitre, est dépourvue d'inscription ; seule celle de la Bourdonnière porte sur le piédestal, d'un côté l'inscription :

---

(1) Viollet-le-Duc, *Dict. rais. de l'archit. franç. du XI° au XVI° siècle*, t. IV, p. 438.

L'article 10 de l'arrêté de Calais du 26 frimaire an III (Placard de la Bibl. de Dijon) est ainsi conçu : Les croix qu'on auroit relevées, ou qui existeroient encore, n'importe en quel lieu, seront de suite brisées, et leurs piédestaux renversés, sous peine de 150 livres d'amende pour chacun des officiers municipaux qui en laisseroient exister dans leurs communes respectives.

(2) On se rendait autrefois en procession, le troisième jour des rogations, à la croix de Valendon, mais soit parce que ce monument est trop éloigné du village, ou que le chemin qui y conduit soit

SALUT.

O CROIX

NOTRE SEUL ESPOIR

XXXI MAI MDCCCLVII.

Et de l'autre :

M. BATAUT.

CURÉ DE CHENOVE

A LA DÉVOTION

DE SES PAROISSIENS.

Cette croix, la plus récente qui existe au village, est très simple, puisqu'elle est ornée seulement au centre d'une étoile à cinq pointes.

Avant d'occuper la place où nous la voyons, la croix de Bourdonnière se dressait sur la montagne. Le 14 juin 1857, dimanche de la Fête-Dieu, après les vêpres, la procession s'est solennellement transportée de l'église au versant de la montagne, à l'ouest du village, et là, au milieu du peuple, le curé de la paroisse, avec l'autorisation épiscopale, a béni la croix nouvellement érigée et entourée d'allées sablées et d'arbres verts (1). Descendue en 1869, elle fut, après une restauration, transférée à l'endroit qu'elle occupe encore aujourd'hui. Il y avait déjà anciennement une croix sur le même emplacement.

trop étroit, depuis déjà longtemps on a cessé d'y aller. Ce dernier jour de rogation décide du temps qu'il doit faire aux vendanges. On dit en effet :

   Le troiziaime jo dé Rogations,
   En ailant ou en venant de lai procession,
   Si en ai aim' cheu aireuzai,
   Po venongé en serai trempai.

(1) Arch. de la Fabrique de Chenôve. Reg. part., p. 84.

Le 12 avril 1377, certaines vignes situées sur Chenôve et Dijon, au lieu « appelez en la *Croix de Chenôve*, sur le chemin tirant dudit Dijon à Marcennay..., sont acquises par Anré Paste, clerc du duc de Bourgogne et maître de ses comptes, et Jeanne Viteau, sa femme (1). » Il est de tradition que, pour aller à Dijon, les habitants de Chenôve traversaient la rue Basse dans toute sa longueur et prenaient le grand chemin (de Dijon à Beaune); ils pouvaient encore venir par le chemin des Saints Jacques et d'autres sentiers à travers les vignes. Mais alors quel était donc ce chemin « tirant à Marsannay ? » Sans doute un large sentier, car la route actuelle de Dijon à Chenôve n'existait pas. On peut, par conséquent, avancer qu'une croix se trouvait déjà, au XIVe siècle, sur l'emplacement de celle de Bourdonnière.

On parlait aussi souvent, il y a encore peu d'années, d'une croix lieu dit *la Maladière*, à Chenôve. Le climat de la Maladière, vastes terrains argileux et calcaires, à peu de distance au sud-est du village et dont le nom est perdu maintenant, indiquerait l'endroit où autrefois on avait placé l'asile de la lèpre et autre mal contagieux. Nous trouvons, en 1632, *la Maladrerie de Chenôve;* c'est évidemment le même climat : « Messire Alexandre Tabourot, lieutenant à la Table de Marbre du Palais de Dijon, devait 20 sous sur 3 journaux de vignes en la Maladrerie de Chenôve (2). » Le chemin du bas des murs, à l'orient du village, va de Chenôve à la croix de la Maladière et à la grande route (3).

(1) Arch. de la Côte-d'Or, G. 108.
(2)   Id.   B. 4323.
(3)   Id.   O 8. Ne serait-ce pas cette croix que nous trouvons ainsi désignée dans une pièce officielle : « sur le chemin de desserte de la *grand'ruelle*, à l'orient de Chenôve, se trouve

Tous les villages d'un peu d'importance ont eu, au moyen âge, une maladière devant laquelle se dressait une croix ; c'est ainsi qu'à Beire-le-Châtel, la croix Saint-Laurent actuelle s'est appelée d'abord : *Croix de la Maladière ;* il y a encore aujourd'hui, au pied de Talant, le carrefour dit la *Croix de Maladière.* C'est devant, sur la route de Paris, qu'a été tué le petit clairon italien, soufflant la charge dans le dos des Badois débandés, à cinquante pas en avant de notre colonne, le soir du 26 novembre 1870. Enfin, on sait qu'en face la Maladière de Dijon, on voit toujours une belle croix de pierre.

L'ancienne croix de la Maladière de Chenôve a été remplacée par celle faisant face à la rue Basse et qui se trouve enclavée dans un terrain appartenant à M. Hippolyte Crepet.

La vieille croix, qui occupe un petit emplacement au bas du plateau, à l'extrémité de la rue de la Montagne, a été transportée à cet endroit en 1858. Elle se trouvait préalablement disposée devant la maison actuelle de M. Lambert, à l'entrée même du pays. On peut encore voir la place qu'occupait le piédestal.

Une autre croix, dont nous avons déjà dit un mot, se trouvait placée dans la partie nord de la place de la rue Haute, sur l'emplacement occupé jadis par une mare supprimée en 1854 (1) et entourée de douze marronniers plantés en 1856 (2). Cette croix, comme toutes celles de Chenôve d'ailleurs, était en pierre, mais moins grossièrement esquissée que celle de Valendon, on voyait, au piédestal carré, qu'elle datait d'une époque relativement moderne. Les ar-

la *croix Saint-François ?* » On appelle aussi de ce nom la croix de Valandon.

(1) Il y avait encore une mare rue Basse, qui servait à abreuver le bétail, elle fut supprimée en 1848.

(2) Il fut alloué 50 fr. pour cette plantation.

bres ont disparu, ainsi que la maison qui se trouvait à côté ces années dernières ; quant à la croix, elle fut transportée au Chapitre. C'est devant cette croix que depuis longtemps déjà l'on établissait le reposoir du jour de la Fête-Dieu ; l'on avait aussi conservé l'usage d'y aller en procession le jour de l'Ascension avant la messe.

Avant l'aménagement de la place, une croix était disposée juste en face la rue de l'Église. Une pièce du 23 octobre 1768 nous dit : « ... une bergerie couverte en lave, située à Chenôve, en la rue devers Dijon, *où il y a une grande croix de pierre*, laquelle bergerie fait l'angle de ladite rue tirant à l'église, etc. ». Le 29 juin 1781, les habitants prirent la délibération suivante, à son sujet : « Il existe au milieu de Chenôve une croix où se font les stations des processions et contre laquelle on construit annuellement les reposoirs de la Fête-Dieu ; les escaliers et la base de cette croix sont absolument calcinés et tombent tout en sable, en sorte qu'il est dangereux de la laisser subsister plus longtemps ; le curé a même fait avertir les habitants que s'ils ne la réparent pas il ne s'y arrêtera plus. Au moyen de quoi, conclut le rapporteur, ils ne peuvent se dispenser de le faire (*sic*). » Le sieur Braindon fut, en effet, chargé de la réparation qui coûta à la communauté 215 livres 11 sols 3 deniers (1).

Une personne âgée nous a rapporté que l'arbre de la Liberté, planté sur la place publique de Chenôve, pendant la Révolution, avait été mis en terre sur l'emplacement d'une ancienne croix. C'est à penser que cette dernière, la même à n'en pas douter que celle dont nous venons de parler, fut détruite durant les troubles de 1789 et qu'à sa place se dressa l'arbre de la Liberté, dont il est facile de dé-

---

(1) Arch. de la Côte-d'Or, C. 487-488.

terminer la position, étant donné qu'elle précédait la mare et faisait face à la rue de l'Église ; ce n'était donc pas au centre même de la place que l'arbre s'élevait, mais plutôt à quelques mètres à peine des habitations situées à droite de la rue de l'Église. Quant à la croix qui menaçait ruine en 1781, nous n'avons pas de peine à croire qu'elle a disparu, comme tant d'autres, dans les dernières années du xviiie siècle ; car celle que nous avons vue jusqu'à ce jour abritée sous les marronniers de la place, et que nous pouvons encore admirer devant la grille du Chapitre, est toute moderne, elle ne porte aucune trace de réparation importante, et il est évident qu'elle a succédé à la vieille grande croix de pierre, disposée autrefois devant la bergerie qui faisait l'angle « de ladite rue devers Dijon tirant à l'église », bergerie qui a fait place à la maison où se trouve le *Café du grand Saint-Vincent*.

Nous lisons, du reste, dans les registres de la Fabrique, que le 15 août 1854 a été bénite, en présence de la paroisse, du maire, des officiers municipaux, de la garde nationale sous les armes et du conseil de Fabrique, une croix en pierre, reconstruite et placée au fond de la place publique. C'est de la nouvelle croix qu'il s'agit et qu'on a reculée sur l'emplacement de la mare, comme nous le disions plus haut, après l'avoir préalablement restaurée avec soin.

Les religieux de Saint-Bénigne possédèrent une maison à Chenôve, rue de Visenay, ou du Vernay, comme ils l'appellent eux-mêmes dans une pièce du 19 février 1465. Il y avait une croix dans cette rue, ce qui fait que plus tard l'on disait : rue montant à Chenôve appelée la rue de la *croix Visenay* (pièce du 22 janvier 1766) (1). Elle a complètement disparu.

(1) Arch. de la Côte-d'Or, G. 243, liasse 1 et G. 108.

Pour terminer nous nous arrêterons un instant sur la croix de station du cimetière ; nous parlerons par la même occasion de cet enclos sacré, de ce champ du repos où tout mortel vient dormir son dernier sommeil :

> Ici, c'est de la mort le silence sublime,
> Dans ce champ du repos qu'aucun souffle n'anime,
> C'est la réalité.
> . . . .
> Pauvreté que l'on plaint, richesse qu'on salue,
> Tout vient finir ici, l'âme seule est rendue
> A l'immortalité (1).

Les règles liturgiques perscrivent qu'une croix publique soit érigée dans tout cimetière catholique, au milieu des sépultures. Celle de Chenôve, qui est en pierre d'une proportion importante et d'assez bon goût, est l'unique au village, qui possède un christ ; on ne rencontre aucune inscription ni sur les bras de la croix du côté opposé au crucifix de fer, pas plus que sur le petit piédestal carré qui la supporte ($0^m 95^c$ de haut).

Le cimetière de Chenôve était avant 1867, et ce depuis plus de quinze siècles, placé autour de l'église, au centre du village, comme cela se rencontre encore assez fréquemment en Bourgogne. Ce n'est qu'en 1866 que M. Renier Trelanne, maire de Chenôve, autorisé par lettre du préfet de la Côte-d'Or, en date du 21 décembre 1865, désigna une commission composée de MM. Théodore Gallois, Paul Robinot, Jean-Baptiste Souvenier, Jean-Baptiste-André Jolibois, conseillers municipaux, tous propriétaires à Chenôve, à l'effet de choisir, de concert avec le conseil municipal, l'emplacement du territoire qui conviendrait le mieux pour l'établissement d'un nouveau cimetière. Deux endroits furent

---

(1) Casimir Avignon, *Au cimetière*, dans le *Phare littéraire* du jeudi 20 août 1891.

proposés : l'un au nord, au bas du climat du Chapitre ; l'autre au sud-est, lieu dit *en Mazières* ou *à la Maladière*. Huit membres du conseil, sur douze, furent pour le terrain du *Piquon* (au bas du Chapitre) ; les quatre autres pour *Mazières* ; malgré cela la commission se prononça pour le cimetière en *Mazières*. C'est alors que la commune de Chenôve présenta dans un mémoire quelques observations responsives au rapport de la commission touchant le choix de l'emplacement précité pour le nouveau cimetière (1). Elle faisait valoir, dans ce mémoire, qu'au point de vue des convenances il était préférable d'établir le cimetière au Piquon : « …. la distance de l'église aux Mazières est plus longue que de l'église au Piquon, la rue qui y conduit est irrégulière, etc… » et conclut en ces termes : « En résumé le terrain du *Piquon* réunit tous les avantages que l'on peut désirer pour l'établissement projeté : il coûtera moins cher qu'un autre : il est peu éloigné ; son accès est facile ; il est placé au nord du village, comme le veut la loi. » Après entente, le conseil décide l'acquisition de terrain appartenant au sieur Etienne Mallard, connu sous le nom de *Piquon*, pour faire procéder à l'installation de ce nouveau cimetière ; les travaux commencés immédiatement furent terminés l'année suivante 1867. Le 29 décembre, après l'office des vêpres, il était béni par l'abbé Battault. La première personne qui y a été inhumée est Anne Chicheret, veuve Bernard, âgée de 81 ans ; la dernière enterrée à l'ancien cimetière est Louis Laporte, âgé de 67 ans.

Parmi les monuments du cimetière on remarque, le mausolée de J.-J. Cornu que surmonte son buste en

---

(1) Mémoire signé : Blaizet-Gallois, Théodore Gallois, Paul Robinot, Crepet-Guyard, Eugène Crepet, Nazaire Mallard, Bénigne Meurgey, Ad. Savot.

bronze ; celui de l'ancien curé Genevoix, dont la belle et grande croix de fer qui servait de croix de station à l'ancien cimetière et avait été bénite comme telle en 1851, est d'un remarquable travail. A signaler encore les pierres tombales des anciens propriétaires du Chapitre ; de M. Duleu, décédé maire de Chenôve ; de l'abbé Batault, dans le carré des concessions perpétuelles, et beaucoup d'autres, aussi divers que variés, qui prouvent que les familles de Chenôve, comme partout ailleurs, savent honorer leurs morts.

CHAPITRE III

LA MAISON SEIGNEURIALE DE CHENOVE

<small>Description extérieure. — Saint-Léger et le chapitre. — Les *Terriers*. — Le chapitre de nos jours.</small>

Quand les Dijonnais ou les étrangers se rendent à Chenôve, ils ne sont pas sans remarquer une maison qui domine le village. Sa position permet de l'apercevoir d'assez loin, car, en effet, malgré son enceinte, et à cause de la déclivité de l'ouest à l'est, ce château est ouvert à tous les regards, depuis Dijon, jusqu'au chemin de fer de Paris, Lyon à la Méditerranée, qui, à l'est, traverse le finage de Chenôve. Cette construction au nord, sur la côte même, garde un certain caractère d'antiquité et une sorte de noblesse. Elle se nomme *le Chapitre* et se compose effectivement des restes de l'ancienne habitation des chanoines d'Autun, seigneurs de Chenôve, dont il ne subsiste qu'un corps de logis au milieu de la cour.

Cette maison seigneuriale n'est plus aujourd'hui qu'une simple habitation bourgeoise, avec son parc et ses dépendances, et dont la construction ne remonte pas au delà d'un siècle. C'est en vain que l'on chercherait ici les traces de tourelles, pavillons, clochetons, pont-levis, etc., qui sont les principaux caractères des châteaux de l'époque féodale. Il ne reste presque rien des anciens logements du chapitre, et le peu qui nous est conservé ne permet pas de le recons-

Valéry Bizouard del.

Davey Sc

LE CHAPITRE

tituer dans son ensemble ; à part le côté gauche du corps de bâtiment, vu de la porte d'entrée qui donne accès dans la cour intérieure, tout le reste est moderne, même la façade qui regarde le pays et que l'on peut voir depuis les routes de Beaune et de Chenôve. Dans la partie ancienne, nous rencontrons, comme autrefois, le cellier voûté et le pressoir ; ce dernier est un véritable monument d'une structure à la fois merveilleuse et ingénieuse, dont nous ne nous attarderons pas à donner la description. Il y avait jadis de larges fossés qui sont disparus : Pierre Gauthier, chanoine de la Sainte-Chapelle, amodie en 1785 une vigne à Pierre Mercier, de Chenôve, *en Montbardon*, « qui joint de midy *aux fossés du Chapitre d'Autun* » (1).

Le Chapitre de Chenôve était, avant 1789, en plaine ; les jardins, le clos, les murs et surtout le bois de sapin qui l'encadre si bien, sont des œuvres de notre époque (2). Antérieurement à ces aménagements, il n'avait que les roches de la montagne comme fond de tableau, et, alentour, des champs, que deux sentiers traversaient ; l'une de ces voies de communication n'est pas précisément le chemin actuel dit du Chapitre, qui fait suite à la *ruelle aux Chapelains* (3), et longe le mur, en passant devant la grande grille, mais se trouvait non loin de là, sur l'emplacement occupé précisément par le mur de clôture, et en dedans du parc. La grille

---

(1) Arch. de la Côte-d'Or, G. 243, liasse 1.

(2) Vers le milieu du siècle dernier, un auteur écrivait qu'une partie du territoire de Dijon, et celui de Chenôve, ne présente que des chaumes, ce serait cependant une opération facile et extrêmement utile que de les convertir en bois taillis (*Statistique de la Côte-d'Or*, m" des Arch. dép., n° 434, t. I, p. 9).

(3) Nous avons trouvé cette désignation en fouillant les archives communales de Chenôve dans une pièce de 1819, où il est encore dit que le chemin du chapitre sert de desserte seulement à la maison seigneuriale de Chenôve et aux propriétés qui sont en dessous.

dont nous venons de parler, et qui remplace une ancienne porte de bois, est un ouvrage tout moderne, qu'a fait exécuter M. Poisot ; en propriétaire intelligent, il a eu soin de faire reproduire deux fois sur ce travail de serrurerie la croix ancrée qui figure sur les armes du chapitre d'Autun.

Nous n'avons malheureusement aucun document positif qui puisse nous fixer sur la date de construction de ce vieux manoir, et, faute de pièces à l'appui, il nous faut dire que le Chapitre de Chenôve est un reste des propriétés considérables possédées autrefois dans la commune par les seigneur du lieu (1).

Dans un rapport dressé le 29 novembre 1790, par l'ingénieur Antoine Antoine, de Dijon, dont nous aurons l'occasion de dire quelques mots plus loin, nous lisons ceci, qui a trait au Chapitre :

« .... Les bâtiments qui servent à l'exploitation des vignes (2) sont scitués hors du village sur le penchant d'une montagne, ils ont la forme d'un château antique et portent le nom de *Chapitre*. Ils consistent en un Porche, sous lequel on trouve à droite la porte d'une écurie qui communique

---

(1) M. Poisot fils a rencontré deux bornes de finage, où sont reproduites les armoiries du chapitre ; l'une d'elles du côté de Marsannay est très bien conservée. On voit que les possessions des chanoines s'étendaient assez loin dans la commune.

(2) Dix-huit articles sont consacrés aux vignes et terres appartenant au Chapitre d'Autun, sur le territoire de Chenôve : — Le clos du Chapitre fut estimé, en 1791, 19.916 fr. 15 s. et 8 d., au dire de M. J. D. D. (Jules Talmot), *la Bourgogne, en 1791*, dans le *Progrès de la Côte-d'Or* du lundi, 1er juin 1891. — Ces propriétés étaient amodiées à un seul individu qui résidait à Chenôve (et peut-être même au chapitre) ; voici, entre plusieurs, un acte qui le prouve : « Pierrette, fille de Claude Collot, vigneron, et de Anne Sorlin, ses père et mère, est née en légitime mariage, le dernier juillet 1697 et baptisée le 1er août, a eu pour parrain Bénigne Jolibois, et pour marraine honnête Pierrette Le Maure, fille *d'honorable François Le Maure*, admodiateur de MM. de Saint-Lazare, du chapitre d'Autun, au lieu de Chenôve (Arch. de Chenôve, Reg. de l'état civil, 1697).

à une autre plus petite, au delà est un caveau qui a son entrée par le petit jardin dont il sera parlé ci-après ainsi que deux galetas servant de greniers qui sont au-dessus (1).

« A gauche du porche est un grand cellier au-dessus duquel il y a deux chambres à feu, un cabinet et des greniers au-dessus, ce qui sert à loger deux vignerons.... Un grand bâtiment à gauche contient une vaste halle de pressoir communiquant à une grande cave garnie de cinq rangs de mares et pouvant contenir au moins 100 pièces de vin ; au-dessous d'une partie de cette cave, il y en a une autre dont la descente est prise dans la halle et qui peut contenir environ 20 pièces. Toute la partie occidentale de ce bâtiment est occupée par plusieurs appentis. Au-dessus de la grande cave, il y a un vaste fenil.

« Au fond de la cour et en face de l'entrée est une chapelle sans aucune décoration intérieure ; il y a une cloche, suspendue à un petit campanile, au-dessus du pignon, qui nous a paru pouvoir être du poids d'environ 100 livres. A gauche, il y a une chambre à fourg.

« A droite de la cour est un mur qui clot un petit jardin garni d'arbres fruitiers en espaliers et en quenouilles, au fond duquel il y a un petit logement de fermier en pan de bois établis tant sur l'épaisseur des gros murs de l'enceinte, qui forment du côté d'orient une haute terrasse, que sur la saillie des piliers butants qui sont au dehors ; le logement est composé d'une très petite cuisine, d'une chambre sans cheminée et de deux petits cabinets.

« Au dehors de l'enceinte et sous le mur de la rampe qui est au-devant de la porte du porche, il y a un petit ter-

---

(1) Dans les papiers de l'abbaye de Labussière, qui avait un assez grand nombre de propriétés à Chenôve, se trouve un bail de 2 journaux de vigne lieu dit en *Trepied* « situés vers le jardin du Chapitre », moyennant 2 muids de vin, en 1453 (Arch. de la Côte-d'Or, H. 531).

rain triangulaire borné au couchant par le susdit mur, au levant et au midy par le chemin qui vient du village et au septentrion par les bâtiments qui viennent d'être désignés, lequel est emplanté de vignes et peut contenir environ dix perches superficielles. Il dépend encore de cette maison un terrain nouvellement clos de murs des côtés de midy et de septentrion, borné au levant par les bâtiments susdits et au couchant par des rochers escarpés, lequel contient environ trois quarts de journal, dans lequel il y a quelques arbres fruitiers, un peu de vigne, mais la majeure partie est en friches incultes... »

Cela nous donne une idée de la disposition intérieure du Chapitre à la fin du siècle dernier; mais après la Révolution, pour approprier cette construction aux besoins de sa nouvelle destination, il a fallu la restaurer, détruire certaines parties et en reconstruire d'autres, si bien que maintenant la description d'Antoine n'est plus exacte en tous points. Pour comparer ce qui existe d'ancien à l'heure actuelle et ce qui a pu être édifié dans la première moitié de notre siècle il nous a fallu recourir aux actes de ventes de la maison (1). La désignation de cet immeuble est détaillée comme suit dans celle de 1821 :

« ... Les bâtiments appelés le Chapitre de Chenôve, situés dans cette commune, canton de la justice de paix de Dijon, section de l'ouest, arrondissement communal de la même ville, département de la Côte-d'Or, sont construits à mi-côte, entourés de murs au midi, au levant et au nord, et aboutissant de couchant sur des rochers qui en défendent l'entrée. Ils se composent:

---

(1) Arch. particulières du Chapitre (documents communiqués avec beaucoup d'obligeance par M. Poisot).

« Premièrement, du côté du midi, d'une façade construite en pierres mureuses, avec grande porte cintrée, fermant à deux battants, une fenêtre au-dessus, de forme carrée, partagée par un montant en pierre (1); du côté du couchant la même façade ayant une petite croisée et une lucarne. Cette partie de bâtiments est couverte en tuiles; dans cette même façade, du côté du levant, il existe une croisée et deux petites ouvertures; le bâtiment, dans cette dernière partie, est moins élevé et couvert en laves.

« Secondement, d'un autre corps de bâtiments construit en pierre mureuse jusqu'à la hauteur de trois mètres et demi, et le surplus en galandage; dans une de ses façades au levant, il existe une porte et deux fenêtres fermées par des pierres mureuses, bâties à sec; au-dessus, cinq autres fenêtres construites en bois, dont deux sont à balcon. Ce bâtiment est couvert en tuiles.

« Au-devant de cette façade existe une terrasse construite en pierre mureuse formant 1/4 de cercle, emplanté d'acacias et d'autres arbustes.

« De l'autre côté de la chaussée qui conduit aux bâtiments existe un mur de clôture couvert en lave, dans lequel est pratiquée une porte charretière fermant à deux battants. Ce mur a environ 27 mètres de longueur. Au bout et du côté du midi est un autre mur qui fait suite au précédent; il aboutit au couchant sur des roches qui forment aussi clôture et a environ 40 mètres de longueur.

« Sur la porterie du bâtiment désigné en premier lieu, il existe, à gauche, une porte de cave à deux battans et à droite une porte d'écurie. Dans la façade de ce même bâtiment vu depuis la cour, on remarque du côté du couchant

---

(1) Au-dessus de cette porte se trouvaient les armoiries du Chapitre d'Autun, qui ont disparu.

un escalier de pierre en mauvais état et une fenêtre murée à moitié.

« Dans la cour, se trouve un grand bâtiment formant une halle avec pressoir à arbre, garni de ses ustensiles, six grandes cuves, une petite, et deux foudres défoncés, le tout cerclé en fer, une autre petite cuve cerclée en bois ; l'autre partie du bâtiment paraît servir de cave. Dans la principale façade donnant dans la cour, au levant, il y a deux portes et trois fenêtres sans fermeture. Ce bâtiment est couvert en tuiles. Au-devant de cette halle, il y a un petit bâtiment, également couvert en tuiles, dans lequel deux portes sont pratiquées ; l'une est du côté du nord. Dans l'autre façade donnant sur un verger, on remarque une porte fermée, une fenêtre et deux lucarnes sans fermeture.

« Dans la partie du même pignon qui donne, au midi, sur un jardin, il y a trois ouvertures sans fermeture, dont deux sont longues et très étroites, l'autre, petite, est également étroite (1) ; au nord, il n'en existe aucune.

« Au fond de la cour est un petit bâtiment formant chambre à four ayant son entrée et sa façade au midi, tenant de levant à la chapelle, de couchant au pressoir et de nord à une vigne. Dans cette cour existe un autre petit bâtiment, dit la chapelle, joignant de levant un jardin, de couchant à la cour et le petit bâtiment dont il vient d'être parlé, de midi ladite cour et de nord une autre vigne ; la porte d'entrée est cintrée et se ferme à deux battants, au nord et au levant est une fenêtre également cintrée.

« Dans la même cour est un mur de séparation percé de deux portes dont une sans fermeture, donnant sur un petit jardin de forme carrée, pouvant contenir environ trois ares

---

(1) Ces petites fenêtres donnant sur le parc, attestent l'ancienneté de cette partie de la maison.

quatre-vingts centiares ; à l'extrémité se trouve une des façades du bâtiment construit partie en pierre mureuse, partie en galandage dont il a déjà été parlé. De ce côté, il existe deux portes, une fenêtre et une lucarne de grenier. A la suite et du côté du nord est un mur de clôture couvert en laves, d'environ 38 mètres de longueur.....

« Tous les objets ci-dessus détaillés et confinés ne forment qu'un seul et même pourpris, lequel tient de levant et de midi à un chemin qui conduit à la montagne, à un sentier du côté du nord, de couchant à des roches. »

Ce document, comme le précédent, nous parle d'une chapelle qui n'existe plus, mais dont il est facile de déterminer l'emplacement. Il nous donne aussi certains détails sur les bâtiments qui composaient le Chapitre en 1821 et qui sont, à quelques modifications près, encore debout aujourd'hui.

Pour compléter cette étude, examinons, avec un peu de détails, la légende et l'histoire.

Courtépée nous dit : « La cathédrale d'Autun a au-dessus du village une espèce de maison seigneuriale dite *le Chapitre*, dans laquelle est un petit oratoire de saint Léger, et qu'on présume avoir été la maison de ce saint évêque (1). » On sait, d'après la charte : Carta de rebus quas contulit *Beatus Leodegarius* suæ ecclesiæ (2) que saint Léger tenait

---

(1) V. aussi *Stat. de la Côte-d'Or*, m" n° 434 des arch. dép., t. II, p. 556.

(2) A. de Charmasse, *Cart. de l'Eglise d'Autun*, p. 40. V. aux pièces justificatives.

Au même ouvrage, p. 278, nous rencontrons des chartes concernant Chenôve : Hugues d'Arcy, évêque d'Autun, en octobre 1289 : « ... in terra ipsorum *de Canabis* pro nostro anniversaro et missis predidiis assederunt » et dans la cession des terres de Saint-Jean-de-Vaux, de Baugy, et autres, faites par le chapitre à Hugues d'Arcy, en

les terres de Chenôve (Canavis villæ) et d'Ouge, de Sigrade, sa mère et de Bodillon ; il ne paraîtrait pas étonnant qu'il soit le fondateur du chapitre ou tout au moins l'un des premiers habitants, bien que, dans son testament, en ce qui regarde Chenôve, il ne fasse aucune réserve pour sa maison. On peut, d'après l'ouverture de Courtépée, mais cela sous réserves, comme il est facile de le concevoir, porter approximativement à l'année 660..? la date de construction de la maison primitive du Chapitre (1).

Cette date nous paraît exagérée, mais, disons-le de suite, il est assez difficile de se prononcer sur une origine aussi obscure, et même d'admettre qu'un monument du VIIe siècle de l'ère chrétienne, regardé comme l'habitation d'un saint bourguignon, ne soit pas plus connu. Foisset dans son *Répertoire archéologique* ne le signale même pas.

M. Poisot fils prétend — et son opinion en vaut bien une autre — que la maison de saint Léger n'était pas le Chapitre actuel et même ne devait pas être bâtie sur son emplacement. Il pense que cette habitation se trouvait placée beaucoup plus bas, à la jonction du sentier qui conduit au Chapitre, et du chemin de Valendon. Cette construction disparut à une époque inconnue, peut-être en 888, lorsque les Normands ravagèrent les environs de Dijon. Ce qui fait conjecturer cela c'est que le sol de l'emplacement indiqué, pour si peu qu'on le fouille, est littéralement couvert de débris de briques ; on a même rencontré en creusant la terre des médailles qui ne nous ont pas été con-

---

échange des droits que l'évêque possédait sur plusieurs cures du diocèse et notamment sur celle de Chenôve, en novembre 1296: «... *Canabis*, quam ipse dominus episcopus... etc. » Est-ce à Chenôve-les-Dijon qu'il est fait allusion ?

(1) V. Pièces justificatives, abrégé de la vie de saint Léger d'après Baillet, *Vies des Saints*, éd. de 1715 et Cf. *Hist. de saint Léger*, par le R. P. Dom Pitra (Paris, 1846).

servées. D'autre part ce qui donne encore une certaine autorité à l'hypothèse de M. Poisot, c'est que la longue pièce de terre qui fait l'angle des chemins précédemment désignés ne paraît pas avoir été jamais divisée. Il n'en est pas de même des vignes plus rapprochées de la maison, qui ont été morcelées à diverses époques et forment plusieurs petites parcelles. Les chanoines d'Autun, après le désastre des hommes du Nord, ont sans doute songé à construire sur la montagne leur maison seigneuriale, dans laquelle, en souvenir de saint Léger, ils firent faire un oratoire ou petite chapelle.

Le souvenir du seizième évêque d'Autun, reconnu pour saint en 678, est toujours vivant à Chenôve. Sous le ministère de M. Batault, curé, et à sa demande, saint Léger fut désigné pour patron secondaire de l'église ; c'est aussi sur ses instances, et grâce à ses démarches, qu'il obtint d'Arras une parcelle des reliques du saint. Il devait se faire à cette occasion, le dimanche 1er octobre 1871, une sorte de translation solennelle, mais la pluie empêcha la grande procession de se rendre du Chapitre à l'église paroissiale, et toutes les cérémonies se firent dans cette dernière (1); pour la circonstance, M. Poisot père avait fait faire sur un étendard les armes du chapitre d'Autun : *de gueules, à une croix ancrée d'argent, remplie ou chargée d'une autre croix ancrée de sable* (2).

Un fragment de la relique de saint Léger conservée

---

(1) Le Procès-verbal des fêtes célébrées en l'honneur de cette réception de reliques se trouve consigné dans le Reg. part. de la fabrique de Chenôve, p. 86-87.

(2) D'Hozier, *Armorial gén. de France*, gén. de Bourg., t. II, p. 162. Courtépée dit : les armes du chapitre sont une croix ancrée de sable, bordée d'argent sur un champ de gueules (V. t II, p. 501, 2e éd.).

dans un joli petit reliquaire se voit toujours dans l'une des salles du Chapitre (1).

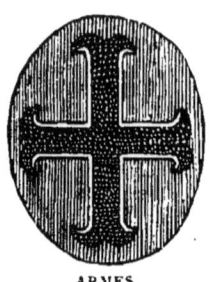

ARMES
du chapitre d'Autun

Le terrier de la seigneurie de Chenôve renouvelé en 1584 renferme plusieurs articles concernant le château des chanoines.

Art. 3. Que les dits seigneurs ont leur maison seigneuriale audit lieu, *au guet et garde de laquelle lesdits habitants sont tenus et sujets.*

Art. 5. Que les dits seigneurs ont prisons en leur dite maison seigneuriale.

Article particulier : Aussi lesdits habitants ont reconnu et confessé qu'il y a des ceps garnis et enfermés de serrure étant au *château* dudit Chenôve, esquels ceps on a coutume de mettre et appliquer des criminels, par autorité de la justice desdits seigneurs, et que de leur souvenance, ils ont toujours vu lesdits ceps audit lieu, ayant entendu et ouï de leurs pères et plus anciens, que lesdits ceps avoient été érigés en marque de haute justice appartenantes auxdits seigneurs, à cause de leur dite terre et seigneurie de Chenôve. Comme aussi ont reconnu les prisons étant sous un corps de logis audit château et maisons desdits seigneurs,

---

(1) Ces détails nous ont été gracieusement fournis par MM. Poisot père et fils.

être pour incarcérer tous les criminels et y avoir vu plusieurs fois mettre des prisonniers et criminels, à la poursuite et diligence desdits sieurs.

Le chapitre était donc bien, en quelque sorte, un château fort où l'on enfermait les malfaiteurs ; outre les ceps garnis de serrures (1), les chanoines avaient encore à Chenôve, comme marque de leur haute justice, « un carcan érigé près le cimetière dudit lieu » (Terrier 1584, art. 6).

Pour faire rendre la justice, les seigneurs avaient naturellement des officiers ; l'article 2 du terrier que nous analysons est explicite sur ce point quand il dit : « qu'ils ont puissance et autorité d'instituer et destituer tous officiers pour l'exercice de la justice, tant juges, procureur, greffier que sergent. » Tous ces fonctionnaires ne logeaient pas au château, mais c'est néanmoins dans celui-ci qu'étaient rendus les arrêts.

L'histoire nous a conservé les plus importants, qui prouvent bien que les chanoines étaient seuls seigneurs de Chenôve (2).

8 mai 1501. Levée d'un corps mort, faite à Chenôve par *Jean Gaffereault, juge de la Justice* de MM. les V. doyen et chapitre Saint-Ladre d'Autun.

14 août 1512. Information faite par *Jean Bodin en nom et*

---

(1) Ceps, signifie ici fers, entraves qu'on mettait aux jambes des prisonniers. Les Latins disaient *Cippus*: « on a même pris ces mots pour carcan et pour instrumens de question. Le haut justicier doit avoir, en sa ditte justice, prisons bonnes, seures, et raisonnables, basties à rez-de-chaussée, sans user de fer, ceps, grillons, grue ou autres instrumens semblables.... » (*Dict. hist. de l'anc. langage françois*, etc., par La Curne de Sainte-Palaye, 1877, t. III, p. 105, 1" col.).

(2) L'art. 1er du terrier le démontre surabondamment : « Que la terre et seigneurie de Chenôve, membres et dépendances d'icelles appartient aux dits sieurs les vénérables doyen, chanoines et chapitre Saint-Ladre d'Autun, en toute justice, *haute, moyenne et basse.* » V. les chapitres II et III, Ire partie.

comme procureur de MM. les vénérables doyen, chanoines et chapitre d'Autun, au sujet de l'incendie des bâtiments de Claude Bichaudet, de Chenôve, occasionné par deux bouchers de Dijon.

27 mai 1561. Sentence criminelle rendue par *Richard Arviset, juge ordinaire* de Chenôve, pour MM. du chapitre contre Mathieu Corcier, accusé de juremens et blasphèmes.

26 août 1561. Information faite par le même juge pour le vol d'une jument.

27 janvier 1562. Information faite par le *lieutenant de la justice* de Chenôve, en l'absence de M⁰ Richard Arviset, *juge et maire ordinaire* dudit lieu, au sujet du vol d'une charrue commis sur le territoire de Chenôve.

22 novembre 1564. Autre information par les mêmes officiers en matière de rixe et excès.

7 juin 1570. Plainte donnée au *juge maire de Chenôve*, pour MM. du chapitre d'Autun, par Guillemot Villemot, se plaignant des plaies et blessures à lui faites par Sébastien Bureteaux.

Mais voici qui est plus sérieux :

26 juillet 1582. Sentence rendue par le même juge qui condamne le nommé Cortot, contumace, à être pendu et étranglé sur la place publique de Chenôve, pour crime d'homicide (1).

3 janvier 1615. Sentence qui condamne un suicidé à être traîné sur la claie et pendu par les pieds.

12 novembre 1711 et 29 décembre 1712. Tenues des jours à Chenôve par les officiers du chapitre d'Autun, etc., etc. (2). Ce dernier article a rapport à ces séances sollen-

---

(1) *L'extrait des titres qui établissent que la seigneurie de Chenôve appartient à l'Église d'Autun*, porte à la suite de cette déclaration : « Ensuite est le procès-verbal d'exécution ».
(2) Ibid., p. 10.

nelles, dans lesquelles étaient jugées les affaires les plus importantes de la seigneurie.

La nomenclature des divers arrêts, sentences et informations que nous venons de donner, et que nous aurions pu multiplier nous a fait connaître les noms de plusieurs officiers de justice; et l'on n'a pas été sans remarquer la qualification de juge *maire* donnée à certains d'entre eux. Il ne faudrait pas croire que ce titre s'applique au chef de la municipalité d'alors, nullement. Le maïeur, comme il est facile de s'en apercevoir, était tout simplement un officier de l'église d'Autun. Ainsi en août 1334, le chapitre nomma Hugues, fils de Guillaume, juge ou *maïeur* de Chenôve : Hugo, filius quondam Gulielmi Mayoris de Canabis prope Divionem. On a conservé l'acte du serment de fidélité qu'il prêta « entre les mains des doyen, chanoines et chapitre capitulairement assemblés par devant Etienne Guyardin, notaire, et en présence de messires Thibault, de Semur doyen (1), Pierre de Costa, sous-chantre et plusieurs autres chanoines, par lequel il a juré sur le livre des saints évangiles que tenoit le doyen dudit chapitre, d'exercer fidellement et loyallement l'office de ladite mairie, promettant d'obéir ponctuellement audit chapitre, de luy porter tout honneur, et de contribuer autant qu'il le pourra à ses intérêts; comme aussy d'éviter tout ce qui pourroit luy nuire (2).... »

Le *maire* de Chenôve était par conséquent un représentant du seigneur. On sait que le juge seigneurial désigné, selon les localités, sous les titres de juge, bailly (3), châtelain, de *maire*, de prévôt, appellations que nous avons cons-

---

(1) Thibaut de Semur, doyen d'Autun et chancelier de Bourgogne, en 1312, mourut le 10 mai 1342.
(2) Arch. de la Côte-d'Or, G. 165.
(3) Sur les remontrances des procureurs de la communauté un arrêt rendu le 9 juin 1709 par Jean Durand, procureur à la cour,

tatées ici même, occupait le premier rang après le seigneur. Il présida longtemps les assemblées; mais lorsque la séparation des pouvoirs judiciaire et administratif devint plus grande, lorsque l'intendant releva l'importance du syndic en faisant de lui son agent, le châtelain ou *maire* fut réduit à ses fonctions judiciaires. Sous ce rapport, ses attributions étaient étendues, puisque dans toutes les hautes justices, il pouvait juger les crimes entraînant la peine capitale (1).

La garde du chapitre était remise à un terrier, c'est-à-dire chanoine de l'église d'Autun, auquel était confiée la gestion du domaine, et c'est là, au Chapitre même, appelé aussi *Maison de la terrerie*, parce que le terrier l'habitait, qu'en vertu de la charte d'abonnement de la taille accordée le 31 mars 1320 par les doyen et chapitre de la cathédrale Saint-Lazare à leurs hommes de Chenôve (2), ces derniers devaient payer chaque année, le 25 mars, jour de l'annonciation Notre-Dame, « douze deniers tournois petitz forz dou temps dou seint roy Loys, et non plus; sous peine de douze deniers de ladicte monnoie et non plus ».

En 1290, c'est Guillaume de Bellevevre qui est *terrier de Chenôve* au nom du doyen et du chapitre d'Autun. Pierre de Semur, chanoine de l'église d'Autun, *terrier* en 1320 (3); il était clerc du duc Robert II, en 1302 et du duc Hugues V, son successeur; on le voit figurer comme témoin, avec le titre de chancelier de Bourgogne, dans un compte qui fut rendu, en 1315, par Guy d'Ostun, chevalier. Il fit son

---

concernant les attroupements, est adressé à *M. le Bailly* de Chenôve et lu le même jour, par le curé Bonniard, au prône de la messe paroissiale (Arch. de Chenôve, Série 1, 2, n° 4).

(1) A. Babeau, *le Village sous l'anc. rég.*, 3ᵉ éd. pp. 222-23.
(2) V. plus haut Iʳᵉ partie, chapitre III, *les Seigneurs de Chenôve*, p. 31 à 37.
(3) Arch. de la Côte-d'Or, G. 165, pièce du 27 mai 1323.

testament avant l'année 1332 (1). Au XVIe siècle, Gui de Chappes, prévôt de la même église, *terrier*. Depuis 1550, l'église d'Autun, stipulant en qualité de seigneur de Chenôve, amodie la seigneurie à un chanoine (terrier) à qui elle cède l'usufruit de la terre pendant sa vie canoniale, pour lui tenir lieu de prébende et à la charge de rendre certaine somme par an au chapitre.

Le chanoine *terrier* à qui l'église d'Autun cédait ainsi la terre de Chenôve, remettait à son tour, à titre de bail, le domaine entre les mains d'un fermier. C'est pourquoi dans plusieurs contrats d'amodiations et de transactions par devant notaire, conservés aux Archives départementales de Mâcon, nous voyons paraître des fermiers qui, comme en 1645, amodient pour le temps de 6 ans, « tout le revenu des terres et seigneurie de Chenôve... et dépendances d'icelles... y compris 40 esmines par moitié froment et orge, mesures et esmines de Dijon dues chacun an, par les abbé et religieux de Saint-Bénigne dudit Dijon, etc. (2) ». D'après l'acte d'amodiation de 1556, le fermier Pierre Legrand, de Dijon, n'a pas la jouissance entière de la *maison seigneuriale* de Chenôve, « en laquelle maison led. reteneur aura néantmoins une *chambre*, *estable*, commodité du *treul* et les *celliers* d'icelle pour aberger les vins de ladite amodiation seulement ».

En 1581, l'amodiation est faite le 17 novembre par devant Poillechat, notaire royal à Dijon, pour messieurs de la cathédrale d'Autun, à Guillaume Mathey et Henry Dupré, marchands à Dijon ; elle comprend les ventes, censes, froment, vin, orge... avec « ce les vingt deniers deües annuellement par les habitants de Chenôve, à peine de l'amande

---

(1) J. d'Arbaumont, *Armorial de la Chambre des comptes*, p. 2 ; v. aussi p. 104.
(2) Arch. dép. de Saône-et-Loire, pièces en classement.

de 7 sols... Plus le *pourpris de la maison seigneuriale* dudit Chenôve avec le treul et les cuves y étant, aisances et appartenances... Le tout pour et moyennant la somme de 310 écus soleil chacun an ».

Nous avons cité en note, il y a un instant, le nom d'honorable François Le Maure, « admodiateur de MM. de Saint-Lazare du chapitre d'Autun au lieu de Chenôve (1) » ; nous pourrions encore ajouter quelques-uns de ses prédécesseurs, tels que : Richard Arviset, praticien à Dijon, et Marie de Montardot, veuve de Michel Bouyer, grenetier à Pouilly, fermiers en 1550 ; Pierre Legrand en 1556 ; Guillaume Mathey et Henry Dupré en 1581 ; Pierre Guiennot et Philibert Colin, tous deux « orphèvres » à Dijon, en 1622 ; Jacques David, huissier au Parlement, et Antoinette Billoguet, sa femme, en 1645 ; Marie Mayre, veuve de Pierre Marc, bourgeois de Dijon, Jacques David, plus haut nommé et François Caron, marchand à Dijon, en 1647. Parmi les successeurs de Le Maure, dont le bail expirait en 1704, nous trouvons : François Léger et sa femme, à la caution de Me Jean-Baptiste Rousselot, notaire à Dijon et honneste Anne Lantillet en 1704 (12 mars) ; Jean Bouguet, Jean Chaignet, Christophe Courso et leurs femmes en 1716 (13 juillet) — 3.000 livres à la Noël et à la Saint-Jean) ; Claude Martenot, Denis Girard et leurs femmes et Nicolas Aslin en 1737 (11 janvier) ; Coursot et Jarre, marchands à Dijon et leurs femmes en 1754 (2), etc., etc.

Dès lors, le rôle du *terrier* se réduisait à celui de receveur des revenus de la terre de Chenôve.

---

(1) Le bail passé avec les chanoines par le sieur « Le More, marchand à Dijon, Louise Perrot, sa femme, et le sieur Choffot, aussi marchand caution », est du 19 juillet 1695 (Arch. de Saône-et-Loire, pièces en classement).

(2) V. aux pièces justif.

Sous les troubles de la Ligue, la résidence du chanoine terrier fut convertie en forteresse. Le 15 septembre 1594, « quelques gens de pied laissés par M. le vicomte mayeur autour de Dijon, et conduits par M. de Lure s'emparent de la maison de ceux d'Autun, — c'est évidemment le chapitre que l'on veut désigner par la *maison de ceux d'Autun* — et la fortifient avec force cuves qu'ils remplissent de terre (1).

Le village de Chenôve, s'il faut en croire les œnologues et les chroniqueurs, a aussi une vieille réputation, basée sur la richesse de ses crus et notamment du Chapitre. Le vignoble touche à son enceinte et s'étend en déclivité de l'est sur une partie assez restreinte du territoire. Le Dr Lavalle fait remonter à mille ans la plantation en plants fins des vignes actuelles de ce climat; en diminuant cette ancienneté, qu'il n'a certes pas imaginée, ce vignoble a donc un âge respectable. On faisait avec les raisins du *Chapitre*, comme avec ceux du *clos du Roi*, de grandes provisions de vin cuit (2). Les chroniqueurs nous disent que le vin offert par la ville de Dijon à Louis XIV revenant de

---

(1) *Journal de Gabriel Breunot*, par J. Garnier, t. II, p. 12.

(2) Les chanoines d'Autun possédaient à Chenôve plusieurs bons climats, qui fournissaient également leur contingent pour le vin cuit. Ces pièces de terres leur provenaient en partie de dons particuliers; en voici un exemple : 31 juin 1474. Traité entre les seigneurs de la cathédrale d'Autun et M. Bureau de Maisoncomte, archidiacre d'Avallon et chanoine de l'Eglise, par devant Jean Macet, prêtre notaire de l'officialité d'Autun, par lequel M. l'archidiacre fait donation entre vifs aux dits seigneurs des héritages ci-après, situés savoir... Au finage de Chenôve 2 journaux et 1 quartier de vignes lieu dit en *plante fardeaul*, près la chapelle du duc ; 5 quartiers de vignes en la *corvéote* près lad. chapelle ; un quartier de vigne au même lieu *près les vignes du chapitre ;* un demi-journal *au-dessus de l'auditoire* de Chenôve près le chemin public ; un petit closeau d'un journal *près le clos ;* un demi-journal en *Moinberdon*, et une maison ou grange située devant la *maison du chapitre*, etc. » (Arch. de la Côte-d'Or, G. 165. Orig. sur parchemin).

la conquête de la Franche-Comté était du vin du *Chapitre de Chenôve*. La tradition rapporte que ce vin était le grand ordinaire du roi Louis XVI.

A la Révolution, le pressoir du Chapitre était à peu près neuf et Antoine Antoine chargé d'en faire l'estimation, ainsi que du matériel de la cuverie, dit qu'il peut rendre par année commune 45 livres 9 sols 1 denier de produit net, ce qui porte sa valeur foncière à 1000 livres. Antoine déclare que les cuves, composant le mobilier vinicole du chapitre en 1789, sont d'un revenu annuel de 15 livres, et d'une valeur estimative de 330 livres.

Le même rapporteur estime que, bâtiment, pressoir et cuves classés comme biens de 1re classe, sont susceptibles d'un revenu de 281 liv. 19 sols 11 deniers et d'une valeur foncière de 6204 liv. Mis en vente comme bien national, le Chapitre (pressoir, cuves et vignes dépendant de la cathédrale d'Autun) fut adjugé le 12 février 1791 à Jean Poinsard fils, cultivateur à Ahuy, pour la somme de 34,500 liv.

Il passa ensuite entre les mains d'un nommé Esprit Martin, qui, ayant fait de mauvaises affaires, vit ses biens saisis et vendus par ses créanciers les sieurs Rebattu frères et Morlet, négociants à Dijon (1). J.-B. Soulet, ancien lieutenant criminel à Gray, s'en rendit adjudicataire, le 7 août 1821, pour le prix de 28.100 fr. ; à cette époque, le domaine avait une contenance cadastrale de 7 hectares 39 (2). M. Soulet mourut dans sa propriété de Chenôve le 5 juillet 1836, et sa famille obtint de la commune, le 30 septembre 1854, une concession perpétuelle dans le cimetière. Les époux

---

(1) Esprit Martin, qui était propriétaire à Serrigny près Beaune, avait acquis le Chapitre, avec Antoine Guyot, propriétaire à Dijon, le 18 novembre 1814 (Arch. part. du chapitre). V. sur la seconde vente du domaine, *Journal de la Côte-d'Or*, du 11 mars 1821, n° 29.

(2) Aujourd'hui il comprend environ 18 hectares.

Grillet lui succèdent, par contrat de mariage (du côté de Mme Grillet), après un partage qui date du 8 août 1838. Cette dernière mourut en 1855 et le Chapitre se transmit en héritage à ses neveux : Mme Ladey, née Poisot, M. Ch. Poisot, compositeur de musique et M. Armand Poisot, juge au Tribunal civil de Beaune ; toutefois M. Grillet, qui était usufruitier, continua à l'habiter jusqu'à sa mort arrivée en mars 1867. Le 29 octobre de cette même année, M. Ch. Poisot, par un acte de partage notarié, prit définitivement possession de cette maison.

Il est assez difficile de se faire une idée de l'ensemble du chapitre, au temps de ces *terriers*; les réparations, adjonctions et disjonctions successives qu'on a dû faire subir à ce château fortifié, pour lui permettre de venir jusqu'à nous, ont singulièrement modifié sa physionomie primitive. Et certes un contemporain de Gui de Chapes ne reconnaîtrait plus la *maison de la terrerie*, dans l'habitation de notre époque. Nous avons dit, au commencement de cette étude, que le Chapitre conservait toujours, un peu intérieurement, son aspect qui tient tout à la fois de la maison religieuse et du château seigneurial, en un mot les marques originales de sa première destination ; non pas que les prisons et les *ceps* soient toujours en place et servent à leurs anciens usages, car bien au contraire, les détenteurs actuels sont la providence des pauvres et les bienfaiteurs de tout le village.

CHAPITRE IV

HISTORIQUE DE QUELQUES LIEUDITS DE CHENOVE

Le clos du Roi. — Vignes des ducs de Bourgogne et autres personnages de distinction. — Propriétés des communautés religieuses.

UOIQUE l'usage soit assez généralement répandu de tenir peu de compte des noms de champs et de terres vagues, appelés lieuxdits, nous avons néanmoins jugé à propos d'en admettre un certain nombre dans cette partie archéologique. Mais les remaniements journaliers de la propriété rurale ne nous ont pas permis de donner une attribution à ces noms, quand bien même nous eussions apporté à ce travail autant de témérité que de soin; nous nous sommes donc borné, pour les raisons que nous allons donner, à en faire suivre quelques-uns du nom de la commune où ils sont situés.

Plusieurs lieuxdits du finage de Chenôve ont une origine historique et méritent une mention toute particulière. La diversité de ces noms et aussi la variation qui existe entre les limites territoriales des communes de Dijon et Chenôve, auraient pu nous forcer à diviser notre chapitre en deux paragraphes, car on peut remarquer que plusieurs climats plus près de Chenôve que de Dijon, ne se trouvent pas moins sur le territoire de ce dernier; l'on a d'ailleurs des exemples frappants de ces divisions, et sans chercher bien loin, n'avons-nous pas près de Chenôve le beau château de Gouville situé à l'entrée du village de Corcelles et qui effectivement est placé sur son territoire ; cela n'a rien de choquant, mais ce qui est plus bizarre, c'est que les terres voisines de l'habitation, et qui font partie du même domaine, sont situées sur le territoire de Chenôve. Remarquons en passant que plusieurs cantons qui autrefois faisaient partie du territoire de Chenôve ont depuis passé, si ce n'est en entier du moins la plus grande partie, dans celui de Dijon, tels sont : *les Violettes, En Valendon* et d'autres encore.

Nous ne nous attarderons pas à chercher l'étymologie des termes employés pour désigner les climats ou lieuxdits de Chenôve. Beaucoup de ces noms n'ont pas besoin d'explication : *Les Courtes Pièces ; aux Longues Raies ; en Terres franches ; les Prés Hauts; en l'Arbre Pin ; les Alouettes; les Raviottes;* la combe *Jean Trouhaut; Virmoulin ou Grand' Ruelle ; le Chapitre ;* le chemin du moulin Bernard ou *au Vallon ;* grotte de *la Cave au Loup* (coteau à l'ouest de Marsannay) (1), etc. etc., viennent de la forme des champs, de leur situation, du nom de leur propriétaire ou de toute autre cause facile à distinguer.

Cependant avant d'entreprendre le classement historique de quelques lieuxdits, nous devons grouper plusieurs climats tels que *En l'Arpin* (2); *En la Champagne,* où l'on a découvert une médaille romaine; *Les Eouzets ; En Vignes blanches ; Vignes du Piquon ; En Trépied ; les Bronchets ; Clos de l'Etoile ; Les Bouchots ou bas des Muts,* qui, à défaut d'autre

---

(1) J. Garnier, *Nomenclature des hameaux, villages, etc. de la Côte-d'Or,* p. 9. A Aignay-le-Duc, il y a aussi la grotte de la Cave au Loup.
(2) Ce nom est commun à plusieurs lieuxdits : la commune de Saint-Sauveur (Côte-d'Or) a sur son territoire un climat l'*Arpin,* etc.

mérite, ont celui d'être classés parmi les bons vignobles de Chenôve. Nous avons encore : *Aux Longues Raies*, es longero, en patois (1) ; *aux Lastrons* ; le *Montre cul*, territoire de Dijon et Chenôve, etc.

Voici, par ordre alphabétique, les principaux lieudits historiques que nous rencontrons sur le territoire de Chenôve.

Bonne Mère ou *Bonnemère* (2) appartenait au duc de Bourgogne, Jehan Rosier, de Fauverney, conseiller et avocat du Roi au bailliage de Dijon, pendant la minorité de Philippe de Rouvre, mort en 1359 et qui portait sur son sceau *une rose*, était gouverneur de cette vigne en 1353 (3) ; en cette qualité, il reçoit, sur la façon de cette dernière, 20 livres tournois (4). En 1397, Guillaume de Quemigny, demeurant à Chenôve, reçoit 33 sous pour avoir, en tâche, tiré, aiguisé et mis en piles les échalas de Bonne Mère (5). Des lettres patentes du 18 juillet 1450, données par Philippe, duc de Bourgogne, confirment la franchise de dixme sur 7 quartiers de vigne « en Bonne Mère, dite la vigne des messes de la fondation de Saint-Bénigne. »

Le compte de Jean Berthault, commis à la recette des châtellenies de Chenôve et Talant et de celle du bailliage de Dijon, en 1565, porte que 18 gros de cens sont dus par les héritiers de Mᵉ Laurent Tricaudet, au lieu de Thevenin Joillou « pour un meix et la muraille qui est à l'en-

---

(1) Le sentier des Longerois fait suite au chemin du Clos du Roi.
(2) Sur le territoire de Fontaine-les Dijon il y a aussi un lieudit appelé *Bonnes Mères* ou Maizières. On trouve *Bonnes Mares* à Chambolle, Morey, Vougeot et dans nombre d'autres endroits.
(3) Au mois de juillet 1363, le roi Jean le Bon octroya des lettres d'anoblissement à Jeannette, veuve de Rosier et à Garnier de Bèze, bourgeois de Dijon, son beau-frère (J. d'Arbaumont, *Armorial de la Chambre des comptes de Dijon*, p. 354.
(4) Arch. de la Côte-d'Or, B. 381 (1353, 1505).
(5) Id. B. 4268.

tour, assis à Chenôves, et qui souloit estre au treuil de Bonne Mère (1). » Le clos de *Bonne Mère* et celui de *Dame Henrye* contiennent ensemble, en 1495, 12 journaux (2); le premier fut aliéné en 1605 aux sieurs Maréchal, Peschard et Euvrard (3) et en 1622, aux sieurs de la Porte, Nicolas de Gouvenain, Moreau et Languet. Les fabriciens de l'église Saint-Pierre de Dijon possédaient des vignes au climat de Bonne Mère en 1625 (4).

En la Bourdenière ou les *Bons Bruts*. Ce climat s'appelait *Berdeneires*, en 1282, *Bourdeneres*, en 1352. Les religieux de Saint-Etienne y avaient des vignes qui étaient cultivées par des fermiers demeurant à Chenôve. Sur les nombreux baux (5), nous voyons les noms de Guyot Jolibois et autres familles du village. Une pièce du 25 janvier 1756 parle de *Bourdeniere* autrement en *Bonbruit*. Le curé de Saint-Médard avait des biens en *Bourdonnières*.

Dans le finage de Chenôve qui autrefois produisait beaucoup plus de vins fins qu'il n'en donne à présent, il est certains climats ayant eu une grande réputation non moins qu'une antique origine. Parmi ceux-ci nous devons placer, après le *clos du Roi*, dont parle Courtépée, le climat appelé *En Chenevary* ou *Les Chenevrey*, dit en patois du pays *Chenevreille* (étym. Chenôve, à *Cannabe*, chanvre). Les dîmes de ce climat appartenaient au duc pour le quart. Jean de Masilles et Philippe de Corcelles avaient un autre quart et le reste appartenait aux moines de Saint-Bénigne. Par ses lettres patentes du 29 juillet 1460, le duc de Bourgogne

---

(1) Arch. de la Côte-d'Or, B. 4291.
(2)   Id.   B. 4306.
(3-4)   Id.   C 2528.
(5) Conservés aux arch. dép., G. 108.

l'avait abandonné à argent pour 20 ans, à condition que chaque journal payerait 4 gros et demi. La recette totale de cette dîme s'élevait en 1655 à 19 livres 13 sols 4 deniers, c'est-à-dire que la part du roi était de 4 livres 18 sous que le fermier percevait (1). En 1656, un quart de la dîme de Chenôve et Chenevary appartenait aux chapelains d'Auvillars, un quart au Roi; les religieux de Saint-Bénigne prenaient les deux autres quarts (2).

Nous lisons dans Peincedé l'analyse d'une longue pièce que nous rapporterons ici parce qu'elle peut servir de complément au chapitre III de la Ire partie et au présent paragraphe :

« La plus saine partie des habitants assemblés déclarent que au roi compete et appartient la justice haute, moyenne et basse *en son clos* contenant environ 100 journaux, ensemble au dedans de son pressoir et pourpris d'icelui, et quant au reste de ladite justice *haute, moyenne et basse* audit Chenôve *elle appartient aux seigneurs doyen, chanoines et chapitre de l'Eglise Saint-Ladre d'Autun*, laquelle justice de leur connoissance ils ont vu exercer par leurs officiers excepté en la rue dite de Visenay du côté tirant à Marcennay en la qualité dudit côté les sieurs abbé et religieux de Saint-Bénigne ont justice et y ont fait tenir les jours une fois l'année.

« Disent aussi et reconnaissent qu'ils ont vu payer au receveur pour le roi, la dîme de vignes étant en façon au finage dudit Chenôve à raison de 4 gros pour journal savoir audit receveur la moitié et l'autre moitié aux chapelains de la chapelle d'Auvillars fon 'ée en la Sainte-Chapelle et se paye ledit dîme après les vendanges... Les vignes appartenant audit chapitre d'Autun appelées les quarts siers ne doivent aucune chose dudit dime.

(1-2) Arch. de la Côte-d'Or, B. 1440, 1442, 4340.

« Encore y a d'autres vignes audit finage appelés les *grands et petits Cheneveris*, lesquels doivent 18 blancs (1), le roi prend le quart, les dits chapelains d'Auvillars un autre quart et les religieux de Saint-Bénigne la moitié, et sont lesd. vignes du *petit Chenevery* autrement d'embas sur la justice desd. scieurs de Saint-Bénigne....

« Desquelles déclaration et reconnoissance le sieur de la Mare, avocat du roi, a dit qu'il en acceptait ce que faisoit au profit du roi, sous protestation néanmoins de se pourvoir contre tous ce qu'il appartiendra sur ce qu'il veut maintenir que toute la haute justice audit Chenôve apartient au roi et non a autres, et que la déclaration faite par les habitants pour ce regard ne puisse nuire ni préjudicier à sa Majesté en ce qui est de la totalité de lad. haute justice de Chenôve, auquel effet nous a requis commission pour faire assigner pardevant nous ledit chapitre d'Autun qui prétendait que la haute justice lui appartenait, comme aussi pour reconnaître que les vignes qu'ils possèdent audit Chenôve et qu'ils font par leurs mains ou de fermiers et amodiateurs sont chargées de douze stiers de vin et sept gros en argent, laquelle lui avons octroyée.

« Ensuite est le jugement de la Chambre des comptes du 29 mars 1608 rendu contradictoirement entre le procureur du roi et le chapitre, par lequel la haute justice dudit Chenôve est par provision réunie au domaine de S. M. »

Remarquons dans cette pièce que les habitants de Chenôve déclarent à l'avocat de la Mare, chargé par le roi de savoir quels pouvaient être ses droits sur le village de Chenôve, qu'il ne possède que la haute, moyenne et basse jus-

---

(1) Le blanc valait cinq deniers. En 1272 « deux deniers dijonnais valloient un denier viennois ».

tice dans *son clos* et que le reste est de la juridiction des chanoines d'Autun.

Dans les pays où l'on cultive la vigne, tout le monde sait que la réputation d'un vignoble est généralement fondée sur un climat en renom ; parmi les plus distingués du village nous devons signaler en première ligne le *Clos du Roi*. Ce vaste climat, après avoir appartenu aux ducs de la première race, passa au roi de France. Il fut cédé par Eudes IV à Jean, duc de Normandie, fils aîné du roi, en 1348.

En 1366, la culture de la vigne à Chenôve réussissait à merveille, il est décidé que les noyers qui étaient dans le vignoble seront arrachés parce qu'ils étaient nuisables (*sic*) à la vigne (1). Le gouverneur du clos du Roi devait payer tous les frais ayant rapport au bon entretien du vignoble ; ainsi en 1381 Huguenin Barbotet de Talant, gouverneur du clos de Chenôve et des autres vignes que le duc y avait, consigne sur son registre ce qu'il a payé pour faire « traire, esguiser et mectre en pilles les paissaulx du *cloux* de Chenoves » et faire la vendange (2).

Le même receveur note les frais « pour porter et espanchier par le cloux les gennes et fiens » — puis plus loin — « Chair de bœuf et de mouton achetée pour nourrir ceulx qui avoient fait à Chenoves les vendanges du Duc » (3). Les comptes du gouverneur Michelet Girost (1393-1394) nous montrent que l'on était aussi soucieux de l'extérieur que de l'intérieur du clos ; nous le voyons payer 2 fr. 4 gros à Pierre de Savoie, pour avoir refait à sec 116 toises de murs

---

(1) Arch. de la Côte-d'Or, B. 4.263.
(2) Id. B. 4264. *Cloux* vient de Clos, enceinte fermée de murs peu élevés, comme on en voit dans plusieurs vignes à Chenôve.
(3) Arch. de la Côte-d'Or, B. 4.265.

du clos de Chenoves, à raison de 7 blancs la toise (1). Regnaut Lesnuet, de Longvic, reçoit 10 livres pour 1200 javelles de paisseaux par lui vendus pour le clos de Chenôve (2).

En 1495-96 le grand clos du Roi, amodié à plusieurs personnes pour 12 ans, moyennant 66 livres tournois contenait 99 journaux (3). L'intendant du clos s'appelait *Cloutier ou clousier;* Odo Racine était clousier en 1419.

Pendant tout le temps que le clos du Roi appartint à la couronne, les vins qu'on y récoltait eurent une très haute réputation. On y faisait des vins cuits également très estimés. Presque tous les vignerons ou propriétaires en faisaient une certaine quantité qu'on désignait sous le nom de *galant,* depuis le XIIIe ou XIVe siècle, ceux-ci étaient intermédiaires entre les vins de paille et les vins liquoreux; on appelait *galandiers* ceux qui avaient la profession de fabriquer. Il se préparait toujours, comme le vin de paille, avec des raisins blancs et de choix. En 1397, nous apprennent les Archives de la Côte-d'Or, B. 4268, on prend note de la dépense par ordre de Madame « pour le galant (vin cuit) fait aux vendanges par Doucet, galandier de Madame à Chenôve. » On trouve, d'autre part, dans les comptes de la châtellenie, que, le 6 septembre 1400, le gouverneur du clos fit, par ordre de la duchesse, cinq demi-muids de ce vin, qui exigèrent 7 charretées de gros bois sec pour être amenés au point de concentration nécessaire (4).

Les comptes de l'année 1422 portent que l'on donna 15 gros à chacune des femmes mises dans le clos du Roi, après la Pentecôte, pour prendre les urebères qui mangeaient les bourgeons. Les baux d'entretien du même do-

(1) Arch. de la Côte-d'Or, B. 4.266.
(2)   Id.   B. 4.268.
(3)   Id.   B. 4.291.
(4) Dr Lavalle, *Hist. et stat. de la vigne et des grands vins...* p. 30.

maine pour 1440 et 1460, portent que le vigneron sera tenu de chasser les urebères et les cancoinaires (hannetons).

Une portion du clos du Roi fut reprise de fief, les 10 juin et 14 août 1766, par Hubert Leblanc, bourgeois de Beaune, en qualité de donataire entre vifs du sieur Philibert Leblanc, prêtre chanoine de l'église collégiale de Beaune (1); ledit clos consistait : « en bâtiments, maison, cuves et la totalité d'icelui étoit de 102 journaux de vigne qui ont été donnés à cens emphytéotique, par les commissaires du roi, le 1er mai 1556 pour 270 livres par an et depuis ont été chargés d'une rente foncière de 500 livres par an, suivant arrêt du conseil du 15 octobre 1726, ce qui fait annuellement 770 livres (2) ».

Le fameux clos du Roi fut engagé (3) et définitivement vendu par portions à la Révolution. Pour citer les vignobles classés de Chenôve, nous devons dire que *Dessus du clos* et *Bas du clos*, sont deux lieuxdits fort rapprochés du *clos du Roi* et dont les produits sont aussi justement appréciés.

Le *clos de Rozière* fut donné par le roi à rachat perpétuel à Pierre Labourot, auditeur des comptes, dont les héritiers doivent, en 1654, 60 sous de cens (4).

Clos Charpentier, aujourd'hui *clos Muteau*, est compris dans la cerche des feux de 1391, ainsi que la *Noue*, la *Gaité*, le *Chapitre* et une tuilerie supprimée (5).

---

(1) Philibert Leblanc, né à Beaune, est mort en cette ville en 1681.
(2) Peincedé, t. VII, p. 781. Arch , B. 11.058, cote 5. V. aux pièces justif.
(3) On trouve aux Arch. de la Côte-d'Or (C. 2.093) l'acte de partage des vignes du Clos du Roi « récemment aliénées » 1608. — Le rôle des propriétaires possédant des vignes au Clos du Roi fut dressé en 1783 (Arch. de la Côte-d'Or, C. 2.527).
(4) Arch. de la Côte-d'Or, B. 4.339.
(5) J. Garnier, *Nomencl. des villages, hameaux... de la Côte-d'Or*, p. 9 et 190.

Les *Corviottes*, c'est-à-dire petites corvées : terrain appartenant aux seigneurs où les vassaux faisaient leurs corvées. On trouve dans certains endroits *Courviotte*, petite courvée, altération de Corvée. A Chenôve on appelle encore ce climat *Corriottes*, en patois *corieute ; es Courneotes*, en 1465 ; *Corvéote*, en 1474. Les communes de Noiron-sur-Bèze et Chambeire ont aussi sur leur territoire un lieudit appelé la *Corriotte*. Dans la donation de l'archidiacre Bureau de Maisoncomte (31 juin 1474) on parle de vignes lieu dit *en Plante Fardeaul*, près la chapelle du duc et en la *Corvéote* près ladite chapelle (1). Faut-il conclure de cela que le duc avait une chapelle dans le voisinage de ces climats ? Sur la route de Chenôve, mais territoire de Dijon, nous rencontrons un lieudit : *En Pavie ou la Corvée*.

Les Grandes Justices. Ce lieudit est situé à gauche de la route de Dijon à Beaune. On voit encore, à 1500 mètres de la porte d'Ouche, au milieu des vignes, une petite maisonnette qu'on dit avoir été autrefois habitée par le bourreau. Dès l'origine, les vignes et terrains de la Grande Justice, comme on les désignait le plus souvent, s'appelaient *Champ Piquet* ; mais lorsque le bourreau y eut sa maison et sa vigne, ils prirent le nom de Grande Justice. On dit encore le *chemin du moulin Bernard ou la Justice*.

En 1579, les habitants de Chenôve s'étant plaints à Bénigne Cirey, fermier de l'abbaye de Saint-Etienne, de ce que « plusieurs corps d'hommes exécutez à mort — c'est-à-dire qui venaient d'être passés par la hart sur le Morimont — qui estoit en champ Piquet aultrement en la *Grande Justice*, en ont esté tirez par des chiens à travers les champs,

---

(1) V. plus haut chap. III, *la maison seigneuriale de Chenôve*, p. 149.

ce qui est advenu à faute de ce que lesditz corps mortz n'estoient suspenduz, ains laissez à terre, et que la porte n'est fermée, mais toute ouverte », Messieurs de la Chambre de ville ordonnent à Pierre Fleuriet, exécuteur de la haute justice, « d'enterrer promptement lesditz corps, et de doresnavant suspendre les corps de ceulx qu'il aura exécutez, sans les laisser couchez et de faire une bonne et forte serrure en bois pour fermer ladite porte, afin que les chiens n'y loups n'y entrent pour éviter au péril et inconvénient qu'il en pourroit advenir; à quoy il a promis obéir (1). »

Le couvent des Carmes de Dijon avait, à la Révolution, des terres *derrière la grande justice et vers la grande justice.*

Les Goudrandes. Etienne Mallard, marchand à Chenôve, amodie pour 9 ans, le 23 avril 1768, une pièce de vigne appartenant au collège des Godrans, lieu dit *la Godranne* (c'est une altération de Goudrande), aboutissant sur le chemin de Dijon à Marsannay, moyennant 6 livres payables chaque année, le 11 novembre, entre les mains du receveur du collège de Dijon (2). Dans d'autres papiers des Jésuites nous trouvons cette pièce de vigne appelée *La Godrande.* C'est un climat qui est aujourd'hui classé parmi les meilleurs de la commune.

---

(1) Clément Janin, *le Morimont de Dijon*, pp. 64-65. — Dans son *Commentaire de la Coutume générale de Bourg.*, MDCCXLVII, p. 45, M. Taisand constate que durant un certain nombre d'années on a vu le signe patibulaire sur une place publique de la ville de Dijon ; mais à présent « on l'ôte sitôt que l'exécution est faite, et on a coutume d'enterrer promptement les corps des condamnés, ou bien on les transporte dans un lieu appelé la *grande Justice* à un quart de lieue de la ville ; et généralement on éloigne du commerce des hommes, autant qu'il est possible, tout ce qui peut blesser la vue et causer la contagion ».

(2) Arch. de la Côte-d'Or, D. 104. — Le 23 avril 1779, Etienne Mallard continue son bail pour neuf ans au même prix.

Mazière ou *Masières*, au duc de Bourgogne, puis au Roi. Une partie était, d'après le compte de Jean Saumaire, receveur des châtellenies de Chenôve et de Talant, amodiée à cens et à termes, en 1496, à Jean Mongin, de Chenôve, qui paye 75 sous tournois pour le bail de douze ans de la vigne de Madame, contenant environ 5 journaux au lieu dit en Masières, à raison de 15 sous le journal (1). L'abbaye de Labussière fait un bail à cens emphytéotique en 1511 à Jean Guillot, dit Parlunet, de onze quartiers de vigne à Chenôve : en *Maisiere*, en *Petigny*, en *Tremoloy*, en *Laubespin*..... pour quatorze feuillettes de vin bon et vermeil (2). *Maizière* ou *Goutte d'Or*, dans une pièce du 1ᵉʳ décembre 1619 (3). L'étymologie de ce lieudit vient de ruines, masures : *maceriæ*, *maiseriæ*.

Montbardon, près de la maison du chapitre d'Autun, c'est-à-dire *du Chapitre*, a pris son nom de la montagne près de laquelle il est situé. Les vénérables de la Sainte-Chapelle y avaient, depuis 1640, trois journaux et une ouvrée de vigne et devaient au Roi 20 sous (4). Mais bien antérieurement, la collégiale de Saint-Jean possédait des vignes en ce climat, ainsi qu'en beaucoup d'autres du finage de Chenôve, comme par exemple : en l'*Aubespin* où elle avait cinq quartiers depuis 1490 (5). En 1461, le duc de Bourgogne achète aux chapelains desservants de cette église une pièce de vigne contenant 4 journaux et 1 quartier « au lieudit à Monbardon, appelé vulgairement la vigne Dame Henry, pour le prix de 100 livres » (6).

(1) Arch. de la Côte-d'Or, B. 4.292.
(2) Id. H. 531. F. de l'abb. de Labussière.
(3) Id. G. 243, liasse 1.
(4) Id. B. 4.327.
(5) Id. G. 531.
(6) Peincedé, t. XVI, p. 107, B. 1006.

En 1791, alors que le territoire de la commune était divisé en douze sections, l'une d'elles était connue sous le nom de Montbardon et limitée au levant par le chemin de la croix Saint-François, au nord par le finage de Dijon, au couchant par les chaumes ou montagne de Chenôve et au midi par le village et le chemin du Chapitre.

En Peligny ou *Petizgny*. *Perigny* en 1443. Les mépartistes de Notre-Dame avaient cinq quartiers de vigne *en Peligny* qui leur rapportaient un cens de 5 sols par an.

Sur le territoire de Dijon se trouvent plusieurs lieudits, dont l'histoire se rattache intimement à Chenôve; les principaux sont :

En Saints Jacques. L'origine de ce lieudit nous vient d'un ancien village aujourd'hui disparu, Trimolois, ou comme on disait alors Saint-Jacques des Vignes. La Chapelle aux Riches avait des biens dans ce climat. Nous avons raconté ailleurs l'histoire de cette ancienne paroisse (1).

Puisque nous parlons de localités disparues, peut-être est-ce ici le lieu de placer quelques lignes sur *Baateau* (vicus de) lieu détruit de la commune de Chenôve. Il est cité dans une charte d'août 1247, ayant pour objet l'assignation de fonds pour les anniversaires de Maugey, archidiacre de Flavigny; de Bertrand de Chavegne, archidiacre de Beaune; de Pierre d'Autun, prêtre; de Bisot de Raseuil et de Michel d'Autun, clerc (2). Quoique courte, nous ne voulons pas

---

(1) Voir plus haut, II⁰ partie, chapitre II, p. 119-122.
(2) La pièce ci-dessus, qui mentionne Bertrand de Chavegne, est suivie de la note suivante : « Pridie ydus Febroarii, obiit dominus Bertrandus de Chaume, archidiaconus Belnensis, qui dedit nobis pro anniversario suo viginti sol. Parisien. *sitos apud Chenoves* super

rapporter ici cette pièce qui ne présente d'ailleurs aucun intérêt pour Chenôve en particulier (1); nous en faisons seulement mention à cause de ce lieudit disparu, *Vico de Baateau*, dont Courtépée ne parle pas.

Pour être complet il convient de dire que *Gratoux* est aussi une localité disparue, entre Chenôve et Longvic. Un Jehan de Gratoux figure au nombre des abonnés dans la cerche des feux en 1375 (2).

Valendon (Territoire de Dijon et Chenôve), lieudit très rapproché des Saint-Jacques et où se trouve une croix de pierre que l'on croit avoir appartenu au village de Trimolois. L'abbaye de Saint-Etienne avait en 1453 des biens lieudit *Valandon* autrement *le Cloux aux Moines*.

Deux poètes bourguignons ont vanté le Valendon et d'autres climats des deux territoires (Dijon et Chenôve), le premier est Aimé Piron, dans son *Hairangue dé vigneron de Dijon ai son altesse Serenissime Monseigneur le Duc* (3), le second, Petitot (4).

Aimé Piron :	Petitot :
. . . .	. . . .
N'aivon no pas bonne pidance	Quéque foi on vo lé z-anmène ;
Force piô en ébondance	Ceu de *Chenôve* et du *Chaipitre*,
Du blan, du rouge, du clairai	De tré bon vin ai l'on lou titre,

vineam suam quam edificavit cum domino Guillemo de Loysiaco. *Barinetus de Chenoves* tenet. Item bulsa panis et vini debet solvere pro dicto anniversario decem sol. Parisien. super *vineam de Baateau*. »

(1) Orig. Arch. de la ville d'Autun, F. de la cathédrale. Fondation I. Edité par de Charmasse, *Cartul. de l'Eglise d'Autun*, Ire partie, p. 170.

(2) Arch. de la Côte-d'Or, B. 11.579. Reg., p. 9. V. aux pièces justif. (pièce du 3 août 1113).

(3) Dijon, ché Antoine Defay, imprimeur et libraire. Vers le Palais ai la bonne foa, 1712, br. in-8°, 14 pp. V. aussi Delmasse, *Biographie des poètes bourguignons*, Bibl. de Dijon, fonds Duxin.

(4) *Les deux Rimailleries de Petitot*, par J. D. Dijon, 1891, p. 6.

Du vieu, du nouveau, du ropai,	Moime tô ceu du *clô du Roy*
Qui pétille dans lé gobelle	Qui réchauffe quan on é froy ;
Comme é chan fon lé sauterelle :	Ceu dé *Viôlôte* et Mardor
C'a de Baise (Bèze), de Chambatin (Cham-	Ne vaille-ti pas bé de l'or ?
De *Chenôve*, de *Pissevin* bertin)	Et lé *Porreire* de Dijon,
De *Valandon*, de *Montevaigne* (1).	Crais de Pouilly, de-z-Echaillon,
Comme encore de cé deu montaigne	De *Valandon*, Cham de Padri,
De Sain Banar et de Tailan...	Qu'on anmeune tôt ai Pairi ?
. . . .	. . . .

En effet les vignes du Valendon produisent d'excellents vins, c'est le second vignoble classé du territoire de Dijon. Plusieurs des climats, cités par Petitot, fournissent des vins estimés qui, au siècle dernier, étaient presque tous expédiés à Paris.

Les Violettes. — *Clos de la Violette.* Ce dernier entre dans le domaine du duc par confiscation de feu Jean Coustain exécuté pour ses démérites en 1461 (2) ; une rente de 30 livres est due à l'abbaye de Saint-Bénigne de Dijon, sur la dîme du climat des Violettes, à Chenôve.

En 1495, le Clos de la Violette, aujourd'hui en grande partie sur le territoire de Dijon, contenait 16 journaux. Une pièce de vigne appelée la Violette, contenant 17 journaux 2/3, est délaissée à cens perpétuel à Denis Bonard et Gérard Dubois moyennant 28 l. 6 s. 8 d. par an, en 1586. Une autre au même climat avait été vendue en 1603 à Bénigne Fremyot, président en la Chambre des comptes. —

---

(1) Les *Grands Monts vignes*, lieudit près Chenôve, mais néanmoins sur le territoire de Dijon. — En janvier 1281, le duc Robert échange 3 journaux de vigne assis au finage de Dijon, au lieu dit en *Montevigne*, « qui furent à Jean de Soissons, auprès la vigne Vyot Durcis d'une part, et la vigne Hugues Baudot, d'autre, lesquels trois journaux de vigne ledit duc baille à messire Jean de Rouvre, prêtre, chanoine de la chapelle de Dijon, à sa vie seulement, en échange de sept quartiers de vigne assis audit finage au lieu dit en la *Côte de Buey*, auprès la vigne Guillemot Ancorroise d'une part, à la vigne Perreau Muytiot, d'autre... » V. Peincedé, *Recueil* m⁵, t. I, p. 94.

(2) Arch. de la Côte-d'Or, B. 4285 (1461-1468), C. 2.414.

C'était le père de Sainte Chantal. — Claude Dorge, procureur à la Chambre des comptes, justifie en 1604 de ses titres d'achat d'une vigne au clos de la Violette, à Chenôve (1).

Le clos des Violettes fut aliéné au sieur Moreau en 1622. Le Roi en donne une partie en 1769, d'après l'aliénation faite par ces commissaires, de 3 journaux de vignes à prendre au clos de la Violette, à Chenôve, au profit de Pierre Peschard, tabellion à Meaux, pour la somme de 297 livres (2).

Les religieux de Saint-Etienne possédaient des vignes lieux dits : *en Larry* (3) (1282); *en Fossat, en Foussot* ou *en la Fosse* (1283), c'est un climat renommé appelé aujourd'hui *les Foussets* ; en la *Treille de Bèze* (1286). Ceux de Labussière avaient des vignes en *l'Aubespin, en Maizières, es Poussots* (4). Au XVIe siècle, les Jésuites de Dijon vendent, le 25 novembre 1577, pour 50 livres, un journal de vigne en 2 pièces, *en l'Aubespin*, dont l'une aboutissait « d'ung bout sur le grand chemin dudit Chenenausves (5) ». La Sainte-Chapelle avait quelques vignes en *la Charmotte* (pièce du 21 janvier 1390), *lé Charmeute*, en patois du

---

(1) Arch. de la Côte-d'Or, B. 4.291, 4.312 ; C. 2.412.

(2) Id. C. 2412 (1475-1769). V. aux Arch. plusieurs comptes et contrats : 1° Engagement fait en vertu des Lettres patentes du Roi, au profit de Pierre Tabourot, seigneur de Véronne, auditeur des comptes, de la somme de 60 sous qu'il devait annuellement au Roi, sur un clos de vigne situé sur le territoire de Marsannay-en-Montagne, moyennant 60 livres. 2° Compte de la culture de 138 journaux de vignes situés à Chenôve, appartenant au Roi et donnés pour trois ans à des vignerons pour les cultiver, etc.

(3) Le nom de ce climat signifie terres en friches, bruyères, le plus souvent en pente. Ces mêmes terres en plaine s'appellent *charmes, toppes* ou *paquier*.

(4) V. sur les propriétés possédées à Chenôve par l'abbaye de Labussière, la série H. 315 des Arch. dép.

(5) Arch. de la Côte-d'Or, D. 104.

pays (1). Le prieur du Val-des-Choux donne au xvᵉ siècle une déclaration de ceux qui tiennent à titre de cens les vignes à lui appartenant au finage de Chenôve (2).

On le voit, presque toutes les communautés religieuses de Dijon et ses environs avaient de belles propriétés à Chenôve. Celles qui possédaient les plus importantes étaient : La cathédrale d'Autun ; l'abbaye de Saint-Bénigne ; la collégiale de Saint-Jean, l'abbaye de Saint-Etienne ; l'abbaye de Cîteaux, (depuis 1257) ; la fabrique de l'église Notre-Dame ; les mépartistes de Saint-Michel ; le séminaire de Dijon ; l'église Saint-Pierre ; l'abbaye de Labussière, de l'ordre des Bernardins (depuis 1261) ; la chapelle aux Riches ; les Pères Carmes (depuis 1622) ; les Minimes et les Oratoriens ; le prieuré de Bonvaux, etc., etc.

La plupart des climats portaient autrefois à peu de chose près le nom sous lequel ils sont encore connus de nos jours.

---

(1) L'étymologie de ce lieudit vient de *charme*, vieux mot qui signifie : bruyères, chaumes, landes incultes.

(2) Peincedé, t. XVII, p. 419.

TROISIÈME PARTIE

CHENOVE DU XVIIᵉ AU XIXᵉ SIÈCLE

CHAPITRE PREMIER

CHENOVE PENDANT LA RÉVOLUTION

JUGEANT le passé avec les idées d'un autre âge, tantôt on se représente l'ancien régime sous les couleurs séduisantes d'une félicité imaginaire, tantôt on lui attribue des maux qu'il ne connut pas. Il ne nous convient pas d'être envers lui plus indulgents ou plus sévères que ne le furent les hommes de 1789.

Nul ne contestait les abus ; tous réclamaient des réformes. Mais dans quelle mesure les institutions devaient-elles être modifiées ? C'est ce qu'ont pris soin d'indiquer les célèbres cahiers de 1789. Rédigés à la demande de Louis XVI, désireux de connaître les vrais sentiments de la France, ils expriment les vœux des trois ordres ; leur unanimité est la manifestation la plus frappante et la plus complète de l'esprit public à la veille de la Révolution. Tous les abus de l'ancien régime y sont signalés, et les réformes

Les biens nationaux. — L'église pendant les troubles de 1792 et 1793. — Attitude des habitants durant la période révolutionnaire. — Fête de la révolution.

tracées avec les limites que la raison et le bon sens devaient leur assigner.

Egalité devant la loi, admission de tous les Français à tous les emplois, équitable répartition de l'impôt, contrôle exercé sur le gouvernement par une représentation nationale, tel est, dans son ensemble, le programme formulé par le clergé, la noblesse, le tiers état, et qui indique l'état social et politique auquel la France aspirait en 1789 (1).

Des considérations générales sur la Révolution entraîneraient trop loin, les principaux faits d'ailleurs, qui caractérisent cette période, sont connus de tous ; il est donc inutile de les rappeler ici. Nous ne nous occuperons par conséquent que de Chenôve, qui, comme Dijon et toute la Bourgogne, accueillit chaleureusement la Révolution.

Il y avait 69 feux en 1789, à Chenôve, et le rôle fait mention de : 3 bourgeois, 2 laboureurs, 32 vignerons, 71 vignerons pour autrui, 1 menuisier, 1 tonnelier, 1 cordonnier, 1 sage-femme, 1 jardinier, 1 tailleur de pierre, 1 perrier, 9 manouvriers ; soit en tout 124 cotés. Cela prouve que le village, déjà à cette époque, avait acquis une certaine importance. Un assez grand nombre de privilégiés sont inscrits au rôle de cette année.

En 1790, le 30 mai, la communauté fait dresser des rôles pour une contribution patriotique dont le montant s'éleva à la somme de 798 livres 4 sols (2).

Comme partout ailleurs, on commença de célébrer la fête de la Fédération par une grande messe. Le 14 juillet 1790, à 10 heures 1/2, la municipalité, est-il dit dans les

---

(1) V. de Broc, *la France pendant la Révolution*, t. I, pp, 19-20, Introd.
(2) Arch. com. de Chenôve, G. 1.

registres des délibérations, fit dire une grande messe solennelle, par le R. P. Honoré François, capucin desservant la paroisse en l'absence et du consentement du curé Pathelin. Après la messe les cloches furent sonnées en volée, pendant une demi-heure pour avertir les habitants du moment de la Prestation de serment, pendant lequel temps on a chanté le Psaume *Exaudiat* suivi des versets *Domine Salvum fac Regem* et *fiat manus* et des oraisons *pro Congregatione statuum Regni* et *Pro Rege*. A midi précis tous les habitants étant présents à l'église, les officiers municipaux sont entrés dans le sanctuaire accompagnés du maire faisant les fonctions de Président, lequel a prononcé la formule du serment de la fédération de *Maintenir de tout son pouvoir la constitution du royaume, d'être fidèle à la nation, à la Loi, et au Roi ;* lequel serment a été pareillement prêté par tous les membres composant le conseil général de la commune dudit lieu et exprimé en levant la main par ces mots, *je le jure* et ensuite le R. P. capucin et tous les habitants l'un après l'autre ont fait le même serment ainsi que la garde nationale chacun levant la main et répétant ces paroles : *je le jure*.

La même année, par une ordonnance en date du 8 novembre, les administrateurs du district de Dijon nommèrent François Bourlier, marchand tonnelier à Chenôve et membre de la chambre du tiers état, au bailliage de Dijon, expert pour la recherche des biens nationaux situés sur le finage de la commune. Le 21 il prête serment par devant les officiers municipaux de Chenôve, après quoi il commence son travail d'estimation. L'expert donne la désignation des vignes possédées ci-devant par le *Petit Citeaux* de Dijon, et cultivées en dernier lieu par Claude Mongin, vigneron, à Chenôve (2 articles). L'article 3 fait partie de la propriété du sieur Leprince, chanoine de la Sainte-Chapelle, et c'est Bénigne Fleuriet, vigneron à Chenôve, qui la cultive. L'article 8 concerne une vigne appartenant conjointement à la cure de Chenôve et à la Sainte-Chapelle, cultivée par Pierre Mercier et Pierre Lenoir. Cinq quartiers de terre, possédés ci-devant par le sieur Louis Bailly, professeur principal du collège de Dijon, et cultivés par Etienne Mallard, de Chenôve, sont en substance l'article 28 de la pièce que nous analysons. Quant à l'article suivant, il appartient aux chanoines de Saint-Jean, et comprend 8 journaux de terre labourable. Après l'article 37, à la Sainte-Chapelle, on trouve 32 articles concernant « la déclaration des cens dus à la nation ».

C'est entre les mains de Bourlier élu maire de la commune de Chenôve, le 5 février 1790, que Antoine Beaupoil, géomètre arpenteur, demeurant à Dijon, expert nommé par le directoire du district de cette ville, suivant arrêt du 1er décembre 1790, prête serment, le 14 février 1791, « à l'effet de procéder à la recherche des biens nationaux, non encore estimés, situés dans l'étendue du canton de Dijon ». Il estime les biens dépendant de la fabrique de Chenôve, amodiés pour 29 ans (qui ont commencé le 11 novembre 1775, par bail reçu Bouché, notaire à Dijon, le 28 octobre même année) à plusieurs : Jean Changenet et Jean Covillet, Etienne Mercier, Claude Souci, Nazaire Sorlin, vignerons à Chenôve, etc. D'autres vignes avaient été amodiées à Nazaire Guyot, pour 29 ans, à commencer du 11 novembre 1780. Les terres des ci-devant Père Carmes, de Dijon, cultivées par M. Jouvin, messager à Autun, en vertu d'un sous-bail (2 articles), furent également estimées par Beaupoil, ainsi que celles dépendant du collège de Dijon, dont Etienne Mallard avait soin (1).

---

(1) Arch. de la Côte-d'Or, Procès-verbaux d'estimation, lettre C, série Q 1, carton 174.

Les garçons composant la garde nationale de Chenôve, sous le commandement de François Bourlier, maire, au nombre de 61, se présentent le 12 décembre 1790, devant le corps municipal pour prêter le serment décrété par l'assemblée nationale le 7 janvier 1790 et sanctionné par le roi le 16 mars suivant.

La Révolution de 1789 créa les juges de paix. Lorsqu'en 1791, ils commencèrent à exercer leur ministère, le *Journal patriotique de la Côte-d'Or* (1), en relatant la réception de ces nouveaux officiers ministériels dans notre département, s'exprime ainsi : « Le monstre de la chicane est anéanti. Partout on ressent la bénigne influence des bureaux de conciliation et des juges de paix : ceux-ci, dans leurs tournées, sont reçus comme des anges tutélaires, au son des cloches, au milieu de l'allégresse universelle. A Chenôve, le plus ancien vieillard, courbé sous le poids des années, attend sur sa porte son juge au passage, lui tend les bras et dit : Je m'estime heureux d'avoir contemplé celui que la voix du peuple appelle pour étouffer, dès leur naissance, les procès et les dissensions qui divisoient, ruinoient les citoyens, souvent faute d'un conciliateur et d'un ami. »

On divisa en 1791 le territoire de la commune en 12 sections, qui correspondaient aux principaux climats. La première était connue sous le nom de Monbardon, la 2º de Bourdonnières, la 3ᵉ l'Arbre Pin, la 4ᵉ du Haut Champ, la 5ᵉ de Terre franche, la 6ᵉ de la Champagne, la 7ᵉ de Mazières, la 8ᵉ de Chenevary, la 9ᵉ du Clos du Roi, la 10ᵉ des Chaumes ou montagne de Chenôve, la 11ᵉ de Selon Court, enfin la 12ᵉ du village de Chenôve.

(1) Numéro du mardi 8 février 1791, p. 63.

Le 13 mars 1791, les volontaires de la garde nationale de Chenôve et Talant viennent à Dijon prêter entre les mains des administrateurs du district le serment de vivre libres ou mourir (1).

Les années qui suivent sont marquées par l'accomplissement des volontés des représentants de la nation ; ainsi la loi du 10 septembre 1792, ordonnant l'inventaire du mobilier des églises est scrupuleusement observée. Le texte de ce premier document que l'on va lire semble plutôt une simple obéissance aux décrets que des mesures de force.

« Ce jourd'huy quatorze octobre mil sept cent quatre-vingt-douze, l'an premier de la République française, Nous Louis Crépet, officier municipal de la commune de Chenôve, Jean Bernard et Nicolas Bernard, membres du conseil général, commissaires nommés par le conseil général de la commune assemblée, par la délibération de ce jour, à l'effet de procéder à la confection de l'inventaire des meubles, effets et ustencile (*sic*) en or et en argent employés au service du culte de l'église paroissiale dudit Chenôve ; pour nous conformer à la susdite délibération et à la loi du dix septembre dernier relative à la confection du susdit inventaire, y avons procédé ainsi que s'ensuit, savoir :

1° Nous étant transporté à la maison curiale, ou nous y avons trouvé M. Troisgros, curé, auquel nous avons fait part de notre commission et l'avons ensuite invité de nous remettre toutes les clefs des armoires et meubles de l'église ainsi que ceux de la sacristie afin que nous puissions faire l'inventaire qu'il convient, ce qu'il a fait à l'instant. Lequel a bien voulu lui-même nous assister, pour nous ouvrir toutes les portes avec plus de facilité.

(1) *Journal patriot. du dép. de la Côte-d'Or*, du mardi 22 mars 1791.

2° Nous étant ensuite transporté à la porte de la sacristie M. Troisgros notre curé patriote en ayant ouvert les portes ainsi que toutes celles des armoires et meubles de ladite sacristie, et dans lesquelles il si est trouvé ce qui suit :

Art. I*er*

Une croix d'argent portative par M. le curé aux processions laquel (*sic*) pèse 3 marcs 6 onces 4 gros.

Art. II

Une paire de burette d'argent pesant 4 onces.

Art. III

Une encensoire d'argent dont le bas des chaînes sont de cuivre lequel pèse en tout.... (rien d'indiqué).

Nota : Nous n'avons pas jugé à propos de déplacer cet encensoire quand à présent comme étant la seule qui soit en ladite église, nous avons pensé quel devait rester pour le service du culte jusqu'à ce qu'il soit remplacée.

Qui sont tous les meubles, effets ustencile en or et en argent qui se sont trouvé en ladite église paroissiale de Chenôve sujet audit inventaire au terme de la loi du dix septembre dernier. Ce que nous affirmons véritable, fait à Chenôve ledit jour 14 octobre 1792, l'an I*er* de la République française. Jean Bernard, N. Bernard, Crépet (1). »

Le citoyen Bazile accusa réception de ces objets le 22 octobre 1792. La pièce porte en tête (non pas le récépissé, mais le document que l'on vient de lire) ; n° il y a un encensoire à faire venir mais il a été volé (2).

---

(1) Arch. de la Côte-d'Or, série Q, liasse 28, cote 35.
(2) Un second vol, comprenant un calice et des autres vases sacrés de l'église, est constaté le 26 avril 1793. La commune n'ayant aucun fonds ni revenu, n'avait pu se procurer un calice pour dire la messe,

Pour se conformer à l'arrêt du conseil général du département de la Côte-d'Or, du 26 brumaire an II (16 nov. 1793), et après avoir entendu le rapport de Jacques Mallard, l'un des plus chauds partisans de la Révolution, le conseil général de la commune nomme Jacques Cabet et Jacques Blaiset, membres du conseil, « commissaires pour être présents, avec les officiers municipaux de ladite commune, à l'enlèvement de tous les linges, ornements et généralement ce qui peut rester de fanatisme et dépouille de l'église dudit lieu... » Le citoyen Mallard, ainsi que le constate le procès-verbal ci-dessous et qui semble, quant à sa rédaction, d'une sévérité singulière, comparé au premier document que nous venons de donner, fit enlever, comme cela avait été décidé, tous les galons fins qui se trouvaient sur les ornements servant à l'exercice du culte catholique (1).

« Cejourd'hui 13 nivôse (2 janvier 1794) de la seconde année de la République française une et indivisible,

Les officiers municipaux de la commune de Chenôve, considérant que suivant l'arrêté du conseil général du département de la Côte-d'Or, étant à la suite de l'arrêté des représentants du peuple près l'armée du Rhin, daté de Strasbourg le 17e brumaire, et l'arrêté du département du 26 du même mois, relatif à l'exercice du culte religieux, qu'à l'art. V dudit arrêté il est dit que les membres composant les comités établis pour reviser les certificats de civisme qui ont été pris dans le sein des sociétés populaires,

---

si bien que le curé dut en emprunter un à l'église « cathédrale et paroissiale de Saint-Bénigne de Dijon. » Le citoyen Jacques Marie Seguenot, de Dijon, forain, « ayant appris la pauvreté et situation de l'église de Chenôve, fit présent à la municipalité d'un beau calice pour la desserte du culte catholique » (Arch. de Chenôve, 2e Reg. des délib., p. 53).

(1) Archives de la Côte-d'Or, série Q, liasse 28, cote 35.

sont nommés commissaires à l'effet de rechercher et retirer les dépouilles du fanatisme;

Considérant qu'aucun commissaire ne s'est présenté jusqu'à ce jour pour enlever les vases d'or et d'argent, ainsi que les ornements scandaleux de l'église dudit Chenôve au terme de l'article VI dudit arrêté;

Considérant que l'on ne peut donner trop d'empressement pour faire disparaître le luxe de ladite église; en conséquence, ils ont délibéré après avoir entendu le citoyen Jacques Mallard ci-devant Procureur de la commune,

Qu'il sera incessamment enlevé tous les galons fins qui sont sur les ornements de l'église, lesquels sont sur quatre chasubles, et qu'il y a une chasuble et une chape en drap d'or qui sera laissé (sic) en entier pour être le tout déposé entre les mains du citoyen Basire, receveur du district, qui donnera récépissé au commissaire nommé par les officiers municipaux dudit Chenôve, ainsi que de l'ostensoir et le ciboire d'argent et doré qui ont été remis le jour d'hier au citoyen Magnien, adjoint du citoyen Basire, lesquels ostencoir (sic) et ciboire pèsent ensemble six marcs six onces six gros.

Et sera le présent remis au receveur du district. Certifions que c'est tout l'or et l'argent qui s'est trouvé dans ladite église.

Fait et arrêté en municipalité, à Chenôve, les jours mois et an susdits.

Souvernier, maire, Ph. Changenet, N. Jolibois, F. Gallois, J. Mallard puîné, J. Mallard cadet, procureur, et une autre signature illisible. »

On ne se contentait pas d'enlever ce que renfermait de précieux l'église de Chenôve, à l'intérieur, mais on ordonnait aussi la disparition de ce qui, à l'extérieur, rappelait le « fanatisme ». L'agent national expose au conseil général qu'il reste « encore des signes de fanatisme sur le temple de la Raison de la commune et qu'il est urgent de les faire disparaître ». Les officiers municipaux ayant applaudi à l'exposé de l'agent, chargèrent le citoyen Pierre Cronier, couvreur, demeurant à Dijon, d'enlever les croisillons de la croix qui est au-dessus du clocher (1) et les deux croix en pierre qui sont sur les deux extrémités du temple. Ce citoyen était responsable de toute dégradation qu'il pourrait faire en enlevant lesdits signes.

Le 21 ventôse an II (11 mars 1794), le citoyen Jacques Mallard remontre à l'assemblée générale qu'il « faut détruire généralement tous les restes du culte superticieux et fanatique, et qu'il faut faire don à la République de tout ce qui peut rester en la ci-devant église, qu'il ne faut pas laisser le peuple dans l'erreur ou les despotes à raba l'avoit conduit, et il demande que toute la dépouille du fanatique qui reste encore à l'église soit conduit demain, 22 du présent mois, à l'administration du district de Dijon... (2) ».

La vente des biens nationaux, appartenant à un grand nombre de communautés religieuses de Dijon et même des particuliers (3), permit à plusieurs habitants de Chenôve et de Dijon d'acheter des propriétés de ces couvents supprimés.

Les bénédictins de Saint-Bénigne avaient des biens consistant en 1 journal de vignes, *Aux Alouettes*, cultivé en dernier lieu par Jean Bernard puîné, de Chenôve, qui fut acquis par Logery, citoyen de cette localité, le 3 mars 1791, pour la somme de 585 livres. Antoine puîné, ingénieur à Dijon,

---

(1) On lui donnait pour son salaire les croisons en fer et plomb qui couvrent la croix.
(2) Arch. de Chenôve, Reg. des délib., p. 59 v°.
(3) V. Introduction et deuxième partie, *Historique de quelques lieudits*, p. 152. et suiv.

acquit le 23 mars 1791, pour la somme de 1290 liv., les vignes possédées autrefois par le chapitre de N.-D. de la Blanche, dont le curé d'Orchamp était titulaire. Le même jour furent vendus les biens de la chapelle Saint-André, érigée à Saint-Michel, de Dijon, que Jacques Bernard, vigneron à Chenôve, cultivait, et c'est Jacques Logery, cultivateur à Chenôve, qui les acquit pour 420 liv. (1). Le 16 novembre 1791, c'était le tour des biens du Séminaire de Chalon-sur-Saône, acquis 1010 liv. par François Bourlier, citoyen à Chenôve. Claude Gallois, également cultivateur à Chenôve, acquit, le 3 décembre 1791, 5 journaux de terres, formant la totalité des biens que possédaient dans cette commune les Carmes de Dijon (2).

En 1793, les biens des émigrés furent mis en vente; c'est particulièrement ceux de : Cerice-François Melchior Vosguë, Jean-Nicolas Jeannon, Jean-Baptiste Duleu l'aîné (3), Galeton, Seguenot, veuve Barberie, Barbuot,

---

(1) La chapelle Saint-André dont « est titulaire le curé de Saint-Michel » possédait « *En Piron*, 1 quartier ; 60 perches qui fait une ouvrée et 15 perches lieudit : *La Velle* ; *En Maizières*, 1 tiers de journal en deux pièces qui font 3 ouvrées moins 5 perches. » — Préalablement le 5 février, il fut vendu 11 ouvrées de vignes à Chenôve à Claude Renon, substitut du procureur de la commune de Dijon, 650 livres.

Le même jour les biens de la Sainte-Chapelle furent mis en vente, il y avait: 11 ouvrées en *Montbardon*, vendu à Jacques Mallard 720 livres et 13 ouvrées de vignes dont 1 *aux Vignes Blanches*, 6 *Derrière la ville*, et 10 *aux Maissière*, acquis par le même 740 livres. Les vignes de la Sainte-Chapelle étaient cultivées par divers vignerons dont nous relevons les noms de : Jean Covillet, Pierre Mercier, Jean Debout, Laborey.

La cure de Chenôve avait des champs *à la Maladière* et d'autres dont voici la désignation, qui furent adjugés le 23 mars 1791 : *En Valendon*, 6 quartiers sainfoin ; *derrière Lavelle*, 1 journal ; *en la Souche*, 1 journal ; 1 journal, *Lavelle* ; 1 journal 1/2 en 2 lots, *En Chenevaris* ; 1 quartier et 1 ouvrée, en 2 lots, *En la Charmotte* ; 3 ouvrées *au Fosset* (V. plus haut, chap. 1ᵉʳ l'*Église*, page 110.)

(2) Arch. de la Côte-d'Or, Série Q, 1, carton 35. V. aussi : Procès-verbaux d'estimation ; lettre C, série Q, carton 174.

(3) Le domaine qu'il possédait à Chenôve avait été acheté, en 1785,

Grenot, Lejolivet, Remond, Montmort, Claude Troisgros, HannierLebrun. Les immeubles de ces divers émigrés consistaient en maisons, terres, vignes au village et sur le territoire de Chenôve; leurs meubles furent également mis aux enchères cette même année 1793 (1).

Un comité de surveillance était établi dans la nouvelle commune formée en 1790 (2). L'époque de la Terreur ne donna lieu à aucun acte de violence, et pour mieux dire Chenôve n'eut pas à souffrir beaucoup des excès de la Révolution. Nous en avons comme preuve ces deux lettres, écrites à la suite d'une dénonciation contre la commnne, pour demander « quel est l'esprit qui y règne » (3).

Paris, 29 pluviôse an IV de la République une et indivisible.

LE MINISTRE DE LA POLICE GÉNÉRALE DE LA RÉPUBLIQUE,

Au commissaire du pouvoir exécutif près l'administration centrale du département de la Côte-d'Or, à Dijon.

J'ai intérêt à connaître, citoyen, quel est l'esprit public qui anime les habitants de la commune de *Chenôve*, située dans l'étendue du département de la Côte-d'Or et desservie il y a quelque tems par le prêtre émigré ou déporté Pathelin. Je vous invite donc à me transmettre sans délai tous

---

16,000 livres, de la dame veuve Trullard. Jean-Baptiste Duleu, né à Dijon, âgé de 50 ans, entrepreneur de bâtiments à Leuze (Aisne), fut condamné à mort par le tribunal criminel révolutionnaire du 5 messidor an II (23 juin 1794).

(1) Le mobilier et la bibliothèque du sieur Derepas, émigré, à Chenôve, fut vendu l'an II (1793). La vente du mobilier du nommé Seguenot, reprise à des dates différentes, dura de l'an II à l'an VI.

(2) Arch. de la Côte-d'Or, M. 6, liasse 59, cote 1, Dossier de 8 pièces.

(3) Arch. de la Côte-d'Or, M. 6, liasse 87, cote 4,

les renseignements susceptibles de m'éclairer à cet égard.

Salut et fraternité.

MERLIN ?

Voici ce qui lui fut répondu le 9 ventôse :

CITOYEN MINISTRE,

La commune de Chenôve est située à une demie lieue au plus de celle de Dijon. Lorsque le déporté Pacquelin (sic) quitta, il s'y manifesta à la vérité un peu de fanatisme, mais tout cela fut bientôt calmé par la bonne conduite du curé constitutionnel d'alors qui avoit l'esprit pur, le cœur droit et de bonnes mœurs ; depuis cette époque (1) il n'a point été question de cette commune, elle s'est très bien conduite et s'il existe encore quelques restes de fanatisme, il est concentré dans la tête de quelques bonnes femmes qui ne sont point dangereuses. Je travaille sans cesse pour combattre et détruire ce monstre. J'espère dans quelques decadis être à même de vous rendre un compte satisfaisant à cet égard, mais pour cela, il faut ne précipiter ni ralentir aucune mesure salutaire.

Salut et fraternité.

(Sans signature).

La Révolution a un caractère général, suivant les mêmes inspirations et obéissant aux mêmes passions ; mais elle a un caractère particulier, selon les localités, l'esprit et les tendances des habitants. Elle ne fut pas partout violente au même degré. Il y eut même des pays pacifiques et retirés,

---

(1) Après époque, il y avait : « *Dans les premiers temps de la Révolution* », mais ces 7 mots sont barrés sur l'original. — On trouve aux Archives des pièces concernant le curé Pathelin (Inv. m^{tt}, p. 441, [1791 — an VII], liasse 87, cote 4), dont on n'a pu nous donner communication.

tel Chenôve, que nous étudions, où elle passa presque inaperçue, où l'on ressentit faiblement ses rigueurs et où l'on échappa sinon à son influence, du moins à sa tyrannie (1).

On sait que les cloches des églises étaient enlevées et servaient à faire des canons. Celles de Chenôve ne furent pas descendues du clocher : les trois vieilles cloches du village, par un privilège qu'on ignore, restèrent en place pendant la Révolution. Sans doute elles ne se firent entendre que très rarement, et c'est probablement à cette cause que nous devons leur conservation, car par une loi du 11 avril 1791, toutes les cloches n'ayant pu être confisquées et fondues, on prit soin de leur imposer silence, en interdisant de les sonner.

L'émigration du clergé avait suivi les rigueurs des lois révolutionnaires. Dix-huit mille ecclésiastiques partirent à la première époque, en 1791 et 1792. Le redoublement de persécution et les massacres de septembre en firent sortir de France à peu près autant. On peut évaluer à quarante ou cinquante mille le nombre des prêtres jetés par la Révolution hors de leur patrie. L'abbé Pathelin, curé de Chenôve, est de ce nombre ; il avait quitté la paroisse aux premiers jours de la tourmente et revint après le Concordat (2). Où se trouvait-il pendant la Révolution ? C'est ce qu'il nous est assez difficile de dire. Peut-être en Suisse qui compta jusqu'à six mille prêtres réfugiés.

En parlant des curés et vicaires de campagnes qui pré-

---

(1) *La France pendant la Révolution*, par le vicomte de Broc, t. II, p. 135.

(2) A l'assemblée générale du clergé tenue à Dijon en 1789, Pathelin obtint une voix.

tèrent serment, un journal de l'époque (1) annonce que ceux de Quetigny, Chevigny-Saint-Sauveur, Noiron-les-Cîteaux, *Chenôve*, Fixin, Chambolle, Hauteville, Lantenay et Ancey, « y ont ajouté des restrictions qui pourront bien les faire rejeter ». C'est du curé Pathelin qu'il s'agit ici, car il signe encore un acte le 27 mars 1791 et le 15 avril, les actes sont signés Troisgros (2). On a la preuve qu'un prêtre constitutionnel a administré la paroisse durant la Révolution. Ce desservant fut nommé à l'unanimité des suffrages, par l'assemblée électorale du district de Dijon, du mardi 22 mars 1791 (3). Le conseil de la commune, informé de cette décision, arrête que le curé Troisgros sera supplié de « se rendre dimanche prochain 3 avril à l'église paroissiale de Chenôve, pour prendre possession de ladite église, après qu'il aura prêté le serment en notre présence et des fidèles de ladite paroisse qui seront à cet effet assemblés, conformément au décret de l'assemblée nationale sanc-

---

(1) *Journal patriot. du dép. de la Côte-d'Or*, du 8 février 1791.

(2) Nous avons retrouvé le serment de Pathelin que voici :
Ce jourd'hui 30 janvier 1791 à l'issue de la messe paroissiale de Chenôve, en présence du conseil général de la commune et des fidèles dudit lieu, M. Jean-François Pathelin, curé de ladite paroisse, pour se conformer au décret de l'assemblée nationale du 27 novembre 1790 ; *conformément à sa conscience a prêté le serment de veiller avec soin sur les fidèles de la Paroisse qui lui est confiée*, d'être fidèle à la nation, à la loi et au Roi ; de maintenir de tout son pouvoir la constitution décrétée par l'assemblée nationale et acceptée par le Roi ; *exceptant formellement tout ce qui peut être contraire aux principes de la foi et de la discipline de l'église catholique, apostolique et romaine.* Fait clos et arrêté en l'église paroissiale dudit Chenôve, les jour et an ci-dessus et c'est soussigné avec les membres composant le conseil municipal de la commune. Signé à l'original : Pathelin, curé de Chenôve ; Crépet Logery, F. Gallois, L'Héritier, J. Savot, Bourlier, maire, Souvernier, procureur, J.-B. Aubry, secrétaire. (*Reg. des délib. de la com. de Chenôve*, de 1790 à 1828, p. 25.)

(3) La lettre d'institution canonique accordée à Troisgros, par Jean-Baptiste Volfius, évêque du département de la Côte-d'Or, est du 26 mars 1791.

tionné et accepté par le roi, et qu'ensuite de ce, mondit sieur Troisgros célébrera la grande messe ; ce qui sera notifié à M. Pathelin (ci-devant), curé de ladite paroisse, avec l'extrait du procès-verbal d'élection et lettres canoniques d'institution de mondit sieur Troisgros à la cure de Chenôve, pour qu'il ait à si conformer, et qu'il n'en puisse prétendre cause d'ignorance. Fait à Chenôve le 30 mars 1791. »

Cette délibération fut notifiée au curé Pathelin, « trouvé en son domicile, en la maison curiale, en parlant à sa personne », par J. Aubry, secrétaire de la mairie, le jeudi 31 mars 1791.

Le 3 avril, comme cela avait été convenu, eut lieu l'installation de Troisgros. Les jeunes citoyens de Chenôve allèrent, tambour battant, à une demi-lieue au-devant de leur nouveau pasteur ; la municipalité, en écharpe, le reçut au son des cloches, à l'entrée du village. Le citoyen Bourlier, maire, lui fit un discours patriotique ; ensuite la municipalité le conduisit chez ce magistrat où la majeure partie des hommes et des femmes de la communauté sont venus le visiter. Après quoi tout le cortège s'est transporté à l'église pour l'installation et la grand'messe avant laquelle, en présence du peuple et du conseil municipal assemblés, il a prêté et réitéré le serment civique, conformément aux décrets de l'Assemblée nationale du 27 novembre 1790 et 4 janvier 1791. Le soir, après le *Te Deum*, en action de grâces, on fit une décharge de mousqueterie (1).

C'est en suivant, comme nous venons de le faire, les différentes périodes de la Révolution dans une petite commune

---

(1) *Journal patriot. du dép. de la Côte-d'Or* du mardi 19 avril 1791.

rurale, qu'on peut avoir de l'époque un tableau parfois naïf, mais toujours sincère.

Pour clore ce chapitre, nous rapporterons le procès-verbal d'une fête de la Révolution, c'est celle de la Souveraineté du peuple, célébrée le 30 ventôse an VI :

DÉPARTEMENT DE LA COTE-D'OR

MUNICIPALITÉ DE DIJON EXTRA MUROS

COMMUNE DE CHENOVE

Fête de la Souveraineté du peuple

3o ventôse an VIe

L'an six de la République française, le trente ventôse, à dix heures du matin, les habitants de la commune de Chenôve, invités et requis par l'agent et l'adjoint municipal de ladite commune pour la célébration de la fête de la Souveraineté du peuple, réunis à la maison institutoriale à deffaut de maison commune. Les citoyens Bénigne Mallard l'aîné, Jean Logery père, Jean Jolibois père, Claude Mongin l'aîné, Jean Bronion, Claude Morizot, Jean Bernard, Etienne Mallard, Claude Porcherot père, Claude Gallois, Bénigne Gallois l'aîné et Jacques Mallard l'aîné, plus anciens de ce lieu, ont choisi parmi les élèves de l'école primaire quatre jeunes gens pour porter les inscriptions et un autre pour porter le Livre de la Constitution ; ensuitte le cortège s'est mis en marche, elle a été ouverte par une partie de la garde nationale, ensuitte marchoient les quatres inscriptions, venoient ensuitte les douze anciens, ayant chacun une baguette blanche à la main, de suitte l'agent et l'adjoint municipal, les quatres assesseurs du Juge de Paix, les commissaires répartiteurs, un membre du jury d'équité, les vétérans de la garde nationale, les gardes champêtres, le cortège étoit terminé par une autre portion de la garde nationale. On est d'abord allé prendre le Livre de la Constitution chez l'agent municipal, lequel a été porté par un élève de l'école primaire. Il étoit posé sur un riche coussin décoré de glands aux trois couleurs.

Le cortège s'étant rendu sur la place publique, au pied de l'arbre de la Liberté, on a déposé le Livre de la Constitution sur l'hotel (*sic*) de la patrie qui étoit décoré de festons et de guirlandes de verdures. Des jeunes gens ont chantés des hymnes patriotiques, après quoi les vieillards ont réunis, et attachés avec des rubans tricolores, leurs baguettes. Le citoyen Bénigne Mallard l'aîné, octogénaire, a prononcé le discours prescrit par l'arrêté du Directoire exécutif, auquel le citoyen Antoine agent a répondu. Il a ensuitte fait toutes les lectures prescrites après que les vieillards ont été assis sur les sièges qui leurs avoient esté préparés, après quoi le cortège est retourné à la maison Institutoriale dans l'ordre prescrit, une partie des citoyens s'est ensuitte réunie pour faire un banquet fraternel. Le temps étant devenu pluvieux dans l'après-midy, on n'a pu exécuter les jeux auxquels on s'étoit préparé : néantmoins la journée a été entièrement consacrée à la joie et s'est terminée par un bal.

Signé : ANTOINE puîné, agent ; BOURLIER, adjoint ; POINSELIN, instituteur ; N. MONIOT ; GALLOIS, puîné ; JEAN JOLIBOIS ; J. MALLARD, puîné ; C. MORIZOT ; E. MALLARD ; E. JOLIBOIS ; L'HÉRITIER ; JEAN BERNARD ; E. GALLOIS ; CABET ; PH. CHANGENET ; MERCIER cadet ; FRANÇOIS GUIOT ; J. SAVOT.

Si maigre que soit notre moisson, sur les faits et les actes de la Révolution, à Chenôve, nous avons cru devoir la consigner en un chapitre. Devions-nous taire cette grande date de 1789 ? Evidemment non ! Car on l'a dit (1), l'année

---

(1) De Broc, *la France pendant la Révolution*, t. I, p. 387.

1789 est plus qu'une date dans notre histoire ; c'est l'expression de toute une époque, le résumé d'un état politique et social ; c'est la fin d'un monde et le commencement d'une société nouvelle. Que tous les hommes n'aient pu se mettre d'accord sur son vrai sens, on aurait tort de s'en étonner, car si elle a été le signal de grandes et utiles réformes, elle a été suivie de terribles bouleversements.

Tous les changements de gouvernements et révolutions, dont notre siècle a été le témoin, n'ont donné lieu, pour Chenôve, à aucun fait qui mérite d'être signalé.

CHAPITRE II

LA SAINT-VINCENT A CHENOVE

Fête religieuse et fête villageoise. — La Société de secours mutuels.

Nos vieux vignerons de Chenôve avaient choisi pour patron saint Vincent, et leurs arrière-neveux sont encore aujourd'hui placés sous sa protection. Si nous commençons par faire cette remarque, c'est que le célèbre martyr n'est pas partout considéré comme le patron des vignerons, il s'en faut beaucoup ; chaque pays vignoble semble, en effet, avoir placé sa confiance dans un esprit bienheureux tout particulier : en bon nombre d'endroits c'est saint Martin, dans d'autres localités, comme à Marsannay-la-Côte, par exemple, saint Maur (fête le 15 janvier); enfin, pour ne citer que quelques patrons de vignerons des Gaules, dans le midi de la France, à Perpignan, la fête des vignerons a lieu à l'occasion de la Saint-Julien, qui se célèbre dans cette contrée le 7 janvier, tandis que nos calendriers la marquent au 27 du même mois. A Dijon même, deux saints se partageaient l'honneur de protéger la corporation. C'étaient saint Sébastien et saint Philibert. Le premier avait une chapelle à Notre-Dame, des messes se disaient à son autel, et on y faisait une quête dont le produit était versé chaque dimanche au bureau de la fabrique. Par délibération des 30 novembre 1633 et 15 février 1637, celui qui était chargé de cette quête était nommé par les fabriciens (1). Saint Philibert, dit M. Foisset (2), est demeuré jusqu'à nous le patron des vignerons de Dijon. Ces détails appartiennent à l'histoire générale, mais ils font voir néanmoins qu'il n'est pas prouvé que saint Vincent est le patron universel des hommes travaillant la vigne. Seulement, hâtons-nous de l'ajouter, la plus grande partie de ces derniers ont un culte spécial pour lui, et, dans notre pays de Bourgogne, presque tous les vignerons l'ont adopté pour patron.

Il serait trop long de rapporter ici l'histoire de la vie de ce saint, le cadre restreint de ce chapitre ne nous permet pas une étude semblable. Rappelons seulement que saint Vincent, le plus illustre des martyrs de l'Eglise d'Espagne, naquit à Sarragosse au IVe siècle; élevé par Valère, évêque de cette ville, il fut fait diacre et remplissait ses fonctions, quand, sur la fin de 303, marquée par le commencement de la persécution des empereurs Dioclétien et Maximien, en Espagne, il subit le martyre à Valence. On en trouve dans Baillet tous les détails (3). Mais ce savant auteur ne nous dit pas pourquoi ce saint fut choisi comme patron par les vignerons : il ajoute seulement que l'on croit qu'il mourut « le 22 janvier de l'an 304. Son culte se répandit peu après, et sa fête était chômée d'œuvres serviles et de plaidoiries, surtout en Espagne et en France, où il devint titulaire de plusieurs cathédrales et patrons d'un grand nombre de paroisses (4)... En Angle-

(1) J. Bresson, *Hist. de l'église N.-D. de Dijon*, p. 327.
(2) *Saint-Philibert de Dijon et l'architecture romane en Bourg.*, p. 3.
(3) *Vies des Saints*, éd. de 1715, t. I, pp. 273 et suivantes.
(4) A Dijon, il y avait l'église Saint-Vincent qui occupait l'emplacement de la cour de ce nom, rue Vaillant, 5. A Pluvet, canton de

terre, cette fête a été longtemps du nombre de celles où il était seulement permis de labourer la terre, et où tout autre travail était défendu... Ce fut principalement depuis l'an 542 que le nom et le culte de saint Vincent devinrent célèbres en France ».

Nous n'avons certes pas la prétention de faire remonter à cette époque l'origine de la fête de saint Vincent, à Chenôve : mais nous pouvons affirmer que voilà plusieurs siècles que les vignerons de ce village sont placés sous sa protection.

Ce n'est donc pas un usage contemporain que cette fête populaire. Certes bien avant la Révolution on la célébrait, peut-être même avec plus d'éclat qu'aujourd'hui. C'est précisément parce que cette coutume s'est perpétuée jusqu'à nos jours que nous rapporterons, dans cette troisième partie, tous les souvenirs qui se rattachent au culte du saint. Commençons d'abord par la fête.

Chaque année, la fête de saint Vincent est régulièrement chômée le 22 janvier. Après la grand'messe de ce jour, il est d'usage, depuis fort longtemps déjà, de déposer chez un vigneron une ancienne petite statue du saint en bois doré, qui a mission de protéger et répandre ses bénédictions sur la famille, la maison et les biens de son heureux possesseur ; il demeure ainsi une année, et, celle-ci écoulée, le 21 janvier, ce patron va porter le bonheur chez un autre vigneron (1). Cela se pratique de la façon la plus simple,

---

Genlis, l'église est placée sous le vocable du même saint, et dans le département nous avons encore : Bouze, Montceau, Soirans, Aubigny, Bessey-les-Cîteaux, etc., etc.

(1) La majeure partie des coutumes religieuses ont subsisté dans ce pays à la Révolution. Ainsi chaque année l'on peut voir les processions des rogations et de la Fête-Dieu se dérouler dans les rues du village. Il y a même des processions particulières telles que celles de la Saint-Vincent et de la Saint-Nazaire ; cette dernière a lieu le

et cette petite cérémonie prend tout le caractère d'une fête religieuse, quand, la veille au soir, quelques personnes se joignent à M. le curé pour aller réclamer le saint Vincent de nos vignerons, et quand on le transporte à nouveau, le lendemain matin, en procession, chez un confrère qui a fait tous les préparatifs voulus pour bien le recevoir. L'office des vêpres termine le service religieux (1).

Abordons de suite la fête populaire, ou plutôt la fête de famille, car elle se passe le plus souvent entre parents et amis, réunis autour de la table, sur laquelle la ménagère a ce jour-là mis la nappe et servi un copieux repas. Nous sommes donc au 22 janvier, la terre est au repos, et nos vignerons « ont mis les outils bas », comme il est chanté dans la légende. Le vin des vendanges remplit les tonnes, les pressoirs rougis du sang de la vigne sont abandonnés jusqu'au prochain automne : c'est la Saint-Vincent ! Dans

---

dimanche qui suit le 28 juillet, après les vêpres. On appelle cette cérémonie « porter le saint ». Nous avons été témoin de cette manifestation religieuse, le dimanche 2 août 1891. — La statue de saint Vincent a l'insigne honneur de figurer aux grandes processions de la Fête-Dieu, à côté de saint Nazaire et de saint Celse. On sait qu'à Dijon les processions ont été interdites en vertu d'un arrêté daté du 9 juin 1879.

Sous l'ancien régime, les processions étaient nombreuses; quelquefois elles se rendaient à de longues distances ; la paroisse de Chenôve a bien souvent affronté le voyage de Velars, pour se rendre, par Corcelles, à la montagne d'Etang (V. *Hist. de N.-D. d'Etang*, par l'abbé Javelle, p. 39). Les évêques limitaient leurs parcours et les circonstances dans lesquelles elles pouvaient se faire ; on en faisait contre la gelée ou la pluie. En 1723, le procureur de la communauté de Chenôve demande, dans son compte « lui estre passé 7 livres 15 sols pour la provision que j'ai fournie pour la *procession que nous avons faite pour la pluie*, le 21 mai ». (Arch. de Chenôve, *Reg. de délib.*, p. 144).

(1) A Volnay, dans le bail consenti le 11 décembre 1791, à Joseph Daunas, recteur d'école, celui-ci est obligé, d'après l'art. 7 dudit bail, dit M. J. Bergery, dans son travail sur *Volnay pendant la Révolution*, de chanter les *services et offices qui se font pour les fêtes de saint Vincent et de saint Georges, gratis.*

la plupart des pays vignobles, c'est fête partout ; la tradition exige que ce jour-là on fasse ripailles et qu'on festoie en l'honneur du glorieux martyr saint Vincent (vin sent), protecteur de la vigne et patron des vignerons.

Pierre Dupont (1), le poète qui a chanté les vignes et les moissons, a expliqué à sa manière pourquoi le martyr chrétien a été choisi pour patron par les vignerons :

> REFRAIN : *Donc célébrons la Saint-Vincent*
> *Et le cep toujours renaissant ;*
> *La sève qui dort sous le givre*
> *Au premier soleil va revivre.*

1.

Pourquoi nos vignerons pur sang
Ont-ils pour patron, pour compère,
Le glorieux martyr Vincent ?
La raison en est toute claire :
C'est qu'avant d'être ce beau vin
Que dans nos verres on voit luire,
Il a fallu que le raisin
Du pressoir subit le martyre.

2.

Qui dirait que de ce bois mort
Va jaillir la liqueur vermeille ?
En hiver la vigne s'endort ;
Elle dort, mais son enfant veille ;
Il est mutin, capricieux,
Il jase, il pétille, il éclate ;
Les ans s'en vont, mais le vin vieux
Nous en garde longtemps la date.

3.

Dix-huit cent onze vit encor...
Pour qui n'a pas vu sa comète,
Sa longue queue en gerbe d'or
Dans le vin du Rhin reflète.
Jeune comète, d'où viens-tu ?
Tu vieilliras, j'en ai l'idée,
Quand je sens encor la vertu
De celle qui t'a précédée.

4.

Pour voir si nous sommes déçus,
Goûtons au vin de cette année ;
La gelée a passé dessus
Quand la Saint-Vincent est sonnée ;
Des verres le gai carillon
Annonce que l'année est bonne,
Chante au foyer, petit grillon !
Au cabaret ma voix résonne.

(1) Pierre Dupont, né à Lyon en 1821, est mort dans la même ville en 1871. Ayant perdu sa mère fort jeune, il fut recueilli par son curé qui lui fit faire ses études au petit séminaire de Largentière. Sa chanson *Les deux anges*, éditée par souscription, lui procura le moyen de s'exonérer du service militaire, et fut ensuite couronnée par l'Académie. Il travailla au *Dictionnaire* de l'Académie, mais la muse était toujours assise à ses côtés. Ses chansons pourraient être classées en trois catégories : les pastorales, les politiques et les philosophiques. Mais c'est dans la poésie rustique qu'il excelle et que son tempérament le ramène sans cesse. Sa pensée a sur celle de Béranger et de presque tous les chansonniers du siècle l'avantage de n'être jamais en goguette.

5.

Clairons, trompettes et tambours
Présagent de grandes batailles.
Les corbeaux font peur aux amours.
L'ennemi flaire nos futailles,
Ils prendraient nos femmes aussi;
Tous ces diables là n'ont pas d'âme;
Monsieur l'étranger grand merci!
Je garde mon vin et ma femme.

6.

Rentrons chacun à son devoir,
Et n'attendons pas que l'épouse
En plein cabaret fasse voir
Qu'elle est querelleuse et jalouse.
Demain nous rendrons tous nos soins
A la vigne toujours féconde
Et ceux qui boiront de nos vins
Seront les vrais maîtres du monde (1).

Cette chanson résume si bien l'emploi du temps des vignerons, le jour de la Saint-Vincent, que nous avons cru devoir la publier ; nous espérons que les bombis ne nous en voudront pas, car, d'ailleurs, si quelques-uns d'entre eux ne la connaissent pas, ils pourront ainsi se donner le plaisir de la chanter à table à la Saint-Vincent prochaine.

Dans plusieurs villages — et sans doute cela se pratiquait autrefois à Chenôve, mais cet usage, comme tant d'autres, s'est perdu depuis — la veille de la fête quelques gars du pays se mettent en quête pour battre monnaie, afin de faire les frais d'un grand bal ; le violoneux, encore un type qui disparait (2), accompagné de quelques cuivres, donnent une sérénade aux habitants moyennant finance. Ce concert d'instruments est presque toujours sur l'air antique de M. et Mme Denis.

Tous les 22 janvier
Nous devons festoyer
Avec les gens du métier,
Tour à tour buvant,

---

(1) Voir cette chanson, dont le premier couplet est mis en musique, dans le *Journal du dimanche*, n° 232, du 19 janvier 1860, sous le titre de *la Saint-Vincent*, poésie et musique de Pierre Dupont.

(2) On parle encore à Chenôve, où son souvenir est toujours vivant, du dernier violoneux, le père Carion. Ce qu'il en a conduit de noces à la mairie et à l'église ce brave ménestrel, ainsi qu'il aimait qu'on l'appelle, Dieu seul le sait! C'est que c'était un bien honnête homme que ce pauvre père Carion ; aussi il y a quelque 25 ans, on n'aurait pas pu faire un mariage, à Chenôve, sans lui.

> Tour à tour chantant
> Et fêtant dévotement
> *Ce bon patron saint Vincent* (1).

La provende faite, le lendemain, on « festoye » la Saint-Vincent. A Chenôve, ainsi que dans tous les pays vignobles, chaque année, ce saint est honoré comme il convient, il se montre parfois reconnaissant et les barôzais peuvent quelquefois chanter encore ses louanges aux approches de la vendange. La fête passée, les vignerons reprendront gouzot et fessou (2), racleront *lô pessiâ,* et iront faire de nouveau la toilette à la vigne.

Ainsi on le voit, la Saint-Vincent à Chenôve tient d'un côté à l'esprit religieux et de l'autre n'est point étrangère aux mœurs du peuple, puisque chaque fête commence le matin par une messe solennelle, et le soir finit par repas, bal, etc.

Nous n'apprendrons rien aux vignerons en leur disant que le jour de la Saint-Vincent est rangé, dans les éphémérides météorologiques, au nombre des jours de l'année qui influent le plus sur la prévision du temps. Ils savent cela mieux que personne. Aussi tous les ans, le 22 janvier, ils font des remarques comme celles-ci :

> A la Saint-Vincent
> L'hiver s'en va ou il se reprend.

---

(1) Voici une autre strophe de la complainte de saint Vincent.
> Quand l'hiver par ses frimas
> Fait mettre les outils bas,
> Épluchant nos échalas
> Auprès de Fanchon,
> Vidant un cruchon
> En face de notre sarment,
> *Nous fêtons la Saint-Vincent.*

(2) *Gouzot,* c'est la serpette, instrument propre aux vignerons. Le *fessou* est une sorte de pioche spéciale à la culture de la vigne. On appelait aussi autrefois les vignerons *fessourou* et *fessorei,* parce qu'ils maniaient le fessou.

A la Saint-Vincent, clair et beau,
Autant de vin que d'eau.

A la Saint-Vincent
Ou tout gèle, ou tout fend ;
Et si tout gèle, tout s'en sent...
Le vin monte dans le sarment ;
Mais s'il gèle, il en descend.

Prends garde au jour de Saint-Vincent,
Car si ce jour tu vois et sens
Que le soleil soit clair et beau,
Nous aurons du vin plus que d'eau.

Il ne nous resterait rien à dire sur la Saint-Vincent si nous n'avions promis au lecteur de l'entretenir, dans ce chapitre, de tous les souvenirs qui se rattachent, à n'importe quel titre, au patron des vignerons. C'est pour ne pas manquer à notre parole que nous toucherons deux mots du café de Chenôve qui porte le nom de Saint-Vincent, et que nous nous étendrons plus longuement sur la société de secours mutuels des vignerons.

Un café, bien connu, sur la place publique, a pour enseigne : *Au grand Saint Vincent*. Sans vouloir critiquer l'œuvre de M. Jules Talmot et de la personne qui lui a aidé à exécuter ce patron des vignerons, nous dirons avec plusieurs Dijonnais qu'il eût mieux fait de restaurer l'ancien tableau que de nous donner un dessin comme celui d'aujourd'hui.

A l'époque de la vendange on met à cette enseigne une branche de vigne chargée de raisins. Les gens de Chenôve ont-ils emprunté cette manière d'agir aux vignerons de la rue Saint-Philibert, qui décoraient de pampres le clocher en pierres de leur église ? Nous ne savons ; mais en tous les cas cela fait un très bon effet. — Cette coutume nous rappelle la requête adressée à la Chambre des comptes, par les closiers du Roi, à Chenôve, en 1550, pour faire informer « contre des particuliers trouvés cueillant des raisins dans le clos de la Violette appartenant au Roi ; à laquelle est jointe ladite information contre lesdits particuliers qui ont répondu qu'ils avaient permission de M. l'antique et garde des Evangiles de la ville de Dijon (1), d'en aller cueillir partout le finage de Dijon pour faire le *sercle de Monsieur Saint-Philibert*, et un autre qu'il en avoit la permission de l'antique Jaquotot et du bâtonnier de Saint-Philibert *pour faire la cloiche de M. Saint-Philibert*, en date du 20 septembre 1550...... » (2).

La Société de secours mutuels des vignerons de Chenôve est placée sous le patronage de saint Vincent. Cette société, fondée le 4 mai 1850, par Jacques Changenet-Gallois, ne fut approuvée que par décision préfectorale en date du 27 août 1853. La même année, le 12 juin, se tint la première assemblée générale ; c'est à cette réunion que l'on procéda à la nomination du conseil d'administration, qui se trouva ainsi constitué : J. Changenet-Gallois, maire fondateur, nommé président (par décret de « S. M. I. Napoléon III, empereur des Français », le 15 décembre 1853, il fut confirmé dans ses fonctions) ; vice-président Theuriet (Jean-Baptiste) ; membres : Laloge (Pierre), Mongin (Claude), Poinsot-Lhéritier (Claude), Guiot (Pierre) ; secrétaire trésorier : Gros (Antoine), instituteur (3).

Dans les préliminaires de cette association, il est dit :

---

(1) C'est ainsi qu'on appelait les vicomtes mayeurs de Dijon, titre de maire aujourd'hui. On rencontre souvent ce mot dans les Mémoires de Breunot sur la Ligue. A l'époque de cette requête, le vicomte mayeur était Jehan Jacquot (1547-1551) ou pour mieux dire, ainsi que nous allons le voir plus loin, Etienne Jaquotot, car l'élection de 1550 ayant été contestée, ce dernier est nommé par la Cour administrateur de la mairie (Courtépée, II, p. 30, 2ᵉ éd.)

(2) Arch. de la Côte-d'Or, *Recueil de Peincedé*, t. I, p. 233. B. 1007.

(3) Telle est la composition du bureau de la société de Saint-Vincent, d'après ses statuts imprimés chez Loireau, en 1854, sous le

Plusieurs vignerons de Chenôve mus par des sentiments vraiment fraternels se sont réunis pour s'entendre sur les moyens de fonder une association qui aurait pour but de s'aider les uns les autres dans leurs travaux, en cas de maladie, ou autres accidents, et ont rédigé un projet de statuts pour être discuté et converti en règlement, dans une assemblée générale de tous ceux qui voudraient prendre part à la fondation de cette institution.

Quant aux dispositions générales, elles comportent trente-six articles. Voici l'analyse des principaux.

Art. 4. — Les sociétaires s'engagent à faire gratuitement, et sans pouvoir exiger aucun aliment, le travail de l'année en bonne saison, dans les vignes de celui qui serait devenu incapable de faire son ouvrage pour cause de maladie ou d'accident et seulement pendant la durée de l'incapacité.

Art. 5. — Le travail auquel s'engagent les sociétaires consiste dans quatre coups de labour aux vignes, et cinquante fosses par chaque étendue superficielle de 34 ares 28 cent. ; n'en feront pas partie les fosses extraordinaires, les provins et le travail de la main.

Art. 6. — Ce travail ne pourra être exigé que jusqu'à concurrence de 1 hect. 71 ares 10 centiares pour chaque sociétaire qui y aura droit.

Art. 9. — Chacun devra travailler en conscience et suivant l'usage du pays. La durée du travail imposé à chaque sociétaire appelé à suppléer un coassocié sera de 4 heures,

---

titre de : *Règlement de la société de Saint-Vincent fondée entre les vignerons de Chenôve, en 1850* (Dijon, Loireau, 1854, in-8). L'exemplaire que nous avons consulté, à la Bibl. publ. de Dijon, est classé sous le n° 74, br.

Pour ne pas allonger ce chapitre, nous terminerons l'étude de la Société de Saint-Vincent à la *Période contemporaine*, dans la conclusion de cette histoire, § 3, *Sociétés*, en donnant les noms des présidents depuis sa fondation jusqu'à nos jours.

sans y comprendre le temps nécessaire pour se rendre au lieu du travail et pour en revenir. Tout convoqué a la faculté de se faire remplacer à ses frais, par un sociétaire autant que possible.

Nuls de ceux qui auront été employés ne pourront être requis une seconde fois, qu'après que tous les autres membres de l'association auront fait un travail d'égale durée. *Il est défendu de diffamer le travail d'un sociétaire malade.*

ART. 10. — Tout sociétaire doit à ses coassociés le travail voulu par le présent règlement, sans manifester aucun sentiment de contrainte ou de malveillance. En cas d'empêchement assez grave, dont l'appréciation appartient au conseil, il sera tenu de fournir son travail à la première réquisition qui suivra, sans pouvoir s'en dispenser cette fois. Mais en cas de refus sans motifs raisonnables, il sera passible, au profit de la caisse de la société sur laquelle pourra être pris le salaire de son remplaçant, pour la première fois d'une amende de 1 fr. et, pour la deuxième fois, il sera exclu à jamais de la société.

ART. 16. — Sera rayé de la liste, par délibération des membres réunis en assemblées générale, celui qui par sa conduite aurait démérité ou perdu l'estime de la société.

ART. 21. — Tout sociétaire qui, en mourant, laisserait un fils âgé de 18 ans celui-ci pourrait se présenter pour remplacer son père (1). Ce droit est aussi acquis au fils aîné d'orphelins.

ART. 24. — Si un sociétaire privé tout à coup du travail qu'il exécutait dans les propriétés d'autrui venait à

---

(1) Il est juste de faire remarquer que l'art. 12 des présents statuts porte entre autres principales clauses: Que tout habitant âgé de 20 ans, libéré du service militaire et au-dessous de 55, pourra faire partie de la Société ; son admission sera discutée et décidée en assemblée générale.

tomber malade dans un moment où il pourrait trouver de l'ouvrage et travailler, les journées qu'il perdra pourront, suivant le cas, lui être payées à raison de 1 fr.25. Toutefois, il ne pourra pas y avoir plus de 25 journées de payées.

Art. 30. — Fête de Saint Vincent. La fête de la Société sera celle de *Saint Vincent*, le 22 janvier. Cette fête sera religieusement célébrée par tous les membres de la Société.

Art. 31.— A la mort d'un sociétaire, dont il sera donné avis par sa famille au président, tous les membres de la présente association seront tenus d'assister à son convoi ; en cas d'absence, il y aura une amende de 0,25.

Art. 35.— En cas de maladie, les travaux nécessités après l'arrachement des paisseaux pour les mettre en piles, et ceux pour épancher avant de les planter, sauf l'aiguisement, devront être faits par les sociétaires. Ces travaux sont évalués trois jours pour l'empilement. L'épanchement se fera dans le travail du premier labour. Il n'est question que des paisseaux qui ont déjà servi et non des neufs.

Avec ce chapitre, nous venons d'inaugurer la série des usages du village de Chenôve. Nous allons continuer le même sujet en parlant immédiatement après ceci : du ban de vendanges et des autres coutumes qui ont existé jadis à Chenôve et dont quelques-unes subsistent encore.

CHAPITRE III

LE BAN DES VENDANGES A CHENOVE ET AUTRES USAGES

§ 1. *Le ban des vendanges.*

<small>Le ban des vendanges et la ville de Dijon. — Historique. — Coutumes annuelles : 1ᵉʳ janvier, 1ᵉʳ mai, 24 juin, etc.</small>

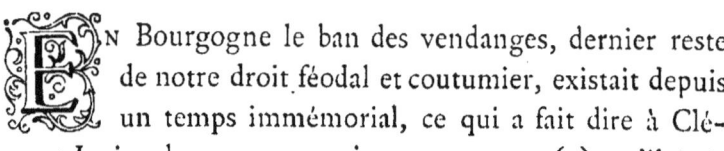N Bourgogne le ban des vendanges, dernier reste de notre droit féodal et coutumier, existait depuis un temps immémorial, ce qui a fait dire à Clément-Janin, dans une causerie sur cet usage (1), qu'il était connu au temps où la reine Berthe filait ; le ban des vendanges, ajoute-t-il, est une cérémonie gênante comme la pluie.

Le plus ancien document qui en fasse mention, pour Chenôve, date du XIIIᵉ siècle, précisément à l'époque où les seigneurs du lieu étaient en procès au sujet de la justice et autres droits, naturellement comme le ban de vendanges était un droit contesté, il s'ensuivit de nombreux débats. On lit, en effet, dans Peincedé, t. I, page 384 : « Les doyen et chapitre d'Autun sont en saisine (c'est-à-dire en prise de possession d'un fonds, en vertu de l'acte donné par le seigneur dont il relève) de mettre les messiers gardes et vigniers des bleds et des vignes en leur terre de Chenosve et

---

(1) *Progrès de la Côte-d'Or* du 7 octobre 1883, art. signé C. J.

de recevoir leurs sermens *et de faire crier que nul ne vendange sans leur licence (licentia) et de lever les amendes de ceux qui font le contraire, et aussy de ceux qui amblent les raisins et les fruits es jardins ;* mais toutefois les fourches que mon dit seigneur a il ce fait élever ne cherront point (1), puisque mon dit seigneur est en saisine de la haute justice audit lieu en finage de Chenósve, comme dessus est dit et donné à Paris au mois de février 1286.... »

En 1290 « les doyens du chapitre d'Autun étoient et avoient été longtemps saisis et vestis du ban de Chenôve, de mettre les vigniers, de recevoir les sermens tant pour eux ou pour leurs commandemens de faire crier le ban à Chenôve, sitôt qu'il y étoit mis par le conseil des Prud'hommes ; les maires et échevins de Dijon avoient et étoient saisis et vêtis par plusieurs années et par les dernières de gagier ceux

---

(1) Il faut entendre ici par fourches le signe patibulaire des chanoines d'Autun, seigneurs hauts justiciers de Chenôve. Ce signe qui est, ou à une simple potence, ou à double « ou à trois, ou à quatre piliers et même à un plus grand nombre, selon la qualité des seigneurs, le Duc pouvant en avoir jusqu'à douze piliers..... Ce signe patibulaire, qui est ou qui doit être la terreur des malfaiteurs, sert à exécuter les condamnés à la mort naturelle : Cum neque impunita maleficia esse oporteat, disent les Lois romaines, et marque en même temps le lieu où se fait l'exécution. Quand il est tombé par vieillesse, par l'impétuosité des vents, ou autrement, pourvu toutefois qu'il n'ait pas été abatu et démoli par autorité du supérieur à cause de quelque faute commise au fait de sa Justice par l'inférieur, le seigneur haut justicier le peut faire redresser de son autorité particulière dans l'an et le jour qui commance à courir incontinent aprez la chute ; mais s'il laisse passer l'an et jour, comme alors il semble abandonner son droit par cette longue négligence, il ne peut le rétablir sans lettres patentes du Roi, qui s'obtiennent à la chancelerie prez le Parlement dans le ressort duquel la seigneurie est située. » Gauthier de Baufremont, seigneur de « Soie et de Trichatel, obtint des lettres patentes de Jean, duc de Bourgogne, données à Arras le 4 mars 1413, pour redresser un signe patibulaire qu'il appelle *fourches* dans le lieu d'Issurtille » (*Coutume générale du pays et duché de Bourg.*, avec le commentaire de M. Taisand. Dijon, MDCCXLVII, pp. 43,44).

qui brisent le ban es vignes assises d'entour Chenôve » (1). Les territoires des deux communes étaient si proches qu'il eût été difficile de s'entendre et de ne pas se chercher querelle. Une sentence de ce même temps émanant du bailli de Dijon et confirmée par le duc de Bourgogne, maintient l'église d'Autun au droit de donner le ban de vendanges à Chenôve, nonobstant les prétentions contraires des magistrats de cette ville (2). Ce jugement sera-t-il toujours respecté ? C'est ce que nous verrons dans la suite.

Les articles 10 et 11 du terrier de la seigneurie, renouvelé en 1584, vont nous éclairer sur cet usage.

Art. 10. — Que chacun an par permission et autorité desdits seigneurs lesdits habitants font élection de *messiers* et *vigniers*, pour la garde des fruits de l'année, lesquels messiers et vigniers ils sont tenus de présenter auxdits sieurs ou à leurs officiers, au jour de la fête Saint-Nazaire, desquels le serment est pris par lesdits officiers.

Art. 11. — Plus, ont reconnu que lesdits seigneurs ont droit et autorité de faire chacun an visiter les vignes dudit Chenôve par ceux qui sont choisis, élus et députés par lesdits habitants, sur le rapport desquels ou par leurs avis, se donnent *les bans pour faire les vendanges* par les officiers desdits sieurs, le premier desquels est donné pour les vignes desdits seigneurs (charité bien ordonnée commence par soi-même) que l'on appelle le *ban de messieurs, auquel jour il n'est loisible auxdits habitants ni autres de vendanger* sinon au lieu qui est limité par les bans, à peine de l'amende telle qu'elle est ordonnée lorsque lesdits sont publiés (3).

---

(1) *Extrait des titres qui établissent que la seigneurie de Chenôve appartient à l'église d'Autun*, p. 4.
(2) Arch. municip. de Dijon, Série I, 148.
(3) L'art. 7 du terrier, qui concerne les amendes, est ainsi conçu : « Que, pour chacune condamnation faite des causes qui sont inten-

Cet article est explicite et semble démontrer clairement que seuls les chanoines avaient droit de donner le ban de vendanges à Chenôve. C'est pourquoi nous remarquons que le vendredi 20 septembre 1715, Jean Bard, vigneron et procureur de la communauté, vient prévenir Pierre Bonniard, procureur à la cour, « juge ordinaire en la justice de Chenôve pour MM. les vénérables doyen, chanoines et chapitre de l'église cathédrale Saint-Lazare d'Autun, seigneur dudit lieu », que les habitants ont nommé à la manière accoutumée François Bernard et Jean Boudrot, vignerons à Chenôve, experts, pour visiter le finage et reconnaître si les raisins sont en maturité, afin de pouvoir indiquer le jour des vendanges, et il prie en conséquence le juge de bien vouloir recevoir leur serment (1).

Par lettres patentes du duc Jean, de l'an 1409, le règlement pour la levée de la « disme » étant au finage de Chenevery, près Chenôve, était, nous rapporte Peincedé, ainsi déterminé : Ce climat en la « justice des religieux de Saint-Bénigne, auquel dixme lesdits religieux ont la moitié, le duc le quart, et Messire Robert de Gillans l'autre quart, et porte ledit règlement que le gouverneur du clos de Chenôve commettra *quatre prud'hommes qui visiteront et taxeront* tous les fruits de ceux qui les amasseront hors dudit Chenôves, iceux étans es vignes, comme aussi les fruits et vendanges étans es cuves de ceux qui ammasseront audit Chenoves et que le dimanche devant que le gouverneur voudra faire faire la visitation desdites vignes il fera publier et signifier *au prosne de l'église le jour, l'heure et à quel bout du finage il voudra commencer de faire ladite visite,* afin que lesdits religieux

---

tées en la *mairie et justice* desdits seigneurs, il y a adjudication d'une treizaine, qui sont treize deniers, contre celui qui est condamné, encore qu'il n'y ait contestation ».

(1) Arch. de Chenôve, série I 3, n° 4.

et autres personniers y assistent ou envoyent si bon leur semble, sinon y sera procédé en leur absence, et fera ledit gouverneur et jurer sur les saints évangiles, *lesdits quatre prud'hommes de loyallement visiter* et taxer lesdits fruits et vendanges tant es vignes, comme es cuve ».

Au XVIIe siècle, la communauté de Chenôve payait 1 livre 6 sols 8 deniers pour la journée des prud'hommes occupés à visiter les vignes ; le rôle des tailles mentionne cette dépense, jusqu'à la révolution, sous cette rubrique : « Une journée et deux prud'hommes, pour le ban de vendanges, qui viennent devant les magistrats de Dijon à cet effet » (Rôle de 1778). Un siècle avant c'était encore le chapitre qui donnait le ban de vendanges ; ainsi en l'année 1668 il fut délivré le 19 septembre par le juge de la justice de Chenôve, appartenant « à MM. les vénérables doyen, chanoines et chapitre de l'église cathédrale d'Autun, seigneurs en toute justice, haute, moyenne et basse, de la terre et seigneurie de Chenôve ». En 1710, le ban fut délivré le 15 septembre, par le juge ; en 1711, le 19 septembre ; le lendemain 20 les habitants font opposition au ban de vendanges, publié par les officiers municipaux de Dijon, pour leur territoire, attendu, disent-ils, qu'ils sont justiciables du chapitre d'Autun. En 1712 le ban de vendanges est délivré le 17 septembre et en 1713 le 2 octobre, etc.

Comment la mairie de Dijon s'est-elle introduite à Chenôve, pour publier le ban de vendanges en 1711. C'est ce que l'on ne saurait dire ; car il n'y avait pas à revenir sur la sentence du bailli, et même sur l'arrêt du duc Robert du 7 avril 1293 qui confirme le droit des seigneurs (1290), prononcés plusieurs siècles auparavant, les chanoines d'Autun étant inflexibles sur ces sortes de questions. Eh bien ! malgré cela, les officiers municipaux de Dijon donnaient le ban de vendanges à Chenôve, avant la Révolution.

Avant d'aller plus loin, étudions ce qu'était le ban de vendanges. On a déjà pu le voir par ce qui précède : c'était un droit pour le seigneur de fixer l'ouverture des vendanges selon son bon plaisir, de là une gêne continuelle pour le cultivateur dont la récolte peut n'être pas assez mûre ou les raisins gâtés sur leurs ceps. Il avait autrefois deux objets : le premier de favoriser le seigneur qui avait le droit de vendanger la veille ; le second, de prémunir les décimateurs contre la fraude qui, à cause de la confusion, eût été plus difficile à éviter si plusieurs communes limitrophes eussent vendangé le même jour.

Le mot ban, dérivé de *bannum*, prouve évidemment que le ban de vendange est un reste de la féodalité ; en effet, *Bannum*, en général, était toute disposition qui émanait d'une autorité reconnue. C'est plus particulièrement l'ordre qui se rapportait à la paix intérieure, et c'est dans ce sens qu'on a longtemps connu en France le ban de vendanges. En ouvrant les séances ou plaids solennels, le magistrat qui y présidait ordonnait le maintien de la paix par un *ban*; le propriétaire d'un château garantissait la paix dans son domicile par un *ban*; les souverains et les communes, dans leur territoire et juridiction, qui s'appelle encore *banlieue*. D'après cette désignation originaire, le mot *bannum* s'appliquait à toute publication quelconque : *de là les bans de mariage*.

Ce mot, restreint à la vendange, est le droit qu'avait le seigneur de fixer et arrêter les bans de vendanges, de sorte que personne ne pouvait vendanger auparavant ; et la vendange de celui qui l'aurait enlevée avant le jour du ban pouvait être saisie de plein droit. Dans les vignobles où il n'y avait pas de seigneurs qui eussent ce droit, la proclamation de l'ouverture des vendanges était réglée par les officiers de la justice des lieux sur l'avis des habitants (1).

Il est défendu, dit Bouhier, dans notre province « à toutes personnes de commencer la récolte des raisins que la permission n'en ait été donnée par le seigneur haut justicier ou par son juge.

Cet usage s'est introduit par plusieurs bonnes raisons :

1° Afin que personne ne vendange avant que la maturité du raisin ait été reconnue ;

2° Afin que les forains soient avertis et puissent préparer ce qui leur est nécessaire pour la vendange ;

3° Afin que les vendangeurs travaillent ensemble et tout de suite dans un même canton, sans quoi ils causeraient du dommage à ceux qui ne vendangeraient pas. »

Le ban de vendange est nécessaire, ajoute A. Dumay, pour appeler dans la commune, à un jour donné, un concours suffisant d'ouvriers du voisinage à l'effet de terminer immédiatement une récolte qui de sa nature est très urgente.

De nombreux arrêts du Parlement de Dijon, en date du 17 septembre 1610, 20 septembre 1613, 5 août 1615, 11 septembre 1630, et 29 avril 1717 ont proclamé et consacré pour la Bourgogne l'existence de cet ancien usage.

Dans le dernier siècle, la Révolution, qui a si profondément anéanti toutes nos vieilles traditions, principalement celles qui prenaient leur source dans le droit féodal, a néanmoins respecté celle-ci à cause de son utilité manifeste, et les bans de vendanges dans notre province ont survécu au naufrage de nos autres institutions coutumières. Seulement ce droit a été transporté des attributions des sei-

---

(1) *Pétition concernant le ban de vendanges*, par Guillemot. Dijon ; 1835, p. 4.

gneurs haut justiciers dans celle des municipalités (1).

Voilà l'opinion de Aimé Dumay sur le ban de vendanges, qui disparaît ainsi que la vaine pâture et d'autres usages anciens qui sont en désaccord avec les mœurs actuelles. Malgré son origine féodale, il a été autorisé par la loi du 28 septembre 1791 (Tit. I, sect. v, art. 2), mais seulement dans les conditions arrêtées pour chaque commune par un règlement délibéré en conseil municipal. Le Code rural (L. 9 juillet 1889, art. 13) exige de plus que le conseil municipal ait décidé l'établissement ou le maintien dudit usage, et que la délibération ait été approuvée par le conseil général. Dans ce cas, le maire prend chaque année un arrêté de police pour l'exécution de cette décision. Ne sont pas soumis au ban les vignobles entourés d'une clôture continue, faisant obstacle à l'introduction des animaux (2).

Bien que l'autorité, avant de formuler son arrêté, ait eu le soin de prendre l'avis des propriétaires les plus importants du pays, — ainsi à Chenôve, même après la Révolution, trois commissaires étaient convoqués à Dijon (3), — on ne s'explique plus beaucoup aujourd'hui cet usage

---

(1) Bouhier, t. II, p. 692 ; — Aimé Dumay, *Usages locaux du dép. de la Côte d'Or*. V. p. 422 *Annuaire de la Côte-d'Or* 1859.
La loi du 6 octobre 1791 (5e sect., art. 1, § 2) dit «...cependant, dans un pays où le *ban de vendanges* est en usage, il pourra être fait à cet égard un règlement chaque année par le conseil général de la commune, mais seulement pour les vignes non closes. Les réclamations qui pourraient être faites contre ce règlement seront portées au directoire du département, qui y statuera sur l'avis du directoire du district... »
(2) Jules Troussct, *Nouv. Dict. encycloped. supp.* (1886-1891), p. 41, art. signé Ch. Y.
(3) Le maire de Dijon, par une lettre du 14 septembre 1819, invite le maire de Chenôve à nommer des commissaires qui devront se rendre à l'Hôtel de ville, à l'effet de procéder à l'élection de prud'hommes chargés de reconnaître l'état de maturité des vignes et, de concert avec ceux nommés par les autres communes, y fixer le ban de vendanges (Reg. des délib. de la commune de Chenôve, p. 137, verso).

suranné qui obligeait tous les viticulteurs d'une même localité à couper leurs raisins en même temps, quelles que soient d'ailleurs les idées de chacun sur le degré de maturité opportune pour ses cuvées.

Nous avons dit il y a un instant que la ville de Dijon donnait le ban de vendanges à Chenôve au xviie siècle, et cela malgré la sentence du bailli, qui reconnaissait ce droit au chapitre de la cathédrale d'Autun, ainsi que celui d'y instituer les vigniers (1). Mais ce serait mal connaître les mœurs et les habitudes de ce temps, que de croire que les officiers de la ville n'essayèrent pas de s'introduire au village pour y exercer un droit, dont la mairie était si jalouse. Au xvie siècle se présente une difficulté. Un chanoine de la Sainte-Chapelle, messire Bonaventure du Molynet, est condamné en 1561 à une amende pour avoir vendangé une vigne près de Chenôve, avant que le ban n'ait été levé par les magistrats; ayant adressé une requête à la mairie, dans laquelle il prétend que la vigne en question n'était point dans la banlieue de Dijon, la ville prit une délibération, portant qu'il sera sursis au paiement de cette amende jusqu'à ce que les commissaires députés pour la confection du terrier de la ville aient *délimité son finage et celui de Chenôve* (2).

Dans la première moitié du xviie siècle, la ville ayant éprouvé certaines difficultés pour son droit de donner le ban de vendanges, obtint un arrêt du Parlement défendant aux propriétaires des vignes sises finage de Chenôve et Marsannay de « vendanger ces vignes et introduire leurs récoltes avant qu'elles n'aient été visitées par les jurés vignerons de cette ville et les bancs donnés par le maire, sous

---

(1) Arch. municip. de Dijon, série I, 148 (1290-1293).
(2) id. 164.

peine de confiscation des fruits au profit des pauvres » (1). Un autre arrêt de 1612 porte que nul ne pourra vendanger à Chenôve avant que les jurés vignerons dudit lieu et ceux de Dijon n'aient avisé entre eux au sujet du ban et signification faite par un sergent à la communauté de Chenôve d'un exploit enjoignant à ses jurés vignerons de s'assembler avec ceux de Dijon au lieudit « en Vallandon » proche la borne délimitant les deux finages, pour de là procéder à la visite des vignes et en dresser le rapport. Depuis 1640, c'était le jour qui suivait celui où on vendangeait le clos du Roi, qu'avait lieu l'ouverture des vendanges à Chenôve. En même temps que la ville accordait cette permission elle ordonnait que les raisins n'entreraient en ville ces deux jours que par la porte d'Ouche « et en présentant un certificat du curé, justifiant de leur provenance, les autres portes de la ville étant fermées à l'exception du guichet ouvert aux piétons ». Cette délibération fut homologuée par la Cour, ainsi qu'une autre de 1641 défendant de vendanger à Dijon et dans sa banlieue avant que les bans fussent levés et la permission donnée ; laquelle délibération « devra être exécutée selon sa forme et teneur, monobstant oppositions ou appelacions quelconques, et sans préjudice d'icelles, ny que les maire et échevins de ladite ville puissent prétendre aucun droit de banc ès vignes estans dans l'enclos du Roy au finage de Chenôve » (2).

(1 et 2) Arch. munic. de Dijon, série I, 149. — Le *clos du Roi* faisait partie des *climats privilégiés* ; il était permis aux propriétaires de vignes en ces climats de vendanger un jour avant les autres. Il n'en était pas de même du lieudit voisin : à la requête du procureur syndic une saisie, dont on donna mainlevée « provisionnelle », fut opérée, en 1760, sur les raisins que les religieux de Citeaux avaient fait vendanger avant la publication des bans dans une vigne leur appartenant, finage de Chenôve, lieu dit « en Chennevary » où il était, disait-il, d'usage de vendanger le même jour qu'au clos du Roi attenant à leur propriété. En 1763, on leur donna la permission de vendanger leurs vignes le même jour que le clos du Roi.

Au mépris des droits de justice des officiers de l'église d'Autun, la ville de Dijon, comme nous venons de le voir, exerçait, avec une autorité absolue, le droit de donner le ban de vendanges de Chenôve. L'analyse sommaire d'un grand nombre de documents, dont les originaux sont conservés aux archives de la ville de Dijon, le prouve surabondamment. Aux quelques-uns que nous avons déjà cités, nous mentionnerons encore les arrêts du Parlement (1711-1716) rendus à la requête du procureur syndic, défendant aux propriétaires de vignes sises sur les finages de Dijon, Chenôve, Talant, Fontaine et lieux voisins, de les vendanger avant les jours indiqués « à connaissanse de la maturité » par les magistrats dudit Dijon, *sous peine de la confiscation des fruits et d'une amende de 100 livres*. En 1725 on publie, à Chenôve, un arrêt rendu par le parlement, sur la requête du procureur syndic de Dijon, défendant aux habitants de choisir un jour pour la récolte de leurs vignes, le droit d'y donner les bans appartenant de temps immémorial à la commune de Dijon et la dérogation de cet usage pouvant avoir les plus sérieux inconvénients, notamment en ce qui concernait la garde des fruits du finage de la ville.

Ainsi les habitants de Chenôve n'étaient pas même libres de choisir le jour qu'ils désiraient pour vendanger ! Il leur arriva, en 1749, de demander la levée du ban pour le 27 septembre ; aussitôt une délibération de la chambre de ville les debouta des fins de leur demande et leur défendit de vendanger « avant le 1er octobre, sous peine de confiscation de la récolte, au profit de l'hôpital ». Plus tard nous voyons qu'ils adressent une réclamation au Parlement au sujet d'une délibération de la chambre de ville mettant « l'ouverture des vendanges de Dijon au 27 septembre, lendemain du jour auquel devaient avoir lieu celles de leur finage, deux jours leur ayant, disaient-ils, été accordés de tout temps, pour vendanger avant Dijon (1757) (1).

Sur la fin du xviiie siècle, les droits du chapitre d'Autun étaient de plus en plus méconnus : il n'est pas jusqu'au jour de vendanger ses propres vignes, que la ville ne veuille s'adjuger le droit de lui imposer. Il fallut, pour rétablir la paix si longtemps troublée, un arrêt du Parlement de 1767, qui, rendu dans un procès entre le « chapitre d'Autun, seigneur en toute justice du lieu de Chenôve, et la commune de Dijon, accorde au chapitre un jour de privilège exclusif pour la vendange des vignes de sa seigneurie ».

Autrefois pour annoncer le ban de vendanges, le maire de Dijon, escorté de sergents et des jurés vignerons, parcourait les villages de la Côte ; on appelait cela la *chevauchée de banchiers* (2). Des peines sévères, telles que l'emprisonnement et de fortes amendes, atteignaient ceux qui essayaient de l'enfreindre ou de venir greumer (grappiller) avant l'époque fixée.

---

(1) Arch. municip. de Dijon, série I, 150.
(2) Dans le *Progrès de la Côte-d'Or* du 21 septembre 1881, se trouve un article sur le ban des vendanges, à Dijon : « Une belle cérémonie, dit l'auteur anonyme que nous croyons être Clément-Janin, dont on a perdu jusqu'au souvenir. Sur certains points du territoire, désignés d'avance, se trouvaient les vigniers ou gardiens des vignes, qui présentaient au maire de Dijon, qui allait suivant la coutume, dans les villages de la banlieue sur lesquels s'étendait la justice municipale, prononcer le ban des vendanges : un pain, du vin, une frottée d'ail et du sel. On commençait la chevauchée « de branchiers » par Saint-Apollinaire, Ruffey, Fontaine ; le lendemain, on se remettait en selle pour visiter Plombières, Larrey et Chenôve. »
Nous savons, d'après la situation financière de la ville de Dijon, en 1663, que pour le festin de l'ouverture des vendanges, il était payé . . . . 50 livres
Pour le louage des chevaux, pour l'annonce du ban . . 6 »
Au trompette . . . . 5 »
Aux jurés vignerons pour la recherche des vigniers, etc. . 51 »
Ces chevauchées prirent fin vers 1720.

A Chenôve, comme dans plusieurs villages, la publication du jour assigné pour l'ouverture de la vendange était primitivement annoncée au prône de l'église, mais au xviiie siècle, c'est le tambour qui fait l'annonce. Les vendanges ont lieu d'habitude du 20 septembre au 15 octobre (1); c'est du 8 au 20 septembre qu'elles se font dans la plupart de nos départements du Midi, dans la Gironde, l'Hérault, les Bouches-du-Rhône et un peu plus tard, dans les départements du centre : la Touraine, l'Anjou, la Bourgogne, la Champagne et la Franche-Comté.

Anciennement et la coutume s'est encore conservée longtemps dans beaucoup de communes de la Côte, le ban de vendanges donnait lieu à de véritables réjouissances (2). Les fêtes de village avaient en effet un éclat, un entrain, un caractère qu'elles n'ont plus de nos jours. Ainsi on se lève pour se mettre à table, on sort de table pour aller au café et donner à la ménagère le temps de changer la nappe et de replacer le couvert; on revient encore à table et l'on n'en sort que pour le bal, où la jeunesse s'en donne à cœur joie, car en Bourgogne, il n'y a pas de bonne fête sans bal. Tous dans cette fête, jeunes et vieux se mettent à danser. Lorsque l'on est fatigué de danser, on chante, chacun y va de sa romance, comme dans toutes les solennités de ce genre; mais la chanson préférée, celle qui, dans cette journée réunit tous les suffrages, c'est la chanson de la vendange, la vraie

---

(1) Il y a cependant des exceptions; ainsi en 1811, les vendanges étaient terminées dans l'étendue du département de la Côte-d'Or, dès le 25 septembre; un beau temps et une chaleur très forte, qui ont régné pendant le temps de la récolte, ont donné de la qualité aux vins de cette année que l'on a appelés du nom de *vin de la comète*.

(2) Ces fêtes avaient lieu le dimanche qui suivait la publication. On peut lire dans la très savante et très consciencieuse étude de M. J. Garnier, archiviste : *La culture de la vigne et le ban de vendanges* (Annuaire départemental 1891) le récit des plaisirs auxquels la publication du ban donnait lieu.

chanson des *barozais* (1) consacrée par un antique usage. La gaîté, grâce à Dieu, n'a pas encore été tout à fait bannie de nos campagnes bourguignonnes, et ce qu'il se tient de gais propos, se chante de chansons, se débite de gros sel, tout en faisant la révérence au pinot orgueilleux, en tutoyant le gamay populaire et bon enfant, est incalculable. On y met largement en pratique le dicton familier :

> En fait de qualité....
> Vive la quantité !

La fête du ban des vendanges, si joyeusement fêtée autrefois, par nos ancêtres, était quelquefois retardée jusqu'à la fin de la cueillette du raisin. A Chenôve, comme en général dans la Côte et une partie de l'Auxois il y a plusieurs personnes qui, sous le nom de *tue-chien*, ou encore *paulée*, terme signifiant réjouissance après une grosse besogne terminée, comme la vendange ou la moisson (2), fêtaient la clôture de la vendange. Aujourd'hui même, on donne un repas, après l'opération des pressoirs, c'est-à-dire une fois le vin de l'année dans les tonneaux. Dans les deux cas, c'est une ripaille comme pour la Saint-Vincent.

Une certaine année, c'était probablement une année hors ligne en récolte ! l'ouverture et surtout la clôture des vendanges à Chenôve, donnèrent lieu à une manifestation populaire du meilleur goût ; plusieurs voitures (louées à Dijon), ornées pour la circonstance de verdure et de pampres, sur lesquelles étaient montés les jeunes gens du pays qui chantaient un refrain populaire, traversèrent les rues du village salués sur leur passage par les acclamations des jeunes filles,

---

(1) Barozai ou Barosai, c'est ainsi que l'on appelait les vignerons de la Côte-d'Or. Le mot de Barosai, d'où en patois on a fait Bareuset, est un nom propre très usité au xve et jusqu'au xviie siècle.
(2) V. Cunisset-Carnot, *Vocables dijonnais*, pp. 199 et 200.

vignerons et vigneronnes, groupés sur le parcours. C'est ce qui correspondrait de nos jours à une cavalcade.

Depuis 1832 pour Dijon et quelques années plus tard, en 1837, pour un grand nombre de communes de la Côte, le ban de vendanges qui, rappelons-le, avait alors au moyen âge pour but principal le recouvrement de la dîme et les droits seigneuriaux, a été supprimé. Les mesures relatives à la perception de l'octroi prirent sa place.

§ 2. *Anciens usages qui ont survécu à la révolution.*

Chaque village a naturellement ses coutumes et ses traditions, que les siècles se sont fidèlement transmises. A Chenôve, il y a plusieurs usages, qui se sont perpétués bien après la Révolution de 1789 ; il y en a même qui ne sont tombés en désuétude que depuis quelques années seulement : nous allons examiner les principaux.

1er janvier. Ce n'est pas pour Noël que l'on met des sucreries dans les sabots des petits enfants, comme cela se fait en beaucoup de villages, mais bien pour le premier janvier à l'occasion du nouvel an.

Le premier dimanche de Carême, *dimanche des Brandons*, la jeunesse du village se porte le soir, sur la montagne, où un bûcher est préparé ; on l'allume, puis l'on danse et chante autour bien avant dans la nuit. Les gens du village, qui par curiosité ont monté la rue, s'en retournent réjouis et bien contents, emportant avec eux le souvenir des chants et des cris de joie poussés par la jeunesse tapageuse, qui souvent ne quitte le plateau que lorsque le feu n'ayant plus de combustible menace de s'éteindre. Les jeunes garçons ont continué, mais irrégulièrement, d'allumer la foulère de Carême, cependant il nous a encore été donné de les voir, le dimanche 6 mars 1892, quêter de portes en portes pour demander du bois, des morceaux de sarments, ou de la paille qu'ils ont ensuite, à l'aide d'une voiture à bras, transportés sur la montagne pour en faire un bûcher qu'ils allumèrent à neuf heures du soir. La coutume de ces feux subsiste toujours dans quelques villages et beaucoup de personnes croient que le vent qui emporte la fumée de la foulère dominera toute l'année.

1er mai. Un usage qui s'est perpétué longtemps après la Révolution était celui que l'on appelait *faire le mai* et qui consistait à réunir plusieurs familles amies, chez un même individu, le premier dimanche du mois de mai ; les enfants jouaient ensemble, les hommes buvaient à la grande table que l'on ne « dressait que deux ou trois fois l'année », pour la fête du village, la vendange et la Saint-Vincent, et pendant que l'on causait de choses et d'autres, les femmes de ces ménages réunis confectionnaient l'*omelette traditionelle*, que l'on mangeait en famille de douze ou quinze convives ; le repas se prolongeait d'ordinaire assez avant dans la nuit. Inutile de dire qu'aucun sujet de jalousie ne venait troubler cette petite fête de famille, et l'on se quittait toujours en se donnant rendez-vous chez l'un des invités, pour l'année suivante, et aussi en se promettant de *faire le mai* encore mieux si possible.

Cet usage, qui tomba peu à peu en désuétude, a totalement disparu aujourd'hui. Il se pratiquait encore en 1853.

Une autre coutume qui n'est pas tout à fait locale, mais bien plutôt générale, est celle qui consiste à orner de branchages ou de fleurs la cheminée ou la fenêtre de la maison d'une jeune fille ; les garçons savent que cette opération doit se faire dans la nuit du trente avril au premier mai. On sait aussi dans nos campagnes ce que signifient certains arbustes et fleurs, emblème d'affection ou de mépris.

24 juin. Au même endroit, où quelques mois auparavant brillaient les feux du premier dimanche de carême, s'allumait dans la nuit du 24 juin de chaque année le *feu de la Saint-Jean ;* mais cet usage n'a pas survécu longtemps à 1789.

Il était d'usage autrefois de tirer quelques coups de fusil pour les mariages, comme cela se pratique encore en beaucoup de localités ; voilà plusieurs années que cela cesse d'exister, de même que la coutume de porter, sous le porche de l'église aux jeunes époux, un seau de vin et des gâteaux.

On ne se contentait pas de tirer des coups de fusils pendant toute la journée d'une noce, on en tirait encore dans la nuit, pour faire relever les jeunes mariés :

Le lundi 24 octobre 1791, à 10 heures du soir, il s'est élevé, rapporte le procureur, au conseil général de la commune, plusieurs émeutes dans les rues de Chenôve, ce qui a troublé le repos des citoyens. Ces bruits s'étaient répandus jusque chez M. Troisgros, curé de la paroisse, lequel « on vouloit forcer à donner des armes pour ces émeutes et atroupement nocturne, ensuite s'étant rendu chez le secrétaire greffier ils demandèrent aussi des armes à son épouse qui se trouvoit seule au logis ». Les auteurs de ces bruits étaient cinq garçons vignerons faisant partie de la garde nationale, qui déclarèrent que les armes qu'ils « voulaient forcer M. le curé ou son domestique et la femme du secrétaire greffier de leur donner, *étaient pour aller tirer à la porte du sieur Robinot, marié dudit jour 24 octobre, à l'effet de le faire relever ainsi que son épouse,* mais qu'ils n'avoient aucun dessein de les employer en d'autre occasion.... » (1).

Une coutume immémoriale, touchant le mariage, qui s'est exécutée jusqu'à nos jours, à Chenôve, — elle se pratiquait

---

(1) Arch. de Chenôve (2ᵉ reg. des délib.).

encore dans les premières années du ministère de l'abbé Batault, — mais qui tend à disparaître, est celle qui consistait à faire bénir par le prêtre, le jour des noces, 13 deniers. Suivant la richesse des familles, il bénissait 13 louis de 20 fr. ou 13 pièces de 10 fr. ou bien encore 13 écus de 5 fr. ou autre monnaie d'argent, 2 fr., 1 fr., 0 fr. 50, quand ce n'étaient pas 13 gros ou 13 petits sous!

On sait que selon cet usage consacré par les anciens rituels, l'époux offrait dans la cérémonie du mariage treize pièces de monnaie vulgairement appelées *les treize deniers*, qui étaient remises à l'épouse avec l'anneau nuptial, après avoir été comme lui bénies par le prêtre. Cette coutume n'est autre qu'un reste des usages de nos ancêtres les Francs. L'histoire nous apprend, en effet, que lorsque Clovis députa à Clotilde, nièce de Gondebaud, roi de Bourgogne, le gallo-romain Aurélien, parmi les présents offerts par l'ambassadeur du roi, figuraient treize pièces d'or qui étaient, « suivant l'antique usage des Francs », le prix de la liberté de cette princesse.

Tel était le droit barbare suivant lequel l'époux achetait son épouse en lui constituant une dot. L'église le respecta tout en le sanctifiant ; fait qui s'est reproduit dans une foule de circonstances de la vie religieuse et civile de nos pères.

Aujourd'hui il est encore d'usage de porter *l'eau bénite* dans les maisons, chaque dimanche et jours fériés, avant la messe. Depuis la Révolution c'est un enfant de chœur qui est chargé de ce soin, mais avant, c'était le plus souvent le recteur d'école et, en cas d'empêchement de ce dernier, l'un de ses élèves ; dans le marché que la commune fit avec le recteur Nicolas, le 11 janvier 1773 (1), il est bien spécifié

---

(1) V. Conclusion, § 11, *Instruction primaire*, p. 264.

qu'il devra « porter l'eau bénite ». L'enfant qui est à présent chargé de ce service entre dans chaque ménage, asperge la pièce principale en récitant : *Asperges me, Domine, hyssopo et mundabor ; lavabis me et super nivem dealbabor*, etc. ; il se retire ensuite pour continuer dans toutes les habitations. Bien souvent, dans notre enfance, chez notre aïeule maternelle, nous avons été témoin de cette pieuse et vieille coutume.

Avant l'arrivée de M. l'abbé Guillemier à Chenôve, l'enfant récitait le *Benedicite*. En parlant des « aigues bignoites » (eaux bénites) M. Charles Muteau (1) dit que c'était jadis une coutume générale, en Bourgogne, de faire porter l'eau bénite, le dimanche matin, par les jeunes clercs et en particulier les enfants des écoles, ce qui leur valait une petite rétribution dont bénéficiaient le maître et les élèves ; ils disaient aussi le *benedicite*. Cette coutume persista à Dijon jusqu'après la Révolution de 1830.

La quête de vin au profit du curé et de l'instituteur, usage généralement adopté dans nos pays de la Côte, remonte au 20 mars 1688 (2), pour le desservant de Chenôve. C'est un témoignage de reconnaissance des habitants envers leur pasteur, qui fait la récitation quotidienne de la passion, à la messe, depuis l'Invention de la croix (3 mai) jusqu'au premier dimanche des vendanges, pour la conservation des biens de la terre. L'établissement du droit de boisson ou quête au profit de l'instituteur est plus ancien encore, il date du 16 novembre 1653 et, à cette époque, récompensait le recteur des services qu'il rendait à l'église

---

(1) *Les Ecoles et collèges en province*, p. 102.
(2) Arch. de la Côte-d'Or, G liasse 594 (pièce provenant de la mairie de Chenôve).

comme chantre. Cet usage se pratiquait dans d'autres localités des provinces voisines (1).

On quête aussi pour le marguillier, à Pâques et à la Toussaint.

A chaque décès, il est remis, par la famille du défunt, un broc de vin au fossoyeur quand il a terminé sa tâche au cimetière. Les repas qui suivent d'ordinaire un enterrement et qui ont lieu dans la maison mortuaire sont non seulement en usage à Chenôve, mais dans beaucoup de communes de la Côte-d'Or.

Comme les anciennes coutumes, les croyances superstitieuses disparaissent peu à peu et avec elles s'en vont ces vertus paisibles, cet antique esprit de famille que l'on aimait tant à retrouver chez l'habitant des campagnes. Naturellement, le voisinage de la ville a beaucoup contribué à éteindre à Chenôve ces sortes de manifestations bien innocentes, telles que les feux de carême et de la Saint-Jean ; les autres usages n'ont plus guère de racines, si toutefois ils en ont encore, et dans peu d'années, leur souvenir aura tout à fait disparu. Il était donc utile de les grouper, afin qu'ils ne soient pas perdus pour la génération présente.

---

(1) V. des exemples dans Th. Lhuillier, *Recherches hist. sur l'enseign. prim. dans la Brie*, p. 231, 239, etc.

CHAPITRE IV

FAMILLES DE CHENOVE ET CÉLÉBRITÉS

<small>Anciennes familles de Chenôve. — Personnages marquants. — Contemporains distingués.</small>

Si dans notre histoire de Chenôve nous voulons parler des personnes qui, par leur vie, leurs travaux ou les bienfaits qu'ils ont rendus au village, se sont fait une sorte de popularité, des personnages illustres nés ou morts dans le pays, ne devons-nous pas, au premier abord, consacrer aux anciennes familles qui ont encore aujourd'hui des rejetons, une notice détaillée ? Agir autrement serait dédaigner le passé ; mais nous savons trop bien qu'il faut l'aimer. Jules Lemaître écrivait en 1886 : « L'amour du passé est une piété, une vertu, c'est le passé qui nous a faits, malheur à qui ne s'y intéresse pas et honte à qui le méprise. » Ces belles paroles serviront d'épigraphe au présent chapitre.

Parmi les anciennes familles qui ont porté le nom de Chenôve, nous voyons figurer *Henri de Chenôves* en 1175, lorsque Hugues III, duc de Bourgogne, reconnaît qu'il a commis beaucoup de violences et d'injustices à l'égard des religieux de Saint-Bénigne, et qu'il leur a causé des dommages, fait la paix avec eux et établit leurs droits de justice et de marché ; sont témoins de ce traité : Hervé, abbé d'Oigny ; Simon, abbé de Sainte-Marguerite ; *Henri de Chenôves* ; Nicolas, son chapelain ; Gui, comte de Saux ; Guillaume d'Orgeux, Humbert de la Porte ; Calo de Grancey (1).

Dans la charte d'abonnement que nous avons rapportée plus haut, figure la plus grande partie des habitants de Chenôve en 1320. Eh bien ! il serait difficile de trouver aujourd'hui au village une famille de cette époque. Les noms des 108 personnes présentes à cet acte important ont complètement disparu ; quelques-uns seulement sont éteints depuis le siècle dernier. La nombreuse famille *Jaquoz* ou *Jaquot*, souvent citée dans ce document, a eu des descendants jusqu'au xviiie siècle : Jacquot, procureur en 1703 ; François Jacotie en 1724 ; d'autres familles encore, tels que les *Baugeroz* et *Ferrioz* se sont perpétuées longtemps et ont fini par disparaître à leur tour. Par contre, ni les Gallois, les Jolibois, les Jarrot, que nous rencontrons si nombreux dès 1375 et jusqu'à nos jours, ne sont représentés dans cette pièce officielle.

Afin de pouvoir étudier en connaissance de cause nos familles de Chenôve, nous avons dû consulter les *cerches* de feux du Duché, ces procès-verbaux d'un grand intérêt pour l'histoire de la contribution et qui ne sont pas moins curieux, si on les examine au triple point de vue de la population, des familles du pays et des institutions politiques. En effet, les listes d'habitants qu'ils renferment présentent un certain intérêt philologique sous le rapport de la formation des noms propres ; d'autre part la persistance du même nom, dans une même région durant un long temps, permettrait, à plus d'une famille roturière, d'établir une filiation certainement plus ancienne que celles de beaucoup

---

(1) D. Plancher, *Hist. génér. et part. du duché de Bourg.*, pr. 90 ; Perard, p. 248.

de familles nobles, et par contre plus d'une de celles-ci seraient bien étonnées si on leur montrait le chef du nom, comme l'on dit, figurant parmi les taillables à merci de la paroisse originelle (1).

Ceci dit voyons maintenant quelles sont les plus vieilles familles de Chenôve ; l'ancienneté de trois d'entre elles notamment est incontestable, la souche de l'antique famille des Mongin, des Gallois, des Jolibois et même des Jarrot, remonte aux XIIIe et XIVe siècles ; la généalogie de ces familles serait impossible à établir, vu le nombre par trop considérable de branches. Contentons-nous seulement de quelques noms pris çà et là sur d'anciennes pièces. Courtépée nous dit que les plus anciennes familles sont les Gallois et les Changenet ; la première ne fait aucun doute, tandis que la seconde, celle des Changenet, nous paraîtrait plutôt originaire de Dijon. Nous examinerons ce point tout à l'heure. Parlons d'abord de la famille Mongin.

Pour nous la plus ancienne famille qui soit encore représentée à Chenôve est celle des *Mongin* (Moingins), c'est la seule citée dans la charte de 1320, rapportée dans la première partie de notre étude. Les cerches de feux postérieures à ce document contiennent toutes des familles de ce nom, qui déjà à cette époque paraissent en assez grand nombre. C'est un Mongin qui rapporte le rôle de 1430, avec Guillaume li Mador ? Perron le Fourneret et Jehan Godin... habitants de Chenôve (2) ; un autre Mongin

---

(1) J. Garnier, *la Recherche des feux en Bourgogne aux* XIVe *et* XVe *siècles*, p. 7.

Il y a dans ces rôles de feux bien des familles qui ont disparu de la localité ; ainsi nous rencontrons en 1460 : Jehan Bichaudet, Nicolas Guillot, Nicolas Guillier, Robert Guillot, la veuve Jehan Guillot, Girard Regnault, alias de la Nouhe ; et en 1470 : Jehan Bichaudet, Quillardet, Jehan Guiot, Jehan Coillot, Perrot Pataille, Guillaume Brulez, Jehan Quillot, Huguenin Noiron, Valentin Morisot, etc., etc.

(2) Arch. de la Côte-d'Or, B. 11,583.

figure parmi les feux solvables. Robert Moingin, Guiot Moingin en 1460.

Guillaume Jomart, receveur des deniers ordinaires de la ville de Dijon, condamné en 1472 à être frappé de « verges par les carrefours de la ville, pour révolte, Rolin Mongin, de Chenôve, par l'exécuteur de la haute justice de Dijon Jean Larmite » (1). Depuis la famille Mongin s'est perpétuée à Chenôve, mais elle n'a pas donné, comme les autres vieilles familles du lieu, des procureurs et des échevins à la communauté.

Après la famille Mongin, il convient de parler de celle des *Gallois*, si nombreuse au XVe siècle. Nous ne voulons pas rapporter tous les noms de cette famille, que nous trouvons mentionnés sur les cerches de feux : Thomas Galois, Jehan Galois, Nicolas Galois en 1460 ; Paul-Jehan Galois, Nicolas Galois, 1470, etc.

L'orthographe de ce nom a été modifiée avec les années, et suivant le caprice des copistes on l'a écrit de bien des manières différentes. Nous voyons en 1583, dans un compte de Claude Berthault, la recette de Philizot et *Pierre Galois*, « pour l'accensissement d'un meix assis à Chenôve, néant pour les causes ci-dessus déclarées (2) ». Les motifs dont il est question dans cette pièce ne sont rien autre que ceux-ci : les châtellenies de Chenôve et Talant, ayant été données à ferme à Jean Baudrenet, le receveur ne touchait plus aucune somme, c'est pourquoi il porte dans son compte néant. Le nom de Gallois prend ici un seul l. En 1665 nous avons vu ce nom écrit *Galloix*.

Bénigne Gallois et Claude *Jarrau* étaient vigniers en

---

(1) Arch. municip. de Dijon, série C 45, supp.
(2) Arch. de la Côte d'Or, B. 4308.

1612 (1). Dans notre chapitre VI (2) nous avons dit que Philippe Gallois avait présenté, en 1645, le rôle des tailles aux commissaires de la province, délégués pour visiter les villages de la Bourgogne.

Les destinées de quelques membres de la famille Gallois, ont été, jusqu'à présent, intimement liées à celles du village dont ils furent, à plusieurs reprises, les procureurs ou syndics; dans l'espace de deux siècles et demi, nous en rencontrons dix qui remplissent ces fonctions. Jacques *Galloy* est élu avec quatre autres habitants de Chenôve, le 29 mars 1664 « pour travailler à la confection du rôle ». R. Gallois est imposé en 1700. Bénigne Gallois fait, le 4 mars 1746, une réclamation à la communauté pour surtaxe de taille (3). Il est nommé collecteur des tailles royales et capitation pour les années 1752 et 1753.

Claude Gallois, né à Chenôve, a déclaré, en 1793, servir volontairement l'armée pour sa commune natale, en qualité de soldat de la République. Il convient d'associer au nom de ce patriote ceux de ses camarades qui, sortis du même village, ont aussi volontairement offert leur vie à notre pays menacé. C'étaient Jean-Baptiste Sirugue, né à Dijon, 28 ans; Jean Bernard, né à Chenôve, 22 ans; Denis Buisson de Corcelles; Philibert Guiot, de Chenôve; François Bouvier, de Marsannay et Claude Lhéritier, de Chenôve. Nous n'avons pas l'âge de Claude Gallois ni des quatre derniers cités.

Le 17 pluviôse an XIII, Claude Gallois, vigneron pro-

---

(1) Arch. municip. de Dijon, B. 250.
(2) 1re partie, *Les Feux de Chenôve à différentes époques;* v. plus haut, p. 72.
(3) Arch. comm. de Chenôve, G. 12. — Un Bénigne Gallois, âgé de 42 ans 2 mois, tomba accidentellement dans le canal, à Longvic, et s'y noya le 7 janvier 1844.

priétaire à Chenôve, et Pétronille Malard, son épouse, obtiennent un jugement du Tribunal de première instance de Dijon, ordonnant qu'il « soit rectifié sur les registres des actes de naissances de la commune de Chenôve une erreur qui a été commise par le curé de cette paroisse qui a baptisé *Catherine Gallois*, leur fille, née le 15 novembre 1780, sous le nom d'*Etienne Gallois*, fils... » Ce fait qui s'est produit de notre temps, était plus rare autrefois, et c'est la première fois que nous le remarquons à Chenôve.

D'autres familles, sans doute étrangères à celle des Gallois de Chenôve, se rencontrent dans notre histoire locale au XVIIe siècle : Philippe Bernardon, seigneur de Renève, eut un descendant du nom de Jean-Baptiste Bernardon, qui fut seigneur de Chenôve et de Corcelles-les-Arts, marié à Jacqueline Gallois. En 1627, Jacques Filsjean épouse Jeanne Galloys. Nous ne tiendrons pas compte de ces noms et passerons de suite à la famille Jolibois.

Parmi les noms que l'on rencontre le plus souvent sur les rôles de feux, concernant le village, aux XIVe et XVe siècles, figurent ceux de *Jolibois* et *Jarrot*. Nous allons consacrer quelques lignes à ces deux antiques familles.

Au nombre de 61 abonnés du rôle de 1375 (1), nous trouvons un Jehan Jolibois. Un autre Jolibois est compris dans les solvables de l'an 1430, et deux Jolibois : Humbert Jolibois et Jehan Jolibois le jeune, sont inscrits dans une cerche de feux qui eut lieu vers 1460. Sur la fin du XVe siècle, cette famille est nombreuse à Chenôve, et le rôle de 1470 mentionne six Jolibois. Ce nom est écrit de deux manières différentes dans les titres : *Jolybois* en un seul mot ou *Joly-Bois* en deux mots ; pour distinguer ces différents membres de la famille, qui souvent portaient le même pré-

(1) Arch. de la Côte d'Or, B. 11,579. Reg. p. 9.

nom, on avait, déjà à cette époque, coutume de faire suivre les noms d'un sobriquet. C'est ainsi qu'à côté de Parisot Jolibois et Guillaume Jolibois, nous rencontrons : Jehan Joly-bois dit Grosse teste ; Jehan Jolibois, dit Besson ; Jehan Jolibois, dit Regnart. Il n'y avait, du reste, pas que cette famille au pays, en 1470, à qui l'on donna des surnoms semblables, nous en rencontrerons d'autres au cours de cette étude ; toutes les familles quelque peu nombreuses en avaient et ne s'en fâchaient pas (1).

Claude Jolibois paye annuellement 15 deniers « pour l'accensissement d'un trot de meix assis à Chenôve, en la rue Bassereau, contenant 9 perches en 1546 (2). » Claude Jolibois, dit Sarrau, en 1600. Antoine Jolibois, vigneron, devait, en 1647, 20 deniers sur un quartier de vigne (3). Jehan Jolibois « l'aîsné » est imposé en 1688. Bénigne Jolibois, de Chenôve, « monnoieur » à Dijon, en 1703. Un prêtre mépartiste de l'église Notre-Dame de Dijon, appelé Jolibois et né dans cette ville d'une famille originaire de Chenôve, vient au pays, le 20 novembre 1753, pour marier son cousin J.-B. Jolibois, fils de Philippe Jolibois et de Catherine Galois, avec Elizabeth Jacotier. Nazaire Jolibois paraît en 1764. La gérance de la perception de Chenôve fut adjugée, par procès-verbal du 20 fructidor an VIII, au sieur Jean Jolibois fils (4).

Cette famille a encore de nombreux descendants à Chenôve.

La famille *Jarrot* est ancienne aussi. En 1430, Jeannot

---

(1) On trouve Jehan Javequin, dit Moreaul, et Jehan Fournerat, dit Normant (rôle de 1470). Le prénom de Jean était très commun.
(2) V. plus haut, 1re partie, chapitre I, p. 13.
(3) Arch. de la Côte-d'Or, B. 4333.
(4) Arch. de Chenôve. G. 1.

Jarrot fait partie des feux solvables de la communauté ; on voit plusieurs familles de ce nom, et entre autres un Jehan Jarrot, sur la cerche de feux de 1460. Dix ans plus tard, André Jarrot présente avec Jehan Javequin, dit Moreaul, Robert li Grivault et Valentin Morisot, tous habitants de Chenôve, le rôle de la communauté sur lequel figurent deux autres Jarrot, notamment Jehan Jarrot, dit Canbry.

Claude Jarrot est témoin, en 1700, d'une abjuration de protestantisme, ainsi que cela résulte des lignes suivantes, copiées sur les actes de l'état civil :

« Je soussigné prêtre, curé de Chenôve, diocèse de Chalon-sur-Saône, ayant pouvoir du R. P. Cloyseau, grand vicaire et official dudit diocèse, certifie que la nommée Marguerite Colignon, native de la ville capitale du Palatin, femme de François Catan, soldat au régiment de Corse ? a reçu dans l'églize dudit Chenôve les cérémonies de baptême et a fait entre mes mains une libre et volontaire abjuration de l'hérésie des prétendus réformés dans laquelle elle avoit esté toute sa vie, avec une solennelle protestation de vivre et de mourir dans la religion catholique ; fait en présence d'Anthoine Debout et de *Claude Jarrot*, témoins soussignés avec moy le 20 mars 1700. Lebert, prêtre curé... »

Le 12 novembre 1704, la communauté de Chenôve fait sommation à ce même Claude Jarrot de payer 13 livres 6 sous pour lesquelles il est imposé au rôle des tailles (1). Nous avons déjà rencontré des membres de cette famille, aux XVIe et XVIIe siècles. Un Claude Jarrot, officier à la monnaie de Dijon, mourut à Chenôve, âgé d'environ 40 ans, et fut enterré le 17 septembre 1706. Sa femme, Etiennette Changenet, le suivit de près dans la tombe, puisqu'elle fut inhumée le 26 septembre de la même année.

(1) Arch. de Chenôve, G. 12.

Le nom de *Changenet* viendrait, d'après La Monnoye, de Saint-Genest. On trouve à Dijon et à Chenôve plusieurs Changenet et à différentes dates. Jehan Changenet, de Chenôve, paye à l'abbaye de Saint-Bénigne une certaine somme d'argent, en 1589, pour une vigne sise « au clodz de Valendon » appartenant audit couvent (1). Toutefois cette famille n'est pas bien nombreuse, à Chenôve, à cette époque ; sur les registres de l'état civil, qui datent du commencement du siècle suivant (1637), il nous faut arriver à l'année 1668 pour rencontrer ce nom aujourd'hui si répandu, dans l'acte de baptême, du 26 mars 1668, d'Estiennette, fille de Dominique Changenet et de Marguerite Boisselier, qui a pour parrain Philippe Jolibois et pour marraine Estiennette Boiselier.

Nous avons toujours pensé que cette famille, qui ne figure pas sur nos plus anciennes *cerches de feux*, est originaire de Dijon, et non pas de Couchey, comme un des descendants de la famille, habitant Marsannay-la-Côte aujourd'hui, l'a dit dernièrement à l'un de nos amis (2).

Les Changenet sont très nombreux à Dijon et apparaissent à des dates fort anciennes. C'est une véritable famille d'artistes, peintres et sculpteurs : Le peintre Jean Changenet expose, en 1462, qu'il ne possède « maisons, vignes, censes, rentes ne heritaiges quelxcunque excepté la maison où il demeure, qu'est chargiée de IX frans de cense chascun an et est vielle et ancienne et lui est de grant fraiz à maintenir, et avec ce a charge de norir et administrer la vie de cinq petis enfans qu'il a et sa femme preste a gésir (accoucher) » (3). — Il est fait mention des travaux de ce peintre

---

(1) Arch. de la Côte-d'Or, II. 594. F. de Saint-Bénigne.
(2) C'est en vain que nous avons consulté toutes les cerches de feux de Couchey ; nous n'y avons pas rencontré une seule mention du nom de Changenet.
(3) Bernard Prost, *les Artistes dijonnais au* xv*e* *siècle*, p. 30-31.

dans les comptes de la ville de Dijon de 1450 à 1461 ; il figure aussi dans les statuts des peintres et verriers dijonnais, de 1466. On ignore la date de sa mort et sa parenté avec Pierre Changenet, peintre à Dijon de 1470 environ à 1500, et avec un autre peintre bourguignon sinon dijonnais, Jean Changenet, qui paraît avoir été un artiste de valeur, fixé dès 1485 à Avignon où il se maria en 1489 et mourut cinq ans après.

Au XVIIe siècle, on voit un vigneron de Dijon du nom de Changenet qui fait quelque peu parler de lui. Anatoire Changenet, dit le roy Machart, était le chef des vignerons et pauvres artisans qui firent une sédition dans la ville, le 28 février 1630, connue sous le nom de *Lanturelu* et qui éclata au sujet d'un nouvel impôt sur les vins.

Nous trouvons un vigneron poète du nom de Bernard Changenai ou Changenet en 1658.

Le mercredi 13 du mois de novembre 1658, alors que le Roi Louis XIV se trouvait à Dijon, Changenet vigneron de Dijon « vint faire la révérence au Roy et il luy entendit réciter dans la grande salle du Logis du Roy plus de cent cinquante vers bourguignons qu'il venoit de faire en son honneur. Le Roy prit plaisir à l'écouter, et se faisoit expliquer son langage qu'il n'entendoit point (1). »

Changenet passe pour être également l'auteur d'une pièce en patois, intitulée *Lou Mairiaige de Jaiquemar*, de cent vingt-quatre vers, composée vers 1646 ; en voici un fragment :

    Jaiquemar de ran ne s'étonne ;
    Lou froi de l'hivar, de l'autonne,
    Lou chau de l'étai, dou praintan,
    Ne l'on seu ranre mécontan.
    Qu'ai plieuve, qu'ai noge, quai grôle
    Ai l'ai sai tête dans sai caule

---

(1) J. Durandeau, *Aimé Piron ou la vie litt. à Dijon*, p. 283. V. aussi: *Statistique de la Côte-d'Or*, mss des Arch. dép., n° 434, t. I, p. 224.

> Et lé deu pié dan sé saulai :
> Ai ne veu pas sotti de lai !

La Monnoye, que nous avons cité en commençant, s'exprime ainsi en parlant de Changenet : « J'ai de tous tems ouï parler à Dijon d'un vigneron fameux qui avoit un merveilleus naturel pour la poësie bourguignonne, et qui étoit très éloquent dans son patois… » — Quoi qu'il en soit et de l'existence de Changenet et de sa valeur poétique, nous devons reconnaître qu'il est toujours bien vivant en Bourgogne. Il méritait donc une mention spéciale autant que son ami Jacquemart.

Dans les documents ou les titres des archives de la Côte-d'Or, de Dijon ou de Chenôve, dans les actes divers, partout où il est question des Changenet et de toutes leurs branches, le mot est écrit tour à tour : Changenay, Changenai, Changenest ; malgré ces insignifiantes variations d'orthographe, ces noms désignent les membres d'une seule race et très souvent les mêmes individus.

Etienne Changenet et Bénigne Derey quittent la paroisse en 1759 pour aller habiter Corcelles-les-Monts. Jacques Mallard et Nazaire Changenet sont les deux principaux habitants de Chenôve en 1764.

Valentin Changenet, prêtre religieux carme, a apposé sa signature sur deux actes de baptême de la paroisse en 1721 : le 28 août, c'est celui « d'Estienne, fils légitime de François Jacotier et de Pétronille Jarrot, ses père et mère ; son parrain a esté honorable Estienne Jolibois l'aîné, marchand à Chenôve, et sa marraine, honnête Marie Pouilly, veuve de Claude Jacotier… » Le 31, nouvel acte de baptême d'une fille de Paquier Mongin et de Claudine Roux (1).

La famille Changenet qui existe encore à Chenôve et

---

(1) Arch. de Chenôve. Reg. de l'état civil.

peut-être aussi à Dijon, s'y est du moins longtemps perpétuée, nous dit Dalmasse, dans sa *Biographie des poètes bourguignons*, puisque, ajoute-t-il, je trouve, dans mon nécrologe dijonnais, un Antoine Changenet, vigneron, né à Chenôve, le 11 octobre 1702, qui est mort à Dijon le 21 ventôse l'an IX (12 mars 1801) (1), âgé de 98 ans 5 mois et 1 jour. Enfin l'on a signé du nom de Antoine et Jean Changenet plusieurs pièces en patois qui ont paru dans différents journaux de Dijon.

Comme celle des Changenet, la famille *Mallard* n'apparaît guère à Chenôve qu'au XVIe siècle. Elle est aujourd'hui nombreuse. Bénigne Malard, procureur de la communauté en 1708, était né à Chenôve, le 5 mai 1672 de Jacques Malard, vigneron, et de Catherine Rousselot. Il fut baptisé le 8, par Raymond Tuiot, religieux jacobin de l'ordre des frères prêcheurs de Dijon, « comme en ayant esté prié de M. le Deuil, prebtre curé de céans, absent »; Bénigne Galois et Claudine Décologne lui servirent en qualité de parrain et marraine (2). Plusieurs Mallard ont rempli les charges de procureurs ou d'échevins de la communauté aux XVIIe et XVIIIe siècles : Mallard le jeune, en 1735 ; Jacques Mallard, en 1759 ; Etienne Mallard, en 1762 ; Jacques Mallard en 1772 et 1778 (3). Nommé collecteur des tailles royales pour 1750, nous lui avons vu jouer en 1790 un certain rôle comme officier municipal de la commune. Il mourut le 30 août 1825, âgé de 85 ans ; sa tombe est encore en dehors de l'église, contre la porte latérale nord.

---

(1) L'Annuaire de 1822 fait mourir Antoine Changenet en l'an X, c'est une erreur.
(2) Arch. de Chenôve. Reg. de l'état civil.
(3) On trouve aux archives de Chenôve, G. 12, une réclamation du sieur Jacques Mallard pour surtaxe de taille, du 2 juin 1772.

A cette époque, le plus souvent, le nom est écrit *Mallard*, tandis qu'antérieurement, on écrivait *Malard*.

On raconte à l'actif d'un membre de cette famille une histoire, que M. J.-B. Mallard, de Chenôve, nous a rapportée le lundi 6 juin 1892. Il paraîtrait qu'en 1812 ou 1815, un nommé Mallard aurait fait le pari de boire douze verres de vin pendant la sonnerie des douze coups de midi. Bien que l'ancienne horloge de Chenôve sonnât très lentement, beaucoup de nos lecteurs auront peine à croire que notre homme but dans l'espace voulu le nombre de verres indiqués. Nous les étonnerons encore davantage, quand nous leur dirons qu'au neuvième, Mallard avala un écu de 6 francs que le plaisant parieur, se voyant sur le point de perdre, avait furtivement jeté dans son verre. Depuis cette singulière aventure, on n'appelait plus ce personnage que par le sobriquet de Mallard *l'écu de six francs*, qui est resté à sa postérité.

Une bizarre coïncidence qu'il est utile de signaler; plusieurs membres du Parlement de Dijon ont porté les mêmes noms que nos familles de Chenôve; nous ignorons s'ils avaient quelques rapports avec elles. *Jean Changenet* était secrétaire du roi en 1540; *Etienne Changenet*, substitut, pourvu sur la nomination de Claude Bouillet, le 1er mars 1674 et reçu le 14, mourut le 12 mars 1694 et fut remplacé par *Philippe Sigault* (1). Les Changenet portaient : *D'azur au chevron d'or accompagné de trois roses de même* (2).

---

(1) Philippe Sigault, substitut (nous croyons bien qu'il y a une famille de ce nom à Chenôve) portait d'après l'armorial de 1696 : *D'or, à une cigogne d'argent, posée en pointe et deux étoiles d'or en chef*. On trouve du même nom Jean, président au grenier à sel de Dijon en 1691, et un autre Jean qui fut remplacé en 1744 dans la charge de procureur général à la table de marbre.

(2) J. D'Arbaumont, *Arm. de la Chambre des comptes*, p. 401. V.

Vincent Savot, seigneur d'Ogny, mort le 10 septembre 1663 (1), eut pour successeur comme président à la Chambre des comptes de Dijon, *Jacques Boyvault*. Nous ne savons si l'origine de la famille Boiveau de Chenôve, dont l'un des membres fut directeur de la fanfare, serait étrangère à ce personnage.

Nous venons d'étudier les vieilles familles du pays, et nous pensons qu'il convient également de consigner quelques notes sur l'ancienne municipalité de Chenôve.

L'administration des villages par les assemblées d'habitants a existé presque partout en France depuis le moyen âge jusqu'à la Révolution. Avant l'organisation régulière des municipalités qui furent établies par lettres patentes de Louis XVI, données à la suite d'un décret de l'assemblée nationale, au mois de décembre 1789, la communauté de Chenôve était administrée par des échevins et procureurs (2), elle pouvait en nommer un ou plusieurs ; le nom de procureur accompagna d'ordinaire jusqu'à la fin du xvii° siècle, le nom de syndic. L'élection était alors annuelle et nous avons tout lieu de croire qu'elle se faisait au mois de décembre, aux approches de Noël.

Nous pensons être particulièrement agréable aux habitants de Chenôve, en publiant la liste des principaux notables du lieu depuis 1605 à la Révolution. Plusieurs d'entre eux trouveront dans cette nomenclature de procureurs, syndics ou échevins les noms de leurs ancêtres, et, à ce seul titre, elle mérite d'être rapportée ici.

encore sur les Changenet : *Familles de Bourg.*, mⁿ de la Bibl. de Dijon, t. I, p. 247, v°.

(1) Les Savot portaient : *d'or, à trois merlettes de sable.*

(2) Le Procureur, c'est-à-dire l'agent, le surveillant de la communauté était un officier particulier qui ne faisait point partie du corps municipal ; ses attributions se bornaient à requérir et stimuler les assemblées communales sur toutes les affaires importantes.

1320-21. Huguenin le Foleaul, Guillaume Jaquot, Vivien Sarrazin et Hugues Daumaigne, figurent comme procureurs dans la charte d'abonnement ci-dessus rapportée.

Le plus ancien registre des délibérations de la communauté (du 13 mars 1605 au 16 mai 1758) (1), nous donne tous les noms des procureurs, avec des détails sur les comptes qu'ils rendaient chaque année devant deux personnes nommées par les habitants réunis en assemblée générale. Nous nous bornerons à donner les noms de quelques-uns de ces officiers publics.

1605. Bernard Debout et Charles Maugueroz, procureurs.
1609. Martin Gassepoire ? procureur.
1612. Philippe Jolybois, dit Guidot et S. Bart « dudict lieu, choisis pour servir de procureurs de la communauté ».
1652. Claude Gallois et François Lautrey, procureurs.
1655. Jehan Baugey et Jehan Sorlin, procureurs.
1656. André Poulley et François Jolibois, procureurs.
1657. Pierre Jolibois et Louis Cordier, procureurs.
1658. Jean Guiot et Claude Debout, procureurs.
1660. Claude Jarrot le jeune et Jacques Gallois, procureurs.
1664. Pierre Bernard, procureur. « André Pouilley, Claude... Nicolas Collot, Jacques Galloy, Toussaint Baudrot, eslus par les habitants estant assemblés au-devant de l'église au son de la cloche à la manière accoutumée », le 29 mars 1664 pour travailler à la confection du rôle.
1667. Mᵉ Baltazar Changenet, substitut en la justice et Mᵉ Florant Pouilly, substitut du procureur d'office (2).
1668. Claude Debout et Claude Esmonin, procureurs.
1670. Jean Jolibois le jeune et Dominique Changenet aussi le jeune, procureurs.
1671. Bénigne Gallois et Jacques Mallard, procureurs.

1672. Philippe Jolibois et Augustin Cordier, procureurs.
1675. Claude Debout le jeune et Claude Jolibois, procureurs.
1682. Le 13 mars « à la manière accoutumée et aux sons de la cloche a esté faicte assemblée par plusieurs habitants pour choisir deux procureurs au lieu et place de Bénigne Changenet et Jean Pouilly, ci-devant procureurs. » Etienne Mallard et François Lapostolet sont nommés [pour leur succéder (3).
1685. Claude Gallois, procureur, Gallois, échevin (4).
1686. Jean Baugey, procureur de la communauté. Charles Jarrot ; François Pouilly ; Bénigne Changenet ; Philipo Gallois, habitants, chargés de confectionner le rôle.
1687. Jean Baugey et Charles Jarrot, proc.
1688. Louis Fournier, procureur.
1692? Augustin Cordier, procureur.
1696. Claude Lespine, procureur.
1697. Richard Gallois, procureur.
1698. Claude Dubois, procureur.
1699. Estienne Jolibois, procureur.
1700. Guillaume Pouilly, procureur.
1701. Derey et Claude Jolibois l'aîné, procureurs.
1702. Claude Gallois l'aîné, procureur.
1703. Jacquot F...? procureur.
1704. François Pouilly, procureur.
1705. Emillan Gallois, procureur.
1706-1707. François Grapin, procureur.
1708. Bénigne Mallard, procureur.
1709. Bénigne Jolibois et Claude Derey, procureurs.
1710. Jacques Mallard et Etienne Bernard, procureurs.
1711. Estienne Changenet, procureur, François Logery, syndic.
1712. Jean Boudrot et Blaize Grapin, procureurs, Bernard Guyot, syndic.
1713. Claude Noblet, procureur.
1714. Jean Bart, procureur.
1715. François Gallois le jeune, « marchand thonelier »,procureur de la communauté et collecteur des tailles. Jean Bart, procureur syndic.

---

(1) Arch. de Chenôve, D. 1. Reg. de délib.
(2)   Id.   Id.   p. 65.
(3)   Id.   Id.   p. 73.
(4) Jusqu'au siècle dernier le titre d'échevin a été donné et conservé aux personnes remplissant ce qu'on appelle aujourd'hui les fonctions de conseiller municipal. On dit que *l'echevinage* fut créé par le duc Eudes III à son retour de la quatrième croisade.

1716. Richard Fournier, procureur.
1717. Claude Gallois, procureur, Richard Fournier, procureur syndic.
1718. Philibert Debout, procureur.
1719. Etienne Jolibois puiné (1), et Claude Jolibois le jeune, procureurs.
1720. Estienne Jolibois le jeune et Bazenet, procureur ; Guillaume Lhéritier, procureur syndic.
1721. Philibert Couillet, procureur syndic.
1723. Nazaire Jolibois, procureur.
1724. François Jacotie ou Jacquotie, procureur (2).
1725. Philippe Gallois, procureur.
1726. Claude Couillet, procureur.
1727. Jean Jolibois, procureur.
1728. François Carré, procureur et Philippe Gallois, syndic.
1729 ? 1730. Claude Robinot, procureur.
1731. Bénigne Bernard, procureur.
1732. Philippe Souvernier, procureur.
1733. Philippe Derey (3) et Etienne Gallois, procureurs.
1734. Etienne Gallois, procureur.
1735. Mallard le jeune, procureur.
1736. Jacques Treuffin, procureur.
1737. Claude Cormillot, procureur (4).
1738. Claude Gallois, procureur.
1739. Pierre Debout, procureur.
1740. François Guyot, procureur.
1741. Claude Guyot, procureur.
1742. Jacques Blaiset, procureur.
1743. Pierre Joblin, procureur.
1744. Jean-Baptiste Bourlier, procureur.
1745. Jacques Sorlin, procureur.
1746. Claude Dubois, procureur.
1747. Claude Dechampt, procureur.
1749. Claude Gallois le jeune, procureur, 23 décembre 1748 à 29 décembre 1749.
1750. Etienne Savot ? (il signe E. Savos) 19 décembre 1749 à décembre 1750.
1751. François Derey le jeune, du 22 décembre 1750 au 22 décembre 1751.
1752. François Fournier, du 22 décembre 1751 au 22 décembre 1752.
1753. Pierre Lenoir, du 22 décembre 1752 au 19 décembre 1753.
1754. Bénigne Bernard le jeune, du 19 décembre 1753 au 23 décembre 1754.
1755. Jacques Gautier, du 23 décembre 1754 au 22 décembre 1755.
1756. Nazaire Changenet, du 22 décembre 1755 à décembre 1756.
1757. Jean Logery, de décembre 1756 à décembre 1757.
1758. Etienne Mongin et Jean Jolibois, procureurs.
1759. Claude Robinot et Jacques Mallard, procureurs.
1760. Philippe Carré, procureur.
1761. Pierre Zernant, procureur syndic.
1762. Etienne Mallard, procureur syndic.
1763. Claude Chandelier, procureur syndic.
1764. F. Derey, procureur.
1765. François Bernard, procureur.
1766. Claude Crepet, procureur syndic.
1767. Jean Jolibois, procureur.
1768. Claude Robinot, procureur.
1769. Denis Chandelier, procureur syndic.
1770. Claude Gallois le jeune, procureur.
1771. Jean Bernard, procureur.

(1) Une veuve d'Etienne Jolibois, « monnoyeur de la monnoie de Dijon, » meurt le 5 octobre 1783, à Plombières-les-Dijon, à l'âge de 75 ans. Etait-ce de la même famille ?

(2) On conserve aux Arch. comm. de Chenôve I 7, 3 pièces sur une instance de François Jacotier contre les habitants de Chenôve, le 15 juin 1755.

(3) La famille Derey, on le voit, est une ancienne famille de Chenôve qui a encore des représentants aujourd'hui. C'est à l'une des branches de cette maison qu'appartient Mlle Augustine Derey, dont le dévouement envers les pauvres et les malades est bien connu au pays. Devenue orpheline, Mlle Derey fit de sa vie trois parts : une pour l'instruction des enfants ignorants ; l'autre pour le soin des malades ; enfin, la troisième pour le service des pauvres. Le 12 juin 1870, la *Société d'encouragement au bien*, de Paris, qui, à l'exemple de M. de Monthyon, se propose de rechercher et de signaler, par des récompenses publiques, les dévouements obscurs et les vertus cachées, décernait une médaille d'honneur à Mlle Derey qui était alors âgée de 30 ans ; M. Honoré Arnoul, secrétaire, commence, dans son rapport, par dire que c'est une admirable page de morale en action que la vie simple et modeste de cette humble fille, puis il étudie de près cette vie toute de dévouement et d'abnégation et termine en disant que ce qui relève le mérite de Mlle Derey c'est qu'en tout elle « agit sans bruit, sans ostentation, en toute simplicité, guidée par son cœur. Elle ne s'imagine pas qu'elle sort de la vie ordinaire ».

(4) Le 12 février 1737 les sieurs Claude Guyot, Claude et Philippe Derey sont nommés collecteurs des tailles (Arch. de Chenôve, G. 1).

1772. Jacques Mallard, procureur.
1773. Bénigne Gallois, procureur.
1774? 1775. Louis Guyot, procureur échevin.
1776. François Bourlier, procureur échevin.
1777. François Gallois, procureur échevin.
1778. Jacques Malard, échevin.
1779. Claude Blaizet, syndic.
1780 Nazaire Guyot, vigneron et procureur de la commune.
1781. Philippe Guyot, procureur syndic.
1782. Bénigne Fleuriet, procureur syndic échevin.
1783. Jean Bernard, procureur syndic (1).
1784. Nicolas Larnois, échevin, procureur syndic.
1785. Jacques Logery, procureur syndic, éch.
1786. Claude Covillet, syndic échevin.
1787. Claude Lhéritier l'aîné, syndic échevin.
1788. J.-B. Souvernier, syndic échevin et procureur en 1790.

Moins privilégiée que l'administration municipale actuelle, la communauté de Chenôve, n'a eu que fort tard, pour délibérer, un local spécial. Comme partout ailleurs, les habitants se réunirent d'abord au-devant de l'église ; plus tard, quand la commune eut une école, « une maison rectorale », comme on disait alors, c'est là qu'elle se rendait, ou bien encore à la halle. D'autres fois c'était chez un procureur. En 1655 la communauté se réunit dans la maison de Jean Baugey, l'un des procureurs ; deux ans plus tard c'est chez le procureur Pierre Jolibois. Les comptes de Claude Gallois l'aîné, procureur en 1701, sont rendus en la maison curiale, par devant le curé Bonniard. Sur la fin du xviiie siècle seulement on parle d'une maison commune.

De tout temps Chenôve a compté plusieurs conseillers, maîtres des comptes et autres dignitaires du Parlement parmi ses forains, soit qu'ils y fussent attirés par les grands souvenirs des ducs de Bourgogne, ou par le chapitre d'Autun, ou simplement par le voisinage de Dijon. Nous pouvons signaler comme revêtues de ces charges honorables les familles *Jannon* et *Morelet*, qui furent propriétaires de beaucoup de terres jusqu'à la Révolution.

---

(1) Dans les volontaires de 1815, on remarque Bernard Etienne, né à Chenôve, entré le 25 novembre 1815 au service militaire, et passé à la légion de la Côte-d'Or, le 9 juin 1818.

La maison qu'habitaient les Jannon, à Chenôve, est située à gauche, à l'entrée de la rue de la Montagne. Après avoir servi à un trésorier de France, Hugues Jannon, d'une famille originaire d'Auxonne, elle passa à plusieurs conseillers et présidents au Parlement de Bourgogne (1), Jean Jannon et Nicolas, son fils, la possédaient quand arriva la Révolution. Elle fut vendue comme bien national et est ainsi décrite par Antoine Pattuet, entrepreneur à Dijon, expert nommé le 22 septembre 1793 :

« Plusieurs corps de bâtiment composent la maison Jannon, elle a cour, jardin, écurie, pressoir, aisances et dépendances, et joint de levant un treige et la maison de Cyprien Philippe Diot, de midi un jardin clos de mur et dépendant de ladite maison, de couchant un clos de vigne appartenant au même, de nord le chemin de Corcelles. Cette maison a une grande cour pavée avec une porte à passer des voitures, une autre petite à côté. Le principal corps de bâtiment entre cour et jardin a 79 pieds de longueur sur 29 et quatre pouces (2). »

Vendu le 29 nivôse, l'an second de la République, l'habitation des Jannon fut acquise par Louis Crépet, Jean-Baptiste Souvernier, Claude Covillet et François Ternant, sur une mise à prix de 8,500 livres pour 22,000. Ils se partagèrent la maison. Le mobilier de Jannon père et fils, émigrés, qu'on trouve encore écrit Jeannon, fut vendu le 8 avril 1793.

Le dernier possesseur de la maison, Nicolas Jannon, fils de Jean, était né le 9 décembre 1738 ; il mourut le 1er mai

---

(1) Un Hugues Jannon fut pourvu d'un office de substitut du procureur général au parlement en 1682. Armes : *de gueules à trois quintefeuilles d'argent* (V. J. d'Arbaumont, *Armorial de la Chambre des comptes*, p. 476).

(2) Arch. de la Côte d'Or. Série Q. 1, carton 35.

1829, après avoir rempli la charge de président au Parlement, avant la Révolution. Il est enterré à l'ancien cimetière de Dijon où l'on voit encore sa tombe près de la chapelle.

Nous ne savons à quelle époque la famille *Morelet* vint s'établir à Chenôve, toujours est-il que Jeanne, fille de Morelet, marié à Marie Chotard (1), est marraine avec Claude Jannon, écuyer, d'une cloche de l'église bénie en 1682 ; Bernard, fils de Claude Morelet, dont le nom de sa fille Marguerite paraît sur une cloche de 1738, auditeur en la Chambre des comptes de Dijon, fit inscrire dans l'armorial de 1696 les armoiries suivantes : *d'or à une bande de gueules accompagnée de meures de pourpre.* En 1738 il avait remis sa charge. Les inscriptions des cloches portent toutes ce nom écrit Morlet.

Un des derniers propriétaires de la maison Morelet aujourd'hui l'habitation de M. Jolibois, est Louis Morelet, chevalier de l'ordre royal et militaire de Saint-Louis, qui figure au nombre des principaux propriétaires forains de Chenôve, en 1819.

L'habitation parlementaire des Morelet est pour ainsi dire une maison historique. C'est là que vécut pendant longtemps le conventionnel *Berlier*, sur lequel le lecteur nous permettra de nous arrêter un instant.

Théophile Berlier, né à Dijon le 1er février 1761, l'un des avocats les plus distingués du Parlement de Dijon, fut nommé successivement président du directoire de la Côte-d'Or en 1791 et député de ce département à la Convention nationale en 1792. Quelques lignes ne suffiraient pas si nous voulions faire ici la biographie de ce personnage ; c'est

---

(1) V. J. d'Arbaumont, ouv. cité, p. 264.

un livre tout entier qu'il faudrait consacrer pour retracer la vie si mouvementée de notre compatriote pendant la Révolution de 1789, car en effet « le nom de Berlier se trouva mêlé à tous les événements de la Révolution ; rappeler les actes auxquels il prit part et les juger, ce serait refaire l'histoire complète de cette période de douloureuse transformation sociale (1) ». Il n'entre pas dans notre plan de retracer les différentes phases de sa vie, ni de raconter comment, après avoir occupé plusieurs charges politiques avec modération et sagesse, il fut banni de France par la loi d'amnistie du 18 janvier 1816, qui le força à se retirer en Belgique où il publia des travaux historiques tels que la *Traduction des commentaires de César* et un *Précis à l'histoire des Gaules*. La Révolution de 1830 permit enfin à Berlier de rentrer dans sa patrie, mais alors il n'aspirait plus, suivant ses propres paroles, « qu'à occuper, auprès du foyer domestique, la tranquille place du vieillard fatigué (2) ». Ses dernières années s'écoulèrent paisiblement à Dijon et à Chenôve, dans la retraite la plus profonde. Il mourut le 12 septembre 1844, à l'âge de 83 ans.

L'abbé Genevoix, ancien curé de Chenôve, qui, bien que n'exerçant plus son ministère dans la paroisse depuis 1848, avait tenu à y finir ses jours, s'éteignit, dans cette maison, le 28 mars 1851 (3).

L'immeuble qui a appartenu à la famille Morelet, qui a été habité par Berlier et où est mort un vénérable pasteur de l'église de Chenôve, est aujourd'hui la propriété

(1-2) *Berlier et le Code Napoléon*, par Etienne Metman, pp. 4 et 19.
(3) Ce nom, écrit Genevoix ou Genevois, est toujours le même ; nous maintiendrons la première orthographe car elle a été employée avec plus de fréquence; néanmoins, il convient de corriger l'épitaphe de cet ecclésiastique, rapportée ci-devant, p. 113, et de lire Claude Genevois au lieu de Gennevois, et Priez Dieu pour le prêtre, au lieu de ce prêtre.

de M. Jean-Baptiste-André Jolibois, docteur en droit, doyen de l'ordre des avocats du barreau de Dijon, qui a prêté serment le 6 novembre 1833 ; c'est un descendant de l'ancienne famille que nous avons étudiée. Il est né à Chenôve le 30 novembre 1809, de Jean Jolibois, propriétaire vigneron, et de Pétronille Souvernier.

Au commencement du siècle il y avait encore, parmi les forains de Chenôve, des personnages de marque. En 1821, au nombre des propriétaires qui résidaient dans la commune on remarque *Legras* (Philippe), ancien avocat au conseil du roi et chevalier de l'ordre royal de la légion d'honneur.

Après avoir jeté un coup d'œil sur les forains qui ont illustré le village au cours du xviiie siècle, nous devons mentionner par ordre de date les hommes remarquables qui sont nés ou décédés à Chenôve :

L'abbé *Claude Meurgey* décédé curé doyen de Pouilly-en-Auxois, le jeudi 22 janvier 1885, à l'âge de 71 ans, était né à Chenôve, le 19 janvier 1814, de Bénigne Meurgey et Pétronille Guyot. Successivement vicaire à Saulieu, curé de Lanthes et de Santenay, il fut appelé en 1858 à la cure de Pouilly qu'il administra par conséquent pendant 27 ans. Son père et sa mère moururent tous deux à l'âge de 83 ans, à Chenôve, le premier le 28 mai, la seconde le 18 décembre 1868.

Antoine Antoine, né à Auxonne le 22 août 1744, est mort à Chenôve en mai 1818. Il fut successivement voyer de sa ville natale, ingénieur des ponts et chaussées des états généraux du duché de Bourgogne, puis du département de la Côte-d'Or et enfin juge de paix des cantons de Dijon (*extra muros*). Antoine avait été reçu membre résidant de l'académie de Dijon le 1er messidor an VI. Il se fit remar-

quer pendant la Révolution, lors de la démolition de la rotonde de Saint-Bénigne, le 20 février 1792. Amanton écrivit une notice nécrologique sur Antoine Antoine qui parut dans le *Journal de la Côte-d'Or*, du 27 juin 1818 et Vallot en publia une autre dans les *Mémoires de l'académie de Dijon* (S. P. du 4 juillet 1819, p. 69).

Nous avons vu jouer, à l'ancien ingénieur Antoine, un certain rôle à Chenôve, pendant la Révolution, où il estima des propriétés aliénées comme bien national. En 1796 il était agent municipal.

Après cela nous avons l'illustre peintre *Jean-Baptiste* dit *Jean-Jean Cornu*, qui a laissé de si beaux souvenirs. Il était né à Chenôve le 11 mai 1821 et est mort au même lieu le 6 septembre 1876. C'était le fils de l'instituteur Laurent-Joseph Cornu, qui mourut jeune en 1823 ; sa mère Marie Tignolet appartenait à une honorable famille du Jura et son frère aîné *François Cornu*, qui exerça la profession d'architecte, était né aussi à Chenôve, le 11 janvier 1819 (1). On a sans doute confondu les dates de naissance des deux frères, car beaucoup de personnes font naître J.-J. Cornu en 1819 ; à l'aide des registres de l'état civil il nous a été possible de pouvoir donner avec exactitude l'année de la naissance de chacun d'eux. J.-J. Cornu montra de bonne heure des dispositions remarquables pour tous les arts du dessin. Il devint peintre sans jamais avoir eu de maître. Ses œuvres, parfois naïves, témoignent d'un profond sentiment de la nature et sont recherchées des amateurs bourguignons.

C'est à l'exposition de Dijon, en 1858, que Cornu se révéla entièrement ; il y avait envoyé huit toiles qui furent

---

(1) Une nièce ou une cousine de notre peintre a été religieuse à l'hôpital de Dijon.

très remarquées, entre autres : *La vue des montagnes de Dun ; la vue de la plaine de la Côte-d'Or prise de la montagne de Chenôve; les environs de Flavignerot ; la Combe Morizot, à Chenôve*, une de ses combes favorites et qu'il a reproduite sous toutes les formes. D'ailleurs il s'est plu surtout à peindre les environs de Dijon, les friches, les roches et les combes. Son œuvre est considérable et presque exclusivement bourguignonne. Il n'a fait qu'une infidélité à ses combes natales pour les *Sources du Lison* (1) *et la grotte Sarrazin*, mais elle dura peu (2). Cornu restera populaire parmi nous car il a bien aimé et bien compris son pays. J.-J. Cornu, qui était capitaine d'une compagnie de francs-tireurs de la Côte-d'Or, s'est distingué pendant la guerre de 1870-71 dans notre département (3).

Pour perpétuer sa mémoire un buste modelé par un sculpteur dijonnais, Joseph Garraud, fut placé en 1877, au cimetière de Chenôve, où il est enterré, et surmonte un bloc

---

(1) Ce tableau se trouve aujourd'hui au musée de Dijon. Il figura au salon de 1868; M. Ch. Poisot, dans un article intitulé : *les Artistes bourguignons au salon de 1868*, paru dans la *Bourgogne*, d'Albert Albrier, 1re année, n° 5, dit... Nous avons découvert le *Paysage* de M. Cornu, de Chenôve ; mais il est placé si haut que nous sommes parfaitement convaincu de l'absence d'intrigue de la part de l'auteur. Les rochers du premier plan à gauche nous ont paru un peu crus, mais il y a un joli fond d'arbres dans ces bords du Lizon, dont on nous a beaucoup vanté la source... »

(2) Cornu ne fut pas spécialement peintre paysagiste; il fit aussi le portrait et réussissait même à donner de belles productions dans ce genre, témoin *le portrait de M*lle *Jolibois ainée* et d'autres encore. Quant à la somme de tableaux qu'on doit à cet artiste, elle est, en effet, comme le fait remarquer Clément-Janin, considérable. Feu M. Borthon en possédait deux qui sont passés dans sa famille, c'était : *Une ferme du pays bas en Bourgogne*, effet de soleil levant (toile, h. 27 cent., larg. 38 cent.) et *Vue prise dans la haute Bourgogne*. Sur le devant une mare. Signé et daté: J.-J. Cornu (toile, haut. 54 cent. larg. 76 cent.). V. *Catalogue des tableaux et objets d'art de la collection E. Borthon*. Dijon, MDCCCXC, pp. 22 et 23.

(3) Clément-Janin : *Journal de la guerre de 1870-71 à Dijon*, 1re partie, pp. 26, 58, 59, 65.

de rocher, en forme de piédestal. Clément-Janin a fait son éloge dans le *Progrès de la Côte d'Or* du 7 septembre 1876. Comme artiste, Cornu appartient à l'école de Courbet.

Le tableau du musée de Dijon, peint par son ami France, nous le représente avec une fidélité parfaite c'est d'après lui que nous donnons le portrait qui accompagne cette biographie.

Parmi les contemporains vivants, appartenant à l'Eglise, citons, bien qu'il ne soit pas dans l'ordre chronologique : M. l'abbé *Claude-François-Théodore-Quentin Poinselin* qui fut supérieur du petit séminaire Saint-Bernard de Plombières et est aujourd'hui chanoine titulaire de la cathédrale de Dijon. Il naquit à Chenôve, le 26 janvier 1831, de Quentin Poinselin, tonnelier, et de Jeanne Jolibois.

Il succéda, en janvier 1881, à l'abbé Collier récemment décédé, comme supérieur du petit séminaire — il était directeur. — En annonçant à ses lecteurs cette nomination, la *Chronique religieuse de Dijon*, du samedi 15 janvier s'exprime ainsi... « Nous n'avons pas à faire l'éloge de M. l'abbé Poinselin. Depuis 27 ans qu'il collabore à l'œuvre du petit séminaire, le clergé et les familles ont pu apprécier son dévouement et son mérite. Nul parmi nous n'ignore cette distinction d'esprit et de cœur, cette esquise délicatesse, ce tact parfait qui brillent entre toutes les qualités du nouveau supérieur. Un long professorat dans les classes de grammaire et de mathématiques, et surtout la charge de directeur qu'il remplit depuis dix ans, l'ont admirablement préparé à l'importante mission qui lui est désormais confiée... »

Nous n'ajouterons rien à ces éloges justement mérités.

Quelques religieuses sont également sorties de la paroisse de Chenôve. La première Mlle *Anne Savot*, qui a encore de la famille au village et notamment une nièce Mme Savot-

Covillet, entra comme postulante le 25 août 1801 et reçut le 9 novembre de l'année suivante l'habit de novice des hospitalières de l'Hôtel-Dieu d'Auxonne. Anne Savot remplaça, comme supérieure de cette maison, le 29 décembre 1813, sœur Boursot, décédée le 23. Elle avait à cette époque 33 ans. C'est elle qui posa la première pierre du nouvel hôpital en 1843. La mère Savot mourut le 26 décembre 1847 à l'âge de 67 ans (1).

M*me Octavie Robinot*, en religion sœur Marie du Sacré-Cœur, de la communauté de Sainte-Marthe de Dijon, a été pendant longtemps supérieure de cet établissement où elle se dévoue toujours au service des pauvres et des malades. Dans la même communauté, se trouvait une compatriote, M*me Marie-Claire Bernard*, en religion sœur Marie-Raphaël, décédée à Lyon, le 10 avril 1892, à l'âge de 44 ans, après 25 ans de vie religieuse.

Chenôve réclame encore M*lle Marie Fricot*, novice des religieuses hospitalières de Saint-Jean-de-Losne, décédée dans sa famille, à Chenôve, à l'âge de 25 ans, le 4 septembre 1874, et une demoiselle *Jolibois*, morte il y a peu de temps, et qui était visitandine à Mâcon.

Du docteur *Alfred-Jules Naigeon*, nous ne dirons que quelques mots. Né à Gevrey, le 11 messidor an IV (29 juin 1796), il exerça la médecine à Dijon en 1822 où son talent le plaça dès son début au rang des praticiens les plus distingués ; il fut nommé chirurgien adjoint puis médecin en chef de l'hôpital général de Dijon. Naigeon, appelé à la chaire d'accouchement à l'école préparatoire de Dijon lors de la réorganisation en 1840, fut en même temps professeur

---

(1) Ces détails sont tirés de *l'Histoire de l'hôpital d'Auxonne*, par l'abbé Bizouard, pp. 212.

à la maternité ; il devint directeur de l'école de médecine en 1849. Ses importants travaux d'enseignement et ses occupations nombreuses comme praticien lui laissèrent peu le temps d'écrire, toutefois sa famille conserve de lui un cours d'accouchement manuscrit (1).

Il mourut à Chenôve le 7 novembre 1852. Son acte de décès a été rédigé comme suit par le maire Jacques Changenet-Gallois: « Alfred-Jules Naigeon, âgé de 56 ans, docteur en médecine, domicilié de fait à Chenôve et de droit à Dijon, rue Chabot-Charny, célibataire, né à Gevrey-Chambertin le 29 juin 1796, fils légitime de feu Jean-Claude Naigeon, qui était professeur de dessin, et de Louise-Catherine-Claude Blanchot, décédés tous deux à Dijon, est décédé le 7 novembre 1852, à 2 heures du soir, en sa maison de résidence à Chenôve, rue Roulotte, où nous nous sommes transporté, etc... »

Bien qu'il ne fût pas né à Chenôve, le docteur Naigeon, par son séjour dans ce village, a acquis le droit de prendre place dans notre galerie biographique.

Au même titre qu'Antoine et le Dr Naigeon, *François-Xavier Grillet*, le prédécesseur du propriétaire actuel du chapitre, dont le souvenir à Chenôve est encore vivant dans la mémoire de plus d'un habitant, mérite une mention particulière dans ce chapitre, de même que son épouse *Marguerite Grillet-Poisot* (2) ; au dire de plusieurs personnes, ils étaient tous deux d'une charité exemplaire. Mme Grillet laissa de profonds regrets à sa mort arrivée le 7 mars 1855. Les amis de l'instruction garderont longtemps son souvenir, car elle dota la commune d'une maison d'école

---

(1) *Galerie bourg.*, par MM. Garnier et Muteau (1859), t. II, p. 335.
(2) Le père de Mme Grillet, Nicolas Poisot, a habité le Chapitre.

destinée à l'éducation des jeunes filles (1). On lit, en effet, sur la façade de cet établissement :

Mme GRILLET, NÉE POISOT
POUR L'INSTRUCTION
DES JEUNES FILLES
DE CHENOVE.

M. et Mme Grillet furent enterrés dans l'ancien cimetière de Chenôve, à droite de l'église ; leurs pierres tombales se trouvent aujourd'hui au nouveau. La commune donna à titre de concession perpétuelle, pour le monument de Mme Grillet, à la date du 12 juin 1855, le terrain occupé par sa dépouille mortelle (2).

L'héritier et digne continuateur des traditions de charité de la famille Grillet est M. Charles-Emile Poisot, compositeur de musique, ancien directeur et professeur au Conservatoire de cette ville, le propriétaire d'aujourd'hui (3). Né à Dijon le 8 juillet 1822 d'une famille originaire de Cussey-les-Forges, artiste distingué, il fut d'abord élève de Sénart, Basche, Adam ; il entra ensuite au Conservatoire où il eut pour maître Halevy. En 1850, il fit représenter au théâtre de l'Opéra-Comique *le Paysan*, en un acte, dont le livret est d'Alboise ; plus tard, il donna deux opéras de salon, *le Coin du feu* et *les Terreurs de M. Péters*. M. Poisot a publié plusieurs compositions instrumentales très estimées ; en littérature, il a donné : *Essai sur les musiciens bourguignons*, Dijon, 1854, gr. in-8 ; *Notice sur le*

---

(1) V. plus loin conclusion, *Instruction primaire*, p. 267-268.
(2) Arch. de Chenôve M. 4.
(3) Aucune infortune qui vient à survenir à Chenôve ne reste sans soulagement. M. et Mme Poisot pratiquent la charité avec un empressement qui leur fait honneur ; aussi sont-ils bénis des pauvres du village pour lesquels ils tuent chaque année deux porcs.

sculpteur François Rude, Dijon, 1857, in-8 ; *Histoire de la Musique en France depuis les temps les plus reculés jusqu'à nos jours*, Paris, Dentu, 1860, in-8 ; *Notice sur Charles Brifaut*, Dijon, 1859, in-8 ; *Notice sur Mongin*, Dijon, 1861 ; *Notice sur Rameau*, Dijon, 1865, etc. (1). M. Poisot est membre résidant de l'Académie des sciences, arts et belles-lettres de Dijon où il a succédé à son maître et ami Jules Mercier, et de la Commission des antiquités de la Côte-d'Or ; il est aussi secrétaire de la Société des compositeurs de musique de Paris ; membre de l'Académie de Sainte-Cécile de Rome et de la Société libre des Beaux-Arts de Paris (2).

Au nombre des contemporains distingués, outre les personnes citées plus haut, il convient d'ajouter : *Jean-Eugène Lhommelin*, architecte et conseiller municipal à Dijon, depuis le 5 décembre 1886, né à Chenôve le 20 avril 1835, décédé à Dijon, dans sa maison de la rue Montigny, le jeudi 15 décembre 1888, âgé de 53 ans ; et *M. Nicolas-Paul Bailly*, ancien directeur de l'école normale de Dijon, né le 27 février 1831.

Nous ne pourrions passer sous silence le nom de Mlle Augustine Derey, dont nous parlions il y a un instant, ainsi que celui la dame veuve Fleurier, de Chenôve, décédée à Dijon, en 1886, et qui, animée des meilleures intentions à l'égard des malheureux, donna par testament deux lits à l'hôpital de Dijon, pour soigner deux malades pauvres de la commune. Mais les fonds laissés pour cette fondation ayant été reconnus insuffisants par M. Bouquillard, notaire

---

(3) C'est du Chapitre qu'il composa une plaquette intitulée *de Dijon à Vienne, voyage d'un musicien*, broch. in-12.
(1) *La Bourgogne*, par Albert Albrier, 1re année, n° 7, sept. 1868.

liquidateur, les héritiers ne purent mettre à exécution le désir de cette personne. On ne peut trop citer ces bienfaiteurs obscurs de la pauvre humanité et dont les noms s'oublient trop vite !

On a imprimé à plusieurs reprises que le R. P. Favier, préfet de la mission lazariste en Chine, était né à Chenôve. C'est à Marsannay-la-Côte, village voisin, que cet homme célèbre vit le jour ; mais dès sa plus tendre enfance, ses parents vinrent avec lui habiter Chenôve, et pour n'être pas venu au monde dans cette dernière commune, il n'en a pas moins droit à quelques lignes que nous n'osons lui refuser (1). Sous le titre *Un compatriote*, une feuille locale donnait, le mercredi 11 août 1886, des détails bien curieux sur ce bourguignon. Le P. Favier, vicaire général de l'évêque de Pékin, habite la Chine depuis 30 ans ; il connaît à fond les mœurs et coutumes du pays ; il est l'âme de sa mission qui est très florissante. Ses connaissances multiples le rendent très utile ; il paraît qu'il est à la fois architecte, médecin, facteur d'orgues, horloger, mécanicien et rend par conséquent d'immenses services. Il dirige même

---

(1) La maison de la famille Favier, qui habite encore à Chenôve, est une construction moderne, située rue Basse, à droite. L'abbé Favier, qui a laissé dans son diocèse un souvenir aimé, a attiré sur lui à diverses reprises l'attention des journaux de la capitale ; l'un d'eux lui consacrait en 1881 ce passage à propos du Tien-Tsin : L'hôtel consulaire est une très belle construction toute récente due au génie de M. l'abbé Favier, un vrai missionnaire de la vieille roche ; il a ce qu'ont eu ses devanciers en Chine pour réussir au XVIIIe siècle, en dehors de toute influence diplomatique ou de pression militaire, il est architecte, peintre, photographe, musicien compositeur, peut-être poète en même temps que professeur, prédicateur, directeur des séminaires et des orphelinats et vicaire général. Admirable et étonnante activité ! De plus, il a, ce qui lui vaut la sympathie de tous, indigènes et étrangers, une obligeance rare. (Extrait du *Tour du monde*, année 1881, p. 316, art. en partie reproduit par le *Catholique de Dijon* du samedi 23 avril 1881).

une imprimerie très remarquable. Sa notion des croyances et des traditions chinoises lui facilite les relations avec les gens de cette région, aussi il est souvent reçu par les plus hauts personnages de la cour et notamment par Li-Hung Chang, vice-roi du Petchilly.

CONCLUSION

PÉRIODE CONTEMPORAINE

PRÉCIS CHRONOLOGIQUE DE L'HISTOIRE DE CHENOVE DE LA RÉVOLUTION A NOS JOURS.

Il s'agit maintenant de résumer rapidement le passé de l'ancienne châtellenie de Chenôve que nous venons d'étudier en détail dans les chapitres qui précèdent. Nous avons montré l'origine du village et ses transformations successives et, depuis cette époque lointaine, nous nous sommes attardé à le suivre pas à pas à travers les siècles, le montrant tour à tour sous la domination des puissants ducs de Bourgogne ou bien sous l'autorité des rois de France (1). Rien n'a été négligé, on a pu s'en convaincre, pour donner tout l'attrait désirable à cette première partie de notre travail, qui s'étend de la période gallo-romaine au XVIIᵉ siècle.

(1) On a donné, en souvenir des ducs, à une rue de Chenôve le nom de *Jean Druet*, qui était conseiller du Duc et son receveur général en Bourgogne, en 1466. (V. Peincedé, I, p. 495; XXX, p. 691).

Afin de varier les sujets, à l'histoire civile proprement dite, nous avons ajouté l'histoire ecclésiastique, c'est-à-dire, des seigneurs, les chanoines d'Autun, hauts justiciers du lieu ; des religieux de Saint-Bénigne, qui percevaient la dîme sur la *rue Basse ;* puis ayant étudié les droits et la juridiction de chacun d'eux, mais surtout du premier, nous avons montré avec les feux à Chenôve un tableau de la vie civile au cours des XVe et XVIe siècles et fait voir quelle était l'existence des habitants pendant les trente dernières années du XVIe siècle, qui ont été comme on le sait, douloureusement éprouvées par les grands troubles et les désolants ravages des guerres de religion.

Nous avons pénétré ensuite dans une deuxième partie : *Chenôve archéologique.* Là encore, on peut le dire hardiment, nous ne sortons pas de l'histoire religieuse au moyen âge et dans les siècles qui suivent. Mais alors nos récits roulent sur un autre thème ; au lieu de détails intimes concernant les possesseurs de la seigneurie de Chenôve, c'est la description détaillée de l'habitation où vivait le *terrier* de l'église d'Autun, auquel était confié la gestion du domaine ; de ce château féodal, dans lequel on rendait la justice, on enfermait les prisonniers, on percevait la taille ou redevance fixée par la charte d'abonnement du 31 mars 1320. Comme les temps sont changés ! Aujourd'hui cette maison, que sa position pittoresque seule signale au voyageur, n'a plus ses prisons, ni sa grande salle où se tenaient les audiences solennelles des *jours,* et nous l'avons dit un contemporain de Gui de Chapes ne reconnaîtrait plus la *maison de la terrerie* dans le *Chapitre* actuel.

Nous avons consacré, et nous le devions, de longues pages à la vieille église de Chenôve et à ses curés. Certes, nous aurions été incomplet, si nous avions laissé de côté les croix monumentales érigées sur le territoire de la commune ; un rien a son histoire ici-bas, et en parlant de ces croix, nous avons été naturellement amené à toucher quelques mots de l'ancien village de Saint-Jacques des Vignes, autrement dit Trimolois, de Baateau et Gratoux, trois localités qui ont entièrement disparu de la surface du sol. Les lieudits historiques, tels que le *Clos du Roi*, *les Violettes*, *Mazière*, *Chevenaris*, etc., ont également trouvé place dans la deuxième partie de l'histoire de Chenôve.

La monographie d'une commune doit contenir des faits particuliers et des éléments d'information pour l'histoire supérieure. C'est précisément ce que nous nous sommes proposé de mettre en lumière dans le courant de notre étude. Y avons-nous réussi ? Est-ce que le lecteur ne trouvera pas que nous avons parlé un peu trop longuement de la Saint-Vincent à Chenôve ? Ne s'étonnera-t-il pas des renseignements que nous donnons sur les mœurs, les usages et les coutumes de ce village, prétextant que bien des choses sont superflues ? Nous ne le pensons pas, et croyons plutôt être jugé moins sévèrement ! Mais en revanche, nous osons l'espérer, on a lu avec intérêt le chapitre où se trouvent groupés les faits et les actes de la Révolution de 1789.

Il n'est pas hors de propos de rappeler que, pour être agréable aux habitants de Chenôve, il nous a paru logique de terminer l'histoire de leur pays par une notice sur les anciennes familles et les célébrités locales. Chacune d'elles mérite sans doute une place dans l'histoire du village : mais il ne nous aurait pas été possible de les contenter toutes, c'est pourquoi nous avons donné une liste des notabilités du lieu du xvie siècle à la Révolution.

Voilà l'histoire de Chenôve résumée rapidement. L'auteur se demande maintenant s'il ne doit pas poursuivre au delà du xviiie siècle ses investigations ? Il pense qu'il est de son devoir de tenir ce qu'il a promis dans l'introduction, c'est-à-dire d'étudier d'une façon sommaire, pour ne pas abuser de la patience du lecteur, à l'aide d'un précis chronologique, l'histoire du village, de la Révolution à nos jours.

Pour rendre ce précis en même temps simple, clair, et surtout rapide, nous avons pris pour base de notre travail la liste des maires, puis sous chacun d'eux, nous avons rangé les principaux événements survenus pendant leur administration. De cette façon, d'un coup d'œil jeté sur cette liste, on pourra saisir ce que l'histoire de Chenôve offre de plus essentiel. Aux municipalités nous avons ajouté deux paragraphes, l'un concernant l'Instruction primaire et l'autre les Sociétés artistiques et de bienfaisance.

§ 1er. *Municipalités*

Nous avons donné au dernier chapitre les noms des procureurs, syndics ou échevins de la communauté jusqu'en 1789. Comme suite, rien n'est plus juste, croyons-nous, que de donner les noms des officiers de l'état civil de Chenôve; ce que nous allons essayer de faire ici.

François Bourlier est élu maire le 5 février 1790; nous le retrouverons tout à l'heure.

A partir du mois de décembre 1792, les actes de l'état-civil ne sont plus tenus par le curé, c'est le recteur qui les rédige ou un membre du conseil général de la commune.

En 1793, *Jean-Baptiste Souvernier*, maire. Il fut renommé le 16 vendémiaire an III de la République (1). Jean-Baptiste Aubry et Bénigne Gauthier figurent comme officiers publics de la commune l'an second de la République. Quel-

---

(1) Actes de l'état civil de Chenôve.

ques années plus tard, nous trouvons Antoine Antoine puîné, agent municipal (1796).

Nous savons ce qui s'est passé d'intéressant à Chenôve à l'époque de leur administration (1).

Depuis le 12 prairial an VIII, an IX, an X, et jusqu'en 1811, *François Bourlier*, — il était adjoint le 16 floréal an VIII — mort à Chenôve le 19 août 1812. Une concession perpétuelle dans le cimetière fut offerte par la commune, le 30 septembre 1854 (2). Nous lui avons vu jouer un certain rôle dans sa commune pendant la Révolution. Il fut remplacé en 1812 par *Edme Hannier le Brun*.

Chenôve fournit en 1803 un conseiller d'arrondissement, Antoine Cadet, nommé par le chef de l'Etat, le 24 prairial an VIII et remplacé à la suite du renouvellement par tiers (il avait donné sa démission), le 11 juillet 1811 par Locquin, conseiller municipal de Dijon.

Claude Robinot, maire, et Jean-Baptiste Blaizet, adjoint, sont nommés le 8 juin 1815.

Quatre mois plus tard, le 5 octobre, l'armée des alliés, forte de 100,000 hommes, campe dans les environs de Dijon et s'en empare après deux jours de combat. M. *Hannier le Brun* ayant été réinstallé dans les fonctions de maire en 1816, une partie des habitants de Chenôve abandonne entre ses mains, en 1819, la somme de 839 fr. 90 centimes provenant de l'abandon fait par eux de ce qui pouvait leur revenir pour les réquisitions, spécifiant que cette somme serait employée à des réparations relatives à l'église.

Le 8 novembre 1819 le comte Girardin. préfet de la Côte-d'Or, en vertu des dispositions de lois des 28 pluviôse an VII, 19 floréal an VIII et de l'ordonnance royale du 13 janvier

---

(1) V. IIIe partie, chap. 1er, pp. 178, 183, 184, 186.
(2) Arch. de Chenôve, M. 4.

1816, nomme *Jean-Baptiste Blaiset*, propriétaire à Chenôve, pour remplir jusqu'au 1er janvier 1821, époque du prochain renouvellement, les fonctions de maire, en remplacement du sieur Hannier Lebrun, démissionnaire. Jean-Baptiste Blaiset ou Blaizet, installé le 20 novembre, fut renommé en 1821 ; J. Derey, adjoint en 1820, est encore en fonction en 1823, puisqu'il fait partie du collège électoral.

1823. *Jean Savot*, maire.

Privée de maison commune depuis la révolution (1), le maire propose au conseil d'acheter une construction appartenant au sieur Malet, qui avait l'intention de la vendre de 3000 à 3,500 fr., pour servir de mairie et de logement à l'instituteur : la délibération envoyée au préfet n'eut pas de suite, et la municipalité prit cette maison en location pendant quatre mois et quatre jours seulement. La question du projet d'acquisition d'une nouvelle maison pour la même destination fut reprise, sous l'administration de l'un des successeurs de Jean Savot, le 10 octobre 1839, où l'on parlait de l'habitation de J.-B. Crépet. Le 5 novembre 1840 on fut sur le point d'acquérir la maison Bara. Enfin il était réservé à Jean Savot l'honneur de voir construire la maison commune actuelle (de 1839 à 1841).

Le préfet nomma maire provisoire, le 12 septembre 1830, *Mallard Fion*, en remplacement de Jean Savot. Le 22 du même mois, le sieur *Gallois-Achery*, propriétaire vigneron, est nommé par le préfet maire de Chenôve, en remplacement de Mallard.

Sous son administration un arbre de la liberté fut planté

---

(1) On trouve aux Arch. de Chenôve M. 1, une délibération de la municipalité, à la date du 17 juillet 1793, concernant l'exhaussement et l'agrandissement de l'ancienne maison commune et le procès-verbal d'estimation de la même maison, en l'an V de la République.

le 24 février 1831 sur la place publique; les frais occasionnés par cette plantation montèrent à 66 fr. La même année il fut remplacé par :

Jacques Gallois, maire jusqu'aux élections du 27 septembre 1831 où *Jean Savot* est nommé maire avec Robinot-Ternant adjoint (1). A cette époque les maires se succèdent avec une rapidité surprenante : En 1839, *Claude Robinot-Ternant*, d'adjoint qu'il était, est nommé maire ; mais il cède la place, le 19 mars 1840, à *Jolibois-Souvernier* qui, le 31 du même mois, est remplacé par *Jean Savot*. *Gallois Changenet* est, le 28 avril 1840, installé maire par intérim, mais Jean Savot est confirmé dans ses fonctions et réélu maire de Chenôve le 4 juin 1840 (2), et à nouveau le 10 juin 1843.

Ainsi Jean Savot, nommé maire à quatre reprises différentes, administra le village pendant plus de 20 ans. Il mourut à Chenôve, le 24 janvier 1851, et la commune offrit pour son monument une concession perpétuelle au cimetière le 30 septembre 1854. Son successeur comme officier de l'état civil fut :

Jacques Blaizet-Gallois (né le 7 septembre 1799, mort le 2 juin 1880, à Chenôve), nommé maire le 4 juin 1845 et 30 septembre 1846, et qui lui-même est remplacé, en 1848, par

Louis-Robert Duleu, ancien architecte de la ville de Di-

---

(1) Jacques Gallois mourut à l'âge de 85 ans. Son monument, qui ne porte pas l'année de sa mort, écrit son nom Jacques Galois.
(2) Le 8 août 1840, Gallois-Renier Claude est nommé adjoint. — Derey-Crepet François adjoint le 10 avril 1843 et les 18 et 31 août 1848, 3 mai et 8 juin 1853; — Gallois-Aubertot adjoint, le 10 juin 1843 et le 10 octobre 1846; — Gallois-Fournier adjoint le 15 juillet 1852 et les 3 et 14 mars 1853; — Crepet-Guyard, adjoint les 3 mai et 8 juin 1853; — Robinot Paul adjoint les 7 juin 1854, 5 fév. et 16 juin 1855; — Derey-Boudrot adjoint les 2 août 1856, 30 mai et 4 juillet 1860; etc. etc. (Arch. com. de Chenôve).

jon, né le 16 février 1795, décédé maire de Chenôve, le 26 janvier 1850. Duleu habitait, la première maison, à droite, avant d'arriver sur la place (en venant de Dijon), Sa tombe, aujourd'hui conservée au nouveau cimetière, porte que c'était un *Homme de cœur, Bon citoyen, Administrateur intègre et juste*. Il avait été nommé maire les 18 et 31 août 1848.

1850. *Derey-Crépet*, maire, nommé les 10 et 21 février 1850.

1851. *Jacques Changenet-Gallois*, fondateur de la Société de secours mutuels des vignerons, nommé maire les 11 et 23 mai 1851 et à nouveau le 15 juillet 1852.

C'est à lui qu'on doit un commencement d'agrandissement de la place publique et la suppression de la mare.

1854. *Jean-Baptiste Souvernier*, maire. Les élections des 7 juin 1854, 5 février et 16 juin 1855, le placèrent successivement à la tête de l'administration municipale.

1856. *Renier Trelanne*, élu maire une première fois le 2 août 1856 et à nouveau les 30 mai et 4 juillet 1860. En 1857, *Jean-Baptiste Souvernier* était maire.

C'est sous l'administration de M. Trélanne que fut construit le nouveau cimetière (1).

1870. *Derey-Grenette* remplissait les fonctions de maire par intérim, lors des élections des 7 et 14 août 1870.

Claude-Paul Robinot était maire quand éclata la guerre de 1870-71. C'est lui qui proclama la République à Chenôve le 8 septembre 1870. Il fut élu à nouveau maire, le 15 juin 1871 et remplacé la même année par *Jacques Blaizet-Gallois*.

Le 1er novembre 1870, Chenôve et les villages de la

---

(1) L'ancien a disparu, comme nous l'avons dit. Le côté nord a été transféré au nouveau en janvier 1880 et le côté sud au mois d'août 1885. Il faudra donc corriger les deux dates de translation que nous avons données à la p. 12 et qui sont erronées.

banlieue sont occupés par les Allemands. Le 25 ils campent à Chenôve, sont barricadés à Perrigny et la route coupée aux baraques de Marsannay (1). Dans un ordre du jour du 16 janvier 1871, rapporté par le général Bordonne (2) il est dit que la cinquième brigade occupera le Faubourg-d'Ouche en s'étendant dans la direction de Chenôve et de la ferme de Bel-Air. — Les pertes éprouvées par les habitants par suite de l'occupation prussienne s'élevèrent à 51,247 fr. 90, dont 25,947 fr. 90, pour bétail, foin, paille, avoine, blé, etc. ; pour frais de nourriture à 2,500 fr. ; il convient d'ajouter à ces chiffres 3 fr. donnés à M. Savot, pour vigne et semence endommagées et 22,797 fr. pour fournitures diverses (3).

1873. *Crepet-Lamblin*, maire ; adjoint H. Crepet.
1876. *Gallois-Bernard*, maire ; adjoint, Derey.
1877. *Robinot (Claude-Paul)*, maire.
1879. *Crepet*, maire ; adjoint, Gallois.
1881. *Gallois-Bernard*, maire; adjoint, Gallois-Gallois.

L'année même de son installation, une fête patriotique avait lieu à Chenôve. Le journal *le Progrès de la Côte-d'Or* du 16 mars 1881 l'annonçait en ces termes : « Dimanche prochain 20 mars, le village de Chenôve sera en fête. Il s'agit, en effet, d'inaugurer solennellement le buste de la République dans la salle du conseil municipal ; la fête commence à 2 heures: toute la population se réunira devant la maison du maire (4) où le buste est déposé, puis elle ira musique en tête, à la mairie, assister à l'inauguration. A

---

(1) Clément-Janin, *Journal de la guerre de 1870-71 dans la Côte-d'Or*, 1re partie, p. 192.
(2) *Garibaldi et l'armée des Vosges*, p. 324.
(3) Arch. de Chenôve, Reg. des délib. (3 avril 1871).
(4) La première à gauche avant d'arriver sur la place en venant par Dijon.

5 heures, banquet auquel chacun pourra prendre part (la souscription est de 4 fr. par tête). Le soir, concert donné par la fanfare. Si le beau temps continue, beaucoup de Dijonnais en profiteront pour faire une promenade dans ce charmant village et assister à sa fête patriotique... »

L'auteur de ce livre se souvient d'avoir assisté à la cérémonie de l'après-midi, du haut d'une fenêtre (1er étage) d'une maison située sur la place de Chenôve (1). Il faut lire, dans les journaux de Dijon (2), les deux discours prononcés à cette occasion ; le premier par M. Beverini, secrétaire général de la Préfecture, et le second par M. Lamarche, conseiller d'arrondissement.

En 1887, après la nouvelle de l'érection de M. Sadi Carnot à la présidence de la République, la commune lui adresse ses félicitations en ces termes :

Monsieur le Président,

La commune de Chenôve-les-Dijon (Côte-d'Or) et son conseil municipal ont accueilli avec une vive satisfaction votre élection à la première magistrature du pays.

En adressant à Monsieur le Président de la République l'expression de leurs sympathies respectueuses, ils le prient de croire en leur sincère dévouement à sa personne.

Suivent les Signatures.

1889. *Alexandre Jarrot*, maire ; adjoint, Mongin.

Le 20 juin de la même année, M. Jarrot adressait au Préfet sa démission de maire et de conseiller municipal (3).

---

(1) On avait disposé sur la place une estrade ornée de drapeaux et de verdure, qui faisaient un bel effet, et c'est là que les discours furent prononcés.

(2) V. notamment le *Progrès de la Côte-d'Or*, du 21 mars 1881, art. : Une fête républicaine à Chenôve.

(3) M. Jarrot mourut, à Chenôve, le jeudi 7 novembre 1889.

Les élections pour pourvoir à son remplacement eurent lieu le dimanche 30 juin; et à la séance du dimanche 14 juillet 1889, le conseil municipal a élu maire M. DEREY-JOLVOT.

C'est sur l'initiative de cet administrateur éclairé que le conseil, par délibération en date du 26 décembre 1889, approuvée par le Préfet, le 21 janvier 1890, a voté 50 fr. pour la création d'une bibliothèque populaire (1).

M. Derey-Jolvot, maire sortant, a été réélu à une forte majorité aux élections du mois de mai 1892.

§ 2. *Instruction primaire.*

Nous sommes loin, dans l'étude contemporaine que nous nous sommes proposée, de l'époque où les recteurs d'école instruisaient les enfants moyennant certaines redevances. Quel était l'enseignement donné par le recteur? En quelques lignes que nous mettrons sous les yeux du lecteur, on en pourra juger.

Disons d'abord que la candidature du recteur était, dans les villages, examinée par une commission composée des notables du lieu et présidée par le curé. Une fois accepté par ce jury, la nomination de l'impétrant se faisait en assemblée générale des habitants, réunion d'où étaient exclus

---

(1) Au bal de Saint-Vincent (janvier 1890), les jeunes gens ont recueilli la somme de 18 fr. qui a été versée entre les mains du maire, pour être employée au même objet. De plus, le maire a reçu une somme de 200 fr. qu'il emploiera également à l'acquisition de volumes pour la bibliothèque qui vient d'être créée (*Prog. de la Côte-dOr* du 29 janv. 1890 et *Petit Dijonnais* du 30 janv.) — Au banquet des conscrits (classe 1890), M. Alfred Mercier a fait une quête au profit de la bibliothèque populaire qui a produit la somme de 8 f. 50. — Le dimanche 22 nov. 1891, la fanfare de Chenôve, qui célébrait la Sainte-Cécile avec la compagnie de sapeurs pompiers, a donné un concert, bal et banquet; à l'issue de ce dernier une quête au profit de la bibliothèque populaire produisit 6 f. 40.

les mendiants et les serviteurs à gages, mais où l'on admettait les pères de famille; rien de plus juste, en effet, que de les faire participer ainsi à un choix qui intéressait l'éducation de leurs enfants. C'est ainsi, qu'en règle générale, se pratiquait la nomination des anciens maîtres d'école.

Ordinairement, le curé surveillait lui-même l'école qui, le plus souvent, était alors, d'abord par les ressources qui la faisaient vivre et provenaient ou des abbayes, des fabriques, ou bien encore de fondations particulières, et ensuite par l'enseignement, un domaine religieux. C'est à l'évêque ou à son délégué qu'appartenait le droit de révoquer les instituteurs. Il intervenait aussi dans la direction des écoles du diocèse.

Notre exposé resterait incomplet si nous n'ajoutions quelques notes sur les prédécesseurs des instituteurs d'aujourd'hui.

La nomination du sieur *Loiseau*, recteur à Chenôve en 1653, est conservée aux Archives communales (1). C'est à lui que le village doit sa première maison d'école qui consistait en une chambre basse, un cabinet, cave et grenier, et avait été donnée, à une date qui ne nous est pas connue, à la fabrique « par Jean Loiseau et Jeanne Clauseret, sa femme, à la charge de faire acquitter une messe basse par mois ». Déclarée nationale et aliénable par les décrets des 18 août 1792 et 13 brumaire an II, la maison d'école de Chenôve, dépendant de la fabrique, fut sur le point d'être mise en vente le 18 fructidor an IV, lorsque le directeur de l'enregistrement et des domaines observe qu'elle est aliénable si on ne la réserve *pour y loger l'instituteur*, « destination qu'elle avoit cy-devant », et en marge de l'estimation, il écrit de vérifier préalablement si cette maison est destinée

---

(1) Arch. de Chenôve, Q, 2. V. aux pièces justif.

à loger l'instituteur. On ne tient aucun compte de cette observation et la vieille maison rectorale, que signalait Bouchu en 1666, fut vendue au prix de 900 francs.

On sait, d'après l'estimation de 1789, où était situé ce bâtiment qui occupait onze perches de terrain ; il consistait en une petite cour prenant son entrée du côté du couchant sur la rue, « une cave pouvant contenir douze pièces de vin, une petite chambre basse et un petit cabinet, une autre chambre basse construite à neuf et les greniers régnant sur lesdites chambres et cabinets ; *lesdits bâtiments et cour joignant de levant et de nord le cimetière et l'église de Chenôve, de midi les bâtiments du sieur Logery, et de couchant la rue traversant le village dudit Chenôve* (1) ».

Claude Quenot, recteur, eut des démêlés avec le curé Didier Ledeuil qui, le 24 décembre 1685, l'avait fait assigner par devant le révérend évêque de Chalon, « aux fins de faire condamner à souffrir *que le maître des basses escolles* chante avec ses écoliers dans l'églize paroissiale dudit Chenôve, le *Salve Regina*... » Quenot n'ayant pas voulu céder fut remplacé, en 1686, par *Joseph Bochot* (2).

Antoine Racine remplit les fonctions de recteur d'école, de 1695 à sa mort arrivée à Chenôve le 22 octobre 1702 ; il avait alors, d'après son acte de décès, 65 ans ou environ. *Pierre-Paul Mathieu* lui succède et exerce à Chenôve jusqu'en 1724. La communauté lui payait chaque année, le 1er novembre, 50 livres de gages (3).

Le 1er novembre 1724, *Rémond Mortier* fit un marché avec les habitants de Chenôve pour faire les fonctions de maître d'école dans ledit lieu moyennant 50 livres par an, paya-

---

(1) Arch. de la Côte-d'Or. Q 1, carton 35.
(2)   Id.   C. 2909.
(3) Arch. de Chenôve, Reg. des délib., D. 1, n° 1, p. 88.

bles par quartier (1). Son fils *Bénigne Mortier* lui succéda vers 1767.

En 1773, le 11 janvier, les habitants font une convention avec le nommé *Jean Nicolas*, pour leur servir en qualité de recteur d'école pour le temps de neuf années, à commencer le 1ᵉʳ mai 1773, aux gages de 50 livres ; en outre « ils s'obligent de payer audit Nicolas 40 livres par chaque habitant domicilié (cette somme est sans nul doute exagérée) pour lui tenir lieu de pâte, que l'on donnait anciennement aux recteurs d'écoles, pour l'*eau bénite*, pour avertir par le son d'une cloche dans le tems que l'on sera menacé d'orage et sonner midi tous les jours, outre les mois des écoliers et les assistances à l'Eglize ».

Les gages du recteur furent quelques années plus tard portés à 220 livres, « car il n'avait plus la pâte que l'on donnait au four banal, lorsqu'il subsistait (2) et ensuite la quête de vin, tous ces objets, dit le plaignant, lui valaient plus de 400 livres ». Le recteur était en outre déchargé de toutes tailles, corvées et autres charges communes (3).

Jean Nicolas vint à mourir avant l'expiration de son bail, et, par suite de son décès, la maison d'école de Chenôve demeura vacante. Les habitants choisirent le 9 septembre 1779, pour le remplacer : *Charles-François Boulotte*, aux gages de 220 livres par an outre les mois des écoliers. Mais, soit qu'il ne convînt pas, ou que le village lui déplaisait, il ne demeure pas longtemps en place, puisque nous voyons, le 18 mars 1781, les habitants de Chenôve passer une convention avec *Louis Coquet*, qui exerçait déjà depuis un an

---

(1) Arch. de la Côte-d'Or, C. 2954.
(2) V. plus haut, chap. vi, Iʳᵉ part., p. 77.
(3) Il n'en avait pas toujours été ainsi à Chenôve, car nous avons trouvé dans un vieux registre de délibération de la commune qu'en 1708, Mathieu, recteur d'école, ne voulait pas payer la taille.

dans la commune pour leur servir en qualité de recteur d'école pour 9 années à commencer du 1ᵉʳ avril suivant, aux mêmes gages que son prédécesseur (1).

Jean-Baptiste Aubry qui était recteur d'école, est nommé secrétaire greffier de la mairie, le 28 février 1790. En 1793 on lui payait 37 livres par an, pour le remontage, chaque jour, de l'horloge communale.

Aujourd'hui l'instruction est entièrement gratuite. Par ordre chronologique voici les noms des instituteurs qui ont exercé à Chenôve après la Révolution :

Quentin Poinselin, de 1795 jusqu'à sa mort arrivée le 14 mai 1817 (2). Il était né à Savigny-le-Sec, le 14 août 1756. La gérence de la perception de Chenôve lui fut adjugée en l'an XI (3).

Joseph-Laurent Cornu, né le 16 octobre 1773, à Menotey (Jura), âgé de 44 ans, le remplaça ; il resta peu de temps en place puisqu'il mourut à Chenôve le 4 août 1823.

Jacques Cornu, probablement son neveu, lui succède en 1826 et quitte la commune en 1832.

Etienne Rabutôt, âgé de 38 ans, prend sa place. Ce dernier s'en dessaisit peu de temps après en faveur de

Jean-Eugène Rabutôt alors âgé de 24 ans, marié à Mˡˡᵉ Anne Covillet, de Chenôve, qui exerça jusqu'en 1846. Etienne Rabutôt mourut à Chenôve et le 5 novembre 1857, la commune accorda à son ancien instituteur une concession perpétuelle dans le cimetière (4).

Mallard (Jacques), instituteur âgé de 23 ans, est nommé le 10 août 1846.

---

(1) Arch. de la Côte-d'Or, C. 487.
(2) Il recevait en l'an IX 100 fr. par an, comme le secrétaire de la mairie.
(3) Arch. de de Chenôve, G. 1.
(4) Arch. de Chenôve, M. 4.

Gros (Antoine) est nommé le 11 avril 1853.

Tortochot (Jean-Paul), son gendre, le remplaça en 1869. Enfin depuis 1881 :

M. *Thomas (Gustave-Edouard)*, qui exerce encore actuellement.

Afin de ne pas interrompre la liste des instituteurs contemporains nous avons laissé de côté mais sans toutefois l'oublier complètement, l'école dans laquelle on donne l'instruction aux enfants. Il nous faut en parler à présent.

En 1805 l'instituteur louait à ses frais, pour faire la classe, une chambre haute donnant sur le cimetière, mais à partir de 1806, à la suite d'une convention passée pour 3 ans avec Quentin Poinselin, c'est la commune qui paie ce local et lui donne 150 fr. par an pour son logement.

Cet état de chose ne pouvait durer longtemps, aussi après avoir mûrement réfléchi, le 28 février 1838, le conseil municipal adresse une supplique au préfet à l'effet d'obtenir un secours pour l'aider à acheter ou à construire une maison d'école. Avant la Révolution de 1789, est-il dit dans la requête, la commune possédait une maison d'école vaste, commode, placée au centre du village et qui aujourd'hui comme alors pourrait lui suffire malgré l'accroissement de sa population, mais les événements qui se succédèrent rapidement ne tardèrent pas à la priver de ce local qui fut vendu comme propriété nationale. Cette perte fut appréciée par la commune qui, pour 150 fr. par an, tenait à bail une portion de maison composée de deux chambres, l'une occupée par l'instituteur et l'autre par l'école.

Le conseil, dans une séance du 15 avril 1838, prend une délibération relative à la construction d'une maison commune, et renonce 1° à faire construire une maison d'école et 2° à l'achat de deux maisons qu'il avait en vue, dans l'intention de faire de l'une une école et de l'autre une maison commune. Il adopte préférablement le projet de construction d'une maison neuve qui servirait à ces deux usages, dont M. Fénéon, architecte à Dijon, avait dressé le plan, ainsi que l'achat d'un terrain de 2 ares 86 centiares, à raison de 2 fr. 52 le mètre carré. Le devis de la construction de la maison s'élevait à 13.819 fr. 25. — La commune employa tout d'abord à cette dépense 5461 fr. 95 qu'elle avait de disponible, les habitants firent de grands sacrifices et le département contribua aussi dans les frais.

A la fin de l'année 1839 rien n'était encore commencé. Une délibération du conseil, du 8 janvier 1841, décide l'acquisition de terrain, comme cela avait déjà été convenu en 1838, pour la « construction d'une salle d'école, d'une mairie et d'un logement pour l'instituteur ». L'estimation d'après le devis s'élevait à la somme de 15.879 fr. 13, c'est-à-dire 2.059 fr. 88 de plus que le premier donné trois ans auparavant. L'adjudication qui eut lieu le 16 juillet 1841 fut tranchée à François Lhommelin, entrepreneur maçon à Chenôve,

L'école des filles établie en 1853, dirigée par des sœurs de la providence de Langres, dont la dame *Fournel Pauline* (en religion sœur Marie Pierrette) nommée institutrice de Chenôve, le 8 octobre 1853, fut la première directrice, a été laïcisée en 1888. Mlle *Pierre*, sortant de l'école normale de Dijon, en a eu la direction jusqu'en 1891, époque où elle fut nommée à l'école de la rue Jeannin, à Dijon. Sa remplaçante Mme *Paupie*, adjointe titulaire de cette même école, est actuellement en fonction.

L'asile construit en 1856 est dû à la libéralité de Mme Grillet née Poisot ; il a été inauguré le 2 novembre à 3 heures après midi. Le procès-verbal dressé à l'occasion de cette cérémonie relate que les membres du conseil municipal, sous la présidence du maire, se sont réunis «... à l'effet de porter à M. Grillet, propriétaire à Chenôve et aux membres de la famille Poisot, les témoignages de reconnaissance des habitants de la commune pour les bienfaits de Mme Grillet qui a fait les frais de l'établissement d'une salle d'asile pour les enfants en bas âge et d'une habitation destinée aux institutrices des jeunes filles de ladite commune. A l'heure précitée, ils se sont rendus accompagnés de la compagnie des pompiers en la demeure de M. Grillet. Le maire a exprimé à ce dernier ainsi qu'à la famille Poisot les remerciements des habitants et les invita à assister à la cérémonie de bénédiction et d'ouverture de la salle d'asile. MM. Grillet et Poisot accédant à son invitation se sont rendus dans ladite salle... M. le curé, en présence de M. Goussard, juge de paix du canton ouest, du président du comité cantonal de l'instruction primaire, de Mme la déléguée de S. M. l'impératrice pour l'établissement et la surveillance des salles d'asile, et d'un grand nombre d'habitants, a retracé, par des paroles dignes et bien senties, les avantages moraux et matériels pour les enfants, d'une salle d'asile où ils recevront les soins que les laborieuses occupations de leur mère ne permettent pas toujours à ces dernières de leur donner. Le président du comité cantonal a apprécié ce que serait dans l'avenir pour les enfants et les mères de famille l'œuvre due à la bienfaisance de Mme Grillet, appelant de ses vœux des continuateurs de ses bienfaits dans la commune. Ici doit être relatée la remise faite par lui à titre de récompense à Mme la supérieure des institutrices du brevet avec mention honorable qui lui avait été accordé par le Ministre de l'instruction publique, pour la direction éclairée donnée par elle à l'instruction des jeunes filles de la commune, etc... »

§ 3. — *Sociétés artistiques et de bienfaisance.*

Nous avons déjà parlé de la société de secours mutuels de Saint-Vincent. Il existe encore à Chenôve, outre cette association, un bureau de bienfaisance et d'autres sociétés qui feront l'objet du présent paragraphe.

I. *Bureau de bienfaisance.* — On a travaillé à l'extinction de la mendicité à Chenôve de 1816 à 1845, mais ce n'est que par délibération du conseil municipal du 6 février 1844 que celle-ci est interdite dans la commune. Ce fut à la suite de cette décision que les pierres sur lesquelles on lit :

LA MENDICITÉ

EST INTERDITE

A CHENOVE.

1844.

ont été placées aux entrées du village (1).

Mais un bureau de bienfaisance, dû à la libéralité de l'abbé Pathelin, fonctionne à Chenôve. C'est par son testament du 25 avril 1821, dont copie est consignée sur les registres des délibérations municipales (2) que ce prêtre, qu'on a dit avoir été la providence des pauvres, le soutien de l'orphelin et l'ami de tous, institua le bureau de bienfaisance. Laissons-lui un instant la parole :

« Je donne et lègue pour le secours des malades indigens de la paroisse de Chenôve, la rente annuelle et perpétuelle de 24 mesures anciennes de Dijon de froment boulangeable à moi due par le sieur Jean-Baptiste-Bernard Lerouge, propriétaire à Arc-sur-Tille, le 21 décembre de chaque année ;

---

(1) L'une sur la route de Dijon à Chenôve contre la maison Jolibois (anciennement Malnet) ; l'autre sur un chemin allant de la rue Basse dans les vignes et longeant la maison Favier.
(2) Deuxième registre de 1790 à 1828, pp. 149 et 150.

plus la rente annuelle et perpétuelle de 20 mesures de froment de première qualité qui m'est due par le sieur Jean Fournier, notaire royal à Mirebeau, le 1ᵉʳ mars de chaque année.

« Il y aura à cet effet un bureau de bienfaisance, composé du pasteur de Chenôve qui en sera toujours le président, des fabriciens en exercice et de deux autres habitants choisis par le président et les fabriciens : ils nommeront parmi eux un receveur qui ne pourra jamais être le pasteur, pour employer l'argent qui proviendra de la vente dudit froment de la manière suivante. Mon héritier (1) sera obligé de remettre les titres des contrats à ce bureau de bienfaisance, dès qu'il sera composé pour qu'il puisse contraindre les débiteurs.

« On ne donnera jamais de l'argent aux malades indigens dans la crainte qu'ils ne l'emploient à d'autres usages qu'à celui du rétablissement de leur santé ; le bureau désignera un boucher et un boulanger chez lesquels les parents ou amis des malades iront chercher la quantité de viande ou de pain désignée sur les bons qui seront donnés par le pasteur, étant plus à même que tout autre de connaître les besoins de ses paroissiens. Les bons pour la viande et pour le pain ne pourront être que de deux ou trois livres par semaine et n'excèderont pas deux semaines, sauf à en donner de nouveaux de pareille quantité si la maladie continue ; si elle était assez grave pour avoir besoin de remèdes, le pasteur, d'après l'avis d'une personne de l'art, donnera un bon pour les acheter ; tous les bons délivrés par le pasteur se-

---

(1) L'héritier universel, nommé et institué par l'abbé Pathelin, dans tous les biens quelconques dont il serait vêtu à sa mort, était Jean-Baptiste Brugnot, son neveu, prêtre desservant de la paroisse de Creancey « à la charge expresse d'acquitter tous les legs faits à la commune de Chenôve ».

ront signés du receveur ou d'un membre du bureau ; ceux qui auront fourni les médicaments, la viande et le pain, rapporteront dans six mois ou au plus tard dans le cours de l'année les bons qu'ils auront entre mains pour être soldés de suite par le receveur de l'année suivante ; s'il ne se trouvait pas assez de malades indigens pour consommer, pendant le cours de l'année, le montant des ventes, ce qui restera servira pour les années suivantes.

« Cette fondation ne commencera qu'au 2 mars de l'année qui suivra mon décès. Dans le cours du mois de mars de chaque année, le receveur rendra ses comptes aux membres du bureau qui les arrêteront et les signeront sur un registre à ce destiné. Si les débiteurs voulaient rembourser, les membres du bureau feront leurs diligences pour en faire le placement de la manière la plus avantageuse et particulièrement en froment, afin de subvenir à perpétuité au secours des malades indigents de Chenôve. »

On vient de lire l'acte d'institution du bureau de bienfaisance de Chenôve. Il est administré maintenant par une commission de six membres, présidée par le maire. En 1885, ses revenus s'élèvent à 948 fr. (1).

Le bureau est actuellement composé de : MM. le maire, président; Guillemier, curé ; Poisot, Mairet, Bougenot, Gallois (François), Mongin, délégués du conseil municipal.

II. *Compagnie de sapeurs pompiers.* — La pompe à incendie fut achetée, par souscription, en 1847, chez Rosat, « fondeur pompier » à Dijon; la subdivision de sapeurs pompiers de Chenôve paraît aussitôt: *Bénigne-Derey Boudrot* et *Jacques Malnet* sont élus le 14 avril 1848, le pre-

---

(1) *La situation financière des communes de la Côte-d'Or*, en 1885, p. 6.

mier, lieutenant, le second, sous-lieutenant (1). En 1853, *Diot-Changenet François* est nommé sous-lieutenant le 19 février, et l'année suivante, le 12 août, *Derey-Boudrot* est nommé au même grade ; il conserve ses fonctions assez longtemps. La compagnie qui comptera 30 hommes en 1862 se distingue sous sa conduite dans un incendie qui éclate à Couchey le 1er mars 1858, elle reçut du maire de cette commune, le 2 mars, une lettre de remerciements et de félicitations.

Cette société paraît cesser d'exister en 1875, ou du moins il n'en est plus fait mention au tableau des subdivisions de sapeurs pompiers de la Côte-d'Or. Elle reparaît de nouveau en 1887. Dissoute peu après, elle se constitua en société libre et arrêta, avec la municipalité, à la date du 26 décembre 1890, un règlement dans lequel nous voyons que le nombre des membres ne peut être supérieur à 32. Comme l'organisation de la compagnie des sapeurs pompiers est exclusivement communale, elle reçoit de l'administration municipale une subvention annuelle de 250 fr. dont 50 pour l'entretien de la pompe.

Après bien des peines et de nombreuses démarches, la commune a enfin fait construire, il y a 5 ans, derrière l'église, sur l'emplacement de l'ancien cimetière, une loge pour la pompe. Jusqu'en 1859, elle était remisée à la mairie.

Il est juste de faire remarquer ici que les incendies à Chenôve sont peu fréquents, nous dirons même très rares ; les vieillards nous ont dit souvent qu'ils n'avaient jamais vu le feu au village. Cependant nous avons déjà donné, dans le cours de cet ouvrage, des exemples d'incendie à

---

(1) V. sur l'équipement de la compagnie de sapeurs-pompiers de 1847 à 1851, archives comm. de Chenôve, II. 4.

Chenôve ; nous en ajouterons un autre : en 1778, un sieur « Galois refuse de payer la taille parce qu'il avait été incendié » (1). Un commencement d'incendie, qui heureusement n'eut pas de suites, éclata en 1868, chez M. Gallois, demeurant à côté de l'église. Ce sinistre avait été occasionné par une malheureuse domestique qui ne jouissait pas de la plénitude de ses facultés mentales et qui, à plusieurs reprises, avait menacé de mettre le feu à la maison de ses maîtres ; cette pauvre fille mourut à l'asile des aliénés de Dijon. Une autre fois le feu prit au reposoir de la Fête-Dieu, mais là encore il fut éteint de suite, et les dégâts insignifiants.

Les pompiers de Chenôve se firent remarquer lors de l'incendie de la Stéarinerie de l'Est, route de Beaune, à Dijon, le dimanche 16 novembre 1890. Ils forment actuellement une subdivision de 32 hommes commandés par M. *Gavignon*.

III. *Société de Saint-Vincent, fondée entre les vignerons*. — Comme nous l'avons dit au chapitre II, p. 196, c'est en 1850 que, suivant l'exemple de plusieurs communes, se fonde à Chenôve, pour les vignerons, une Société de secours mutuels, dite de Saint-Vincent, qui fut déclarée d'utilité publique par décret du 3 septembre 1853. Le règlement de la Société fut imprimé l'année suivante, nous en avons donné une analyse détaillée, ce qui nous dispense d'une étude plus approfondie sur ce sujet (2). Elle eut successivement pour présidents :

1853. *Jacques Changenet-Gallois*, maire de Chenôve, et à

---

(1) Arch. de la Côte-d'Or, C. 488.
(2) La liste des membres participants et des membres honoraires figure sur un tableau encadré, orné d'une bordure en brins de vigne portant des raisins. Ce tableau, qui se trouve dans la salle des séances du conseil municipal, a été offert à la commune par la société.

qui revient l'honneur de la fondation de la Société ; il demeure président jusqu'en 1860.

1860. *Gaudet*, docteur-médecin.
1866. *Souvernier*, ex-maire de Chenôve.
1870. *Garot*.
1876. *Robineau-Deschamps*.
1877. *Bernard*.
1892. *Changenet-Gallois*, actuellement président.

IV. *Fanfare de Chenôve*. Cette société de musique fondée en 1866, par *Joseph-Laurent-Alfred Gelez*, décédé le 16 décembre 1874, à l'âge de 50 ans, et qui la dirigea pendant quelque temps, a eu jusqu'à ce jour pour président, M. *Francis Gelez*, le fils de son fondateur, et M. *Charles Poisot*, comme président d'honneur.

Le premier concours où la Fanfare se présenta fut celui de Beaune (le 25 juillet 1869); elle concourait en 3ᵉ division, 3ᵉ section et obtint un premier prix, médaille d'argent. Le reporter du journal *le Progrès de la Côte-d'Or* (1) termine son compte-rendu en disant : « Je ne saurais clore cette courte étude sans adresser à la fanfare de Chenôve et à M. Boiveau, son chef, toutes mes félicitations. Cette Société, formée il y a à peine six mois, a obtenu le premier prix à l'unanimité, en concurrence avec des Sociétés qui avaient déjà essuyé le feu des concours... » L'auteur de ces quelques lignes a été mal renseigné sur la date de la fondation de la Fanfare ou il a fait à dessein de rajeunir la Société en disant qu'en 1869 elle était « formée il y a à peine six mois ». Plusieurs notes induisent en erreur quelques personnes sur l'origine de la Fanfare : *l'Annuaire du département*, notamment, fixe au 12 novembre

(1) Nᵒ du 27 juillet 1869 (Compte rendu du concours de Beaune).

1876 « la formation de la Société de Fanfare de Chenôve (1) ».

Un membre fondateur, M. Boiveau, a eu après M. Gelez la direction de la Société jusqu'en 1885. M. Emile Goguelat, professeur de musique à Dijon, lui succéda et la dirige encore aujourd'hui. Le sous-directeur est M. François Gallois-Bernard ; le secrétaire-trésorier, M. Thabard-Bernard.

La bannière que la Fanfare avait à l'origine était en velours vert, en forme d'oriflamme ; c'était un don des habitants. Il nous a été donné de voir à Genève, les 15 et 16 août 1890, la fanfare avec une nouvelle bannière qu'elle inaugurait à ce grand concours musical et qui a été également achetée avec le produit d'une souscription faite parmi les habitants.

Bien qu'elle ne soit pas musique municipale, la fanfare de Chenôve, qui prête son concours à toutes les fêtes et solennités locales, reçoit chaque année de la commune une subvention de 100 francs.

Depuis sa fondation cette société musicale a remporté plusieurs récompenses dans les concours où elle s'est présentée. Elle compte maintenant 25 membres et concourt en 2ᵉ division 1ʳᵉ section.

V. *Syndicat viticole de la Côte dijonnaise.* Fondé le 15 mars 1891, par un groupe de propriétaires vignerons de Chenôve, sur l'initiative de M. Adolphe Savot, il compte actuellement 908 membres dont 179 appartiennent à Chenôve.

Comme tous les syndicats agricoles, celui de la Côte dijonnaise procure à ses associés des avantages importants. « Le temps n'est plus, en effet, est-il dit dans le premier bul-

---

(1) *Annuaire dép. de la Côte-d'Or*, par J. Garnier (1892), p. 391.

letin (1), où, nous viticulteurs, nous n'avions qu'à suivre les errements transmis par nos pères, à travailler tant bien que mal la vigne, et à en attendre patiemment une récolte plus ou moins abondante suivant la clémence ou l'intempérie des saisons. Des fléaux nombreux se sont abattus sur nos vignobles ; ils nous imposent un surcroît de connaissances, de frais et de travail ; sur le terrain économique, des rivalités ardentes nous menacent, ce n'est pas trop de nos efforts combinés pour sortir victorieux de la lutte. L'association s'impose. Or, un des principaux bénéfices qu'on peut retirer d'une association viticole — alors même qu'il ne se traduirait pas par un gain pécuniaire et matériel immédiat — c'est de permettre aux syndiqués de se réunir, de s'entretenir de leurs besoins, de se communiquer les espérances ou les craintes que fait naître une expérience en cours, les résultats acquis par l'emploi de tel ou tel engrais, de tel ou tel insecticide, en un mot de parler ensemble de leurs intérêts communs. »

Cette association viticole publie un bulletin mensuel qui est envoyé gratuitement à tous les syndiqués.

Composition du bureau : MM. Savot Adolphe, président ; Derey-Jolvot, maire de Chenôve et Charles Rabutôt, vice-présidents ; Gallois-Bernard François et Benoist-Crepet, secrétaires ; Thabard-Bernard, trésorier.

---

(1) *Bulletin du Syndicat viticole de la Côte dijonnaise*, n° 1, juillet 1891, pp. 3 et 4.

DOCUMENTS
ET
PIÈCES JUSTIFICATIVES

— 1 —

Note sur une monnaie de Valentinien III, empereur romain, découverte à Chenôve.

M. Rossignol a présenté à la Commission des Antiquités de la Côte-d'Or (c'était en 1859) une monnaie d'or trouvée à Chenôve, près Dijon, dans un climat appelé *Champagne*, dénomination qui indique généralement des lieux féconds en découvertes archéologiques. Cette pièce est d'une belle conservation ; elle appartient à Valentinien III, fils du général Constance et de Placidie, fille de Théodose le Grand. Valentinien III, né à Rome, honoré du titre de César à Thessalonique, fut l'année suivante, 425, nommé empereur d'Occident : il avait six ans à peine.

C'est alors, pense M. Rossignol, que cette pièce d'or fut frappée. La légende n'indique que le fils de Placidie : D. N. PL. VALENTINIAUS. P. F. AVG., c'est-à-dire *Dominus Noster, Placidius Valentinianus, Pius, Felix Augustus* ; mais la face que cette légende encadre est celle d'un enfant : c'est Valentinien reconnu empereur d'Occident dans sa sixième année ; le revers va confirmer cette attribution.

Sa légende est VICTORIA AVGGG. De quelle victoire s'agit-il ? Après la mort d'Honorius, Jean, secrétaire d'État de la cour d'Occident, s'était fait proclamer empereur. Théodose le Jeune reconnut Valentinien III et l'envoya en Occident avec sa mère et une armée. Jean fut battu et livré par ses propres soldats, et Ravenne fut pillée dans l'emportement des troupes. L'élévation de Valentinien III ne coïncide donc pas seulement avec une victoire : cette victoire est celle qui lui a livré l'Occident et ouvert les portes de Ravenne, victoire remportée avec les troupes de Théodose, qui régnait à Constantinople ; voilà pourquoi il y a le pluriel *Augustorum*.

Cette victoire n'est pas seulement écrite, elle est représentée dans un tableau d'une grande énergie. Rien de plus commun sur les médailles romaines que l'expression de la victoire; tantôt une simple couronne la rappelle, tantôt elle est personnifiée assise ou debout, montée sur un bige ou sur un quadrige ; ici elle est en repos ou passant; ailleurs elle plane dans les airs et pose une couronne sur la tête du vainqueur. Sur la médaille de Chenôve, comme sur une foule d'autres pièces, la Victoire est représentée par une statuette ailée placée dans la main gauche de l'empereur, qu'elle couronne de la main droite.

L'autre main de l'empereur, qui est debout, tient une longue croix sur laquelle il s'appuie. Jean, qui vient d'être renversé, tenait son pouvoir de Rome, la plus païenne des villes de l'empire, l'ennemie politique et religieuse de la ville de Constantin. Fauteur d'Attale, ce ridicule empereur, qui s'était fait le représentant du paganisme, et qui en avait pendant quelques années rétabli le règne, Jean partageait les idées de la populace. Aussi, comme Julien, Eugène et tous les princes de la réaction païenne, il fit disparaître de la monnaie ce qui rappelait trop exclusivement le triomphe du christianisme à Rome; il y mit surtout les vieilles formules : RESTITVTIO REIPUBLICÆ, — VICTORIA. ROMANORUM, — INVICTA ROMA, — ROMA ÆTERNA.

La première chose que dut faire, à son tour, Valentinien III, qui venait d'abattre cet usurpateur, devait être le rétablissement des signes proscrits. Le christianisme l'emportait; la grande croix et le labarum reparurent immédiatement sur les monnaies ; c'est ce que prouve celle de Chenôve. La longue croix sur laquelle Valentinien *s'appuie* comme sur une lance, est donc le secret de son élévation et le signe de l'inauguration d'une politique nouvelle ; car, en même temps que la croix reparaît sur les monnaies, le paganisme est attaqué dans le Code. On voit, dans l'appendice de celui de Théodose, que, le 9 juillet 425, c'est-à-dire aussitôt après l'élévation de Valentinien III, on rendit une loi en vertu de laquelle les païens ne pouvaient plus avoir des esclaves chrétiens ; elle leur interdit même le barreau et les emplois militaires.

La pièce de Chenôve exprime cette victoire d'une manière encore plus précise. L'empereur ne tient pas seulement d'une main la statuette de la victoire, vieil emblème païen resté dans les habitudes des monnayeurs du Bas-Empire ; Valentinien ne *s'appuie* pas seulement de la main droite sur la croix, qui représente son avènement et celui de la puissance qui lui a donné la victoire : le jeune empereur a le pied droit sur une tête humaine à laquelle tient une chaîne qui se prolonge derrière la jambe gauche de l'empereur jusque sur le dernier G de la légende.

Les plus récents numismates ont cru voir dans cette partie du revers un serpent à tête humaine. C'est une erreur que permet de rectifier la belle pièce de Chenôve, où le serpent prétendu est *une chaîne* distinctement exprimée. Le vaincu foulé aux pieds du vainqueur est un fait vulgaire dans la numismatique impériale; la tête tranchée se trouve, il est vrai, rarement sur les médailles. Cependant on la remarque déjà sur quelques-unes de celles de Vespasien et de Trajan; c'est plus qu'il ne faut pour autoriser cette reproduction à une époque d'épouvantable barbarie.

Quel est donc ce captif à qui la tête aurait été tranchée dans l'enfance de Valentinien ? C'est l'usurpateur Jean. Placidie, qui gouvernait au nom de Valentinien, et à qui il avait été livré par ses propres soldats, lui fit d'abord couper la main qui avait osé toucher le sceptre; elle le fit ensuite promener sur un âne, chaîne au cou, en haillons et suivi de la populace qui l'insultait. Il fut enfin conduit sur la place publique et *décapité*. Voilà la tête sur laquelle Valentinien III a le pied.

Ce qu'il y a de vrai sur la médaille de Chenôve, ce n'est pas le globe terrestre placé dans la main de Valentinien III, et dominé par la Victoire. A voir cet emblème il semblerait, en effet, que la puissance romaine fût alors triomphante d'Orient en Occident, et qu'il n'y eût qu'un homme pour porter le fardeau du vaste empire. Toutefois ce même empire venait d'être divisé; l'Occident, qui était la part de Valentinien, était ébréché en tous sens; la Gaule et l'Espagne avaient été envahies par les Barbares; les Visigoths, les Bourguignons, les Francs y avaient planté leurs tentes, Rome, *l'invicta Roma*, avait été emportée d'assaut le 28 août 410. Que Vespasien ait adopté pour ses monnaies un aigle éployé sur un globe, on le conçoit. Mais, sous Valentinien, cet emblème n'est plus qu'une illusion; car l'empire romain tombe en poussière.

Cette situation est visiblement exprimée par tous les traits de l'une et de l'autre face de la médaille de Chenôve. Elle rappelle toutes les traditions romaines; mais *l'artiste* appelé à les reproduire a prouvé que l'art était alors en complète décadence. La jambe gauche, par exemple, est sans proportion avec la droite, avec tout le corps et avec elle-même. Quoique cette pièce porte l'exergue *Conob*, il n'en est pas moins vrai qu'elle fut frappée à Ravenne, où Valentinien établit son siège, là même où Jean fut livré. Le nom de cette ville est rappelé par les lettres R V, placées l'une à droite, l'autre à gauche de l'empereur.

Mémoires de la Commission des Antiquités de la Côte-d'Or, t. V, Compte rendu, p. XLVIII.

— 2 —

Abrégé de la vie de saint Nazaire et de saint Celse, maryrs au Milanez au 1er siècle (fête le 28 juillet), patron de l'église paroissiale et du village de Chenôve-les-Dijon.

Paulin, diacre de l'Eglise de Milan, écrivant la vie de saint Ambroise, son évêque, vers l'an 411, témoigne qu'il n'avait encore pu savoir en quel temps saint Nazaire avait souffert le martyre (1). Mais cent ans plus tard on était déjà persuadé que c'était sous l'Empereur Néron dans la première persécution de l'Eglise, autant qu'on en peut juger par la manière dont en a parlé Ennode, évêque de Pavie, qui vivait sur la fin du v⁰ siècle. « On ne sçait quel fut le lieu de la naissance de saint Nazaire. Son père étoit payen, et avoit un employ dans les armées romaines. Sa mère, que l'Eglise honore sous le nom de sainte Perpétue, avoit embrassé la foy de Jésus-Christ avant qu'il fust né : et l'on a tout sujet de croire que ce fut d'elle qu'il reçut les semences de l'Evangile. Comme son humeur douce et paisible contribuoit encore à le retenir dans les exercices de la religion, il marqua dès l'enfance l'éloignement qu'il avoit pour la profession militaire. » Ayant reçu le baptême il crut devoir travailler pour le procurer aux autres, et, après s'être fortifié dans la vertu et dans l'âge, il quitta la maison paternelle pour aller prêcher la foy aux Gentils. Il s'en acquitta avec zèle et désintéressement. On sait qu'il eut beaucoup à souffrir dans les fatigues de ce saint ministère, quoiqu'on ne puisse rien assurer en particulier des exils et des peines auxquelles on dit qu'il fut condamné. Il arriva enfin à Milan, après avoir parcouru beaucoup de pays, et Dieu y termina la course de ses missions évangéliques et de sa vie pour couronner ses travaux. Il fut arrêté et condamné à mort dans cette ville avec un jeune enfant nommé *Celse* vulgairement S. Ceols, qu'il avait pris avec lui dans le cours de ses voyages pour l'instruire et le garantir de la corruption du siècle et qui mérita d'être le compagnon de son martyre (2). Leurs corps furent enterrez dans un jardin hors de la ville de Milan, en deux endroits différents ; ils y furent gardés par les soins des propriétaires du lieu qui défendirent à leurs descendants de quitter jamais cet héritage parce qu'il y avait là de grands trésors. Ce fut là qu'ils furent trouvés par saint Ambroise après la mort de Théodose le Grand, le 12 juin 395. Saint Gaudence qui vivait alors et saint Ennode de Pavie disent que saint Nazaire se révéla lui-même à saint Ambroise, et lui fit connaître qu'il n'était point dans un lieu digne de lui. Ce prélat ayant découvert par ce moyen un trésor que personne de son temps ne connaissait le fit déterrer incontinent après sa révélation. La tête de saint Nazaire, qui était séparée du tronc, était toute entière et sans aucune corruption avec les

---

(1) Leurs actes n'ont point d'autorité. Lipomau et Surius les ont donnés traduits ou extraits du grec de Métaphraste, qui n'était que la paraphrase d'un mauvais original. Ce qu'en dit saint Ennode de Pavie, qui vivait à la fin du v⁰ siècle, est un peu mieux reçu. Ce que l'on sait de leur découverte et de leur translation faite par saint Ambroise de Milan est plus assuré parce que nous le trouvons dans la vie de ce saint écrite par son diacre Paulin. Parmi les écrits du XVI⁰ siècle on peut voir la dissertation historique que le sieur J. Paul Puricelli fit imprimer à Milan en 1656 touchant saint Nazaire et saint Celse. Mais personne n'en a traité plus exactement que de Tillemont au II⁰ tome de ses *Mém. Eccles.*

(2) Adon prétend qu'ils subirent le martyre le 28 juillet.

cheveux et la barbe. Le corps du martyr ayant été levé de terre et mis sur une litière pour être transporté dans la ville, on crut devoir fouiller dans un autre coin du jardin et l'on y trouva en effet le corps de saint Celse qui fut transporté avec celui de saint Nazaire dans la Basilique des Apôtres, près de la porte Romaine. Le corps de saint Nazaire fut placé au haut de l'église sous une voûte qui fut ensuite ornée d'un beau marbre d'Afrique par la princesse Serène, femme de Stilicon, et nièce de l'empereur Théodose le Grand. On voit des reliques de saint Nazaire dans l'Eglise Saint-Félix, à Nole, qui furent données par saint Paulin qui les avait lui-même reçues avec grand respect de saint Ambroise. Saint Gaudence témoigne aussi que son église de Bresse en possédait. On en porta à Rome au pape Symnaque et à Ennode, évêque de Pavie, qui en fit parvenir quelques fragments en 508 aux évêques d'Afrique relégués en Sardaigne par la persécution des Vandales.

Le culte de saint Nazaire et celui de saint Celse, son compagnon, se répandit ensuite non seulement en Italie, mais encore en France où il se continue aujourd'hui en plusieurs endroits sous différents noms. Il s'étendit même de bonne heure dans l'Eglise universelle. On vit avant la fin du vi^e siècle une église en l'honneur de saint Nazaire bâtie ou rétablie dans la ville de Bordeaux par l'évêque Léonce, comme nous l'apprenons d'une épigramme que Fortunat de Poitiers fit à ce sujet. *Mais le lieu où ce culte semble le plus avoir éclaté est la ville d'Autun dont l'Eglise cathédrale était dédiée sous le nom de saint Nazaire dès le commencement du règne de Louis le Débonnaire* (1). (On conçoit dès lors pourquoi Chenôve prit pour patrons saint Nazaire et saint Celse ; la raison en est toute simple, car étant placé sous le patronage du Chapitre d'Autun, ce dernier avait cru devoir imposer ces deux saints pour protecteurs à un village dont il possédait la plus grande partie de la seigneurie). Il a toujours été considéré depuis comme le patron et le protecteur particulier de la ville, et révéré jusqu'à y recevoir même des honneurs civils, comme il paraît par la monnaie qu'on y faisait battre en son nom. Cependant l'église Saint-Nazaire n'est plus la première d'Autun, elle dut céder ce rang à celle de Saint-Lazare, de Béthanie, frère de Marthe et de Marie, ressuscité par Jésus-Christ (2).

La fête de saint Nazaire et de saint Celse est marquée diversement dans les martyrologes. Les grecs les honorent aussi dans un même jour qui est le 14 octobre. Mais Florus et Usuard, qu'on a suivis dans le martyrologe Romain, mettent séparément saint Nazaire et saint Celse au 28 juillet, ce qui a été pratiqué à Milan depuis plusieurs siècles. On y fait la fête de leur translation ou de leur invention le 10 mai, auquel le martyrologe Romain en a fait mention.

On a souvent confondu notre Saint avec saint Nazaire d'Embrun à qui l'on donne aussi pour compagnon un saint Celse. Avant Adon

---

(1) L'an 815. — (2) Tillemont, page 99, Cyr., col. 349.

saint Grégoire de Tours avait déjà rapporté l'histoire de *saint Nazaire* martyrisé à Embrun avec un enfant nommé Celse, dont le tombeau était demeuré inconnu à cause de la persécution. L'autorité de ces deux auteurs n'a point empêché Baronius de croire que c'étaient quelques reliques de saint Nazaire et de saint Celse de Milan apportées à Embrun où leur mémoire aurait pu s'effacer durant les ravages des barbares du ve siècle. — Il y avait aussi des reliques de saint Nazaire et de saint Celse de Milan à Paris au xe siècle, comme le témoigne l'historien Aimon : et il se peut faire qu'on en eût porté longtemps auparavant à Constantinople où l'on avait bâti une église sous le nom de saint Nazaire qui tombant en ruines fut rétablie par l'empereur Basile au ixe siècle. De la ville de Paris leur culte s'était étendu dans le diocèse. Saint Celse fut fait en particulier titulaire d'une paroisse de l'archidiaconé de Josas vers les limites de l'évêché de Chartres qui fut appelée de son nom de Celse *S. Ceouls* et par corruption *S. Sous* que les géographes ont encore défiguré davantage, en marquant *cinq Sols* dans leurs cartes. Les titres anciens de la paroisse l'appellent *saint Cheours*. Mais il semble qu'elle ait perdu le nom et le culte de notre saint martyr depuis que Guillaume de Lamoignon, premier président au Parlement, devenu seigneur de la terre, l'a fait appeler Courson ou Launay Courson.

Adrien Baillet, *Vies des Saints*, t, II, juillet, pp. 385-88. Edition de 1715.

— 3 —

Abrégé de la vie de saint Léger, évêque d'Autun, né en 616, mort en 678, qui donna l'église et le village de Chenôve à la cathédrale d'Autun.

Saint Léger, que l'on appelait autrefois Leutgar et Ludger et que l'on nomme encore saint Ligaire ou saint Leguier et en latin Leodegarius, tirait son origine de la première noblesse des Français (1). Il vint au monde vers l'an 616, et ses parents le présentèrent encore enfant au roi Clotaire II, à la cour duquel il vivait. Ce prince apprenant que sa mère Sigrade avait un frère nommé Didon qui avait été fait nouvellement évêque de Poitiers (2), fit remettre l'enfant entre ses mains pour l'élever dans les lettres et les devoirs de la religion. Le prélat donna pour précepteur à son neveu un prêtre très savant et fort vertueux qui s'acquitta parfaitement de son employ. Il le prit

---

(1) V. Ursin, qui composa une vie du Saint par ordre d'Ansoald, Ev. de Poitiers, qui avait succédé à Didon, oncle maternel de saint Léger. — Duchesne fit imprimer une vie du saint dans le style naturel d'Ursin sur d'anciens manuscrits, et y a joint une édition d'une autre vie composée par un moine dans le Ier t. des Ecrivains de l'hist. de France. — Dom Mabillon a donné depuis une édition plus correcte parmi les actes des saints de l'ordre de saint Benoît. — On peut voir entre les modernes qui ont parlé de saint Léger M. Bulteau dans son Abrégé de l'histoire de l'ordre de saint Benoît. — (2) Vers l'an 626.

ensuite auprès de lui pour veiller sur ses mœurs et ses actions comme il souhaitait fort de l'avoir pour successeur, il lui recommanda avec grand soin de fuir le vice, et surtout de se conserver chaste du corps et de l'esprit. Ses instructions firent tout l'effet qu'il en pouvait espérer : il eut la satisfaction de voir son neveu avancer chaque jour dans la vertu, et il ne fit point difficulté de l'ordonner diacre à l'âge de vingt ans (1). Léger continua ses études avec beaucoup de succès, et il se rendit très habile dans les lettres saintes, dans les sacrés canons, et dans les loix civiles. Il était d'ailleurs plein d'esprit, agréable et fort sage, parlait facilement et avec beaucoup de grâce. Vers l'an 651, l'abbé de Saint-Maixent en Poitou étant mort l'évêque Didon lui confia la conduite de ce monastère, et il s'en acquitta pendant près de six ans d'une manière qui fut doublement avantageuse à cette maison, car il travailla avec succès, non seulement à y maintenir la discipline dans toute sa régularité, mais à en accroître encore les revenus. Son mérite lui avait acquis l'estime générale de la province, et on le regardait comme capable des plus grands emplois. Sa réputation se répandit jusqu'à la cour du jeune roi Clotaire III qui régnait depuis un an sous la tutelle et la régence de sainte Bathilde, sa mère. Ils résolurent de le faire venir auprès d'eux, et mandèrent à l'évêque son oncle de le leur envoyer (2). Sa présence confirma bientôt l'opinion qu'on leur en avait donnée. Toute la cour admira sa vertu, son esprit, sa sagesse, et l'on ne parlait plus que d'un emploi qui pût convenir à son mérite. Peu de temps après, en 659, il arriva un grand scandale à Autun en Bourgogne par l'ambition de deux ecclésiastiques qui aspiraient au siège de l'église de cette ville vacant par la mort de l'évêque Ferréol. Le schisme dura deux ans entiers pendant lesquels il se commit divers meurtres et beaucoup de désordre. La reine Bathilde crut avoir enfin trouvé le moyen d'apaiser ces troubles en choisissant Léger pour évêque d'Autun. Les prélats et les seigneurs de la cour, le clergé et le peuple de la ville qui manquait de pasteur, chacun fut content de cette élection : et une conspiration si générale obligea Léger de consentir à son ordination. Il fut reçu à Autun comme un homme envoyé de Dieu ; après avoir réuni les esprits par la prudence et la douceur, il donna tous ses soins aux fonctions de sa charge, il pourvut à la subsistance des pauvres, il répara et embellit les églises (c'est à cet époque, en 660, qu'il fit construire à Chenôve la maison du Chapitre. L'on voit à l'église sur l'un des vitraux peints, l'image de saint Léger, mitré et crossé tenant d'une main la palme du martyre, dans le lointain l'on semble apercevoir le chapitre de Chenôve. Saint Vincent, patron des vignerons qui lui fait pandant). Il corrigea divers désordres qui s'étaient glissés parmi les mœurs de son peuple ; il réforma son clergé, il rétablit en 666 la discipline ecclésiastique suivant la disposition des Saints Canons ; il augmenta le culte divin (3). Saint Léger, entre les

(1) En 636. — (2) En 657. — (3) Bulteau, ouvrage cité, page 550. — Coll. concil. ad. an. 675, 535.

grands du royaume de Bourgogne, s'était déclaré des premiers pour Childéric II (616-678) ; il avait de grand talent pour la conduite des affaires, et fut engagé par ce prince à prendre part au gouvernement de l'état ; il le fit son premier ministre en 670 et se vit par la suite en très grande considération auprès de lui.

Saint Léger fit un bon usage du crédit que lui donnait le ministère, n'ayant en vue que la justice et le bien du public. Il travailla fortement à remédier à plusieurs désordres qui s'étaient introduits au préjudice des ordonnances des rois. Il fit rétablir l'ancienne police, et soulager les peuples qui n'avaient pas été moins maltraités que la noblesse sous Clotaire III depuis que sainte Bathilde s'était retirée du gouvernement. Il fit aussi prescrire des bornes aux gouverneurs de province, de peur qu'à l'exemple d'Ebroïn ils n'en devinssent les tyrans. Enfin il mit les affaires en si bon état, qu'on s'estimait heureux par toute la France d'avoir Childéric pour roi et Léger pour le principal ministre de la couronne. Mais ce zèle qui le faisait travailler aux biens de l'état avec tant de succès lui attira des ennemis qui, portant envie à son autorité, entreprirent de le noircir dans l'esprit du roi et de le perdre. Ils en trouvèrent l'occasion sur la fin du carême de l'an 673, lorsque le roi vint à Autun pour y célébrer la fête de Pasques. La cour y était nombreuse : le patrice Hector, comte de Marseille, s'y rendit pour un procès qu'il avait avec saint Prix, évêque de Clermont ; Léger ayant logé ce prince dans sa maison, ses ennemis l'accusèrent avec le comte de conspiration contre le roi et ils engagèrent dans leur parti le maire du palais Wefoald et un méchant hermite nommé Marcolme (1) qui avait sa cellule près du monastère de Saint-Symphorien. Le roi Childéric crut d'autant plus facilement ce que l'on disait de l'évêque, que l'accusation se trouvait attestée par plusieurs personnes, et qu'il commençait d'ailleurs à se lasser des généreuses remontrances qu'il lui faisait sur les défauts de sa conduite. Ce prince, que les suggestions des flateurs et des mauvais conseillers avaient déjà gâté, ne fut point fâché de trouver un prétexte de se délivrer d'un tel censeur, et il résolut d'en venir aux dernières extrémités avant de sortir de la ville d'Autun. Le jeudi-saint l'évêque fut averti, par un moine nommé Bercaire, que l'on formait des desseins sur sa vie ; il ne s'en effraya point quoique l'avis ne fût pas sans fondement. Le lendemain il alla trouver le roi dans la résolution de souffrir la mort pour la justice.

La veille de Pasques le roi alla consulter le reclus Marcolme qui l'affermit dans la créance de la calomnie que l'on avait inventée contre Léger. Au matin il alla entendre la première messe de Pasques (2), qui fut célébrée par saint Prix non pas dans la cathédrale où officiait saint Léger, mais dans le monastère de Saint-Symphorien ; puis se transporta à la cathédrale ; il y cherchait saint Léger l'épée à la main, et il entra en cet état dans le baptistère, où on lui dit qu'il

(1) Autrement Marcolin. — (2) Vit. Præject. Sæc. 2. Mabill., p. 644.

était occupé à conférer le baptême et la confirmation. Sa colère se ralentit à la vue du religieux appareil des cérémonies, et il sortit de l'église sans rien faire. Le saint continua ses fonctions et célébra la messe avec beaucoup de tranquillité. Après le service il alla se présenter devant le roi qu'il trouva toujours fort prévenu et dans de fâcheuses dispositions à son égard. Il sortit donc secrètement avec le comte Hector de la ville d'Autun et dès que l'on se fut aperçu de leur évasion, on envoya des gens de guerre après eux. Hector fut pris et tué après avoir fait une longue défense. Saint Léger fut arrêté aussi ; mais comme il ne fit point de résistance on n'attenta rien sur lui. On le conduisit au monastère de Luxeuil, en attendant qu'on délibérât au conseil du roi sur ce qu'on devait faire de lui. Les plus sages et les plus modérés conseillèrent à Childéric de le laisser dans ce monastère comme dans un lieu d'exil où il passerait le reste de ses jours. Le roi, fortement sollicité par les ennemis du saint qui voulaient qu'on le dépouillât honteusement de sa dignité et qu'on le fît mourir, avait déjà donné des ordres conformes à ces cruelles résolutions, lorsque Ermenaire, abbé de Saint-Symphorien, à qui il avait commis le soin de l'évêché d'Autun en l'absence de l'évêque, s'étant jeté à ses pieds, obtint, par ses larmes, qu'on le laisserait en paix dans le cloître de Luxeuil.

Cependant les deux officiers à qui le roi avait donné commission d'aller retirer saint Léger de Luxeuil pour le dégrader et le faire mourir ensuite, le retirèrent en effet, mais pour le rétablir sur son siège. Un de leurs gens qui avait résolu de l'assassiner au sortir du cloître, touché de vénération pour lui, en conçut un si grand repentir lorsqu'il se vit en état de faire son coup, qu'il se jeta à ses pieds et lui demanda humblement pardon. Enfin, ayant échappé à la mort, il arriva à Autun où on lui fit une entrée magnifique. Ebroïn sortit d'Autun dès le matin, jeta son froc et ne songea plus qu'au moyen de perdre l'évêque d'Autun qu'il regardait comme le premier de ses ennemis et le principal obstacle de sa fortune. Deux seigneurs de la cour, le comte Guaimer, appelé duc de Champagne, et Désiré surnommé Didon, évêque de Chalon-sur-Saône, entièrement dévoués à sa passion, s'offrirent de lui livrer l'évêque d'Autun s'ils avaient des gens de guerre. Ebroïn leur envoya des troupes, et ils allèrent mettre le siège devant la ville d'Autun. Les principaux du clergé et du peuple, qui avaient de l'affection et du respect pour l'évêque, lui conseillèrent de se retirer au plus tôt ; il n'y consentit pas et se prépara à tout souffrir pour la justice ; ordonna un jeûne de trois jours et fit une procession solennelle autour des remparts avec les reliques des saints. Ensuite il exhorta tout le monde à servir Dieu fidèlement dans l'union de la charité et prit une résolution qui irrita tellement ses ennemis qu'après avoir ravagé le territoire, ils approchèrent des murailles pour y donner l'assaut et mettre ensuite le feu à la ville. Léger comprit alors qu'il n'avait plus de composition à espérer d'eux, et se sentit pressé de sortir de la ville afin de la tirer du danger qui la menaçait en le détournant sur sa propre tête, ouvrit les portes de la ville, et se livra lui-même à ses ennemis. Ils se jetèrent sur lui avec une fureur démesurée et commencèrent par lui crever les yeux. Il souffrit ce tourment avec tant de confiance qu'il ne voulut pas même qu'on le liât ni qu'on le soutînt. La ville d'Autun fut pillée, et ses ennemis, non contents des dépouilles des habitants, prirent encore ce qui était resté dans le trésor de l'église comme le prix du rachat de la ville. Le partage fait, Léger fut mis sous la garde de Guiamer qui reçut ordre d'Ebroïn de le traîner dans le bois pour l'y faire mourir de faim ; Guiamer le laissa quelques jours sans manger, et le fit souffrir conformément aux ordres qu'il avait reçus. Mais il fut si touché de la patience et du courage de son illustre persécuté qu'il sentit son cœur s'attendrir de compassion, et que l'ayant fait conduire dans sa maison il lui donna tous les soulagements qui lui étaient nécessaires. Après avoir passé quelque temps dans cette maison il fut transféré dans un monastère où il demeura durant l'espace de deux ans. Saint Léger vivait donc encore, et la haine que lui portait Ebroïn semblait ne pouvoir finir que par la mort. Quoiqu'il l'eût fait réduire à un point où il n'avait plus rien à craindre de lui, il ne laissait pas de le regarder en cet état comme son censeur perpétuel et il résolut d'achever sa perte. On le tira du monastère où il était et on l'amena devant le roi (1). Saint Léger à qui les disgrâces n'avaient rien diminué de son grand cœur, fit des reproches à Ebroïn sur son ambition et sa cruauté. Ce ministre l'entendant parler avec tant de liberté entra en fureur et après lui avoir fait souffrir mille indignités en présence du roi et de la cour, le contraignit de marcher nu-pieds dans un lieu plein de cailloux pointus comme des clous. On lui coupa ensuite les extrémités des lèvres et de la langue ; on lui taillada les joues ; on le dépouilla de ses habits, et en cet état on le mena par des chemins pleins de boue où il ne pouvait se soutenir ni se conduire (2). Ebroïn l'envoya ensuite en Normandie sous la garde de Waning, gouverneur du pays de Caux, et le lui recommanda en des termes pleins d'insultes lui disant : « que ce n'étoit pas pour le laisser vivre qu'il le lui adressoit, mais pour le faire périr de misères ». On le mit sur un méchant cheval pour lui faire faire le chemin, mais il était tellement blessé par tout le corps et avait répandu tant de sang que l'on croyait qu'il allait expirer.

Arrivé dans la maison de Waning, homme de bien (3), qui savait l'indignité avec laquelle le saint avait été traité, conçut pour lui une vénération particulière et fit en sorte qu'il ne manquât de rien. Cependant Ebroïn, bien arrêté dans son dessein de faire mourir Léger, donna ordre qu'on le tirât de Fécamp (4), afin de lui faire perdre la réputation de sainteté qu'il avait acquise devant les hommes, il le fit presser dans l'Assemblée de confesser qu'il avait été le complice de la

(1) L'an 676. — (2) V. le martyre de saint Léger peint sur l'un des vitraux de la collection Trimolet, n° 1236, au musée de Dijon. — (3) On célèbre sa fête le 8 janvier, il était l'ami de saint Ouen et de saint Vandrille. — (4) L'an 677-678.

mort du roi Childéric à quoi il protesta hautement qu'il était très innocent de ce crime et qu'on n'eût ni preuve ni sujet de soupçons contre lui. On le fit mettre entre les mains de Robert (1), comte du palais, avec ordre de lui couper la tête. Cet homme le conduisit aussitôt chez lui, au pays d'Artois, et ne pouvant plus négliger ni différer son ordre, le livra à quatre de ses gens pour l'aller exécuter dans un bois éloigné de là parce qu'il ne voulait pas être présent à sa mort. Lorsque ceux-ci eurent mené le saint dans le fond de la forêt, trois d'entre eux se jetèrent à ses pieds et lui demandèrent pardon de la malheureuse nécessité où ils étaient d'obéir à leur maître. Il les bénit, leur fit une courte exhortation, et se mit à prier Dieu pour ceux qui étaient coupables de sa mort. Mais pendant que ces trois bourreaux demeuraient prosternés devant lui, le quatrième, qui s'appelait Wadad et était un homme fier et brutal, se tenant debout l'épée nue lui abattit la tête d'un seul coup. Cette mort arriva le troisième jour d'octobre de l'an 678.

Ebroïn avait donné ordre que l'on cachât son corps dans un puits dont on devait boucher l'ouverture avec de la terre, afin que les peuples ne lui rendissent point d'honneur (2). Une prévoyance de cette nature n'était pas sans exemple parmi les payens dans le temps où les persécuteurs savaient que les chrétiens honoraient les reliques et la mémoire de ceux que l'on faisait mourir pour leur religion. Mais on ne peut assez admirer l'inquiétude qu'avait ce méchant homme pour ôter la gloire du martyre avec la réputation de sainteté devant les hommes à ceux qu'il persécutait sous des prétextes de politique ou pour des intérêts particuliers. Les soldats n'ayant point trouvé de puits dans le bois pour y jeter le corps le laissèrent sur place, et la femme du comte Robert eut soin de le faire enterrer avec ses habits dans une chapelle du village de Sercin en Artois (3). Sa cause aurait pu demeurer douteuse dans le monde après sa mort par les artifices de ses ennemis qui ne manquaient pas de ressources pour noircir sa mémoire. Mais Dieu prit la défense de son serviteur et justifia hautement son innocence par les miracles dont il honora son tombeau et dont il se servit pour apprendre aux hommes qu'il l'avait couronné dans le ciel.

Il est fâcheux seulement que l'on ne soit pas suffisamment éclairé sur le temps et la manière dont on veut que ses reliques aient été transférées de Saint-Maixent dans divers autres pays, car il se trouve des reliques de saint Léger dans plusieurs endroits; et l'on ne s'étonnera point d'une si grande distraction si l'on considère combien il était difficile aux moines de Saint-Maixent d'en refuser à leurs hôtes qui leur en demandaient lorsqu'ils fuyaient de villes en villes avec le corps du saint pour tâcher de se garantir de la fureur des Nor-

(1) Chrodebert et Robert ne font qu'un seul mot. — (2) V. dans Baillet, § 2, *Histoire du culte de saint Léger*. — (3) Aujourd'hui Saint-Léger, entre les diocèses d'Arras et d'Amiens, au nord de Doullens.

mands qui faisaient leurs ravages jusqu'en Poitou. Le corps fut successivement porté en Bretagne, de là en Auvergne, puis en Bourgogne jusqu'à Auxerre. L'on montre un bras de saint Léger dans l'abbaye de Fécamp au pays de Caux où il avait demeuré près de deux ans. On voit aussi de ses reliques dans diverses églises de Paris, à N.-D, à Saint-Merry et au Val-de-Grâce ; la Sainte-Chapelle de Dijon possédait un anneau de saint Léger. On peut juger par là quelle étendue le culte de saint Léger a eu en France dès le siècle même où il est mort.

Adrien Baillet, *Vie des Saints*, éd. de 1715. Oct., t. III, p. 18-31.

677

Nous pourrions placer ici la charte : Carta de Rebus quas contulit Beatus Leodegarius suæ ecclesiæ.

Donation des terres de Marigny-sur-Yonne, de Chenôves, de Tillenay et d'Ouges, faite à l'église d'Autun par saint Léger, en 677.

(Saint Léger tenait les terres de Chenôves — Canavis villa — et d'Ouges, de Sigrade, sa mère, et de Bodilon).

Cette curieuse pièce a été donnée par : Aubert le Mire, Op. diplomatica ; Mabillon, Annal., tome I, p. 418; Le Cointe, Annal. eccl. Franc., tome III, p. 580 ; Acta SS., t. I d'octobre, p. 370 ; Pérard, Recueil de pièces servant à l'histoire de Bourgogne, p. 3 ; Bréquigny, Diplomata ad res Francisc. pertinentia, part. 1, t. I; Gagnare, Histoire de l'Eglise d'Autun, p. 612 ; Dom Pitra, Hist. de saint Léger, pp. 184 et 453 ; et dernièrement par A. de Charmasse, Cartulaire de l'église d'Autun, p. 80.

Comme on le voit, ce document est loin d'être inédit ; aussi nous n'avons pas cru utile de le reproduire encore une fois ici.

— 4 —   **901** 5 septembre

CARTA DE TILINIACO ET CANAVIS

Acte de la restitution de la terre de Chenôve, passé en présence de Richard, comte d'Autun.

Cum in cunctis definitionibus idonea sunt adhibenda testimonia, convenit tamem ut litteris describatur causa rationis quatenus in futuro dignosci possit veritas definitionis, cum ante conspectum deducta fuerit inquirentis. Propterea scire opportet omnes Dei fideles, præcipue autem summos regni principes eorumque ministros, qualiter residente domino Richardo nobilissimo marchione seu et clarissimis ejus filiis Rodulpho, Hugone atque Bosone elegantissimæ prolis comitibus in villa Pulliaco, venit in præsentiam illorum Abbo missus et advocatus Wallonis venerabilis Augustodunensis episcopi, reclamans quasdam res Sancti Nazarii sitas in villa quæ vocatur Canavas ad Tiliniacum pertinentes, contra Cadilonem et illius hæredes, quas tunc temporis quasi in proprium tenere videbantur : unde ad judicium scabineorum idem Abbo mallavit supradictum Cadilonem, quod dicti et præfati hæredes injuste tenebant vel tenere conabantur easdem res easque contradicere missis præfatæ ecclesiæ et sui pontificis contendebant, ubi et tales testes se promisit habere qui hoc secundum legale judicium probarent et ad perfectum opus deducerent. Jam dictus vero Cadilo, ad consilium fautorum suorum, respondit quod ipsas res pro quibus appellabatur juste et legaliter possidebat et testes similiter ad hoc probandum promisit. Cum ergo ita invicem contenderent, indicatum est illis ut, statuta die, ad hoc ut promiserant adimplendum, datis triduo induciis, suos testes paratos haberent, quod et factum est. Jam dictus autem Cadilo, accepto amicorum consilio, die statuta, ante præsentiam, illustrium comitum veniens, res supradictas reddidit quas memoratus princeps suscipiens, in manum jam dicti episcopi et præfati sui advocati in conspectum omnium reddidit eosque reinvestivit, pro quo etiam hanc notitiam fieri jussit et omnium sibi assistentium manibus firmari rogavit. Signum Rodulphi comitis filii prædicti principis, qui per jussionem prænominati patris sui in conspectu illius et ejus vice firmavit et manu propria signavit. Signum Cadilonis qui sua et fratrum suorum vice res reddidit. S. Richardi fratris illius, qui consensit. S. Hectoris sororis illorum viri, qui consensit. S. Ragenaldi. S. Odilonis. S. Odwini. S. Lamberti. S. Berlanni. S. Ebbonis. S. Arlegii. Viboldi. S. Bodonis. S. Adroldi. S. Landrici. S. Arnulphi. S. Landrici ministri hujus definitionis. S. Otsendi. S. Erebranni. S. Rainoardi. S. Teutbaldi. S. Adhalardi. Datum nonas septembris, indictione IV, anno XIX. Acta apud supra scriptam villam Pulliacum.

D. Plancher, *Histoire de Bourgogne*, t. I, pr. 19. De Charmasse, *Cart. de l'Eglise d'Autun*, p. 36.

— 5 — Entre **1112** et **1113**

Charte notice des arrangements et jugements rendus contre le duc Hugues, en faveur de l'évêque d'Autun, au sujet des domaines de Chenôve et de Gratoux dans le Dijonnais.

Dans une de ces réunions, celle du 3 août 1113 (v. le n° 6 ci-après) on trouve Guillaume, comte de Nevers ; dans une autre, Walo, abbas et frater ejus Werricus, Adimarus de Maso ; Willelmus de Fulvencio ; Hugo, dapifer Ducis ; Teccelinus Sorus ; Tebbodus Dainac.

Le dernier arrangement qui fut fait à Dijon, à la cour ducale, porte :

.... S. Stephani Eduensis Episcopi ; S. Willelmi decani ; S. Humberti, archidiaconi ; S. Telbaudi, S. Humberti, S. Anserici, S. Johannis, S. Guidonis, canonicorum ; S. Henrici presbyteri ; S. Rainerii de Rebello ; S. Lamberti prepositi Sedeloci.

Ex parte Ebrardi : S. Hugonis Ducis ; S. Garnerii de Sombernone ; S. Rainerii de Rocha ; S. Mathei ; S. Wirici, S. Alberti ; S. Dominicia, ejusdem Ebrardi generi.

(La duchesse et ses fils non dénommés sont présents à cet accord).

  D. Plancher, t. I, pr. 49; E. Petit,*Hist. des Ducs de Bourgogne*, t. I, preuve 158, p. 452.

— 6 —   3 août **1113**

CARTA DE CANAVIS ET GRATEMATIO

Hugues II, duc de Bourgogne, et Guillaume, comte de Nevers, se trouvant à Autun pour traiter de la paix, les chanoines de Saint-Nazaire demandèrent au duc d'exécuter la charte d'Eudes, son père, par laquelle celui-ci renonçait à tous les droits qu'il prétendait avoir sur les terres de *Chenôves* et du *Gratoux*. Le duc ayant fixé un jour pour l'examen de cette requête, les chanoines se rendirent à Dijon et obtinrent la confirmation de leurs droits.

  Orig. Arch. de la Côte-d'Or, publiée par A. de Charmasse, *Cartul. de l'Eglise d'Autun*, p. 18-21 ; *Gal. Chr.*, IV. Instr. eccl. Eduen. 51 ; D. Plancher, *Hist. de Bourg.*, t. I., pr. 49.

— 7 —   Sans date (après **1168** et avant **1177**)

Hugues, duc de Bourgogne, reçoit en commande de Philippe, abbé de Saint-Bénigne, et du chapitre de ce monastère, ce qu'ils possédaient à Longvic et à Chenôves, moyennant une rente de 100 sols. Témoins : la duchesse Marie de Champagne ; Nicolas, chapelain du duc ; Jobert de Grancey ; Aimon de Dijon ; Guillaume d'Orgeux ; Etienne de Pouilly ; Ponce Chanlart.

Ex Cartulario Ecclesiæ S. Benigni Divionensis. — *Manifestum* fit omnibus tam futuris quam præsentibus, quia *Philippus* Abbas Ecclesiæ S. Benigni Divionensis, assensu et laude sui capituli, villam prope Divionem quæ dicitur Longusvicus et quicquid Ecclesia præ dicta possidet *apud Canobas*, Hugoni Duci Burgundiæ in commendationem posuit pro centum solidis annuatim solvendis infra nundinas Divionenses omnium sanctorum : eo videlicet pacto, quod si prædictus Abbas, vel ejus successor in jam dicto termino commendationem istam deduxerit Duci, vel e converso Dux ei, ipse Abbas et villa deinceps absolvetur a commendatione ista. Hujus rei testes sunt, Maria Ducissa, Nicolaus Capellanus Ducis, Iosbertus de Grancé, Aymo de Divione, Villelmus de Orgeolo, Stephanus de Pulleyo, Poncius Chanlardus.

  Orig. Arch. de la Côte-d'Or, fonds Saint Bénigne, carton 66 ; — Ed. Duchesne, *Ducs de Bourg.*, pr., p. 52 ; Petit de Vausse, *Hist. des ducs de Bourg.*, t., II, p. 319.

— 8 — **1249** (1248 mars)

Au nom du duc de Bourgogne, on achète d'Agnès, veuve du comte Etienne d'Auxonne, plusieurs vignes sises au finage de Chenôve, environ 13 journaux, ainsi qu'un jardin.

Arch. de la Côte-d'Or, Peincedé, t. I, p. 22.

— 9 — **1254**

Bail des terres de Chenôves et de Mailly.

Nos Guillermus decanus totumque capitulum Eduense, notum facimus universis presentibus et futuris quod nos secundum antiquam, approbatam et hactenus observatam consuetudinem ecclesie nostre, quicquid habemus et habere debemus omnimoda ratione apud Canabas prope Divionem et in fasco de Mailleio et in appendiciis et pertinenciis dicti fasci et dicte ville de Canabis, tam in hominibus quam in domibus, vineis, terris, pratis, aquis, molendinis, censibus, costumis, nemoribus, justiciis et rebus aliis quibuscunque dedimus et concessimus venerabili viro Guidoni de Capis, preposito Eduensi (1), quiete habenda quandiu vixerit et pacifice possidenda sub annua censiva ducentarum et quatuor viginti librarum Divion. nobis a dicto preposito vel ejus mandato annuatim reddendarum, medietate videlicet dicte pecunie in synodo hyemali persolvenda et alia medietate in synodo estivali : hoc tamen salvo dicto preposito, quod si contingeret ipsum decedere ante collectionem vini et bladi tenemur eidem vel mandato suo reddere omnes missiones quas ille vel mandatum suum fecerit anno illo pro vineis et terris colendis usque ad diem obitus sui. Si vero ipsum decedere contigerit, supradictis collectis, ipse vel mandatum suum censivam predictam persolvet terminis supradictis et habebit omnes proventus dicte terre usque ad festum Nativitatis beati Johannis Baptiste subsequente. Post decessum vero ipsius prepositi, vel si ipsum contigerit canoniam Eduensem dimittere, omnia predicta cum omnibus acquiramentis, meliorationibus et edificiis ab eodem preposito ibidem faciendis, ad nos et matrem Ecclesiam nostram Eduensem libere et sine contradictione aliqua revertentur et absque ullo honore debitorum. In cujus rei testimonium presentibus litteris sigillum capituli nostri apposuimus. Anno Domini M° CC° quinquagesimo quarto, in capitulo generali.

Arch. de la Côte-d'Or. Edit. A. de Charmasse, *Cartul. de l'Eglise d'Autun*, p. 184-185.

— 10 — **1261**

Vente faite par l'abbaye de Labussière à Adeline de Belle? du

(1) Nonas septembri. Anno Domini M° CC° sexagesimo sexto. Obiit inclite memorie dominus Guido de Chapis prepositus ecclesie Eduensis, qui edificavit stallos nostros de Beligne et multa alia bona ecclesie nostre contulit, pro cujus anniversario capitulum tenetur solvere centum sol. Parisien, Anima ejus requiescat in pace (*Nécrologe*). *Cartulaire de l'Eglise d'Autun*, p. 185, note 1.

consentement de Guyonnet de Pommard, de 6 journaux 1/2 de vigne, à Chenôve, pour 25 livres.

Vente par Corbes de Canabis d'une vigne *es Poussots* de Chenôve.

Orig. Arch. de la Côte-d'Or, H. 531, F. de Labussière.

— 11 — **1270**

Vente d'une pièce de vigne par Antoinette de Crimolois et son mari, moyennant 16 livres.

Orig. Arch. de la Côte-d'Or, H. 531, F. de Labussière.

— 12 — **1282**

Déposition de 127 témoins en faveur des droits et des privilèges de l'église d'Autun contre les prétentions de Robert II, duc de Bourgogne.

De cette longue pièce, dont M. A. de Charmasse, *Cartulaire de l'Eglise d'Autun*, a donné un extrait (ce document mesurant 10 m. 90 sur 40 cent. de large), nous ne reproduirons que les passages suivants qui ont trait à Chenôve.

. . . .

Dominus Guillemus, rector ecclesie de Canabis, etc., dixit quod bene sunt XXV anni vel circa quod quidam Andreas nomine fuit captus de nocte apud Chenoves in vineis dicte ville furando racemos, prout audivit iste qui loquitur, ipsum captum in domo Henrici majoris capituli Eduensis apud Chenoves, quia non interfuit captioni : et dixit iste qui loquitur quod dictus Andreas concordavit cum dicto majore capituli usque ad LXV solidos Divionensium pro emenda, prout audivit, et presens fuit dicte furationi, et tunc dictus major deliberavit, eum, prout vidit iste qui loquitur, nec vidit quod gentes ducis de hoc conquererentur.

Item, dicit quod X sunt anni quod quidam laquetus nomine captus fuit apud Chenoves de nocte in quodam gardino ubi capiebat seu subripiebat pira sub quodam piro, ductus fuit in prisione apud Chenoves in domo majoris decani et capituli : non interfuit captioni iste qui loquitur, sed vidit eum captum et plegiavit eumdem usque ad LXX solidos erga majorem pro dicto laqueto iste qui loquitur et tunc major deliberavit dictum laquetum, prout vidit iste qui loquitur et vocabatur major Maignies, ut dixit quod in illo tempore quidam Henricus nomine gaigiavit dicto majori eumdem usque ad LXX solidos, pro eo quod verberaverat quemdam hominem usque ad sanguinem : gaigationi interfuit iste qui loquitur, et dicit quod XXX sunt anni, et a XXX annis citra singulis annis vidit poni custodes ex parte capituli, qui custodiebant vineas et blada dicte ville sine contradictione; et vidit quod custodes jurabant in manu majoris dicti capituli de fideliter custodiendo vineas et blada ; sed non recolit de nominibus illorum qui faciebant juramentum. Requisitus de nominibus majorum dicti loci qui recipiebant predictum juramentum a predictis custodibus pro decano et capitulo Eduensi, dicit quod Henricus et Maignees, et scit quod erant majores decani et capituli Eduensis pro eo quod ita se gerebant prout vidit; et dicit quod bene sunt XL anni, et a XL annis citra, quod vidit quotienscunque aliqua molestia seu violentia fiebat aliqui in villa de Chenoves seu in finagio dicti loci, quod illi qui predicta sustinuerant vertebant ad majorem dicti loci qui pro tempore erat, et quod de hoc coram ipso conquerebantur, et quod predicti majores seu major qui pro tempore erat faciebat emendari predicta, sed non recolit de nominibus illorum qui predicta inferebant nec de nominibus conquerentium, nec vidit nec audivit dici quod gentes ducis Burgundie de hoc conquererentur coram gentibus domini regis.

Item, dixit quod bene sunt XX anni quod dominus Guido prepositus de Suisseio conquestus fuit pro decano et capitulo Eduensi apud Divionem in domo ducis, patris ducis qui nunc est, de hoc quod gentes ipsius levaverant seu erexerant furchas in terra decani et capituli apud Chenoves, et tunc dux respondit quod faceret eis emendari secundum quod jus daret : predicta vidit et presens interfuit et plures quorum nomina ignorat; et dicit quod locus in quo dicte furche fuerunt levate seu erecte per gentes ducis, ut dictum est, est in finagio Chenoves et in dominio decani et capituli.

Mauricius, presbiter, etc., dicit quod bene sunt XL anni, et a XL annis citra, quod major decani et capituli Eduensis, qui pro tempore erat major, ponebat in villa de Canabis quolibet anno custodem qui custodiebat vineas et blada dicti territorii et recipiebat juramentum dicti custodis nomine capituli de fideliter custodiendo blada et vineas, prout vidit. Requisitus de nominibus majorum, dicit quod unus major vocabatur Hugonetus, et Hugonetus filius ejus qui post eum fuit major, et alter qui fuit major qui vocabatur Maignees, et scit quod isti erant majores decani et capituli, quia ita se gerebant, prout vidit. Requisitus de nominibus predictorum custodum, dicit quod Bernardus et Andreas custodiebant vineas dicti loci sine contradictione ducis seu servientium ejus.

. . . .

Dictus Belins, etc., et addit quod bene sunt XXX anni, et a XXX annis citra, quod ipse vidit arrestari tempore vindemiarum per gentes decani et capituli, videlicet per majorem ville de Canabis, quadrigas burgensium et Divione et aliorum hominum bene X vicibus pro eo quod vindemiabant vineas suas, durante banno in dicta villa, sine licentia majoris decani et capituli, et vidi quod illi quorum erant quadrige aplegiabant in manu majoris pro emenda, sed nescit quid post ea fiebat de emenda, nec recolit de nominibus illorum quorum erant quadrige, nisi de uno qui vocabatur dominus Odo *li Riches*, miles.

    Orig. Arch. d'Autun, fonds de la cathédrale, titres généraux, privilèges, etc... 1, — A. de Charmasse, *Cartul. de l'Eglise d'Autun*, pp. 234 à 253.

— 13 —   **1282**

Copie faite en 1475, non signée, d'un vidimus d'un arrêt du parlement de France du mois de février 1282 rendu sur les contestations entre le duc de Bourgogne et les chanoines de la cathédrale d'Autun, spécialement sur la justice de Chenôves-les-Dijon dont la grande justice est dite appartenir au duc.

Orig. Arch. de la Côte-d'Or, B. 1007. Recueil de Peincedé, t. XXV, p. 171.

— 14 —   **1284**

Injonction au châtelain de Chenôve de percevoir les marcs aux époques déterminées par la charte.

Orig. Arch. de la Côte-d'Or, B. 11482.

— 15 —   **1286** février

Arrêt du Parlement de Paris au sujet des différends qui existaient entre l'église d'Autun et Robert II, duc de Bourgogne.

Philippus Dei gratia Francorum Rex, notum facimus universis tam presentibus quam futuris, quod cum moveatur controversia inter dilectum et fidelem nostrum ducem Burgundie ex una parte, et decanum et capitulum Eduense ex altera :

. . . .

Dès les premières lignes Chenove figure en ces termes :

..... Item super eo quod dicebat quod Chenoves est de baronia et infra baroniam ipsius ducis, et super eo quod dicebat se esse in possessione magne justitie apud Chenoves ;

Puis plus loin :

..... Item, super eo quod dicebat quod cum ipsi sint in possessione vel quasi plenarii dominii et justitie in terra sua de Chenoves, gentes dicti ducis minus juste et violenter in prejudicium decani et capituli, quasdam furcas patentes erexerunt, quare petebat utraque pars predicta ad statum debitum reduci et emendari que essent emendanda.

A l'alinéa suivant :

...... Item, quod Chenoves est de baronia et infra baroniam ducis, et quod dux est in saisina magne justitie de Chenoves.

A la fin.

...... Item, quod decanus et capitulum sunt in saisina apud Chenoves in terra sua ponendi custodes segetum et vinearum et recipiendi juramenta eorum et preconizandi ne aliquis vindimiet sine licentia ipsorum, et levandi emendas quando fit in contrarium et levandi etiam emendas pro racemis furatis et fructibus in jardinis fu-

ratis, sed tamen furce ex parte ducis ibidem erecte non cadent cum sit idem dux in saisina magne justitie apud Chenoves ut supra dictum est. In cujus rei testimonium presentibus litteris nostrum fecimus apponi sigillum. Actum Parisiis in parlamento nostro, anno Domini millesimo ducentesimo octogesimo sexto, mense Februarii.
Per judicium curie, N° M. B. Tercis.

Orig. Arch. de la Côte-d'Or. A. de Charmasse, p. 260, 265. Cette longue pièce latine est également reproduite dans l'*extrait des titres qui établissent que la seigneurie de Chenôve appartient à l'église d'Autun*, sous le titre de : Extrait collationné sur le vidimus d'un arrêt rendu au Parlement de Paris, au mois de février 1286, entre Robert, onzième duc, et l'église d'Autun, p. 15 à 21.

— 16 — Mai **1311**

Vente par dame Jeanne, femme et de l'autorité de Mess. Etienne Chaperon de Belleneuve (de Bellenova), chevalier, et par Gauthier, fils de ladite Jeanne et de feu Clérambaud de Broindon, damoiseau, mari de ladite Jeanne à Jean Bigot de Dijon, damoiseau, de 2 pièces de vignes situées au finage de Chenôve, l'une *au journal es Templiers*, et l'autre *en Combettes des Echaillons* quittes pour son cens et dime ; et ladite dame et son fils à la prière de Guillaume Bigot, de Dijon, damoiseau, frère dudit Jean Bigot, rendent libre le fief en justice que ledit Guillaume tenoit d'eux pour ce qu'il avoit acquis de Gauthier de Broindon, oncle dudit Gauthier.

Recueil de Peincedé, t. XXVII, p. 3.

— 17 — **1315**

Etat de l'an 1315 de ce que le châtelain de Longecourt a dépensé sur les revenus qu'il a reçus par le feu duc Hugues, en l'an 1314, de la recette dudit Longecourt pour réparer les maisons dudit lieu et aussi pour payer à Mgr Girard le Perrellat, la maison de Chenôves, les vignes de bonne mère et autres, audit lieu que ledit châtelain a achetés dudit Girard pour le Duc.

Orig. Arch. de la Côte-d'Or, B. 1256; Peincedé, t. XXV, p. 603.

— 18 — **1550**

Rouvres-les-Dijon. Compte de Philibert Mongin institué receveur de la châtellenie de Rouvres par lettres du roi François Ier.
Achat, moyennant 303 livres 15 sous tournois, de 50 poinçons de vin de Chenôves, pour la provision de « mondit sieur l'admyral ». Il s'agit de haut et puissant seigneur messire Philippe Chabot, seigneur de Brion et de Beaumont, baron de Mire-

beau et de Pagny, comte de Buzançois, amiral de France, lieutenant général et gouverneur de Bourgogne et à qui le roi avait donné le revenu de la châtellenie de Rouvres.
Orig. Arch. de la Côte-d'Or, B 5822.

— 19 — **1365** 12 juillet
Débats entre la mairie de Dijon et l'abbaye de Saint-Bénigne au sujet de la justice dans la banlieue.

Acte reçu Geliot Symonnoz de Blaisey, notaire, devant la maison Bouffier en Chastel, en présence de P. de Calmont, prieur de Larrey, de Arnolet de Fleurey, procureur de l'abbaye de Saint-Bénigne, d'une part et de J. Poissenoz, maire de la commune de Dijon, d'autre part, duquel il résulte que le procureur ayant remontré audit maire, que le trouble apporté par lui et ses consorts dans les droits de justice de l'abbaye à Saint-Apollinaire, à Longvic, *à la rue de Beauvoisin de Chenôve*, à Plombières et à Larrey, les ayant contraint de recourir au duc de Bourgogne, ils en avaient obtenu à la date du 1er juin des lettres de commission, lesquelles mandaient au Prévôt de Dijon que s'il lui apparaissoit que le contenu en la plainte desdits religieux fût véritable il eût à les maintenir en possession de leurs droits avec défense aux magistrats de les y troubler. Et en cas d'opposition d'assigner les parties devant l'abbé de Saint-Etienne et Philibert Paillard, chancelier de Bourgogne; c'est pourquoi il lui signifiait par le ministère d'un sergent du contenu de cette commission avec sommation de l'exécuter. Le maire, ayant répliqué qu'il ne pouvait rien décider lui-même a requis qu'il lui fût donné copie dudit mandement sous la promesse d'une entrevue fixée à huitaine devant la Sainte-Chapelle, ce qui a été accordé et dont les parties ont requis acte.

A la suite de cette pièce est la teneur des lettres de procuration de l'abbaye.

Orig. Arch. municip. de Dijon, C. 15, cote 5, Orig. sur parch.

— 20 — **1366-1376**
Recette des produits des vins (de Chenôve) que le duc faisait vendre *à taverne* en détail par Jehannin François, son valet.
Orig. Arch. de la Côte-d'Or, B. 4263.

— 21 — **1369-1378**
Henri Noirot, licencié en droit, retient pour 3 ans Viennot Bourliers et sa femme, pour ses bergers à Chenôve Le mari doit se gouverner comme bon berger et sa femme faire les fromages dont elle rendra compte; il leur fournira par an 6 saloignons de sel, 3 pintes d'huile, 3 carteranches de lin, chaque semaine une carteranche de blé, son fruitage, le dimanche devers le matin leur affouage et 24 fr. pour le terme.
Orig. Arch. de la Côte-d'Or, B. 11237.

— 22 — **1378**

Le 29 septembre on but à Châtillon à l'hôtel ducal 1 tonneau 8 setiers de vin de Chenôve.

 Arch. de la Côte-d'Or, B. 320, 4°.

— 23 — **1381-1382**

Jean de Gratery, sous-fermier du 1/8 du vin vendu à Chenôve, Larrey, et à la rue de Marsannay, banlieue de Dijon, verse 33 fr. pour les 7 mois échus de son bail.

 Orig. Arch. de la Côte-d'Or, B. 11306.

— 24 — **1382**

En novembre 1382 Guillemette, fille de feu M. Hugues de Mailly, chevalier, femme de Girard Jacob de Saint Loup, vend une pièce de vigne située à Chenôves.

 Recueil de Peincedé, t. XVII, p. 67. (Nous nous sommes demandé s'il s'agissait ici de Chenôve-les-Dijon ou de Chenôve Saône-et-Loire).

— 25 — **1383-1384**

Procès-verbal de visite, par les barbiers, à la requête du procureur ducal, de Guillaume Jovin de Chenôve, qui avait été frappé et navré en l'épaule droite; ils déclarent qu'il n'est point en péril de mort.

 Orig. Arch. de la Côte-d'Or, B. 11274.

— 26 — **1395-1393**

COMPTE DE MICHELET GIROST, GOUVERNEUR DU VIGNOBLE
DE CHENOVE

Livraison de 150 queues de vin à Huguenin Le Page, valet de chambre et sommelier de l'echansonnerie du duc; de 8 à Huguenin Minchot, concierge et garde des hôtels du duc à Dijon, tantôt par mandement des maîtres d'hôtel des enfants du duc, tantôt par ordre de la duchesse, du duc, de leurs maîtres d'hôtel ou de la chambre des comptes; ici, pour l'usage des enfants au château de Rouvres; là pour celui de Madame à Arras. — Dépense faite par le gouverneur pour faire 8 poinçons de vin de paille, « lesquels mondit seigneur avoit mandé estre faits. »

 Orig. Arch. de la Côte-d'Or, B. 4267.

— 27 — **1401**

Bail à Jean Berthiot, de Plombières, d'une vigne au finage de Chenôve.

 Orig. Arch. de la Côte-d'Or, H. 531, fonds de l'abbaye de Labussière.

— 28 —   **1405**

Le 24 janvier 1405, Robert de Gillans, chevalier, donne en amodiation tout son droit part et portion qu'il peut avoir au dixme de Chenôve, tant en vin, bled, comme en argent.

    Recueil de Peincedé, t. XXVII, p. 364.

— 29 —   **1412-1413 — 1424-1425**

Recette des cens dus sur des héritages que tiennent diverses personnes au finage de Chenôves ; le gouverneur, Jean de Saint-Léger, déclare n'en avoir rien reçu, « pour ce qu'il ne cognoit les personnes déclarées au rôle et qu'il n'a trouvé personne, ni à Chenôves, ni ailleurs, qui lui en ait sceu dire nouvelles ; ni mesme des héritages sur lesquels ces cens estoient assis ». Recette de 3 sous 4 deniers provenant de la dîme d'une 1/2 ouvrée de vigne que tenait Berthiot Girardot « en la Vaul de Marçannay ».

En 1424, on consigne les noms et surnoms des personnages qui avaient des vignes au finage de Chenôves, sur lesquelles la dime était due au duc de Bourgogne et à ses *parsonniers*, « lesquelles vignes, est-il dit, avoient esté esmasées (emmagasinées) audit Chenôves et tauxées es cuve es vendanges de 1425 ». Par le premier article, Jean Mignard, pour diverses pièces de vignes dont la contenance et la situation sont indiquées, donne 15 setiers.

    Orig. Arch. de la Côte-d'Or, B. 4273, B. 4275.

— 30 —   **1417**

Bail par l'abbaye de Labussière, moyennant 3 muids de vin vermeil, à Gautheux de Chenôve et Thevenot Macherée de 3 journaux de vigne à Chenôve.

    Orig. Arch. de la Côte-d'Or, H. 531, fonds de l'abbaye de Labussière.

— 31 —   **1420**

Délibération de la Chambre du 25 juin 1420 portant que les vins de Chenôve et de Talant de M. le Duc seront vendus en gros ou en détail, attendu leur petite quantité.

    Recueil de Peincedé, t. III, p. 312 (Reg. de la Chambre des comptes, f° 146).

— 32 —   **1425**

Délibération de la Chambre du 27 novembre 1425 portant que Odot Le Bediet et autres qui prétendoient être déchargés de la façon des vignes de Chenôve, continueront de les faire faire.

Orig. Arch. de la Côte-d'Or, B. 15. Reg. de la Chambre des comptes, f. 174 v°; Peincedé, t. III, p. 313.

— 33 — **1425**

Bail à Jean et François Jolibois de 5 ouvrées de vigne appartenant à l'abbaye de Labussière pour 10 septiers.

Orig. Arch. de la Côte-d'Or, H. 531, F. de Labussière.

— 34 — **1426-1428**

COMPTE D'ODOT LE BEDIET

Frais pour planter une vigne à Chenôves, y porter et y répandre de la terre. — Payement de 329 ouvriers qui y avaient travaillé une semaine à la fin de novembre. — Vins de Chenôves envoyés à Mons de Nevers. — Sur le recto du dernier feuillet servant de couverture à ce compte se trouve la copie d'un marché fait avec le gouverneur, pour la culture des vignes du duc à Chenôves. Il s'engage à les faire cultiver à ses frais, même à fournir des tonneaux neufs pour mettre le vin, à condition qu'il recevra du duc 1.400 livres par an.

Orig. Arch. de la Côte-d'Or, B. 4276.

— 35 — **1428**

Terrier des vignes estant au finage de Chenôve fait en l'an 1428 écrit en 35 feuillets parch. non signé (1).

Recueil de Peincedé, t. XVI, p. 11.

— 36 — **1434-35**

COMPTE D'ODOT LE BEDIET

« C'est le papier des dîmes de Chenôves » « 1° Perrenot Rousselot ou dit lieu, une ouvrée qui est en désert, entre la terre de Mons le duc de Bourgogne d'une part et le désert Berthier d'autre, pour ce auxdites vendanges, néant. » Vin donné à Révérand père en Dieu, frère Laurent Pignon, évêque d'Auxerre, confesseur du duc, à ses secrétaires MM. Jean Hibert, Jean Chapuis et Gauthier de La Maindre, pour s'en faire accompagner et en user dans un voyage qu'ils devaient faire. — Messire Jean de Croy, Chambellan, reçoit 3 queues pour l'usage de son hôtel en Picardie.

Orig. Arch. de la Côte-d'Or, B. 4280.

(1) V. aussi pour les vignes, divers terriers analysés par Peincedé, t. XVI, pp. 11-12. Dans une pièce de 1546 Chenôve est écrit Chenauves.

— 37 — **1435**

Une émine de froment et une queue de vin sont assignées sur Talant et Chenôve, sa vie durant, à Jean Des Noes, de l'ordre des Frères Mineurs de Dijon, jadis confesseur de feue la duchesse Marguerite, mère du duc Philippe, en 1435.

Orig. Arch. de la Côte-d'Or, B. 6311.

— 38 — **1438-1441**

Guyotte de la Pérousse, femme de Jean de Noidan, bailli de Dijon, vend un meix à Chenôve.

Orig. Arch. de la Côte-d'Or, B. 11343.

— 39 — **1438**

Bail à Huguenin Thibaut pour sa vie et celle de ses enfants d'un journal de vigne *en Trépied*, moyennant le cens d'un muid de vin, payable chaque année à l'abbaye de Labussière.

Orig. Arch. de la Côte-d'Or, H. 531. F. de Labussière.

— 40 — **1442-1444**

Richerd, Juif, maître de la Chambre aux derniers du duc de Bourgogne, reçoit du châtelain de Chenôve 8 queues de vin de ce cru, pour les faire mener à Luxembourg. — Philippe de Corcelles, premier écuyer tranchant du duc, reçoit 4 fr. au lieu de la queue de vin qu'il avait coutume de prendre sur les dîmes de Chenôve.

Orig. Arch. de la Côte-d'Or, B. 4283.

— 41 — **1448-54**

Marchés faits en cette Chambre (des comptes), les 5 et 13 novembre 1448-1451 et 1454 pour la façon pendant trois ans des vignes de Germoles, Pommard, Volenay, Montelie, Talant et Chenôves, appartenantes au Duc.

Orig. Peincedé, t III, p. 316. (2ᵉ reg. de la Chambre des Comptes).

— 42 — **1449**

Transcription faite à la Chambre des Comptes de Dijon en l'an 1449, des lettres patentes du duc du dernier septembre audit an 1449 portant que comme en la ville et finage de Chenôves-les-Dijon il y a un dîme dont la moitié lui appartient et l'autre moitié à certaines personnes qui en tiennent de lui en fief leur portion, il a par ses lettres du 19 juin 1429 abonné pour 20 ans ledit dîme à quatre gros vieux par chacun journal qui serait en vigne et dudit dîme le gros compte pour 20 deniers tournois, payable à lui et à ses personniers, et il serait fait un terrier, etc. C'est pourquoi les habitants dudit Chenôves l'ont supplié de renouveller ledit abonnement pour tel temps qu'il lui plaira ; ce qu'il fait pour le temps et terme de 10 ans ; et comme lesdits personniers prennent chacun an surtout ledit dîme en vendanges deux queues de vin dont l'une est à la charge dudit duc comme ils disent, il veut que pour ladite queue il soit payé 4 l. par le gouverneur, de son clos dudit Chenôve durant lesdits 10 ans comme il a été déjà ordonné par ses autres lettres, lequel abonnement toutes fois n'aura lieu qu'autant qu'il sera approuvé par sesdits personniers.

Orig., Peincedé, t, XXV, p. 589. B. 1006.

— 43 — **1454-1458**

Vidimus de la vente faite en l'an 1454 par Jean de Mazilles, écuyer, seigneur de Marey-sur-Tille en partie, à noble seigneur Philippe de Corcelles, seigneur de Poullans, de la quarte partie du grand dixme de Chenôves à lui appartenant partant par indivis audit acheteur ayant cause en cette partie de feu Jean Bonffeal et à Mgr le duc, avec tous les droits audit grand dixme, et du dixme de Chenevary et autres dudit lieu. Cette vente faite en présence de Jean de Mazilles, écuyer, fils dudit vendeur.

Plus la confirmation de ladite vente en l'an 1458 par ledit Jean de Masille (sic) et par Jean et Regnier de Mazilles, ses fils.

Orig. Arch. de la Côte-d'Or, B. 11702, cote 138 ; — Recueil Peincedé, tome XXV, p. 102.

— 44 — **1456-1460**

Jean de la Gastine « barillier de l'eschansonnerie » du duc, reçoit du châtelain de Chenôves 18 queues de vin destinées à être menées en Flandre, près du duc. — Jacquot de Bregilles, valet de chambre et garde des joyaux, en reçoit 10 par ordre du duc, « pour aucunes causes qui à ce mouvoient ». Le même barillier en prend encore 66 queues que la Chambre des Comptes faisait envoyer en Flandre pour l'Hôtel du duc. — Jacquemin Faronel, valet fourrière du comte de Charollais, en prend 18 queues que le duc de Bourgogne donnait à son fils qui était en Flandre.

Orig. Arch. de la Côte-d'Or, B. 4283.

— 45 — **1459**

Marché fait pour trois ans, en l'an 1457, pour la façon des vignes du duc à Beaune, Pommard, Talent, Germoles et Chenove.

Orig. Peincedé, t. III, p. 318 (2ᵉ reg. de la Chambre des Comptes).

— 46 —   **1461**

Retenue faitte par Jeannette, veuve de Gautherin Machere et Perenet son fils d'un meix vuide assis audit Chenoves ou souloit estre le *treul de Bonnemere* ensemble une maison, meix et jardin assis audit lieu en la rue dite *la rüe du Four*, moyennant 18 gros de cense payables chacun an audit châtelain de Chenoves, faitte en l'an 1461.

Orig. Arch. de la Côte-d'Or, B. 1006; Peincedé, t. XVI, p. 108.

— 47 —   **1467 ou 1469?**

« Amortissement de 60 livres de rente assignées sur la moitié des grains et vins de Chenove et sur le droit appartenant à Philippe de Courcelles au disme de Chenevary, donnés à la Sainte-Chapelle par led. de Corcelles pour la fondation d'une messe quotidienne en icelle expédié en l'an 1467 ».

Fondation d'une messe quotidienne faite par Philippe de Courcelles à la Sainte-Chapelle pour laquelle il a donné 60 livres de rentes assignées sur la moitié du grand dixme de vin et grainsde Chenóve, icelle somme amortie en l'an 1469 (1).

Orig. Arch. de la Côte-d'Or, B. 11,622.

— 48 —   **1468-1473**

COMPTE D'ARNOLET MACHECO, CHATELAIN

Mᵉ Girard de la Roche, conseiller et maître de la Chambre aux

---

(1) La chapelle de Courcelles, ancienne chapelle des Baudot, se trouvait dans la 5ᵉ travée du collatéral gauche de la Sainte-Chapelle de Dijon. Vers le milieu du xvᵉ siècle, une chapelle placée sous l'invocation de la Sainte Vierge, de Saint Jean l'Evangéliste et de Marie-Madeleine avait été construite au bas du collatéral gauche de l'église. Le fondateur de cette chapelle, d'une famille bien connue sous nos ducs, était Philippe de Courcelles, chevalier, seigneur de Pourlans et d'Auvillars, conseiller et Chambellan de Charles le Téméraire. Par acte du 31 décembre 1470, il fonda une messe quotidienne dans cette chapelle nouvellement construite et qu'il se chargeait de garnir de portes et de verrières, et de fournir d'ornements d'autel La famille de Courcelles en conserva le patronage jusqu'au moment de son extinction, à la fin du siècle dernier. — En 1718 le chapitre, voulant faire construire une maison sur l'emplacement même de la chapelle d'Auvillars, offrit en échange à la famille de Courcelles une chapelle plus rapprochée du maître-autel. C'était l'ancienne chapelle des Baudot, famille alors éteinte Dans la suite la terre d'Auvillars étant sortie de la famille, la chapelle fut connue sous le nom de Courcelles (J. d'Arbaumont., *Essai hist. sur la Sainte-Chapelle de Dijon, Mém. de la comm des Antiquités*, t. VI, p. 135.

deniers du duc de Bourgogne, reçoit dudit châtelain 109 queues de vin des vendanges de 1468 pour la dépense de l'hôtel ducal. — Le duc Charles fit don de 6 queues de vin de Chenôve à « Jacot Michiel, jadis espicier et valet de chambre de feu Mgr le Duc, dernièrement trespassé, pour la boisson dudit Michiel ».

Orig. Arch. de la Côte-d'Or, B. 4286.

— 49 — **1471**

Retenue faitte par Baudot Villepenet d'une pièce de vigne assise au finage de Dijon, lieudit *en l'adroit de guon*, contenant toute la pièce, environ sept quartiers, moyennant 20 deniers de cens payables au châtelain de Chenoves, faitte en l'an 1471.

Orig. Arch. B. 1006. Peincedé, t. XVI, p. 108.

— 50 — **1472**

Déclaration des vignes de Chenoves qui doivent dixme au roy et à ses personniers, faite en l'an 1472, signé Gorre et Etienne.

Orig. Peincedé, t. XVI, p. 3.

— 51 — **1477-1483**

COMPTE DE PIERRE GORRAT

Recette des vins, néant « pour ce que aucun inventaire n'en a esté faict, ainsi qu'on avoit accoustumé de faire par cy devant, ne aucuns des diz vins n'a esté baillé en garde audit receveur, pour ce que, avant la saint Martin, ilz furent baillés par ordonnance du roy, nostre sire, tant à Mons. le gouverneur de Bourgogne, qu'à Mgr de la Roiche ».

Orig. Arch. de la Côte-d'Or, B 4288.

— 52 — 11 octobre **1480**

Acte de haute justice accompli par la mairie de Dijon à Chenôve, en présence du procureur du chapitre d'Autun.

C'est une copie non signée d'un acte dressé par les notaires Bodier et Thuby, sur le finage de Chenôve, près du fourneau de chaux, sur le chemin des vignes de Senecourt près de la maison du Chapitre, de la déclaration faite par le procureur syndic de la mairie de Dijon, au chanoine procureur du chapitre d'Autun qu'informé que Barthelmi, serviteur de Vincent de Milan, maitre du fourneau à faire la chaux pour la construction du château de Dijon, avait été trouvé assassiné dans un buisson, il s'était transporté et après l'avoir fait visiter par des barbiers, il l'avait fait inhumer à Chenôve, fait payer ses dettes et ajourner son compagnon de travail qu'on soupçonnait du crime.

Orig. Arch. munic. de Dijon, C. 22, cote 73.

— 53 — 7 mai **1482**

PROTESTATION DU PROCUREUR DU ROI, TOUCHANT LES CHOSES ALIÉNÉES ET MISES HORS DU DOMAINE DU ROI

Aujourd'hui septiesme jour du mois de mai 1482, maistre Guillaume Cheval, procureur général du Roi, notre sire, sur le fait de ses demaines (domaines) et finances, en Bourgogne, est venu au grand bureaul de celle chambre, et a dit qu'il estoit venu à sa congnoissance que les religieux, abbé et couvent de Saint-Edme de Pontigny et les religieux abbé et couvent de Saint-Claude avaient obtenu lettres patentes du Roi, par lesquelles icelui seigneur leur a donné assavoir : ausdits de Saint-Edme à lui appartenant au territoire de Talent (1) ; et ausdits de Saint-Claude, les vignes de Chenoves en fonds et fruits, et lesquelles vignes sont du vray et ancien demaine du Roi notre dit seigneur, et qui ne se peut ou doit aliéner, ne mettre en autruy main que dudit seigneur selon les constitutions et ordonnances royaulx. Pourquoi il s'opposoit à ladite vérification desdictes lettres et protestoit de nullité d'icelles lettres et de les impugner et contredire, ensemble l'expédition et vérification d'icelle et de tous autres dons qui pourroient avoir esté fait par cidevant, ou seroit cy après en diminucion du demaine du Roi. Requérant de ce avoir acte, et sesdittes oppositions et protestations estre enregistrés ez papiers et registres de céans pour mémoire et souvenance, afin qu'il s'en puisse ayder et servir quant temps et mestier sera.

Ce qui lui a esté accordé.

Les vignes de Chenôve restèrent au domaine. Quant à Guillaume Cheval, il changea son nom en celui de Fontenai qu'il a transmis à sa postérité (2).

(1) La charte de Louis XI, « contenant don de ses vignes de Talent en l'honneur de Saint-Edme », se trouve au *Cart. de Pontigny*, t. II, p. 303. Cette pièce a été donnée par le P. L. F. Masse, de la Société des pères de Saint-Edme de Pontigny : *Vie de saint Edme, autrement saint Edmond, arch. de Cantorbery*, Auxerre, 1858, p. 445 et M.J. Garnier en a reproduit un extrait dans son ouvrage : *Le Château de Talant* (*Mém. de la comm. des Ant.*, t. III, p. 257). — (2) G. Peignot, *Catal. de la Bibl. des Ducs de Bourg.*, etc , au xve siècle, MDCCCXLI, p. 114, note 1.

— 54 — **1485**

Marché des vignes de Chenôve et de Talant pour 3 ans, du 4 mars 1485.

Orig. Peincedé, t. III, p. 324.

— 55 — **1493-1494**

Philippe Le Monayer et Jean Moingin, châtelains de Chenôve, par ordre du lieutenant général du Roi en Bourgogne, vont dans la compagnie du prince d'Orange, sire de Châtelguyon, de Dijon à Poligny et à Grimont, pour retirer des archives toutes les lettres et tous les titres qui pourraient être utiles aux intérêts du roi de France. Ce voyage a lieu au mois d'août 1493, en temps d'éminents périls et au grand danger de leurs personnes, à cause des gens de guerre, brigands et autres mauvaises gens qui étaient encore dans la comté. Ils obtinrent d'Etienne Vincent, garde des Archives, des lettres qui constatent que le Roi peut prendre chaque année 1,900 livres viennoises sur la saunerie de Salins.

Orig. Arch. de la Côte-d'Or, B. 1805.

— 56 — 20 juillet **1497**

ÉTALONNAGE DES BOIS ET MEZURES

Arrêt du Parlement de Dijon rendu entre MM. de la cathédrale d'Autun appellants contre Regnault Bayose, substitut du procureur du roy du bailliage de Dijon, qui ordonne que les parties procèderont à la cour, et leur fait défense d'entreprendre rien de nouveau au préjudice de l'appellation.

Orig. Arch. de Saône-et-Loire (pièces en classement).

— 57 — 3 novembre **1497**

ENTREPRISE DU CHAPITRE D'AUTUN SUR LA HAUTE JUSTICE DE LA MAIRIE DE CHENOVE

Lettres obtenues en la chancellerie du Parlement par le procureur syndic de la mairie de Dijon, à l'encontre du chapitre, à l'occasion de ce qu'un nommé Girard Rolin, de Chenôve, habitant une maison qui dépend de la haute Justice de la mairie de Dijon s'étant tué et meurtri, les sergents du Juge de Chenôve pour ledit chapitre avaient fait la levée du corps et commis plusieurs actes à l'insu de la Justice dijonnaise. Lesquelles lettres ordonnent l'ajournement desdits chanoines et sergent et l'autorisation d'informer par notaire des faits qui leur sont reprochés.

A la suite de cette pièce est joint l'exploit d'ajournement du 3 décembre.

Orig. Arch. munic. de Dijon, C. 23, cote 95.

— 58 — **1498**

Marché de la façon des vignes de Chenôves et Talant du 21 novembre 1498.

Orig. Peincedé, t. III, p. 326.

— 59 — **1499-1502**

COMPTE DE JEAN SAUMAIRE

Chapitre de la recette de la dîme Bernard, à Chenoves, dont le Roi avait la moitié ; rien n'a été reçu, parce que nul ne la saurait déclarer. — Charroi et encavement de 77 queues de vin de Chenôves et de Talant, déposées à Dijon, dans l'hôtel qui avait appartenu à Jean Martin, près l'église Saint-Jean. — Michel Herbert, écuyer de cuisine du Roi, enlève 100 queues de vin de Chenôves, Talant et Germoles, pour les transporter au château de Blois. — Gilles Semyton, sommelier de l'échansonnerie du Roi, enlève 25 queues de vin de Chenôves et les mène à Lyon pour la dépense de l'hôtel de son maître.

Orig. Arch. de la Côte-d'Or, B. 4293.

— 60 — **1502**

Retenue faite à M⁰ Pierre Tabourot d'une pièce de vigne appartenant au roi sise au finage de Marcennay appelé le *Clos de Reulle* contenant environ cinq journaux moyennant 60 sols de cense payable chacun an au châtelain de Chenôve.

Orig. Arch. de la Côte-d'Or, B. 1007; Peincedé, t. XVI, p. 109.

— 61 — **1507**

Marchés de la façon des vignes de Chenôve et de Talant du 5 octobre 1507 (1).

Orig. Peincedé, t. III, p. 326.

— 62 — **1512** octobre à décembre

Débat entre la mairie, le chapitre d'Autun représenté par Jean Machin, procureur de la justice de Chenôve pour les vénérables doyen et chappitre de Saint-Ladre d'Ostun, l'abbaye de Saint-Bénigne et le roi intervenant au sujet de la haute justice.

(1) V. encore Peincedé, t. III, p. 336, 346 et 349 sur le même sujet, pour des années différentes.

Cahier contenant les appointements rendus par le lieutenant général du bailliage dans une instance poursuivie entre le chapitre de Saint-Ladre d'Autun qui prétendait avoir la connaissance du délit commis à Chenôve par Jehan Bault, rôtisseur, la mairie de Dijon prétendant, elle, avoir la haute justice jusqu'au pressoir du Roi, l'abbaye de Saint-Bénigne et le procureur du Roi qui prétendaient aussi les mêmes droits.
On ne voit aucune sentence définitive.

  Orig. Arch. munic. de Dijon, C. 24, cote 114.

— 63 — **1513-1516**

Compte de Jean Saumaire « pour le gouvernement de ce vignoble et les marcs de Dijon qui se souloient lever par le châtelain de Chenôves. »

17 queues de vin sont, par ordre du Roi, expédiées à Lyon sur 50 poinçons qu'il devait y envoyer pour être offerts « à l'ambassadeur de Nostre Saint Père le pape ». — Jacques de Clermont, seigneur de Dampierre, écuyer d'écurie du Roi, confesse avoir reçu 212 queues de vin. — Odinet Godran, sommelier de l'échansonnerie du Roi, reçoit 75 poinçons formant 37 queues 1/2 de vin, faisant partie des 98 poinçons qu'il était chargé de faire conduire dans les châteaux de Blois, Amboise et Paris pour la provision du Roi.

  Orig. Arch. de la Côte-d'Or, B. 4296.

— 64 — **1520-1523**

COMPTE DE JEAN SAUMAIRE

Nicolas Du Moulin, sommelier de l'échansonnerie du Roi, reçoit 34 poinçons de vin de Chenôves « pour mener promptement à Lyon avec une plus grande quantité ».

  Orig. Arch. de la Côte-d'Or, B. 4298.

— 65 — **1523-1526**

Par ordre de la Chambre des comptes de Dijon, le gouverneur de Chenôve livre 4 poinçons de vin destinés à être adressés au président de la chambre des comptes de Paris, M. Dorme.

  Orig. Arch. de la Côte-d'Or, B. 4299.

— 66 — **1526**

Une déclaration faitte par les closiers des vignes du Roi à Chenôves, des vignes en toppe et en désert qui sont tant des quartiers de Mgr d'Autun que autre situées audit Chenoves et pour

lesquelles le receveur du Roi n'a reçu aucun dixme qui est de
4 gros par journal ainsi qu'il est porté par le terrier.

Orig. Arch. de la Côte-d'Or, B. 1352, Peincedé, t. II, p. 315.

— 67 —   8 mars **1530**

Arrêt du grand conseil du roy par lequel le conseil est d'avis que
sa majesté doit évoquer le procès pendant au parlement de
Dijon entre MM. de la cathédrale et Mᵉ Jacques Machéco, à
raison du cens réel dû à la cathédrale sur des vignes dépen-
dantes de leurs terres de Chenôves.

Orig. Arch. de Saône-et-Loire, F. de la cathédrale d'Autun, pièces en classement.

— 68 —   **1532** 7 juin

Débat pour la haute justice à Chenôve entre le chapitre d'Autun,
la mairie et le bailliage de Dijon.

Copie des Lettres royaux obtenues en la chancellerie du Parlement pour les doyen et chapitre de Saint-Lazare d'Autun à
l'encontre du procureur du Roi au bailliage et de la mairie de
Dijon qui lui contestaient le droit d'instruire le procès de Jehan
Gallois dit Baudement, de Chenôve, poursuivi pour crime de
rapt.

Orig. Arch. municip. de Dijon, C, 24, cote 121.

— 69 —   **1542-1543**

Vu état de la recette du bailliage de Dijon, châtellenies de Chenôve et Talant, pour ce qui appartient au roi et des droits
royaux en l'élection de Langres pour un an commençant le
1ᵉʳ octobre 1542 et finissant le 7 septembre 1543.

Orig Arch. de la Côte-d'Or, B. 1007, Peincedé, t. XV, p. 431.

— 70 —   4 février **1546**

Lettres de messire Affricain de Mailly, chevalier baron d'Estot,
seigneur de Villers-les-Pots, bailly de Dijon, en forme d'apel
obtenues par messieurs de la cathédralle d'Autun, exposants
qu'ils ont deüement appellé le 23 janvier dernier, au bailliage
dudit Dijon en ce que combien que comme seigneurs dudit
Chenove en toute justice, haute, moyenne et basse, leur appartiennent toute et quante fois qu'il décide aucun habitant dudit lieu, délaissants aucuns biens meubles ou autres... leur dite
justice, de mettre garnison, faire sceller et successivement
faire d'inventaire, et semblablement faire tous autres actes en
tel cas requis, desquels droits ils sont en bonne possession,

jouissance, et saisine par tems immémorial, même par les dernières années ; suivant lesquelles possessions, après le décès de feu messire Hugues Bryet, conseiller à la Cour, ayant laissé plusieurs biens meubles en une maison étant rière leur dite justice pour la conservation desquels, lesquels sieurs auroient par un sergent dudit Chenôve, fait sceller les huis et portes d'icelle maison, afin de faire bon et loyal inventaire desdits meubles. Ce néanmoins seroit avenu que le 22 janvier dernier, demoiselle Pierrette Mangeard, veuve dudit feu Bryet, et Jean Mallain, sergent la mairie dudit Dijon, et Claude Meugnier, clerc au greffe d'icelle mairie, et autres se seroient transportés audit lieu de Chenôve ; et par lesdits sergent et clerc au greffe de leur autorité privée et auroient été levés les sceaux d'icelle maison, et auroit été faite ouverture des portes, en présence d'icelle damoiselle ; et qui pir est, auroient fait description, inventaire et taxe des meubles de ladite maison, par ce troublants grandement lesdits sieurs en leur dite possession et droitures dont ils se sont portés pour appellants : Pour ce est il qu'il est mandé au premier sergent sur ce acquis, qu'à la requeste desdits appellants il ajourne ladite damoiselle lesdits sergent et clerc au greffe, turbateurs et appellés à comparoir pardevant le lieutenant dudit bailliage, pour procéder et aller avant avec lesdits appellants sur ladite cause, et matière d'apel selon raison ; leur faisant inhibitions et deffenses que rien ne fassent ou attendent qui soit contre et au préjudice d'iceux appellants, et de leur dite cause.

Orig. Arch. de Saône-et-Loire (Pièces en classement).

— 71 — 17 août **1550**

Amodiation pardevant Quarré, notaire royal à Dijon, par Messieurs de la cathédrale d'Autun, à Richard Arviset, praticien demeurant audit Dijon, et à Marie de Montardot, veuve de Michel Bouyer, grennetier à Pouilly, du revenu de la terre et seigneurie de Chenôve, tant en rentes, censes, bleds, qu'argent, avec les quarante emines deües par les abbé et religieux de Saint-Bénigne dudit Dijon, les courvées de Saint-Nazaire, qui sont à Longvic et à Ouge, sans les moulins Bernard qui ne sont compris en ladite amodiation, ni aussy les deux courvées qui sont desdits moulins, et la vigne derrière qui est des dépendances d'iceux moulins. Le tout pour et moyennant le prix et somme de 500 livres chacun an.

Orig. Arch. de Saône-et-Loire (pièces en classement).

— 72 —   **1554**

Bail à ferme pour neuf années des vignes de Chenôves appartenantes au Roi fait le 7 juin 1554 par les gens des comptes aux charges et conditions y rapportées.

Orig. Arch. de la Côte-d'Or, B. 459 ; Peincedé, t. II, p. 315.

— 73 —   7 mai **1556**

Amodiation pardevant Bezancenot, notaire royal, par messieurs de la cathédrale d'Autun à Pierre Legrand demeurant à Dijon, pour le terme de six ans, du revenu de la terre et seigneurie de Chenôve, tant en rentes, censes, bled, vin qu'argent, avec quarante émines de grains, deües chacun an par les abbé et religieux de Saint-Bénigne de Dijon, pour raison des moulins d'Ouche, les corvées de Saint-Nazaire qui sont à Longvic, et à Ouge et dix sols de cense deüe, chacun an, par les Garreaux dudit Longvic, et autres devoirs deüs pour raison de lad. seigneurie, à la réserve toutefois des moulins Bernard, des deux corvées et vignes, aisances et appartenances d'iceux Moulins, et de la maison seigneuriale dud Chenôve en laquelle led. Reteneur aura néantmoins une chambre, estable, commodité du treul et les celliers d'icelle maison pour aberger les vins de ladite amodiation seulement. Le tout pour et moyennant le prix et somme de 500 livres chacun an.

Orig. Arch. de Saône-et-Loire (Pièces en classement).

— 74 —   **1559**

Déclaration de François second du 4 décembre 1559 portant qu'il n'a entendu comprendre, dans la révocation des dons les 20 queues de vin qu'il étoit accoutumé de délivrer annuellement au duc d'Aumalle, gouverneur de Bourgogne, qu'aussy les gens des comptes ayent à les lui faire délivrer du cru de Chenôve et Talent.

Enthérinées le 18 dudit mois sans tirer à conséquence pour les gouverneurs qui viendront dans la suite.

Orig. Peincedé, t. III, p. 346.

— 75 —   **1559**

Plusieurs habitants de Dijon, Chenôve et Fontaines, parmi lesquels figurent Girard de Moissey, procureur en Parlement, Blaise Achery, Marchand, Guillaume Mongin, grenetier à Saint-Jean-de-Losne, sont taxés ensemble à fournir la somme de 213 livres.

Orig. Arch. de la Côte-d'Or, C. 2328.

— 76 — **1562**

Le 1ᵉʳ janvier 1562, les habitants de Chenôve vendent à titre de rachat une pièce de terre contenant environ 54 journaux de terre, des communs dudit village de Chenôve, appelée *la pourthe du clou* enprès le grand chemin pardessus d'une part, et un autre grand chemin pardessus d'autre part, tenant sur la commune de Marcennay et d'autre bout à M. Machecot, auditeur des comptes, franc de toutes charges ou de dîme.

Orig. Peincedé, t. XIX, page 31.

— 77 — **1563**

Lettres patentes de Charles IX du 2 janvier 1563 portant confirmation du bail des vignes de Chenôves contenant environ sept vingts journaux fait pour 10 années pardevant Vaussin, notaire royal à Dijon, par un trésorier de France et M. Claude Berbisey, maître ordinaire en cette chambre, à différents vignerons demeurant à Marcennay en Montagne.

Enreg. le 10 juillet 1564.

Orig. Recueil de Peincedé, t. III, p. 349.

— 78 — 1ᵉʳ décembre **1564**

Bail à cens par Philippe des Forges, écuyer capitaine de Dijon, au nom et comme tuteur de Nicolas de Pluvot, écuyer, héritier seul et pour le tout de feu Jean de Pluvot, écuyer capitaine de ladite ville de... et demi journal de vigne situé au finage de Dijon, au lieu dit en Bonnemère.

Orig. Peincedé, t. XIX, page 34.

— 79 — **1565-1566**

Procès-verbal de la délivrance faite par le trésorier Peyrat et M. de Souvert, Mᵉˢ des comptes du domaine du roi à Beaune, Talant et Chenôve.

Orig. Peincedé, t. XXVIII, p. 877.

— 80 — 5 avril **1566** — 4 janvier **1597**

Requête présentée à Messieurs les Commissaires commis à la revente du domaine de S. M. en Bourgogne par Jean Arbelot et consorts, en qualité de détenteur du clos de la Violette sis au finage de Chenôve pour ceux pris à cens le 5 avril 1566 de la contenance de 17 journaux 2/3 dans lesquels ils ont fait des réparations ; ils supplient Messieurs les Commissaires de les rembourser attendu que la délivrance en va être faite ; ils joignent la copie dudit bail et la sentence qui l'ordonne dudit 4 janvier 1597.

Orig. Peincedé, t. XXVIII, p. 217.

— 81 —   5 avril **1566** — 18 juin **1597**

Requête présentée à Messieurs les commissaires commis à la revente du domaine de S. M. en Bourgogne par Jean Arbelot et consorts en qualité de détenteurs du clos de la Violette sis au finage de Chenôve par une prise de bail à cense le 5 avril 1566, de la contenance de 17 journaux 2/3 dans lequel ils ont fait des réparations et améliorations, réparé les murs de clôture, pourquoi ils supplient Messieurs les Commissaires de les rembourser, attendu que la délivance en va être faite; ils joignent la copie dudit bail et la sentence qui l'ordonne du 18 janvier 1597.

Orig. Peincedé, t. XXVIII, p. 1266.

— 82 —   **1570-1597**

Aliénation faite en l'an 1570, en exécution de l'Edit d'août 1569, d'un cens de 88 livres 6 sols 8 deniers chacun an au roi par Pierre Gevequin dit de Chauvirey, de Chenove, et assigné sur le *clos de la Violette* sis audit Chenove, le remboursement ordonné en 1597.

Orig. Arch. de la Côte-d'Or, B. 1007; Peincedé, t. XVI, p. 330.

— 83 —   8 juin **1573**

Bail des revenus de la terre et châtellenie de Talent y compris Chenosve et la seigneurie de Daix appartenances et dépendances fors et exceptés les greffes desdits lieux pour le S. Rapolet, fermier général du domaine du roi et châtellenie en dépendant, sur M. Jean Berthault, concierge de la maison du roi (1).

Orig. Peincedé, t. XIX, f. 47.

— 84 —   17 novembre **1581**

Amodiation par devant Poillechat, notaire royal à Dijon, par MM. de la cathédrale d'Autun, à Guillaume Mathey et à

---

(1) La charge de concierge se transmet de père en fils, dans la famille Berthaut, c'est pourquoi dans les lettres données à Dijon le 22 juin 1595, à Charles Berthaut, il est dit que son emploi peut se transmettre de survivance à son fils, etc... *Familles de Bourgogne*, M^s de la Bibl. de Dijon, t. I, p. 45, v°.

Henry Dupré, marchands audit Dijon, pour le terme de six années du revenu de la terre et seigneurie de Chenove, appartenante auxdits sieurs de la cathédrale, tant en rentes, censes, froment, vin, orge, qu'argent, avec aussi les quarante émines par moitié froment et orge à la mesure de Dijon, deues aux sieurs par les abbé et religieux de Saint-Bénigne dudit Dijon, prises en leurs greniers audit Dijon à cause des moulins d'Ouche; avec ce les 20 deniers deus annuellement par les habitans dudit Chenôve, à peine de l'amande de 7 sols. Plus, le revenu desdites corvées Saint-Lazare qui sont ès lieux d'Ouge et Longvic. Plus 20 journaux de vignes à eux appartenants : Plus le pourpris de la maison seigneuriale dudit Chenove avec le treul et les cuves y étant aisances et appartenances. Plus le droit de prendre et lever à la grange d'Ouge deux mille cinq cents javelles de paisseaux deües par les abbé et religieux de Cisteaux, avec vingt-cinq charettes de bois prises en la forêt dudit Ouge, en payant, par lesdits reteneurs les droits accoutumez auxdits abbé et religieux qui sont trois francs huit sols, et autres droits et devoirs deus pour raison de la seigneurie. Le tout pour et moyennant le prix et la somme de 310 écus soleil, chacun an.

Orig. Arch. de Saône-et-Loire (pièces en classement).

— 85 — **1586**

Le 3 août 1586, délivrance par les trésoriers de France, au profit de François Mareschal, conseiller du roi, secrétaire ordinaire de sa chambre et élu pour le roi es états de Bourg., des 13 émines 17 boisseaux et demi quart de boisseaux aveine mesure de Dijon dues par les habitants de Fénay à cause de leurs bois, prés, terres et vignes, plus 32 boisseaux aveine dus par feue demoiselle Hélène Bonesseau, le tout dépendant du revenu de la châtellenie de Chenôves et Talant.

Orig. Peincedé, t. XVIIII, p. 412.

— 86 — 3 novembre **1587**

Vente par Nicolas Bouyer, procureur au Parlement, et Guillemette Briet, sa femme, à noble Bénigne Soirot, trésorier provincial de l'extraordinaire des guerres, d'une pièce de vigne sise au finage de Chenôve, étant en trois échiquiers au lieudit à Bonnemère, contenant 6 journaux auprès Simon Briet d'une part, et selon la division de 12 journaux qui en a été faite avec ledit Briet, ladite pièce de vigne chargée de 12 écus soleil de cens emphiteote envers le roi.

Orig. Peincedé, t. XIX, f. 5.

— 87 — 14 juin **1588**

Délivrance faite le 14 juin 1588 à noble François Mareschal, de quatre journaux de vigne à prendre dans un clos appartenant à S. M, appelé le clos de Bonnemère, finage de Chenôve, moyennant 275 écus.

Orig. Arch. de la Côte-d'Or, B. 1007.

— 88 — **1589**

La Verne, maire de Dijon, annonce à Fervaques la prise du baron d'Aubonne, venu à Chenôve avec une troupe pour sonder les fossés et préparer une surprise de la ville.

Dijon, 10 mars 1589.

Monsieur, nous avons esté à la guerre avec proffit, car ayant heu advertissement que quelques hommes cuirassés s'estoient gettés nuitamment en une maison assez bonne à Chenosve proche de demie lieu d'icy, je priay Monsieur Michiel avec des habitantz de les aller investir le jour d'hier, ce qu'ilz firent et eurent encores quelques soldatz du chasteau. De cinq qu'ils estoient nous en tenons troys prisonniers, l'un desquels est le baron d'Aubonne et court l'on les autres à bride abatue. Ilz debvoient ceste nuit sonder noz fossés, boulevars et murailles comme aussi du chasteau. Il faut que nous tirions d'eux les desseins de ceux qui cherchent la ruine de ceste province, qui s'arment comme vous voyez des huguenotz ; j'ay parlé ce jourdhuy à M. de Bussy qui est prest de vous aller trouver et fera bon joindre à luy les soldatz qu'avoist faict venir le lieutenant de Talant. Mandez luy s'il vous plaist le rendez-vous et la part où il vous trouvera ; j'ay envoyé aux troupes des capitaines qui estoient dedans la citadelle de Chalon pour marcher incessament à vous, le messagier n'est pas de retour ; je feray satisfaire à voz lettres ; hier j'avoye envoyé des lances à Is-sur-Tille, l'on les a ramené pour n'y avoir trouvé personne, dont j'ay esté marry. Si vous avancés diligemment à Flavigny, l'on m'a dict que vous emporterez la place.

Vous baisant les mains après avoir prié Dieu Monsieur qu'il vous conserve en santé et vous donne de parachever ce que vous avez bien commencé.

De Dijon ce 10 mars.

. . . .

Vostre humble serviteur,
J. LA VERNE.

Orig. Arch. munic. de Dijon, B. 462, n° 87 ; V. *Corresp. de la mairie de Dijon*, dans les *Analecta Divionensia*, par J. Garnier, t. II, p. 222.

— 89 — 3 janvier **1597**

A Jean Euvrard, greffier des eaux et forêts de Dijon, 2 journaux de vignes étant une pièce à prendre au *clos de la Violette*, finage de Dijon, contenant en tout 17 journaux, tenant du côté de Chenôves emprès un petit chemin faisant séparation de tout ledit clos, tenant de large au grand chemin tirant audit Chenôves du côté de soleil levant, du couchant et devers bize, au sieur Fremiot, président à la Chambre des comptes pour le prix de 90 écus.

> Orig. Arch. de la Côte-d'Or, B. 1007; Peincedé, t. XXVIII, p. 1205.

— 90 — 13 janvier **1597**

Extrait non signé de la revente faite par les commissaires du roi à ce député, à Antoine Morisot, avocat au Parlement, de trois journaux de vignes y confinés et à prendre en 2 pièces au clos de la Violette, finage de Dijon, pour le prix de 90 écus.

> Orig. Arch. de la Côte-d'Or, B. 1007; Peincedé, t. XXVIII, p. 1206.

— 91 — janvier **1597**

Extrait non signé de la revente de 3 journaux en 2 pièces y confinées à prendre au clos de la Violette à M. Antoine Petit, avocat, pour 90 écus.

Id. de 3 autres journaux sur 2 pièces, y confinées audit clos de la Violette, à Henry Petit, receveur général des finances, pour le même prix.

Id. de 3 autres journaux y confinés audit clos, à Pierre Peschard, tabellion à Meaux, en 2 pièces pour le même prix.

> Orig. Peincedé, t. XXVIII, p. 1206.

— 92 — 30 janvier **1597**

Pièces produites par demoiselle Jeanne Ocquidant, veuve de M⁰ Simon Legrand, vivant bourgeois à Dijon, de portion par lui acquise d'une pièce de vigne sise au finage de Chenôve communément appelé le clos de la Violette.

> Orig. Arch. de la Côte-d'Or, B. 1007; Peincedé, t. XXVIII, p. 1221.

— 93, 94 — 22 février **1597**

Sentence de remboursement du 22 février 1597, au profit de demoiselle Jehanne Ocquidam, veuve du sieur Legrand, de principal de la rente assignée sur le clos de la Violette, à Chenôve.

Orig. Arch. de la Côte-d'Or, B. 1007; Peincedé, t. XXVIII, p. 210 et 1253.

— 95 — 3 mars 1597

Contrat d'aliénation fait à Claude Dorge, payeur en la Chambre des comptes, de 3 quartiers 7 perches de vigne, à prendre en un clos appartenant au roi, appelé communément le clos de la Violette, finage de Dijon, châtellenie de Chenôve, contenant en tout 17 journaux, ledit clos réuni, puis naguère au domaine du roi, à prendre ledit 3 quartiers 7 perches emprès les vénérables de la Sainte-Chapelle dudit Dijon, du côté dudit Dijon, d'autre du côté de Chenôve, à noble Pierre Peschard, tabellion pour le roi, à Meaux, aboutissant d'un bout devers soleil levant sur la charrière commune tirant audit Chenôve et d'autres devers soleil couchant sur lesdits vénérables de la Sainte-Chapelle et les abbé et religieux de Clairvaux, pour le prix de 25 écus.

Orig. Arch. de la Côte-d'Or, B. 1007; Peincedé, t. XXVIII, p. 1205.

— 96 — 1ᵉʳ mai 1597

Procès-verbal dressé par Denis Pagnie, arpenteur à Dijon, du perchage et demesurement de plusieurs pièces de vignes au lieudit *en bonne mère*, avec l'évaluation et taxes des ouvrages faits édictes pièces de vignes et pièces jointes, lesdites vignes sises à Chenôves.

Orig. Arch. de la Côte-d'Or, B 1007; Peincedé, t. XXVIII, p. 1246.

— 97 — 15 août 1597

Don à Pierre Peschard, tabellion à Meaux, de 2 journaux de vigne à prendre en un clos contenant 12 journaux appartenant au roi, appelé communément le clos de Bonnemère, finage de Chenove; est joint une copie signée du partage du clos en 3 portions.

Orig. Arch. de la Côte-d'Or, B. 1007; Peincedé, t. XVIII, p. 1205.

— 98 — 1597

Aliénation faite en l'an 1597 de 3 journaux de vigne à prendre au clos de la Violette.

Acte de délivrance de l'an 1597 de trois autres journaux de vigne à prendre aussi audit clos de la Violette.
> Orig. Arch. de la Côte-d'Or, B. 1007; Peincedé, t. XVI, p. 330.

— 99 — **1597**

Acte de délivrance de lad. année 1597 de 2 autres journaux de vigne à prendre audit clos de la Violette.
> Orig. Arch. de la Côte-d'Or, B. 1007; Peincedé, t. XVI, p. 331.

— 100 — **1597-1621**

Contrat d'aliénation faite en lad. année 1597 de trois quartiers sept perches à prendre audit clos de la Violette. Le remboursement a été ordonné en l'an 1621.
> Orig. Arch. de la Côte-d'Or, B. 1007. Peincedé, t. XVI, p. 331.

— 101 — **1597-1621**

Aliénation faite en ladite année 1597 de 2 journaux de vigne à prendre audit clos de la Violette, lad. pièce tenant d'une part et du côté de Chenove à un petit chemin faisant séparation de tout ledit clos, et d'autre au sieur président Fremiot.
Le remboursement ordonné en 1621 au profit de veuve et héritiers de noble Pierre Chassot, conseiller-maître en la Chambre des comptes, qui avait droit de Jean Euvrard, 1er engagiste.
> Orig. Arch. de la Côte-d'Or, B. 1007, Peincedé, t. XVI, p. 330.

— 102 — **1597-1621**

Aliénation de deux journaux de vignes à prendre au clos de de Bonnemère faite en 1597 et le remboursement de 1621.
Autre aliénation, faite en l'année 1597, de 3 journaux 1/2 de vigne à prendre audit clos de Bonnemère et le remboursement et revente en l'an 1621.
> Orig. Arch. de la Côte-d'Or, Peincedé, t. XVI, p. 330.

— 103 — **1597-1621**

Aliénation faite en 1597 de 3 journaux de vigne en deux pièces à prendre en un clos de 17 journaux appelé le *Clos de la Violette*, finage de Dijon, châtellenie de Chenove, et le remboursement ordonné en 1621.
Autre faite en l'an 1597 de 3 journaux de vigne à prendre aud. clos de la Violette, de 17 journaux 2/3.
> Orig. Arch. de la Côte-d'Or, B. 1007; Peincedé, t. XVI, p. 330.

— 104 —   1ᵉʳ mars **1600**

Aliénation de 4 journaux de vigne en Bonnemère, finage de Chenôve, au profit de François Maréchal, président en la Chambre des comptes de Dijon, moyennant la finance de 275 écus. Nota. — Lesdits 4 journaux y sont confinés ainsi que s'en suit : « 4 journaux de vigne à prendre en 7 pièces en un clos contenant 12 journaux appartenant au roi, appelé communément le clos de Bonnemère, finage de Chenôve ; scavoir est l'une desd. pièces contenant 3 quartiers tenant devers midi le Bard de Couchey et devers vent à Mᵉ Jean Euvrard, greffier de la gruerie, la seconde tenant demi-journal devers bise a...., et d'autre à Jean Richon, la tierce contenant un journal tenant devers midi à Jean Morelet et devers bise audit sieur Euvrard, aboutissant devers soleil levant à un sentier commun, la quarte contenant un quartier tenant de bise au journal susdit et devers midi à Claude Jolibois dit Sarreau, la 5ᵉ contenant 3 quartiers tenant devers midi à..... et devers bise audit sieur Euvrard, aboutissant d'un bout et d'autre sur deux chemins communs, la 6ᵉ contenant un quartier tenant devers midi à Jean Richon et devers bise au sieur Morisot, et la 7ᵉ contenant 1/2 journal étant demi en friche, tenant à dame Henry, aboutissant devers soleil couchant sur les héritiers Chamirey, et devers soleil levant au capitaine de Rouvre ; icelles 7 pièces étant dedans le même clos, le tout déchargé de cens, rentes, dixmes, bans, visitation, entrées de ville, peages et toutes autres charges et servitudes quelconques ; lad. vente faite desd. 4 journaux après avoir fait la réunion du total dud. clos ci-devant donné à cense et après avoir reconnu par les comptes de la châtellenie sur lesquels ne se trouvent aucune recette, avoir été faite des lots provenant d'icelle cense ; le présent contrat d'aliénation enregistré à la Chambre le dernier juillet 1601 à la requête de demoiselle Anne Girard, veuve dudit Maréchal. »

Orig. Peincedé, t. XVI, p. 457.

— 105 —   **1600-1621**

Aliénation faite le 1ᵉʳ mars 1600 de 4 journaux de vigne à prendre audit clos de Bonnemère, contenant 12 journaux, au profit de Mᵉ François Maréchal, président en la Chambre des comptes de Dijon.

Le remboursement fait en l'an 1621 au profit des dames Anne

Girard, relicte dudit François Maréchal et Jacqueline Maréchal, sa fille.

NOTA. — Est joint l'acte de reprise de fief desdits quatre journaux de vigne faite par ladite veuve Maréchal.

    Orig. Peincedé, t. XVI, p. 330.

— 106 —   **1607**

Reconnaissance des vignes qui doivent au roi 6 sols 8 deniers par chacun journal, ledit droit qualifié de dime, faite et signée Venot et Pépin.

Reconnaissance de noble Pierre Peschard, fils et héritier des feus nobles Michel Peschard, écuier, seigneur de la Roche, et demoiselle Anne Brocard.

Id. celle d'honorable chevalier Emilland de Vandenesse, marchand à Dijon, dudit an 1607 pour un quartier de vigne, lieudit en Maizière (1).

Id. celle de demoiselle Françoise Arthault, veuve de noble François Bryet, conseiller au Parlement, comme usufruitière ; la propriété appartenant à Me Barthelmy et Hector Joly, ses neveux, héritiers du feu sieur Bryet.

Id. celle de noble Jean Sarrault, secrétaire du roi, et demoiselle Antoinette Vallot, sa femme, ledit dîme payable, au roi une moitié et l'autre moitié aux chapelains de la chapelle d'Auvillars.

    Orig. Peincedé, t. XVII, p. 449.

— 107 —   **1607**

Terrier de Chenôve, signé Venot, contenant les reconnaissances des droits et cens particuliers.

Au fol. 8 est le procès-verbal de visite des bâtiments appartenant au roi audit Chenove, et à la fin il est dit : desdits pressoirs nous nous sommes acheminés en une galerie tirant jusqu'à l'entrée du clos que l'on appelle la *galerie d'enfer* et avons reconnu que du côté du midi, proche le lieu appelé enfer, qui est une cave qui est en cet endroit, elle tombe en ruine et, sortant de ladite galerie, nous sommes entrés au clos de vigne qu'on nous a dit contenir *cent journaux*, lequel était anciennement fermé de murailles, et à présent elles sont en ruine

---

(1) La veuve du sieur Pampillon, « orphebvre » à Dijon, possédait en 1686 une pièce de vigne en Mazière. On ne trouve pas le nom de cet orfèvre dans le travail de Clément-Janin, *les Orfèvres dijonnais*.

en plusieurs endroits comme aussi plusieurs vignes audit clos qui sont en friches, etc.

Fol. 12. Plusieurs habitants dudit Chenôves sont requis par M. Venot et le procureur du roi pour être ouïs s'il n'est véritable que audit lieu de Chenôve appartient au roi la justice haute, moyenne et basse laquelle il fait exercer, quand il lui plaît, par son officier, en ladite châtellenie et celle de Talent; aussi que les vignes situées au finage dudit Chenôve appartenaient anciennement aux ducs de Bourgogne et sur lesquelles se levoit par forme de dîme de 8 pintes l'une, lequel dîme pour certaines considérations le duc Philippe, l'an 1429, remit aux tenementiers pour le terme et temps de 20 ans, en payant chacun an 4 gros pour chacun journal de vignes, lesquels 20 ans sont expirés dès longtemps sans que les tenementiers desdites vignes en ayent obtenu aucune continuation, demandoit partout qu'ils fussent condamnés à reconnaître ledit dîme en espèce de vin de 8 pintes l'une et néanmoins où ils en feroient difficultés consentoit qu'ils fussent reçus à la reconnaissance desdits 4 gros pour chacun journal.

Orig. Peincedé, t. XVII, p. 449.

— 108 —　　　**1608**

Jugement de la Chambre des comptes par lequel le haute justice au lieu de Chenôves a été adjugée au Roi et réunie à son domaine par provision le 29 mars 1608 contradictoirement avec les chanoines d'Autun qui ont la moyenne et basse justice ; y sont visés plusieurs titres savoir l'arrêt rendu au Parlement de Paris en février 1286 entre les chanoines et le duc par lequel la haute justice a été adjugée audit Duc. Une transaction du 24 novembre 1466 passée entre lesdits chanoines prétendans avoir été troublés en leur moyenne et basse justice audit Chenôves et les maire et échevins de Dijon d'autre part. Le vidimus du testament de saint Légier, évêque dudit Autun en date de l'an six cent cinquante-trois par lequel il donne et lègue audit chapitre la ville de Chenôves et tout ce qu'il avait audit lieu. Une transaction sans date, scel ni signature par laquelle le duc Hugues de Bourgogne, fils du duc Odo, cède à l'évêque dudit Autun tout ce qui lui appartient justement ou injustement audit Chenôve et dépendances. Une sentence du bailly de Dijon de l'an 1290 avec la confirmation d'icelle par le duc de l'an 1293 entre le chapitre d'Autun et les maire et échevins de Dijon, par laquelle ledit chapitre a été maintenu à l'exclusion desd. maire et échevins au droit d'établir des vigniers au lieu de Chenoves, donner les bans de vendange, etc. Un traité de l'an 1320 par lequel les habitants se reconnoissent justiciables dudit chapitre. Une enquête commencée le 4 octobre 1444 sur les différends entre ledit chapitre et les religieux de Saint-Bénigne en fait des limitations et divisions des finages dudit Chenôves, et ceux de Marcenay et Longvy, et aussi de la justice audit Chenôve appartenant en aucuns lieux auxdits de Saint-Bénigne et aud. Chapitre en autre lieu.....

Orig. Peincedé, t. XVII, p. 419.

— 109 — **1612**

Recette de 250 livres somme à laquelle la ferme de la châtellenie de Chenôves et Talant avait été adjugée à Philibert Du Guignan.

Orig. Arch. de la Côte-d'Or, B. 637.

— 110 — **1620-1623**

COMPTE DE JEAN CHRÉTIENNOT ET DE PARIS REGNAULT, RECEVEURS

Le receveur particulier reçoit 160 livres du receveur général des finances, pour faire face aux charges de la châtellenie qui ne consiste guère [depuis 1601], que dans les gages du receveur et la confection du compte.

Orig. Arch. de la Côte-d'Or, B. 4318.

— 111 — **1622**

8 journaux 3 quartiers 7 perches de vigne sises au finage de Chenôve au clos appelé la Violette ont été aliénés à Barthelmy Moreau, président au Parlement, pour 3237 livres 10 sols et à Barthelmy Morisot, greffier de cette chambre et Philibert Nicolardot, receveur de la ville de Dijon.

Orig. Peincedé, t. XVI, p. 437.

— 112 — 10 juillet **1622**

Amodiation par devant Carré, notaire royal, par Messieurs de la cathédrale d'Autun à Pierre Guiennot, orphèvre à Dijon, et à Philibert Colin aussy orphèvre, pour le terme de six années, de tout le revenu des terres et seigneuries de Chenôve, et de Saulon-la-Chapelle, membres et dépendances d'icelles en quoy qu'ils puissent consister. En ce, y compris quarante émines, froment et orge, mesure dudit Dijon, deues chacun an par lesd. abbé et religieux de Saint-Bénigne dudit Dijon à les prendre ès greniers dudit abbé ; la corvée de Saint-Nazaire, avec les terres du finage de Longvic ; vingt-cinq charettes de bois, à deux chevaux chacune charette ; deux mille cinq cent javelles de paisseaux, à compter cinquante bastons par chaque javelle deues, chacun an, par les abbé et religieux de Cisteaux, à les prendre aux lieux portés par les titres desdits sieurs, en payant toutefois par lesdits fermiers les droits accoutumés être payés suivant lesdits titres : plus vingt journaux de vignes proche la maison seigneuriale dud. Chenôve ; encor, le pourpris de toute la maison seigneuriale dud. Chenôve, le tout pour et moyennant la somme de 1660 livres chacun an ; et à la fin dudit terme de six ans, seront tenus de mettre ès mains desd. sieurs...

Orig. Arch. de Saône-et-Loire (Pièces en classement).

Dans la même liasse se trouve un « Manuel, signé d'un notaire royal, qui contiendra les nouveaux censives, tenants et aboutissants, et les noms et surnoms des tenementiers ».

— 113 — **1630**

COMPTE DE JACQUES CHRÉTIENNOT, RECEVEUR DU DOMAINE DU ROI AU BAILLIAGE DE DIJON, POUR LA CHATELLENIE DE CHENOVE

Le revenu consiste à être affermé ; mais tous les articles de la recette sont portés en compte pour garder les droits du Roi.

Orig. Arch. la Côte-d'Or, B. 4322.

— 114 — 19 décembre **1645**

Amodiation pardevant Michel, notaire royal à Dijon, par messieurs de la cathédrale d'Autun, à Jacque David, huissier à la Cour, et à Antoinette Billoguet, sa femme, pour le tems et terme de six ans : du tout le revenu des terres et seigneuries de Chenôve, Saulon-la-Chapelle, membres et dépendances d'icelles, pour en jouir ainsi que cy devant a fait feu Pierre Marc y compris quarante émines par moitié froment et orge, mesures et émine de Dijon deües chacun an par les abbé et religieux de Saint-Bénigne dud. Dijon ; à les prendre ès grenier dud. abbé : Plus la corvée d'Ouge appellé la corvée de Saint-Lazare, avec les terres du finage de Longvic ; vingt-cinq charettes de bois à deux chevaux, chacune charette, et deux mil cinq cent javelles de paisseaux, à comptes cinquante bastons, ou paisseaux pour chacune javelle, deüe chacun an par les abbé et religieux de Citeaux, à les prendre aux lieux portés par les titres desd. sieurs de la cathédrale, en payant toutefois par lesd. reteneurs les drois accoutumés suivant lesd. titres : Plus, encor vingt journaux de vignes proche la maison Seigneuriale dud. Chenôve, Ensemble : ladite maison et pourpris : De plus les reteneurs payeront les droits et devoirs qui sont deües sur lesd. seigneuries ; sçavoir, douze stiers de vin deüs, chacun an, au Roy, sur les biens desd. sieurs, et autres charges ordinaires et accoutumées, si aucunes sont. Ladite amodiation faite moyennant la somme de deux mille cent livres tournois chacun an.

Orig. Arch. de Saône-et-Loire (Pièces en classement)

— 115 — 20 août **1647**

Transaction pardevant Jean Renault, notaire royal, entre messieurs de la cathédrale d'Autun, et Marie Mayre, veuve de Pierre Marc, bourgeois à Dijon, d'une part ; Jacques David, huissier en Parlement ; et François Caron, marchand audit Dijon, fermiers de Chenôve et de Saulon-la-Chapelle, d'autre, sur le fait des visites des terres et preys dudit Saulon et réparations des bâtimens dudit Chenôve, que lesdits David et Caron prétendoient être à la charge desdits sieurs, et de ladite Marie Maire : sur lequel fait il y aurait procès pendant en la Cour des requestes du Palais audit Dijon ; pour lequel procès terminer a été transigé comme s'ensuit ; sçavoir, que pour les dépens supportés par lesd. David et Caron, touchant lesdites visittes de Chenôve, et de Saulon, et aud. procès, ladite veuve leur a payé réellement et comptant, la somme de 65 livres. Et lesdits sieurs, celle de 15 livres. Et moyennant lesd. payements lesdits sieurs, et ladite Marie Mayre demeurent quittes desd. dépens et visittes.

Orig. Arch. de Saône-et-Loire (Pièces en classement).

— 116 — **1653**

Convention de la communauté avec le sieur Loiseau, recteur d'école à Chenôve.

Ce jourduy seizième iour du mois de novembre mil six-cent-cinquante-trois, au lieu de Chenôve au-devant de l'église dudit lieu, fut présent en sa personne Jean Loyseau, maître d'escolle audit lieu lequel par ses présentes a convenu et fait marché aux habitants dudit lieu et en présence de Jean Bernard et Estienne Choude ?, procureurs de la communaultez dudit Chenôve, en présence par l'advis et consentement de Philibert-Claude Gallois, Bénigne Contausin, Bénigne et Estienne Jolibois, Baltazard-Changenet, Claude Debout et plusieurs autres habitants dudit lieu.... pendant cinq années consentis dès les premiers du présent mois de novembre et qui finiront après ses cinq années expirées, de montrer et d'enseigner tous les enfants desdits habitants qui luy seront envoyez pour avoir à les instruire dans la piété et doctrine chrestienne, la foy catholique, apostolique et romaine, de chanter, de montrer à lire, escrire les chiffres, et le plain chant à ceux qui en seront capables, et dressera et entretiendra pour respondre les messes, chanter les vespres, assister aux processions et aux services qui se feront en ladite église, avec luy pendant ledit temps deux choristes, pour la décoration de ladite église faire porter l'eau bénite tous les dimanches, aux demeures de tous les habitants et chanter, avec ses enfants, toutes les fois, dans ladite église, chanter le salut à la manière accoustumée.

Moyennant quoy ceux qui enverront des enfants seront tenus et obligez de payer audit Loyseau cinq sols par chacun mois de chacun enfant et lorsqu'ils apprendront à escrire et à compter chacun six sols et pour le regard de son logement il se logera ou il trouvera à propos et à ses dépends, sans que la communauté puisse estre... et moyennant il lui sera payé tant pour ladite maison que portion par chacun an la somme de 80 livres, savoir 20 livres de 3 mois en 3 mois et par advances ; prendra le droit de l'eau bénite ; la queste aux vendanges et autres droits accoustumé tels que le pain au four et l'eau bénite ; et tous ce qui lui sera nécessaire pour sa maison, fera cuir au four de ladite communauté, sans en fournir bois, n'y payé aucune chose. Et a esté accordé que ledit Loyseau pourra [disposer] un mois seulement pour faire quelques réparations en une maison qui lui appartient au lieu de Tallant, en faisant toutefois instruire les enfants, leur donner exemple et ce trouver aux services festes et dimanches et ne pourront lesdites parties de part ny d'autres resoudre la présente question sans cause légitime, aussi seront tenu d'effectuer icelle de point en point à peine de tous deppends domages et intérêts et pour plus grande sûreté sera passé selon sa forme, clauses et submission, par devant notaire royale. En foi de quoi les parties ce sont signés et soubsignés, l'an et jour que dessus.

E. JOLIBOIS, CHANGENET, GALLOY, LOYSEAU.
Orig. Arch. comm. de Chenôve, Q. 2, n° 1.

— 117 — **1661-1739**

Manuel des cens (1661), ordonnances de l'Intendant et du bureau de finances, prescrivant aux propriétaires de vignes sur Chenôves d'en produire la déclaration pour l'acquit de la dîme (1674). Contrat d'aliénation du domaine de Chenôve au sieur Bourgeois (1719). Baux des dîmes de Chenôve (1739).

Orig. Arch. de la Côte-d'Or, C. 2526.

— 118 — 19 juillet **1695**

Bail à ferme pour 9 ans de la terre et seigneurie de Chenôve et Saulon, pour MM. les vénérables de l'église cathédrale d'Autun, contre le sieur Le More, marchand à Dijon, Louise Pevrot, sa femme, et le sieur Choffot, aussy marchand caution.

Orig. Arch. de Saône-et-Loire (pièces en classement).

— 119 — 12 mars **1704**

Bail de la seigneurie de Chenôve et Saulon-la-Chapelle pour 9 ans pour MM. de Saint-Lazare d'Autun sur François Léger et sa femme à la caution de M° Jean-Baptiste Rousselot, notaire à Dijon, et honnête Anne Lantillet.

Orig. Arch. de Saône-et-Loire (pièces en classement).

— 120 — **1711**

Ordre aux habitants de Chenôve, Marsannay, Couchey, Saint-Germain de l'Espinasse, etc. de réparer leurs chemins.

Orig. Arch. de la Côte-d'Or, C. 3156. Reg., f. 409-422.

— 121 — 13 juillet **1716**

Bail des terres et seigneuries de Saulon-la-Chapelle et Chenôve pour MM. les vénérables doyen, chanoines et chapitre de l'église cathédrale d'Autun sur Jean Bouguet, Jean Chaignet, Christophe Courso et leurs femmes. 3000 livres à Noël et à la Saint-Jean chaque année.

Orig. Arch. de Saône-et-Loire (pièces en classement).

— 122 — **1722**

Permission accordée par jugement de M. de la Briffe aux habitants de Chenôve, de clore un terrain que possédaient les propriétaires de la Grange au Gruère.

Orig. Arch. de la Côte-d'Or, C. 2947.

— 123 — **1728**

Alignement donné par la commune de Chenôve au sieur Rousselot.

Orig. Arch. de la Côte-d'Or, C. 2954.

— 124 — Sans date

30 sols tournois de cense par an sont dus sur une maison située à Chenôve appartenant à M° Laurent Tricaudet, demeurant à Dijon.

Orig. Peincedé, t. XXVIII, p. 865.

— 125 — **1737** 11 janvier

Bail à ferme des revenus des terres et seigneuries de Chenôve et Saulon-la-Chapelle pour 9 années, moyennant 3100 livres par an pour MM. les vénérables doyen, chanoines et chapitre de l'église cathédrale d'Autun, sur Claude Martenot, Denis Girard et leurs femmes, et Nicolas Aslin, payable à Noël et à la Saint-Jean.

 Orig. Arch. de Saône-et-Loire (pièces en classement).

— 126 —   25 août **1754**

Bail à ferme, reçu Durey, notaire à Dijon, pour 9 années, moyennant 3720 livres par an pour les sieurs Coursot et Jarre, marchands à Dijon et leurs femmes sur MM. les vénérables doyen, chanoines et chapitre de la cathédrale d'Autun.

 Orig. Arch. de Saône-et-Loire (pièces en classement).

— 127 —   **1766**

Extrait des registres du bureau des finances de Bourgogne et Bresse du 28 juin 1766.

Aveu et dénombrement d'une portion du clos du roi située au finage de Chenôve, bailliage de Dijon, que donne au roi aux personnes de Nosseigneurs de la Chambre des comptes de Bourgogne et Bresse, le sieur Hubert le Blanc, bourgeois, demeurant à Beaune, qui lui appartient en qualité de donataire entrevifs au sieur Philibert Le Blanc, prêtre chanoine de l'église collégiale de Beaune, par son contrat de mariage reçu Beguillet, notaire à Dijon, le 3 mai 1756, don il a repris de fief en lad. Chambre des comptes, le dix du présent mois de juin, auquel il se réserve d'ajouter ce qui pourrait y estre omis et parvenir ensuite à sa connoissance et sauf aussi à en retrancher ce qui se trouverait ne point être compris.

Premièrement un meix, maisons, bâtiments, pressoirs, caves, cour, jardins, pourpris, douze cuves, mares de caves, bois, éguilles, tranches et ustansilles de pressoirs et autres meubles servant à la desserte dudit domaine.

Plus vingt-cinq journaux de vignes ou environ, y compris les cerisayes, toppes et saint-foin en plusieurs pièces situées et faisant partie des cent deux journaux de vignes dont est composé le clos du Roi à Chenôve, desquels 25 journaux, il y en a environ cinq journaux donnés à cens et à rentes foncières à différents particuliers par feu M. le Président Legouz Maillard le surplus étant cultivés par les vignerons dudit sieur Le Blanc, lesdits bâtiments, maisons, pressoirs, caves, cours, jardins et totalité desdites vignes ci-dessus nommées faisant partie du bail à cens emphitéote, fait le 1er mai 1566 aux personnes y dénommées par MM. Peyrat et Lazare de Souvers, commissaires, députés par sa majesté pour la vente desdits domaines, moyennant deux cent soixante et dix livres par an pour lesdits bâtiments, pressoirs et grand clos de vigne qui ont encore été chargées depuis d'une rente foncière de cinquante livres par an par arrêt du conseil du 15 octobre 1726, ce qui fait annuellement sept cent soixante et dix livres.

Par devant les conseillers du Roi, notaires à Dijon, y résidants, soussignés le 28 juin 1766, après midy, fut présent Me Hubert Vaillant, procureur en la Chambre des comptes à Dijon, y demeurant, au nom et comme fondé de pouvoir du sieur Hubert le Blanc, bourgeois demeurant à Beaune, suivant sa procuration passée Decologne et son confrère, notaires audit Beaune, le 24 avril dernier, jointe et annexée à la requête de reprise de fief audit jour dix du présent mois de juin, lequel en sa dite qualité a affirmé véritable l'aveu et dénombrement de portion dudit clos de Chenôve ci-dessus énoncé. Sous les réserves y contenues à y retrancher ou à y ajouter si il y échet, à laquelle affirmation ledit sieur Vaillant susdite qualité a requis acte qui lui a été octroyé pour valoir ce que de raison, fait lu et passé audit Dijon, Etude de Bernard soussigné avec lesdits notaires les jours et an que dessus. Signé: Vaillant, Mollé? et Bernard.

Controllé à Dijon le 18 juin 1766. Signé : Bonnard.

S'ensuivent les publications qui ont été faites à l'issue des messes paroissialles de Chenôve les ving-un, vingt-sept juillet et trois août, par l'huissier Siredey, dument controllé à Dijon, le 23 juillet 1766 par Bonnard.

L'aveu et dénombrement d'une portion au clos du Roy, situé à Chenôve et finage du lieu, bailliage de Dijon, ensemble les publications dont copie est ci-dessus enregistrée en la Chambre du domaine à Dijon, en conséquence de l'ordonnance rendue sur la requête du sieur Hubert le Blanc, bourgeois demeurant à Beaune, possédant ladite portion au clos du Roy, tendant à l'enregistrement dudit dénombrement, le huit août mil sept cent soixante-six.

Orig. Arch. de la Côte-d'Or. C. 2737.

— 128 —   5 mai **1779**

Mémoire pour les doyen, chanoines et chapitre de l'Eglise cathédrale d'Autun, Appelans de sentence rendue en la Chambre du domaine de Dijon, le 5 mai 1779. Contre M. le Procureur général du roi intimé, et contre la demoiselle Monchinet, veuve du sieur Trullard, arpenteur en la maîtrise de Dijon; le sieur Capel, imprimeur-libraire, et le sieur Boursier, maître pâtissier, tous demeurans à Dijon, assignés en déclaration d'arrêt commun.

La terre et seigneurie de Chenôve appartient à l'église d'Autun depuis plus de douze siècles. Cette église jouissoit paisiblement d'un domaine acquis par la voie la plus légitime, et conservé pendant une suite de siècles si considérable, lorsque, la témérité de quelques censitaires a engagé avec le roi une question de propriété qui ne peut être problématique, mais qui a exigé des recherches qu'une si longue révolution de temps devoit nécessairement rendre laborieuses. A peine le droit de l'église d'Autun a-t-il été contesté que, sans examiner celui du roi, et même sur une simple demande qui ne tendoit qu'à faire assigner l'église d'Autun en la Chambre du domaine, pour justifier de ses titres, cette Chambre a prononcé définitivement que la Justice de Chenôves appartenoit au Roi. La précipitation de ce jugement annonce que la question est entière, et que les titres respectifs de l'église d'Autun et du domaine du Roi vont être examinés pour la première fois.

Dans une matière de ce genre, dont la discussion est assez considérable, et qui, par son objet, mérite une attention sérieuse, l'exposition des faits, l'ordre des titres, la suite et l'enchaînement des preuves, paroissent être la méthode la plus simple et la plus sûre. On commencera donc par rendre compte des faits qui ont donné lieu au procès actuel, on proposera le résultat des titres de propriété de l'église d'Autun, on établira la possession, et l'on répondra aux inductions tirées des titres opposés de la part du domaine.

§ I.
Faits de l'instance et de la procédure.

Parmi les droits utiles que l'église d'Autun possède à Chenôve, se trouve un cens de trente-deux septiers de vin, affecté solidairement sur quatre pièces de vignes et sur un bâtiment. Ce cens n'étant pas exactement acquitté, le chapitre d'Autun fit assigner, aux Requêtes du Palais, le 22 août 1777, les détenteurs des assignaux, pour être condamnés à reconnoître la censive et payer les termes échus. Ces détenteurs étoient le sieur Trullard, arpenteur en la maîtrise de Dijon, décédé depuis peu, et dont la veuve a été assignée en reprise d'instance ; le sieur Capel, imprimeur-libraire, et le sieur Boursier, maître pâtissier; tous trois se sont réunis pour contester la demande ; et le plan de leur défense annonce qu'ils se préparent à épuiser toutes les ressources qui peuvent les soustraire au paiement d'une prestation qui les offusque.

Ces défenses ne furent signifiées que le 3 janvier 1778. Les Censitaires, dont l'un crut devoir appeler au secours de la cause commune les connoissances dans l'art diplomatique, soutinrent que le Chapitre étoit non recevable et mal fondé. Non recevable: en ce qu'il prenoit la qualité de Seigneur territorial de Chenôve, qualité qui ne lui appartenoit point, puisqu'il paraissoit, 1° suivant un extrait collationné sur un acte du treizième siècle, que l'église d'Autun n'avoit acquis de Guillaume de Marigny que la dîme des vignes qu'elle possédoit à Chenôve; d'où les Censitaires inféroient que la dîme étant sur le territoire de Chenôve un droit attaché à la Seigneurie, le Chapitre, qui n'acquéroit qu'une exemption particulière de ce droit, ne pouvoit être alors Seigneur du territoire. 2° Suivant une charte du même siècle, que le duc de Bourgogne avoit acquis de Guillaume de Marigny la dîme et la Seigneurie de Chenôve; nouvelle preuve, disoient les Censitaires, que cette Seigneurie ne peut appartenir au Chapitre d'Autun. Mal fondé : en ce que la forme des reconnaissances produites par le Chapitre n'étoit point régulière, en ce que ces reconnaissances étoient prescrites, en ce qu'il ne se trouvoit aucune identité entre les assignaux des cens demandés par l'église d'Autun, et les héritages des défendeurs.

Nous aurons lieu dans la suite d'examiner les titres indiqués par les Censitaires, de prouver que ces titres ne contiennent point ce que l'on a prétendu y trouver, et d'établir que toutes les inductions que l'on en a tirées sont fausses. Quant aux moyens du fond, comme il ne s'agit pas aujourd'hui de la demande principale, qui, comme on le verra, peut être évoquée, le Chapitre ne s'en occupera point.

Il était visible qu'en contestant à l'église d'Autun la propriété de la justice territoriale de Chenôve, les Censitaires ne se proposoient d'autre objet que d'engager un combat entre cette église et le domaine du Roi, à la faveur duquel ils espéroient faire oublier la demande qui les intéressoit personnellement. Le chapitre ne prit point le change ; il défendit la propriété de sa Justice, en donnant copie d'une partie des titres qui la vérifient et il prouva, par d'autres titres relatifs à la Censive, qui devoit être l'objet unique de la contestation, que quand même l'église d'Autun n'auroit aucuns droits de justice à Chenôve, les cens qu'elle réclamoit ne pouvoient être prescrits. L'écrit qui remplissoit ce double objet fut signifié le 5 août 1778.

Les Censitaires, qui ne vouloient engager la discussion relative au Cens, qu'après avoir compromis tous les droits de l'Eglise d'Autun, demandèrent le dépôt de tous les titres et terriers du Chapitre, en concluant même à ce qu'il leur fût permis, 1° de s'en faire délivrer tels extraits qu'ils jugeroient à propos ; 2° à ce qu'il leur fût octroyé tous actes sur l'état des pièces qui seroient communiquées. De pareilles demandes ne pouvoient être accordées indéfiniment ; on sent à quelles conséquences pouvoit tirer la liberté indéfinie de compulser tous les titres de l'église d'Autun. Aussi le Chapitre invita le sieur Trullard et ses associés d'indiquer quels étoient les actes dont ils entendoient avoir extrait, et quels étoient les titres dont ils se proposoient d'attaquer l'état. Il ajouta qu'il soumettoit à la critique des Censitaires tous les titres qu'il avoit lui-même signifiés dans l'instance, qu'il consentoit que les deffendeurs en prissent des extraits ; mais qu'il ne pouvoit leur accorder la même liberté, par rapport à ceux qui leur étoient étrangers. Quoique l'explication demandée par le Chapitre fût aussi juste qu'elle étoit régulière, les censitaires refusèrent de la donner. Ils y furent condamnés par jugement du 5 mars 1779 ; mais ils interjetèrent appel de ce jugement, et le Chapitre étoit sur le point de se pourvoir pour le jugement de cette appellation, lorsqu'il fut arrêté par un incident concerté entre ses Censitaires et le Procureur du roi en la Chambre du domaine.

Instruit par le sieur Trullard et ses adhérens de la contestation qu'ils avoient élevée aux requêtes du Palais, au sujet de la Seigneurie de Chenôve, le Procureur du Roi donna un réquisitoire à la Chambre du domaine le 5 mai 1779, dont il est important de rapporter la substance et l'objet.

Cet officier exposa que, par arrêt rendu au Parlement de Paris, au mois de février 1286, entre le duc de Bourgogne et l'église d'Autun, il avoit été dit que Chenôve étoit de la Baronnie et sous la Baronnie du Duc, et que le Duc étoit en possession de la haute justice de Chenôve.

Que par jugement rendu en la Chambre des comptes de Dijon, le 29 mars 1608, entre le Procureur général du roi et l'église d'Autun, la justice de Chenôve avoit été réunie au domaine *par provision*.

Que ce jugement avoit été exécuté par un commissaire de la Chambre, le 30 avril suivant.

Que malgré ces titres, le Chapitre d'Autun avoit fait assigner, aux requêtes du Palais, le sieur Trullard et d'autres particuliers, en reconnoissance de Censive et en paiement de droits échus.

Que dans leurs écritures les chanoines d'Autun prenaient la qualité de Seigneurs de Chenôve.

D'après cet exposé, le Procureur du Roi requit que « les Doyen, Chanoines et Chapitre de l'église d'Autun fussent assignés, dans les délais de l'ordonnance, pour justifier des titres en vertu desquels ils prennent la qualité de Seigneurs hauts justiciers de Chenôve ; sinon à passer acte au greffe, par lequel ils reconnoîtroient que la haute justice du village et territoire de Chenôve appartient au Roi ; se réservant, *parties ouies*, à prendre par rapport à la reconnoissance de la Censive, telles conclusions qu'il trouveroit nécessaires, pour la conservation des droits du domaine. »

Il est important de remarquer que le Procureur du Roi n'entendoit point faire adjuger au domaine la haute justice de Chenôve, sur un simple réquisitoire, et avant que l'église d'Autun n'eût communiqué ses titres. Il demandoit au contraire qu'il lui fût permis d'appeller le Chapitre *pour en justifier*.

Cet officier ne demandoit point l'évocation de l'instance introduite aux requêtes du Palais ; son propre réquisitoire en prouvoit l'inutilité. En effet, l'objet de ce réquisitoire se reduisant à contester à l'église d'Autun la propriété de la haute justice, celle de la moyenne et basse ne suffisoit-elle pas pour assurer l'imprescriptibilité du cens réclamé par le Chapitre? Cette observation prouve qu'en recourant au Procureur du Roi en la Chambre du domaine, l'objet du sieur Trullard et de ses adhérens étoit de compromettre les droits de l'église d'Autun, sans aucune sorte d'intérêt.

Quoi qu'il en soit, la Chambre du domaine crut devoir aller plus loin. Comme la réformation du jugement qu'elle rendit le même jour 5 mai 1779, est l'unique objet de l'instance, il est essentiel d'en connoître toutes les dispositions.

« Ayant égard audit réquisitoire ; attendu que le roi a la haute justice au village et territoire de Chenôve, ainsi qu'il est porté par l'arrêt du Parlement de Paris, du mois de février 1286, et par le jugement de la Chambre des comptes de cette ville, du 29 mars 1608, au moyen de quoi il n'a été permis ni loisible aux Doyen, Chanoines et Chapitre de la cathédrale d'Autun de faire procéder à la rénovation de leur terrier de Chenôve sans appeler le Procureur du Roi de la Chambre, et de prendre la qualité de Seigneurs hauts justiciers de Chenôve, dans l'instance qu'ils ont introduite aux requêtes du Palais de cette ville, contre les sieurs Trullard, Capel et autres, qui a pour objet des cens et redevances qu'ils entendent faire reconnaître dans leur nouveau terrier, ont évoqué et évoquent à la Chambre ladite instance, avec défenses aux parties de se pourvoir pour raison de ladite instance, circonstances et dépendances, et à tous Procureurs d'occuper en icelle, ailleurs qu'en la Chambre, à peine de cassation de procédures, nullités de jugemens, de tous dépens, dommages et intérêts, et de l'amende de 300 livres contre chacun des contrevenans et pour l'exécution du présent jugement, ensemble pour être fait droit sur les conclusions prises par les gens du Roi, commission leur demeure octroyée, pour faire assigner tous qu'il appartiendra. »

En rapprochant les conclusions portées au réquisitoire du Procureur du Roi, des dispositions que l'on vient de lire, il est difficile d'appercevoir l'objet de la dernière. Le Procureur du Roi demandoit qu'il lui fût permis d'assigner l'Eglise d'Autun, pour justifier des titres en vertu desquels cette église prétendoit avoir la haute justice de Chenôve ; sinon passer acte au greffe, contenant reconnoissance que cette justice appartient au Roi. La Chambre décide, sans entendre l'église d'Autun, que la haute justice de Chenôve appartient en effet au Roi ; et elle décide ce point essentiel, le seul pour lequel le Procureur du Roi se fût pourvu, d'après les titres qu'elle vise dans son jugement. A quoi bon accorder ensuite commission pour assigner l'église d'Autun d'un droit de haute justice, sans avoir entendu cette église, et sur les seuls titres visés dans le jugement, il est évident qu'elle est contraire à toutes les règles de l'ordre judiciaire. Car outre qu'elle adjuge au Roi plus que son Procureur ne demandoit pour lui, elle enfreint la maxime qui ne permet point de juger *Parte inauditâ alterâ*.

Nous examinons dans la suite la valeur des prétendus titres indiqués par cette décision. Il suffit d'observer, quant à présent, 1° que l'arrêt du mois de mai 1286 n'est connu que par un extrait, collationné sans parties appelées, sur un vidimus qui n'est point en meilleure forme; 2° que cet arrêt, s'il a jamais existé réellement, a été rendu avec un Duc propriétaire, dans la main duquel les biens du Duché n'étoient point inaliénables; 3° que, comme on le verra bientôt, cette justice n'est jamais sortie des mains du Chapitre d'Autun; 4° que le jugement de provision, rendu en 1608, par le bureau du domaine, établi alors en la Chambre des comptes, est demeuré sans exécution.

Conformément au jugement du 5 mai 1779, le Chapitre d'Autun a assigné le 11 du même mois, pour plaider et procéder sur les fins d'icelui; c'est-à-dire sur *l'évocation de l'instance* introduite aux Requêtes du Palais, et pendante par appel à la Cour, puisque la contestation au sujet de la justice se trouvoit jugée. Cette assignation a été suivie d'un jugement par défaut, rendu le 13 juillet suivant, qui prononce la rétention. Le Chapitre d'Autun n'a eu connaissance de l'assignation qui lui avoit été donnée que par ce second jugement.

L'appel interjeté de l'un et de l'autre, par le Chapitre, lui permet de justifier à la Cour et la propriété qu'il a toujours eue de la haute justice dont la Chambre du domaine l'a dépouillé, et l'injustice de la disposition du jugement, qui évoque une instance légitimement introduite aux Requêtes du Palais. L'ordre des actions exigeroit peut-être que l'on commençât par examiner les titres sur lesquels la Chambre du domaine s'est décidée. Mais l'ordre des temps, celui de la possession, la nécessité d'écarter jusqu'au moindre nuage sur une propriété intéressante, prescrivent une autre marche.

On examinera donc d'abord, comme nous l'avons annoncé, les actes qui prouvent la propriété de l'église d'Autun, ensuite ceux qui établissent la possession qu'elle a toujours eu; enfin, ceux qui lui sont opposés. Cet examen sera suivi de celui des principes de la jurisprudence sur cette matière. Le résultat de cette discussion démontrera jusqu'à l'évidence et l'injustice des jugemens dont le Chapitre demande la réformation et la témérité des Censitaires qui, sans intérêt, ont engagé l'église d'Autun dans une contestation aussi laborieuse qu'inutile.

§ II.

Actes qui assurent à l'Eglise d'Autun la propriété de la justice de Chenôve.

. . . .

§ III.

Preuves de l'exercice de la haute justice à Chenôve, au nom de l'église d'Autun.

. . . .

§ IV.
Titres opposés à l'église d'Autun

. . . .

§ V.
Principes de la jurisprudence sur la question de savoir si la haute justice de Chenôve appartient au roi ou à l'église d'Autun.

. . . .

(Ce mémoire, imprimé « à Dijon, chez L. N. Frantin, imprimeur du Roi, 1780 » est signé Virely et Arnoult puîné, avocats, et Jarrin, procureur. Il n'en existe aucun exemplaire aux archives de la Côte-d'Or; le premier paragraphe que nous donnons ici a été copié sur celui des archives départementales de Saône-et-Loire).

— 129 —

Mémoire justificatif adressé par J.-B. Duleu, propriétaire à Chenôve, aux citoyens composans le conseil exécutif.

Citoyens,

Jean-Baptiste Duleu l'aîné, entrepreneur de bâtiments, demeurant ci-devant à Dijon, actuellement à l'Huise, expose qu'il est dans la dure nécessité de se pourvoir contre les arrêtés du département de la Côte-d'Or, séant à Dijon, en date des 19 pluviôse et 7 ventôse derniers, qui le réputent complice des conspirateurs de Lyon, le déclarent émigré, et ordonnent que ses biens seront vendus le 11 floréal prochain, à Chenôve, où ils sont situés.

Il ne lui sera pas difficile de prouver qu'il n'est ni complice des conspirateurs de Lyon, ni émigré. Le certificat de Blondeau, adjudant général de la force armée de Commune Affranchie, en date du 12 brumaire, prouve le premier fait (1). Le second l'est par le certificat de résidence sur le territoire de la République.

Liberté, Égalité
(1) Nous Jacques Blondeau, adjudant général à l'armée des Alpes, de présent à la Ville Affranchie, ci-devant Lyon, en vertu des pouvoirs à nous donnés par les Représentants du Peuple, pour faire arrêter les personnes accusées d'avoir porté les armes contre la liberté de la dite ville pendant le siège, déclarons que le citoyen Duleu, qui nous avait été dénoncé pour être du nombre de ces rebelles, a été justifié par le Comité Révolutionnaire établi en la dite ville, attendu que le dit Duleu était absent de cette ville, depuis le 14 juillet dernier, jusqu'au 29 octobre, ainsi qu'il a été vérifié, et qu'il n'a jamais porté les armes dans la dite ville, et lui ai délivré le présent certificat.
Fait à la Ville Affranchie, le 12e jour du 2e mois de la 2e année de la République Française, une et indivisible.
Signé : l'adjudant général, BLONDEAU.

La privation de ses biens n'est rien, puisque son existence, son dernier jour et son sang appartiennent à la République, et que son dernier soupir sera pour sa prospérité ; mais ce qui l'afflige infiniment et lui fait verser des larmes de sang, c'est de penser qu'on le croit assez lâche pour être traître à sa patrie et conspirer contre ses propres intérêts. Le civisme du conseil exécutif le rassure, et il ne respire que pour démontrer son innocence. Sa conduite, depuis le 1er juillet 1789 est sa justification.

On ne lui conteste ni sa résidence en France, ni son civisme dès les premiers pas de notre glorieuse révolution, puisqu'il faisait partie de la force armée de Dijon, et que même il y a été gradé, et qu'il a contribué par tous les moyens qui étaient en son pouvoir à l'établissement du gouvernement républicain. A peine l'idole qui faisait le malheur des Français était-il brisé, que le 22 août 1792, il fut empressé d'habiller, équiper et armer un homme pour marcher sous les ordres du général Biron.

Son état lui avait fait contracter différens engagemens qui l'obligeoient de voyager ; mais toujours animé du désir d'exécuter la Loi, il demande et obtient un passe port, le 19 mai 1792, au dos duquel sont les *visa* des différentes Communes où il a passé, et les dates de ces *visa* prouvent qu'il n'a pas quitté le territoire de la République. Le 27 décembre suivant, il obtient un certificat qui prouve six mois de résidence à la Municipalité de Dijon.

Il a passé une partie du mois de mars, aussi suivant, dans la commune de Chenôve, lieu de sa propriété, de laquelle il obtint, le 28 de ce mois, un passe-port pour aller à *Nuits, Chalon* et *Mâcon*. La date des *visa* justifie la route : mais ce qui achève la conviction, c'est que le 16 avril suivant, il a fait et signé à la commune de Mâcon, des enchères pour la construction du pont de Tournu. Ses affaires le conduisent à Lyon ; il y a travaillé dans les bureaux et sous les ordres du C. Franchot et autres. Arrivé le 20 avril, il en part le 14 juillet suivant et arrive le 16 dudit mois à la commune de l'Huise, éloignée de Lyon de douze lieues. Cette ville alors n'était pas encore rebelle ; car le décret concernant ses conspirateurs n'a été donné que le 19 juillet, et la proclamation du directoire du département de l'Ain n'a été arrêtée que le 21 suivant. Les dates sont précieuses, puisqu'elles seules décident la question d'émigration et de complicité avec les rebelles de Lyon, soumises au Conseil exécutif.

C'est en vain que le considérant, en tête de l'arrêté du département de la Côte-d'Or, daté du 19 pluviôse, conteste ces faits. Tout ce qu'il peut dire, tant sur la surcharge du mot quatorze que sur sa présence en deux endroits différents, ne prouve qu'un seul fait, celui de nuire à autrui, et notamment à l'Exposant, sans aucun intérêt ni motif : il était instruit de tout ; il avait la date, les originaux et les signatures sous les yeux ; rien ne peut atténuer ni détruire un fait dont la preuve est acquise matériellement.

Il produit un certificat de résidence qui atteste que le 14 juillet 1793, il a quitté la ville de Lyon ; et le directoire du département de la Côte-d'Or dit que la surcharge de la date est une preuve qu'il étoit encore à Lyon le 17 suivant. La réponse à cette objection est facile, et détruit l'allégation. Il étoit à la commune de l'Huise le 16 juillet ; la déclaration ci-jointe de la municipalité de cette commune, dont la date n'est pas surchargée, est incontestable. Elle est appuyée par le certificat de résidence que cette commune lui a délivré, qui porte la date, non surchargée, du 16 juillet jusqu'au 24 août, et ce qui prouve encore que cette date est invariable, c'est l'attestation dont il est parlé plus haut de l'adjudant général Blondeau, qui porte expressément qu'après avoir arrêté l'Exposant comme soupçonné de complicité avec les conspirateurs de Lyon, a été justifié au Comité révolutionnaire de Commune. Tout concourt donc à prouver l'arrivée de l'Exposant à la commune de l'Huise le 16 juillet 1793. La preuve matérielle en est acquise, et rien ne peut la détruire. Le décret concernant les conspirateurs de cette ville rebelle, à la date du 19 juillet ; l'arrêté portant qu'il sera fait une proclamation, est daté du 21 ; la proclamation a été faite le 23. L'exposant est parti de Lyon le 14, et en supposant qu'il ne serait parti que le 17, il ne seroit pas encore dans le cas de la loi, parce qu'elle n'a été rendue que deux jours après, et proclamée les trois jours suivants. Une loi n'est connue que par sa promulgation, et il y avoit, lors de sa proclamation, déjà neuf jours qu'il n'était plus à Lyon. En voulant qu'il soit soumis à l'exécution de cette loi, c'est lui donner un effet rétroactif qui, aux termes des dispositions de la sublime déclaration des droits de l'homme, est un crime.

Il lui étoit libre de choisir, pour fixer son domicile, telle commune qu'il lui plairoit ; il a préféré celle de l'Huise à celle de Dijon ; il s'y est bien comporté ; rien ne peut s'y opposer. Il est donc évidemment prouvé qu'il n'est ni émigré, ni complice des conspirateurs de Lyon, et que l'arrêté du département de la Côte-d'Or, qui le déclare tel, doit être cassé.

Pour prouver sa moralité patriotique et sa résidence, il produit un certificat de la commune de l'Huise, depuis le 16 juillet, jusques et compris le 24 août.

Un autre de la même commune, depuis ledit jour 25 août jusqu'au 29 frimaire.

Un certificat de civisme, que la même commune lui a accordé le 27 frimaire.

Enfin, un acte de la même commune, daté du 9 nivôse, qui contient qu'il a satisfait à tous ses devoirs de citoyen par les différens dons qu'il a faits indépendamment de ce qu'il a payé aux termes des loix, après avoir fait sa déclaration des 1600 livres de rente qui sont tout son bien.

L'arrêté du département de la Côte-d'Or porte donc sur des bases reconnues et prouvées fausses en tout point, il compromet la déclaration des droits de l'homme et du citoyen, la sûreté et la propriété de l'Exposant, et démontre jusqu'à l'évidence que l'esprit qui l'a dictée s'est persuadé que parce qu'il changeait de domicile, il devoit être suspect, émigré et complice des conspirateurs de Lyon ; présomptions fausses qui sont un délit de la part des fonctionnaires publics qui ne doivent connaître que la loi et l'exécution de la loi.

Il est facile de se convaincre par la résidence de l'Exposant à Dijon et à Chenôve avant le 9 mai 1792 ; par le passe-port qu'il obtint de cette municipalité le 19 dudit mois ; par son certificat de résidence du 27 décembre, même année ; par son passe-port de la commune de Nuits ; par son nouveau certificat de résidence de la commune de Dijon ; par son passe-port de la Commune de Chenôve du 28 mars 1793 ; par son certificat de résidence de la commune de Ville-Affranchie, du 25 juin suivant ; enfin par ceux de celle de l'Huise, des 25 août et 29 frimaire ; et aussi par l'attestation de l'adjudant-général Blondeau, du 12 brumaire, qu'il n'est ni émigré, ni complice des conspirateurs de Lyon. Ces pièces, qui sont autant de preuves incontestables, ont passé sous les yeux des Administrateurs du département de la Côte-d'Or ; ils ont donc pris l'ombre pour le corps, et ces pièces seront remises sur le bureau du Conseil exécutif.

Le temps est enfin arrivé où l'opprimé peut avec confiance s'adresser à ses frères qui sont ses juges ; le vrai républicanisme a fait disparaître l'injustice du sol de la liberté : un exposé simple, mais fidèle, porte la conviction dans l'âme du Républicain ; sa vie, son sort est entre vos mains : mais rassuré par votre civisme, la vérité qu'il vous présente sans détour, et dénuée d'éloquence et de fleurs de rhétorique, lui fait espérer que vous le rendrez au bonheur et à la liberté dont il est digne.

Ce considéré, citoyens, vu l'exposé ci-dessus, les pièces y jointes ; attendu la preuve incontestable que l'exposant n'est ni émigré, ni complice des conspirateurs de Lyon, il vous plaise casser et annuler les arrêtés du département de la Côte-d'Or, des 19 pluviôse et 7 ventôse, qui, en le déclarant tel, ordonnent la vente de ses biens : en conséquence, ordonner qu'il sera rayé sur la liste des émigrés et sur les affiches portant vente de son bien, à Chenôve, le 11 floréal, et qu'il en sera remis en possession et propriété, avec restitution des fruits ; et attendu que le cas requiert la plus grande célérité, lui permettre, par provision, de former opposition à ladite vente, qui aura lieu le 11 floréal prochain, pour être ensuite statué sur icelle, ce qu'au cas appartiendra, et sa reconnaissance sera celle d'un vrai Républicain.

DULEU l'aîné (1).

(Ce document sorti des presses de « l'Imprimerie Célère, rue Galande, maison Châtillon, n° 63 et 79 » nous a été communiqué, avec beaucoup d'obligeance, par M. Albert Chapuis, membre de la société bourguignonne de géographie et d'histoire).

(1) Le nom de Duleu aîné J.-B. figure, avec une somme de 28551 fr. 90, sur la liste des indemnités accordées aux émigrés dans le département de la Côte-d'Or. (Cf. le journal *le Citoyen*, de Dijon, du 16 février 1849).

PRINCIPALES PIÈCES EN PATOIS BOURGUIGNON ATTRIBUÉES A ANT.
ET JEAN CHANGENET

Voir sur ce même sujet 1° *Bibliographie Bourguignonne*, par Ph. Milsand ; 2° une autre brochure du même auteur intitulée *Pièces en patois Bourguignon*, extraites des journaux de Dijon, etc. ; 3° *Histoire de l'idiome Bourguignon*, par Mignard.

Chanson composée ain pechô devant lé venonge de 1813 ai l'occasion d'un Tedeome qu'on chanti ai sain Beraigne le darei dimanche de septembre par Ant. Chaingenay (François Bezard, prote de l'imprimerie de M. Defay). Bibl. de Dijon, F. Duxin 5.

<small>Ce chant dont il est ici question avait été ordonné par lettre de l'évêque de Dijon [Henri Reymond] aux pasteurs, etc... *Te Deum* pour les victoires remportées sous les murs de Dresde; — 21 septembre de l'an de grâce 1813.</small>

1828. Chanson de Gui Chaingenai par L. Drouhin [un Chenevelier à n'en pas douter] également auteur de la chanson sur le vin de la comète 1811, de même que le Pouaite Bourguignon ai sé paï 1837. Souhaits de bonne année (1).

Lettre de Chaingenai au rédacteur du Journal de la Côte-d'Or, sur l'arrêté du maire de Dijon concernant l'échenillage; — Dijon, 24 septembre 1838. — Chaingenay jadinié vaigneron, rue Sain Feulebar (dans le *Journal de la Côte-d'Or*, 26 septembre 1838).

Lettres au rédacteur du *Journal de la Côte-d'Or* au sujet de l'ouverture de la porte au Fermerot. Signé C. Chaing...t d'lai pot' Fremrot, le 15 d'mai (dans le *Journal de la Côte-d'Or*, des 7 avril et 21 mai 1841).

Discours de Jean Chaingenai, vigneron de lai Cote, ai se fraire de la Bregogne, sur l'élection du président de la République (dans *le Citoyen* du 8 décembre 1848).

1849. Jean Chaingenai, veigneron de lai côte, ai son confraire Simon Peulsan, de lai rue Sain Felebar, ai Dijon, 4 janvier 1849 (dans *le Citoyen* du 7 janvier 1849) (2).

<small>Cette pièce en prose est curieuse par les sentiments qu'elle exprime sur la politique du temps, à l'occasion de la diminution de l'impôt sur le sel. L'auteur, qui se dérobe sous le pseudonyme de Jean Chaingenai, est Jean Cornu de Chenôve, bien connu dans la côte pour avoir gardé les traditions de nos barôzais.</small>

<small>(1) Mignard, *Histoire de l'Idiome Bourguignon*. — Dans l'ouvrage *Pièces en patois bourguignon*, p. 16, on lit une lettre du 3 septembre 1835 signée : Vote serviteu, ein dé petio cosin du veil Chaingenai. — L. Drouhin. — (2) Ce morceau de patois bourguignon a été tiré à part sur 4 pages in-8 (Dijon, imp. de Simonnot-Carion).</small>

Jean Chaingenai, veigneron de lai côte, ai Simon Peulson, 26 janvier 1849 (dans le Citoyen du 28 janvier 1849).

Remontrance de Jean Chaingenai, veigneron de lai côte, es représentan républicain poussif, dits modérés (Dans le Citoyen du 2 mars 1849).

Lé rouge et lé bian, vou simple discour de Jean Changenai ai sé fraire ℞ veigneron et labouréi (Dans le Citoyen du 13 avril 1849).

Lai Trinité infernale, vou simple discours de Jean Chaingenai. (Dans le Citoyen du 6 mai 1849).

Jean Chaingenai és citoyennes fannes et filles, pour les engager à se mêler de politique (Dans le Citoyen du 13 mai 1849).

Jean Chaingenai, vigneron de lai Côte, au père Marcillet, charreton ai Chambolle (Dans le Travail du 18 novembre 1849).

Armona Borguignon po 1850 par Jean Chaingenai, vigneron de la Côte, illustrai par Jean Cornu de Chenôve (ce dernier est l'auteur de quelques pièces bourguignonnes citées ci-dessus), A Dijon, imprimerie de Mme Noellat, in-16.

<small>On ne trouve dans cet almanach que 4 pièces bourguignonnes ; la première à la page 36 expose *lé droit et lé devoi de Citoyen* ; la deuxième, page 68, est une lettre *au citoyen Dodo Marcillet charreton ai Chambolle*, concernant l'administration du chemin de fer ; la troisième, page 90, est intitulée *Guidâne rurale*, c'est un recueil de préceptes excellents. La quatrième, page 102, consiste en deux petites historiettes (1).</small>

De lai loi des écrevisses par Jean Chaingenai (Dans le Peuple du 5 juin 1850).

Lettre de Mimi Creupia ai Jean Chaingenai, Esbarres, 16 juillet 1850 (Dans le Peuple du 26 juillet 1850).

Jean Chaingenai, veigneron de lai côte au citoyen Dodo Marcillet, charreton ai Chambolle, sur le séjour à Dijon du Président de la République (Dans le Peuple du 18 août 1850) (2).

Jean Chaingenai ai son aimin Cola Mauretapai de Gemea (sur les élections du 2 juillet). Dans le Progrès de la Côte-d'Or du 29 juin 1871. L'auteur de cette lettre est Clément-Janin.

---

(1) Mignard, *Histoire de l'Idiome bourguignon*, p. 352.

(2) Lettre de Dodo lai cotte au rédacteu du *Progrès de la Côte-d'Or* signée : Dodo de lai Coote, petit cousin de Jan Chaingenai, Barôzai de lai rue Sain Pheleba (*Progrès de la Côte-d'Or* du 6 mai 1870).

BIBLIOGRAPHIE

On a souvent besoin de renseignements bibliographiques pour se diriger dans l'étude de différentes questions historiques ; nous croyons donc utile et nécessaire de consigner ici quelques indications sur ce sujet spécial. — La liste des ouvrages que nous allons donner ne saurait être complète ; nous parlerons seulement de ceux auxquels nous avons fait quelques emprunts ou que nous avons eu le plus souvent l'occasion de citer dans les chapitres qui précédent.

Les archives municipales de Dijon et notamment les archives départementales de la Côte-d'Or, possèdent un grand nombre de pièces historiques sur Chenôve ; nous en citons plusieurs dans le courant de notre travail.

L'analyse des principaux documents conservés dans le premier de ces dépôts a été faite par M. Louis de Gouvenain, conservateur, dans son ouvrage : *Inventaire sommaire des archives municipales*, aujourd'hui continué par M. Vallée, son successeur.

Pour les archives de la Côte-d'Or, l'analyse a été commencée par M. Rossignol, conservateur, et poursuivie par M. Joseph Garnier dans la *Collection des inventaires sommaires des archives du département de la Côte-d'Or et de l'ancienne Bourgogne antérieures à 1790*.

Dans les archives de Chenôve, nous avons rencontré des pièces curieuses, et relevé un assez grand nombre de notes sur les anciens registres de l'état civil et des délibérations communales antérieures et postérieures à 1789.

Conservés à la mairie, salle du conseil municipal, les documents composant les archives du village de Chenôve sont placés dans des placards et numérotés par séries. — Toutes les conditions de bonne tenue, telles qu'estampillage des pièces, enveloppes des séries et des articles, sont remplies dans la commune. M. Garnier, archiviste de la Côte-d'Or, visiteur des archives communales, qui faisait cette remarque en 1888, constatait en même temps que les vieux registres de l'état civil ont pour la plupart été conservés en cahiers, et qu'on a laissé accumuler les dossiers, de telle sorte que la confusion a envahi le dépôt et l'inventaire n'est pas tenu au courant.

Les archives du bureau de bienfaisance ont été confondues avec celles de la commune.

Il est à regretter que le classement des documents provenant de l'ancien fonds de l'évêché et du chapitre cathédral d'Autun, transportés depuis peu de temps, de cette ville au chef-lieu du département, ne soit pas encore terminé. M. le conservateur des archives départementales, communales et hospitalières de Saône-et-Loire, à Mâcon, travaille au classement et au dépouillement de ces papiers, dont un certain nombre sont des plus précieux pour l'histoire des villages de la Côte-d'Or, dépendant autrefois de l'évêché d'Autun ou dont les chanoines de l'église étaient seigneurs.

Nous avons pu cependant donner l'analyse de quelques baux de la terre et seigneurie de Chenôve et d'autres actes intéressant la localité. Mais nous ne nous dissimulons pas qu'il se trouve encore, dans ce dépôt non exploré, des titres appelés à jeter un nouveau jour sur divers points de notre travail et qui ne seront analysés et classés que dans quelques années.

ARBAUMONT (J. d'). *Armorial de la Chambre des Comptes de Dijon*, d'après le m^{us} inédit du Père Gauthier, avec un chapitre supplémentaire pour les officiers du bureau des finances de la même ville. — Dijon, Lamarche, 1881, in-4.

BOUGAUT (l'abbé E.) (1) et GARNIER (J.). *Chronique de l'abbaye de Saint-Bénigne de Dijon*, suivie de la *Chronique de Saint-Pierre de Bèze*, publiées d'après les textes originaux. — Dijon, Darantiere, imp. éd. MDCCCLXXV, in-8.

CHARMASSE (A. de). *Cartulaire de l'église d'Autun*, première et deuxième parties (Publication de la Société Eduenne). MDCCCLXV, in-4.

CHAUMONT (L.-M.-J.). *Histoire populaire de Bourgogne*. — Cîteaux, imp. et lib., 1882, in-18, 2e édition.

CLÉMENT-JANIN (2). *Mort de Jean Cornu* (dans le *Progrès de la Côte-d'Or*, du 7 septembre 1876).

Inauguration à Chenôve du buste de Jean Cornu (dans le *Progrès de la Côte-d'Or*, du 11 septembre 1877).

Sobriquets des villes et villages de la Côte-d'Or, arrondissement de Dijon. — Seconde édition; Dijon, Carré, 1880, in-8.

COURTÉPÉE (l'abbé C.) (3). *Description générale et particulière du Duché de Bourgogne*, précédée de l'*Abrégé historique de cette province*. — Dijon, chez Victor Lagier, lib. éd., 1847, 4 vol. in-8, 2e éd. (Notice sur le village de Chenôve, au t. II, p. 174).

---

(1) Vicaire général d'Orléans, puis évêque de Laval, décédé dans cette ville en 1888.
(2) Mort à Dijon, le 8 juin 1885.
(3) Né à Saulieu, le 23 janvier 1721, décédé à Dijon, le 11 avril 1781.

DELMASSE (1). *Biographie des poètes bourguignons qui ont écrit en patois, avec fragments de leurs ouvrages.* — Copie, Duxin; m** de la Bibliothèque de Dijon, F. Duxin, 1.

DUMAY (A.). *Usages locaux du département de la Côte-d'Or.* — Dijon, Jobard, 1859, in-8.

Extrait des titres qui établissent que la seigneurie de Chenôve appartient à l'Eglise d'Autun. — Imprimé à Dijon, chez L. N. Frantin, imprimeur du Roi, 1780, in-4.

Il y en a 2 ex. aux Archives dép. de la Côte-d'Or, série G, 165, et 1 dans les Archives de Saône-et-Loire, à Mâcon.

FOISSET (P.). *Voies Romaines du département de la Côte-d'Or et répertoire archéologique des arrondissements de Dijon et de Beaune.*

(Publication de la Commission des Antiquités du département de la Côte-d'Or, 1872).

FYOT (C.). *Histoire de l'église abbatiale et collégiale de Saint-Estienne de Dijon, avec les Preuves et le Pouillé des bénéfices dépendans de cette abbaie.* — A Dijon, par Jean Ressayre, imp. et lib. ordinaire du Roi et de la Ville, etc. MDCXCVI, in-4.

GARNIER (J.). *Correspondance de la Mairie de Dijon, extraite des Archives de cette ville, comprenant plus d'un milier de lettres écrites ou reçues par l'administration de cette ville, depuis la fin du* xive *siècle jusqu'à la Révolution de 1789.* — Dijon, 3 vol. in-8.

Chartes bourguignonnes inédites des ixe, x^e, *et* xie *siècles, extraites des Manuscrits de la Bibliothèque publique de Dijon et des Archives départementales de la Côte-d'Or.* — Paris, imprimerie royale, MDCCCXLV, in-4.

Chartes de communes et d'affranchissements en Bourgogne, publiées avec les encouragements du conseil général de la Côte-d'Or et sous les auspices de l'Académie de Dijon. — Dijon, Rabutôt et Darantiere, MDCCCLXVII-MDCCCLXXVII, 3 vol. in-4 de parus.

La Recherche des feux en Bourgogne aux xive *et* xve *siècles* (Partie septentrionale du Duché. — Dijon, Jobard, 1876, in-8.

Journal de Gabriel Breunot, conseiller au parlement de Dijon, précédé du livre de Souvenance de Pépin, chanoine de la Sainte Chapelle de cette ville. — Dijon, 3 vol. in-8.

GIRAULT (C. X.). *Archéologie de la Côte-d'Or*, rédigée par ordre de localités, cantons et arrondissements. — A Dijon, de l'imprimerie de Frantin, janvier 1823, in-8.

GUILLEBOT DE NERVILLE (E.). *Carte géologique du département de la Côte-d'Or publiée en 1852 et légende explicative de cette carte.*

LAVALLE (Dr J.). *Histoire et statistique de la vigne et des grands vins de la Côte-d'Or.* — Paris, Dusacq, libraire, 1855, in-4.

Dans cet ouvrage se trouve, p. 80, une vue de Chenôve, prise de la route de Dijon à Chalon. Imp. Lemercier, Paris.

---

(1) V. sur Claude Delmasse : *Les Vieilles maisons de Dijon*, par Clément-Janin. Dijon, imp. Darantiere, 1890, p. 93.

Legouz de Gerland. *Dissertations sur l'origine de la ville de Dijon et sur les antiquités découvertes sous les murs bâtis par Aurélien.* — A Dijon, chez Louis-Nicolas Frantin, imprimeur du Roi, rue Saint-Etienne, MDCCLXXI, in-4.

Petit (E.) *Histoire des Ducs de Bourgogne* de la race capétienne avec des documents et des pièces justificatives (Publication de la Société bourguignonne de Géographie et d'Histoire). — Dijon, Paris, 4 vol. in-8, de 1886 à 1892, en cours de publication.

Plancher (Dom Urbain), religieux bénédictin de l'Abbaye de Saint-Bénigne de Dijon et de la Congrégation de Saint-Maur. *Histoire générale et particulière de Bourgogne.* — Dijon, Antoine de Fay, 1739-81, in-fol. 4 vol.

Rapport de la majorité de la Commission désignée par le maire de Chenôve à l'effet de choisir l'emplacement le plus convenable à l'établissement d'un cimetière dans cette commune. — Dijon, 1866, in-8.

Règlement de la Société de Saint-Vincent, fondée entre les vignerons de Chenôve, en 1850. — Dijon, 1854, in-8.

Revue de la Côte-d'Or, au tome II, p. 327. — Donation de certaines vignes situées aux territoire et vignoble de Chenôve, près Dijon ; pièce reproduite dans l'*Histoire de la Bourgogne pendant la période monarchique*, (1473-1483), pp. 381-382.

Rossignol. *Le Bailliage de Dijon après la bataille de Rocroi.* Procès-verbaux de la visite des feux. — Dijon, imp. et lith. E. Jobard, 1857, in-8.

Ce qui concerne Chenôve se trouve à la p. 129-130.

Taisand. *Coutume générale des Pays et Duché de Bourgogne*, avec le commentaire de M. Taisand, conseiller du Roy, trésorier de France et général des Finances en Bourgogne et Bresse; ci-devant avocat au Parlement de Dijon. — A Dijon, MDCCXLVII, gr. in-f.

Nota. — La plus grande partie des ouvrages qui constituent la bibliographie de cette étude ont été consultés à la bibliothèque publique de Dijon et il nous faut remercier, ici, particulièrement le bibliothécaire M. Vallée dont l'obligeance est connue de tous les érudits. — Nous devons aussi beaucoup d'obligations, à M. Paul Audebert qui a bien voulu, sur notre demande, nous copier dans Peincedé un grand nombre de notes intéressant Chenôve.

CORRECTIONS ET ADDITIONS

Il s'est glissé, dans le cours de l'impression de cet ouvrage, plusieurs fautes, dont voici les principales, que nous prions nos lecteurs de bien vouloir corriger :

Page 27, note 1, *au lieu de* habitiat, *lire* habitait.

Page 58, note 4. — Ce n'est pas Peincedé qu'il faut lire, comme l'ibidem pourrait le faire supposer, mais Arch. de la Côte-d'Or.

Page 71, ligne 17, in-fine, nous disons que le village compte 30 feux en 1643 c'est 1634 qu'il faut lire.

Page 94, avant-dernière ligne, après Girard, alias de la Croix, *au lieu* d'une virgule c'est un point et virgule qu'il faut mettre.

Page 95, ligne 4, *au lieu de* Estienne Boyer, *lire* Bouhier.

Page 103, ligne 18. Après en 1476, ajouter la date qui est le 25 mars, et 2 lignes plus bas *lire* « la moitié *du pain* des offrandes... et non la moitié des offrandes... »

Page 109, ligne 2, le chapelain de la chapelle des Bourgeois, Darmay, était curé de Saussy-le-Duc.

Page 155. — Le climat de *Bourdenière* s'appelait *Bordeneres*, en 1286.

Page 160, ligne 10, *au lieu de* 1er mai 1556 c'est 1566.

Page 247, les notes ont des appels qui ne correspondent pas avec le texte ; il faut les lire ainsi : note 3 devient note 1 et la note 1 devient note 2.

D'autres erreurs ou coquilles typographiques seront sans trop de difficultés corrigées à la lecture. Au reste nous pouvons annoncer, dès maintenant, que nous publierons, à une époque ultérieure qu'il nous est impossible de fixer, un travail qui fera suite à notre Histoire de Chenôve et qui contiendra la table générale des noms de personnes et de lieux cités dans le présent ouvrage ainsi que les rectifications, corrections et additions qui pourraient y être introduites.

TABLE ANALYTIQUE DES MATIÈRES

Dédicace . . . . p. v
Introduction : Plan général de l'ouvrage . . . . . . pp. vii à xvi

PREMIÈRE PARTIE

CHENOVE DE L'ÉPOQUE ROMAINE A LA FIN DU XVIIe SIÈCLE

CHAPITRE PREMIER

DESCRIPTION GÉNÉRALE DE CHENOVE

Géographie physique et généralités. — La vigne. — Topographie particulière. — Mœurs.

La montagne de Chenôve. — Distances. — Population et superficie. — La ferme de la Noue. — Circonscription ecclésiastique. — Productions. — La vigne. — Le vin. — Principaux crus. — Appréciation des auteurs. — Tableau de la récolte des vins à Chenôve aux xive, xve et xvie siècles ; prix de ces vins et notes historiques qui s'y rattachent d'après des documents tirés des archives de la Côte-d'Or. — Les carrières de Chenôve. — Géologie sommaire. — Flore. — L'intérieur du village. — Les rues. — Bas-reliefs et niches à saints. — Les vieilles maisons de Chenôve. — Caractère et sobriquet des habitants de Chenôve . . . . pp. 1 à 16

CHAPITRE II

ORIGINES DE CHENOVE

Découvertes archéologiques de l'époque romaine. — Donations antérieures au xiiie siècle. — La justice et les droits féodaux.

Anciens noms de Chenôve. — L'invasion romaine en Bourgogne. — Le Mont-Afrique. — Médailles romaines. — Le Pagus Attuariorum et l'actus Oscarensis. — Etymologie. — Voie romaine. — Les premiers écrits qui font mention de Chenôve. — Circonscription de la province et du pagus. — Donation de saint Gontran, de la dame Goyla, d'Amalgaire, fondateur de l'abbaye de Bèze. — Histoire religieuse; testament de saint Léger. — Droits de justice et contestations . . . . pp. 17 à 26

CHAPITRE III

LES SEIGNEURS DE CHENOVE

Seigneurie ecclésiastique. — Le chapitre d'Autun

Les trois seigneurs de Chenôve; où s'étendait leur juridiction. — Le prieur de Saint-Bénigne de Dijon. — Les chanoines d'Autun et le duc de Bourgogne Hugues II. — Plaintes des chanoines en 1112. — Traité de 1258 à propos des dîmes. — Charte d'abonnement de la taille accordée par les doyen et chapitre de la cathédrale Saint-Lazare d'Autun à leurs hommes de Chenôve, le 31 mars 1320-21.
. . . . pp. 27 à 38

CHAPITRE IV

CHENOVE SOUS LES DUCS DE BOURGOGNE

Les ducs à Chenôve. — Châtelains ou gouverneurs des vignes du duc

Hugues II; Hugues III et Eudes III. — Alix de Vergy. — Construction des pressoirs du roi à Chenôve. — Réparations à la maison où ils se trouvaient placés. — Son histoire. — Hugues IV. — Robert II; Hugues V et Eudes IV. — Philippe de Rouvres et Huguenin le Roigetet 1er châtelain de Chenôve. — Exploitation des vignes des ducs à Chenôve. — Philippe le Hardi. — Compte des gouverneurs; Huguenin de Châtillon; Guiot le Maire; Huguenin Jacquin; Huguenin Barbotet; Michelet Girost; Jean de Saint-Léger, etc. — Jean sans Peur et Philippe le Bon. — Odot Le Bediet, gouverneur des vignes du duc. — Jean Mongin et Perrin le Fourneret, closiers. — Guillemot et Humbert Chambellan, châtelain. — Charles le Téméraire et les derniers gouverneurs ducaux, Arnolet Macheco et Pierre Gorrat . . . . pp. 39 à 49

CHAPITRE V

LE ROI, SEIGNEUR DE CHENOVE EN 1477

Receveurs du roi. — La Ligue. — Fermiers de la châtellenie.

Réunion de la Bourgogne à la couronne de France. — Donation des vignes de Chenôve au chapitre Saint-Claude. — Jean Jeanneault; Pierre Gorrat; Claude de Rouvray; Jean Saumaire; Jean Sapin; Zacharie Chapellain; Claude et Nicolas Raviet; Jean Bonneau; Etienne Bernard; Pierre le Roi; Jean et Claude Berthault, gouverneurs. — Claude Levillain; Jean Baudrenet, fermiers de la châtellenie de Chenôve. — Antoine Le Grand-maître des celliers de Chenôve. — Les troubles de la ligue à Chenôve. — Série des gouverneurs, gardes des celliers et fermiers de la châtellenie.
. . . . pp. 50 à 67

CHAPITRE VI

LES FEUX A CHENOVE A DIFFÉRENTES ÉPOQUES

Population, statistique et impositions. — Situation des habitants sous les troubles de la Fronde.

Rôles des feux en 1375, 1397, 1423 et 1431. — Les élus et leur rôle. — Cerche des feux de 1436. — Impositions diverses de 1574 à 1659. — Situation lamentable des habitants à l'époque de la Ligue (1593). — Etat de Chenôve après la bataille de Rocroi (1645). — Description du village en 1665. — Note sur le four banal de Chenôve. — Les opinions de l'abbé Expilly sur ce rôle des feux. — Diminution de taille demandée par la communauté en 1722. — Chenôve au xviiie siècle, les recettes et les dépenses. — Conclusions ; procès-verbal des violences et injures commises envers les habitants de Chenôve par une compagnie du régiment d'Esparre . . . . pp. 68 à 81

DEUXIÈME PARTIE

CHENOVE MODERNE, HISTORIQUE ET ARCHÉOLOGIQUE

CHAPITRE PREMIER

L'ÉGLISE ET LES CURÉS DE CHENOVE

Monographie historique et descriptive. — Chapelle de la Trinité. — Curés et vicaires du xviiie siècle à nos jours.

La chapelle primitive de saint Léger. — Agrandissement des xiiie et xive siècles. — Architecture extérieure. — Le clocher. — Les inscriptions des cloches. — La vieille horloge communale, son origine et son enlèvement. — Inscription de la nouvelle. — Réparations diverses à l'intérieur, à l'extérieur et au clocher de l'église. — Description intérieure ; ornementation de l'église : tableaux, tabernacle gothique et autres antiquités, vitraux, statue, pierres tombales, etc. — La chapelle de la Trinité. — Histoire de sa fondation. — Ses chapelains. — Les peintures murales de la chapelle Saint-Claude. — La confrérie du Saint-Sacrement; — l'association de Saint-Antoine. — Nouvelles confréries. — Fondations religieuses, messe de Saint Abdon, pour la santé du bétail, vêpres des morts et bénédiction du Saint-Sacrement. — Messes fondées le 7 octobre 1823 par un curé de Chenôve. — Les curés de Chenôve ; — les faits principaux qui se sont passés sous leur administration. — *Guillemus.* — Pierre de Germanvilliers et Henri de Tart; Hugues de la Palud ; Hugues Durand et Pierre de Dammartin ; Jehan Champion. — La dîme de Chenôve et les curés dudit lieu. — Usage du xviie siècle. — Edme Guillaume et Chrétien Mongin, vicaire ; Claude Adam,

Jean Rogier, Pillot, Didier Ledeuil, Jean-Baptiste Gaudin, François Lebert et Rogier Bonniard, F. Chazeault, Antoine Martin, Louis-Philippe Gaudet, Pierre-Etienne Valletat, Jean-François Pathelin, etc. — Prêtres modernes de 1821 à nos jours. pp. 83 à 115

CHAPITRE II

CROIX ÉRIGÉES SUR LA PAROISSE DE CHENÔVE

Saint Jacques des Vignes et la croix de Valendon. — La maladière. — Le cimetière.

Etude sur l'usage des croix en Bourgogne. — Les croix de Chenôve en général. — La statue de la Vierge sur la montagne. — L'ancienne croix de la route de Beaune détruite pendant la Révolution. — Le village de Trimolois (Tremoldo) ou Saint-Jacques-des-Vignes. — Description de la croix de Valendon et de Bourdonnière. — La maladière de Chenôve. — La croix de la rue Haute avant et après la Révolution. — La croix Visenay. — Croix de station du cimetière. — Un mot sur le cimetière paroissial.
. . . . pp. 116 à 131

CHAPITRE III

LA MAISON SEIGNEURIALE DE CHENÔVE

Description extérieure. — Saint Léger et le Chapitre. — Les terriers. — Le Chapitre de nos jours.

Position. — Situation pittoresque sur la montagne. — Aspects et vues. — Description extérieure et intérieure. — La grille du Chapitre. — Rapport d'Antoine sur le Chapitre en 1790. — Vente de ce château en 1821 et désignations détaillées des corps de bâtiment qui le composent. — Souvenirs de saint Léger, histoire, chronique et légende. — La maison de saint Léger. — Les prisons du Chapitre. — Actes de justice des chanoines d'Autun. — Le maïeur de Chenôve. — Les *terriers*. — La seigneurie amodiée à des fermiers par le chanoine Terrier. — Noms des amodiateurs. — Le Chapitre sous la Ligue. — Le vignoble du Chapitre. — Les propriétaires du Chapitre de la Révolution à nos jours.
. . . . pp. 132 à 151

CHAPITRE IV

HISTORIQUE DE QUELQUES LIEUDITS DE CHENÔVE

Le clos du Roi. — Vignes du duc de Bourgogne et autres personnages de distinction. — Propriété des communautés religieuses.

Le finage de la commune de Chenôve. — Groupements de plusieurs lieudits du cadastre. — Climats classés parmi les bons vignobles. — Nomenclature des lieudits historiques de Chenôve par ordre

alphabétique. — Les dîmes de *Chenevary*. — Le *Clos du Roi* et les vins cuits ; reprise de fief d'une portion de ce clos par Hubert Leblanc, en 1766. — Réclamations des habitants de Chenôve au fermier de Saint-Etienne, concernant les corps morts exposés aux *Grandes Justices*. — Lieudits du territoire de Dijon. — Les localités disparues autrefois sur le finage de Chenôve. — Le climat de *Valendon* et les poètes Aimé Piron et Petitot. — Les religieux de divers ordres de Dijon et de la Côte-d'Or, et les vignes de Chenôve.
. . . . pp. 152 à 168

TROISIÈME PARTIE

CHENOVE DU XVIIe AU XIXe SIÈCLE

CHAPITRE PREMIER

CHENOVE PENDANT LA RÉVOLUTION

Les biens nationaux. — *L'église pendant les troubles de 1792-1793.* — *Attitude des habitants durant la période révolutionnaire.* — *Fête de la révolution.*

La population de Chenôve en 1789. — La fédération de 1790. — L'estimation des biens des communautés religieuses. — Prestation de serment par les garçons composant la garde nationale. — Les juges de paix à Chenôve. — Division de la commune en douze sections. — Inventaire du mobilier de l'église. — Enlèvement des galons fins se trouvant sur les ornements servant à l'exercice du culte. — Le temple de la Raison et les signes de fanatisme. — Vente des biens nationaux des communautés religieuses et des émigrés. — Chenôve à l'époque de la Terreur. — Lettres de demandes de renseignements à la suite d'une dénonciation contre la commune. — Les cloches de l'église. — L'émigration du clergé, le serment de l'abbé Pathelin et l'installation de son successeur Troisgros. — La fête de la souveraineté du peuple à Chenôve. pp. 169 à 187

CHAPITRE II

LA SAINT VINCENT A CHENOVE

Fête religieuse et fête villageoise. — *La Société de secours mutuels.*

Le patron des vignerons. — Abrégé de l'histoire de sa vie. — Le 22 janvier à Chenôve. — Offices religieux. — Fête de famille. — La chanson de la saint Vincent de Pierre Dupont. — Sérénade de la veille de la fête. — Influence du jour de la saint Vincent sur la prévision du temps. — Le café du *Grand Saint-Vincent*, à Chenôve. — La société de secours mutuels entre les vignerons de Chenôve. — Analyse des statuts. . . . . pp. 188 à 199

CHAPITRE III

LE BAN DES VENDANGES A CHENOVE ET AUTRES USAGES

Le ban des vendanges et la ville de Dijon. — Historique. — Coutumes annuelles : 1er janvier, 1er mai, 24 juin, etc.

§ 1. *Le ban des vendanges.* — Anciens documents faisant mention de cet usage. — Le signe patibulaire des chanoines d'Autun. — Articles du terrier concernant le ban. — Délivrance du ban par les chanoines, ou le juge de leur justice. — Ce que c'était que le ban de vendanges. — Opinions de Bouhier et Aimé Dumay sur cette coutume. — Débats entre la ville de Dijon et le chapitre d'Autun, au sujet du ban des vendanges. — La *Chevauchée de banchiers* d'autrefois. — Les fêtes du temps passé à propos de la publication du ban des vendanges. — Suppression du ban de vendanges.

§ 2. *Anciens usages qui ont survécu à la Révolution.* — Le jour de l'an à Chenôve. — Le dimanche des brandons. — Le premier jour de mai. — Feux de la saint Jean. — Usages et coutumes divers touchant les mariages. — Un mot sur l'usage de porter chaque dimanche l'eau bénite dans les maisons. — Les quêtes de vins pour le curé et l'instituteur, etc. . . . . pp. 200 à 219

CHAPITRE IV

FAMILLES DE CHENOVE ET CÉLÉBRITÉS

Anciennes familles de Chenôve. — Personnages marquants. — Contemporains distingués.

Noms qui figurent sur la charte d'abonnement de 1320. — Les cerches de feux. — La famille Mongin. — Les Gallois; rôle que certains d'entre eux ont joué dans l'histoire de Chenôve. — Claude Gallois et autres patriotes de la commune volontaires de 1793. — Baptême d'une fille Gallois, sous le nom d'Etienne Gallois en 1780. — Famille Jolibois. — Les sobriquets de quelques membres de cette famille en 1470. — Ancienneté de la famille Jarrot. — Claude Jarrot, témoin de l'abjuration de protestantisme de Marguerite Colignon, dans l'église de Chenôve. — Mort de Jarrot, officier à la monnaie de Dijon en 1706. — Les Changenet de Dijon. — Leur origine. — Le peintre Changenet. — *Le Lanturelu.* — Bernard Changenai, poète dijonnais. — Valentin Changenet, carme de Dijon. — Famille Mallard. — Anecdote historique sur Mallard *l'écu de six francs.* — Les membres du Parlement et les familles de Chenôve. — L'ancienne municipalité de Chenôve. — Liste des procureurs ou échevins de la communauté de 1605 à la Révolution. — Où les habitants prenaient autrefois leur délibération. — Les forains de Chenôve : Jannon et Morelet. — Théophile Berlier. — Hommes remarquables nés ou décédés à Chenôve. — L'abbé Meurgey. — Antoine Antoine. — J.-J. Cornu, peintre distingué, sa vie et ses œuvres. — Ecclésiastiques vivants nés à Chenôve. — Religieuses de différents ordres sortis de la paroisse. — Le Dr Naigeon. — Les propriétaires du Chapitre de Chenôve. — Autres personnages distingués . . . . pp. 220-249

CONCLUSION

PÉRIODE CONTEMPORAINE

Précis chronologique de l'histoire de Chenôve de la Révolution à nos jours.

Préambule . . . . pp. 251 à 254
  § 1er Municipalités . . . . pp. 254 à 261
  § 2. Instruction primaire . . . . pp. 261 à 268
  § 3. Sociétés artistiques et de bienfaisance. — I. Bureau de bienfaisance; II. Compagnie de sapeurs pompiers ; III. Société de secours mutuels de Saint Vincent; IV. Fanfare de Chenôve; V. Syndicat viticole de la Côte dijonnaise. . . . . pp. 269 à 276
DOCUMENTS ET PIÈCES JUSTIFICATIVES. . . . . . . pp. 277 à 338
BIBLIOGRAPHIE . . . . pp. 339 à 342
ADDITIONS ET CORRECTIONS. . . . . p. 343

LISTE DES GRAVURES

1. Frontispice.
2. Vue générale de Chenôve, prise de la montagne.   1
3. Plan de Chenôve et de ses environs, relevé au cadastre et d'après la carte d'état-major. 12
4. La maison des pressoirs du roi, rue Basse, à Chenôve. . . 42
5. L'Eglise de Chenôve. 83
6. Croix de Valendon 119
7. Vue extérieure du *Chapitre* de Chenôve (état actuel). . . . 132
8. Armes du chapitre d'Autun 142
9. Portrait du peintre J.-J. Cornu et fac similé de sa signature. 241

www.ingramcontent.com/pod-product-compliance
Lightning Source LLC
Chambersburg PA
CBHW070435170426
43201CB00010B/1102